MODE D'EMPLOI

POUR **Photosh** **4**

Steve Johnson

Perspection, Inc.

Mode d'emploi pour Adobe Photoshop CS4

Publié par
Que Publishing
800 East 96th Strreet
Indianapolis, IN 46240, États-Unis

Édition originale en langue anglaise Copyright © 2009 par Perspection, Inc.
Titre de l'édition originale : *Adobe Photoshop CS4 On Demand*
Édition française publiée en accord avec Pearson Education, Inc. par :

© **Éditions First, Paris, 2009**
60, rue Mazarine
75006 Paris – France
Tél. 01 45 49 60 00
Fax 01 45 49 60 01
E-mail : firstinfo@efirst.com
Web : www.efirst.com

ISBN : 978-2-75401-233-1
Dépôt légal : 1er trimestre 2009
Imprimé en France
Auteurs : Steve Johnson, Perspection, Inc.
Traduction : François Basset, Colette Michel
Mise en page : Catherine Kédémos

Table des matières

Introduction

Bienvenue dans *Mode d'emploi pour Adobe Photoshop CS4* !
Ce guide visuel vous permet d'exploiter efficacement
Photoshop CS4, en couvrant la totalité de ses fonctions, des
tâches de base aux procédures les plus avancées.

Structure de ce livre

Il n'est pas obligatoire de lire cet ouvrage dans un ordre
particulier. Pour trouver une information, il suffit d'ouvrir
le livre, de lire les pages qui vous sont nécessaires, puis de
le refermer. Ce livre présente cependant une progression
logique, des tâches les plus simples aux plus complexes.
Chaque tâche fait l'objet d'une page ou de deux pages en vis-
à-vis afin de vous permettre de vous concentrer sur le travail
sans devoir tourner la page. Pour trouver une information,
recherchez la tâche dans la table des matières ou l'index et
rendez-vous à la page indiquée. Lisez l'introduction de la
tâche, suivez les procédures de la colonne gauche et consultez
les illustrations dans la colonne droite. C'est tout !

Nouveautés

Pour connaître les nouveautés de Photoshop CS4, recherchez
l'icône (Ps). Celle-ci apparaît dans la table des matières et
dans le livre. Il est ainsi simple d'identifier une fonctionnalité
nouvelle ou améliorée. Le chapitre « Nouveautés », à la fin du
livre, récapitule et décrit toutes les nouveautés.

Raccourcis clavier

La majorité des commandes possède un équivalent clavier,
comme **Ctrl** + **P** (Win) ou ⌘ + **P** (Mac) comme solution de
rechange à l'utilisation de la souris. Les plus fréquents sont
indiqués dans les menus à droite de la commande pertinente.
Vous trouverez la liste des raccourcis clavier dans l'aide en
ligne de Photoshop CS4 en tapant **raccourcis clavier** dans la
zone Recherche.

Structure de ce livre

Nouveautés

Raccourcis clavier

Procédures

Exemples

Atelier

Expert certifié Adobe

Procédures

Ce livre propose des procédures concises qui expliquent comment accomplir une tâche. Chaque procédure inclut des illustrations dont la numérotation correspond aux étapes. Le texte comprend également des raccourcis, des tableaux et des encarts pour optimiser votre travail ou préciser une notion de façon plus approfondie. L'encadré « Bon à savoir » propose des astuces et des techniques de travail plus efficaces et les notes « Voir aussi » vous mènent vers d'autres parties du livre présentant des informations complémentaires.

Exemples

Ce livre utilise des fichiers d'exemple pour fournir un contexte de réalisation d'une tâche. Grâce aux fichiers d'exemples, vous ne perdez pas votre temps à rechercher ou à créer des fichiers. Les procédures n'exigent pas toutes un fichier d'exemple, comme la modification des options. Les fichiers d'exemples nécessaires aux tâches de ce livre sont disponibles en téléchargement sur le site Web des Éditions First, à l'adresse www.efirst.com/EFI_90download.html.

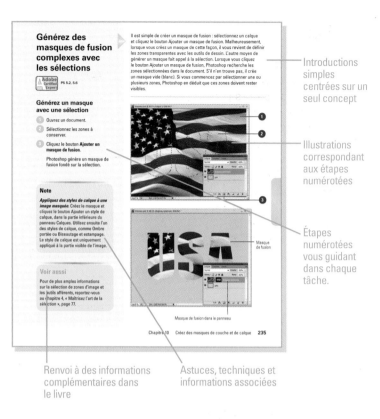

Introductions simples centrées sur un seul concept

Illustrations correspondant aux étapes numérotées

Étapes numérotées vous guidant dans chaque tâche.

Renvoi à des informations complémentaires dans le livre

Astuces, techniques et informations associées

Les exemples permettent d'appliquer les notions apprises dans les tâches.

Atelier

Dans le chapitre « Atelier » de ce livre, vous apprendrez à mettre en commun plusieurs procédures pour réaliser un projet. Pour chaque projet, vous démarrez avec un fichier d'exemple, vous suivez les étapes et vous comparez votre résultat à celui du fichier de résultat. Les projets des ateliers et les fichiers associés sont disponibles sur le Web à l'adresse www.efirst.com/EFI_90download.html.

Expert certifié Adobe

Ce livre vous prépare intégralement à l'examen Expert Certifié Adobe (ACE, *Adobe Certified Expert*) pour Adobe Photoshop CS4. Chaque niveau de certification Expert Certifié Adobe possède ses propres objectifs, organisés en ensembles de compétences étendues. Pour vous préparer à l'examen de certification, révisez et réalisez chaque tâche identifiée par l'objectif Expert Certifié Adobe afin de confirmer que vous satisfaites aux compétences requises pour l'examen. Dans ce livre, tout contenu concerné par un objectif est identifié par le logo Expert Certifié Adobe, suivi du numéro d'objectif.

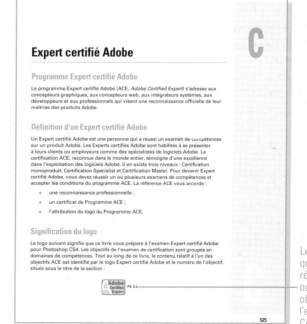

Dans le chapitre « Atelier », vous réalisez des projets complets pour apprendre à exploiter Photoshop

Le logo indique que la tâche répond à un ou plusieurs objectifs de l'examen Expert Certifié Adobe.

Prenez un bon départ avec Photoshop CS4

Adobe Photoshop CS4 est un programme de retouche et de création d'images qui fonctionne avec Windows et Macintosh. Il en existe deux éditions : Photoshop CS4 et Photoshop CS4 Extended, la première étant un sous-ensemble de la seconde. Si leurs fonctionnalités sont similaires, elles sont plus étendues dans l'édition Extended, qui offre une plus large gamme de possibilités et permet de créer du contenu plus sophistiqué. Adobe Photoshop CS4 et Photoshop CS4 Extended sont des programmes autonomes, tout en faisant partie de la Creative Suite d'Adobe, série de programmes professionnels associés qui permettent de créer images et documents à imprimer, publier sur le Web ou afficher sur des périphériques mobiles. Les programmes de la Creative Suite 3 comprennent également d'autres programmes Adobe partagés – Bridge, Stock Photos, Version Cue et Extension Manager – conçus pour gérer et exploiter des fichiers.

Artistes de tous horizons, infographistes, utilisateurs occasionnels, nombreux sont ceux qui se servent de Photoshop pour ses effets spéciaux et ses compositions d'images, mais c'est bien la richesse de ses fonctionnalités (manipulation d'images numériques, restauration de photos anciennes, création de matériel artistique numérique à partir de rien) qui en a fait le leader incontesté du marché de l'industrie numérique. Et en matière de photographie numérique, Photoshop est tout simplement incontournable.

Il prend en charge les images d'appareils photo numériques ou classiques et numérisées *via* un scanneur. Une fois l'image ouverte dans Photoshop, le graphiste dispose de milliers de manières de la manipuler : il corrige les couleurs, réduit les imperfections des photos anciennes, supprime un arbre ou ajoute un ami à la photo de groupe.

Installez Photoshop

Pour installer l'édition standard, insérez le DVD Photoshop CS4 ou téléchargez le logiciel en ligne et démarrez le programme d'installation, puis suivez les instructions. Munissez-vous du numéro de série à saisir pendant le processus d'installation. Si vous mettez à niveau une version précédente de Photoshop, il vous faut l'attester en indiquant à Photoshop l'emplacement de cette version sur votre disque dur ou en insérant le disque d'installation de la version précédente. Dans le cadre de la lutte antipiratage, Adobe requiert désormais une activation en ligne ou téléphonique, à effectuer impérativement dans les 30 jours. Sinon, le programme ne fonctionnera plus. Ce procédé est légitime, dans la mesure où certaines études indiquent que les versions piratées de Photoshop sont plus nombreuses que les versions achetées.

Installez Photoshop CS4 sous Windows

1 Insérez le DVD Photoshop CS4 dans le lecteur ou téléchargez le logiciel sur votre disque dur.

2 Si nécessaire, double-cliquez l'icône du DVD ou ouvrez le dossier contenant le logiciel téléchargé, puis double-cliquez l'icône d'installation.

3 Suivez les instructions à l'écran.

> **ATTENTION !** *Lors de l'installation, Photoshop vous demande d'activer le programme. Vous disposez de 30 jours pour effectuer cette activation, par Internet ou téléphone, avant qu'il ne cesse de fonctionner.*

Note

Le CD contient des bonus. Le CD fourni avec le produit Adobe CS4 contient des bonus dans le dossier Goodies. Profitez-en ! Pour retrouver d'autres ressources gratuites, rendez-vous à l'adresse www.adobe.com/fr/ et visitez Adobe Studio Exchange.

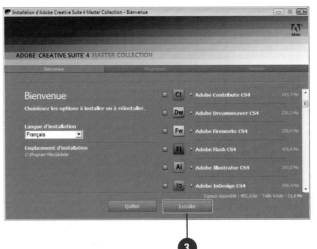

Installez Photoshop CS4 sous Macintosh

1 Insérez le DVD Photoshop CS4 dans le lecteur ou téléchargez le logiciel sur votre disque dur.

2 Si nécessaire, double-cliquez l'icône du DVD ou ouvrez le dossier contenant le logiciel téléchargé, puis double-cliquez l'icône d'installation.

3 Suivez les instructions à l'écran.

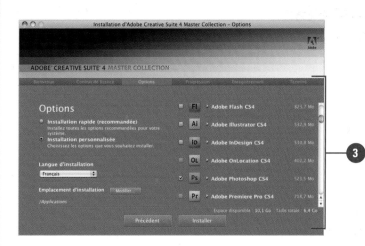

Note

Créez un raccourci sur Macintosh. Glissez et déposez le programme Photoshop au bas de l'écran, puis ajoutez-le au panneau des raccourcis.

Matériel nécessaire pour Photoshop CS4

Matériel/Logiciel	Minimum (recommandé)
WINDOWS	
Processeur	1,8 GHz ou plus rapide
Système d'exploitation	Microsoft Windows XP SP2 (3) ou Vista SP1
Disque dur	1 Go d'espace libre
RAM	512 Mo (1 Go recommandé)
Carte graphique	16 bits (carte graphique GPU pour les fonctionnalités Open-GL)
Résolution écran	1024 x 768 (1280 x 800 ou double affichage)
Lecteur DVD-ROM	Tous
MACINTOSH	
Processeur	PowerPC G5 ou processeur Intel multicœur
Système d'exploitation	Macintosh OS X 10.4.11 ou supérieur
Disque dur	2 Go d'espace libre
RAM	512 Mo (1 Go recommandé)
Carte graphique	16 bits (carte graphique GPU pour les fonctionnalités Open-GL)
Résolution écran	1024 x 768 (1280 x 800 ou double affichage)
Lecteur DVD-ROM	Tous (SuperDrive pour la gravure des DVD)
Autre	
QuickTime 7.2	Requis pour les fonctionnalités multimédias

Démarrez Photoshop

Vous démarrez Photoshop comme n'importe quel autre programme. À l'ouverture, le programme recherche automatiquement à l'aide d'Adobe Updater les mises à jour pour Photoshop CS4 et les logiciels associés, y compris Bridge et Help Viewer. Pour accéder à tout moment à la fenêtre Adobe Updater, passez par l'option Mises à jour du menu Aide. Dans cette boîte de dialogue, cliquez Préférences pour définir les options de mise à jour. Vous pouvez opter pour une recherche hebdomadaire ou mensuelle des mises à jour et choisir un téléchargement automatique ou demander à être informé avant le téléchargement. Reportez-vous à la section « Recherchez des mises à jour et des correctifs » à la page 24 pour plus de détails sur la boîte de dialogue des préférences d'Adobe Updater.

Démarrez Photoshop CS4 sous Windows

1 Cliquez **Démarrer**.

2 Pointez **Tous les programmes** (qui devient **Précédent**).

3 Pointez le menu Adobe Collection CS4 si nécessaire.

4 Cliquez **Adobe Photoshop CS4**.

5 Si votre version de Photoshop CS4 n'a pas encore été activée, exécutez les opérations suivantes :

◆ Entrez votre numéro de série, puis cliquez **OK** pour continuer.

◆ Cliquez **OK** pour terminer le processus d'activation.

◆ Remplissez le formulaire d'enregistrement, puis cliquez **Enregistrer maintenant**.

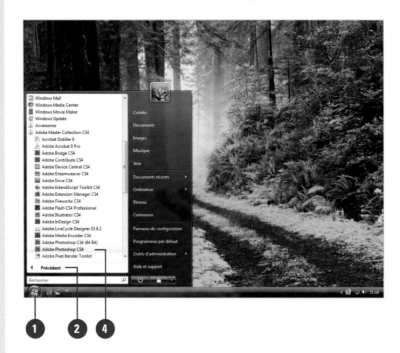

Note

Créez et utilisez un raccourci sur le Bureau pour démarrer Photoshop (Win). Cliquez Démarrer, Tous les programmes, cliquez avec le bouton droit Adobe Photoshop CS4, pointez Envoyer vers et cliquez Bureau (créer un raccourci). Double-cliquez l'icône de raccourci du Bureau pour démarrer Photoshop.

Démarrez Photoshop CS4 sous Macintosh

1 Ouvrez le dossier **Applications** (sur le disque dur principal).

2 Ouvrez le dossier **Adobe Photoshop CS4**.

3 Double-cliquez l'icône du programme **Adobe Photoshop CS4**.

4 Si votre version de Photoshop CS4 n'a pas encore été activée, exécutez les opérations suivantes :

◆ Entrez votre numéro de série, puis cliquez **OK** pour continuer.

◆ Cliquez **OK** pour terminer le processus d'activation.

◆ Remplissez le formulaire d'enregistrement, puis cliquez **Enregistrer maintenant**.

Note

Créez et utilisez un raccourci pour démarrer Photoshop (Mac). Faites glisser le programme Photoshop vers le bas de l'écran et ajoutez-le au Dock.

Créez et utilisez un raccourci clavier pour démarrer Photoshop (Win). Cliquez Démarrer, Tous les programmes, cliquez avec le bouton droit Adobe Photoshop CS4, puis choisissez Propriétés. Dans la zone Touche de raccourci, tapez n'importe quelle touche de lettre, numéro ou fonction, par exemple P, à laquelle Windows ajoute Ctrl + Alt. Cliquez OK pour créer le raccourci. N'importe où dans Windows, appuyez sur le raccourci clavier défini (Ctrl + Alt + P) pour démarrer Photoshop.

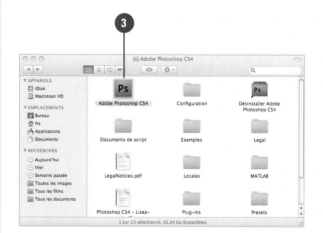

Raccourci de Photoshop CS4

Découvrez la fenêtre de Photoshop

Barre d'options
Affiche des options pour l'outil actif.

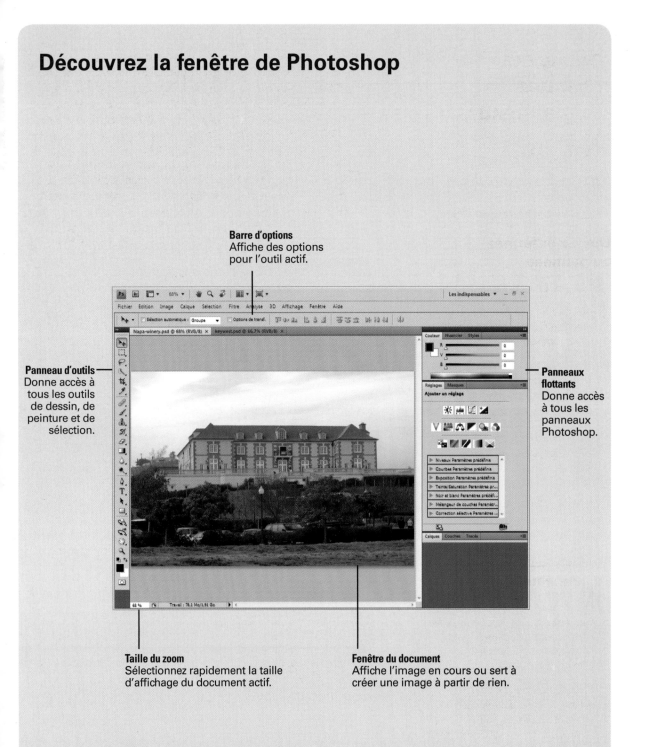

Panneau d'outils
Donne accès à tous les outils de dessin, de peinture et de sélection.

Panneaux flottants
Donne accès à tous les panneaux Photoshop.

Taille du zoom
Sélectionnez rapidement la taille d'affichage du document actif.

Fenêtre du document
Affiche l'image en cours ou sert à créer une image à partir de rien.

Affichez et masquez des panneaux

 PS 1.1

Les panneaux donnent un accès rapide à de nombreuses commandes et opérations spécifiques, depuis le contrôle des couleurs jusqu'aux informations sur le chemin de vecteur. Par défaut, les principaux panneaux s'affichent sur le côté droit de la fenêtre. Servez-vous du menu Fenêtre ou cliquez un onglet de panneau au sein d'un groupe pour l'afficher, puis sélectionnez des options du panneau ou choisissez des commandes spécifiques au panneau dans son menu Options pour effectuer des actions. Au lieu de toujours déplacer, redimensionner ou ouvrir et fermer des fenêtres, utilisez le bouton Réduire/Agrandir qui réduit ou développe les panneaux individuels dans une fenêtre et économise de l'espace.

Ouvrez et fermez un panneau

1 Cliquez le menu **Fenêtre**.

2 Cliquez un nom de panneau, comme **Couleur**, **Calques**, **Navigation**, **Options** ou **Outils**.

> **RACCOURCI** *Pour fermer un panneau ou un onglet, cliquez le bouton du menu Options de panneau et cliquez Fermer (pour un panneau seulement) ou Fermer le groupe d'onglets. Sur le Mac, vous pouvez aussi cliquer le bouton Fermer du panneau.*

Noms des panneaux dans le menu Fenêtre

Réduisez et développez un panneau

1 Pour réduire ou développer un panneau ouvert, cliquez la partie gris foncé ou double-cliquez l'onglet de titre dans la barre d'en-tête du panneau.

Si le panneau est en mode icône, cliquez l'icône pour le développer. Pour le réduire de nouveau en icône, cliquez la double flèche placée à droite de la barre de titre du panneau ou cliquez une fois sur l'onglet de titre du panneau.

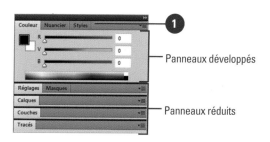

Panneaux développés

Panneaux réduits

Exploitez les panneaux

 PS 1.1

Ajoutez un panneau

1 Sélectionnez un panneau en cliquant son nom ou cliquez le menu **Fenêtre**, puis le nom du panneau à afficher.

2 Faites glisser le panneau dans un autre groupe.

Extraire un panneau

1 Sélectionnez un panneau en cliquant son nom ou cliquez le menu **Fenêtre**, puis le nom du panneau à afficher.

2 Faites glisser le panneau hors du groupe.

3 Déposez-le sur le Bureau (Mac) ou dans la fenêtre Photoshop (Win).

Note

Ancrez et détachez des panneaux. Ancrez et libérez, c'est-à-dire attachez et détachez temporairement des panneaux ou des groupes de panneaux dans un dock, zone située à gauche et à droite de la fenêtre Photoshop, qui peut accueillir temporairement des panneaux. Lorsque vous faites glisser un panneau dans un dock, un cadre ou une ligne bleue apparaît.

Les panneaux mobiles s'organisent en groupes, tels Couleur/Nuancier/Styles et Historique/Scripts, pour économiser de l'espace sur l'écran et faciliter le travail. Ajoutez ou retirez des panneaux d'un groupe pour personnaliser votre espace de travail. Chacun compte un en-tête qui contient les titres des onglets et trois options : les boutons Réduire en icône et Fermer (Mac) ainsi qu'un menu Options. Le menu Options propose des commandes spécifiques au volet. Chaque panneau comporte une double flèche dans l'angle supérieur droit qui sert à réduire en icônes et à développer le volet entier des panneaux.

Groupe de deux panneaux : Nuancier et Couleur

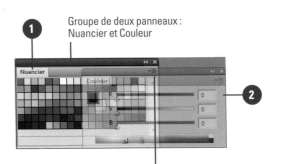

Cliquez pour choisir des commandes dans le menu d'options

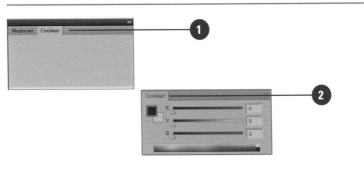

Réduisez en icônes et développez le volet des panneaux

◆ Pour réduire le volet des panneaux en icônes avec du texte, cliquez la double flèche vers la gauche (Réduire en icônes) située à droite dans la barre foncée située au sommet des panneaux.

◆ Pour développer le volet des panneaux de l'état d'icônes avec texte en panneaux entiers, cliquez la double flèche vers la droite (Agrandir les panneaux) située à droite dans la barre foncée située au sommet du volet.

◆ Pour qu'un panneau se réduise automatiquement en icône lorsque vous cliquez à l'extérieur de celui-ci, cliquez avec le bouton droit (Win) ou contrôle-cliquez (Mac) un panneau, puis cliquez Réduire automatiquement les panneaux d'icônes (Ps).

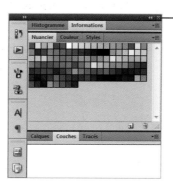

Cliquez pour réduire le volet des panneaux

Cliquez pour développer le volet des panneaux

Exploitez le menu Options de panneau

 Ouvrez ou développez un panneau.

2 Cliquez le bouton **Options** à droite dans la barre d'en-tête du panneau.

3 Cliquez une des commandes de la liste. Cette liste dépend du panneau, mais comprend au moins les commandes :

◆ **Fermer**. Ferme l'onglet actuellement affiché dans le panneau.

◆ **Fermer le groupe d'onglets**. Ferme tous les onglets du panneau.

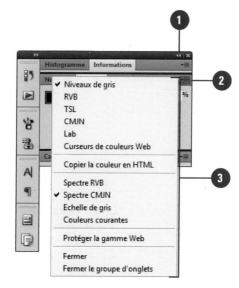

Exploitez les outils Photoshop

 PS 1.2

Photoshop compte un nombre considérable d'outils. Hébergés dans la boîte à outils (le panneau des outils), ils permettent de surmonter tous les problèmes de conception. Par exemple, la boîte à outils contient huit outils de sélection (ils ne sont jamais assez nombreux), dix outils de peinture ou de forme, quatre outils de texte et douze dédiés à la restauration et à la manipulation de photos anciennes. Ajoutez-y ceux qui servent à mélanger, trancher, échantillonner et afficher, et vous obtenez soixante-dix outils dédiés. Lorsque vous travaillez sur un document, vous devez savoir quels outils sont disponibles et comment ils vous aident à atteindre vos objectifs. Photoshop aime économiser l'espace ; il rassemble donc les outils similaires sous un même bouton. Pour accéder à plusieurs outils, cliquez et maintenez enfoncé le bouton d'un outil contenant un petit triangle noir, situé dans l'angle inférieur droit du bouton. Prenez le

temps d'explorer et d'apprendre à maîtriser tous ces outils.

La boîte à outils contient les outils nécessaires pour gérer n'importe quelle tâche Photoshop, mais il n'est pas indispensable de cliquer un outil pour y accéder. Une simple lettre de l'alphabet permet d'accéder à tous les outils. Par exemple, la touche V sélectionne l'outil Déplacement et la touche W l'outil Baguette magique. En outre, si un outil compte plusieurs options, tel que l'outil Texte, appuyez sur la touche Maj avec son raccourci pour parcourir toutes ses options. Vous pouvez maintenant changer d'outil encore plus rapidement grâce à une nouvelle préférence. Maintenez enfoncée la touche de raccourci d'un outil pour utiliser provisoirement celui-ci. Dès que vous relâchez la touche de raccourci, vous retrouvez l'outil que vous utilisiez auparavant.

Boîte à outils

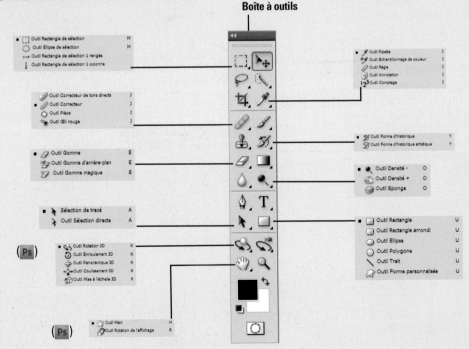

Retrouvez tous les raccourcis clavier dans la boîte de dialogue Raccourcis clavier et menus, accessible *via* le menu Édition et découvrez ainsi les attributions de lettres aux différents outils. Pour être vraiment efficace avec Photoshop, apprenez à utiliser vos deux mains. Posez-en une sur la souris ou la tablette graphique et l'autre sur le clavier pour alterner rapidement entre les outils et les options.

Exploitez la barre d'options

La barre d'options fournit les options associées à l'outil sélectionné.

Si vous travaillez avec les outils Forme de sélection, vos options comprendront Contour progressif, Style, Largeur et Hauteur. Avec l'outil Recadrage, les options Largeur, Hauteur et Résolution sont disponibles. Avec l'outil Gomme, les options Mode, Opacité et Flux vous sont proposées. Les outils Aérographe et Pinceau présentent certaines des options de l'outil Gomme, mais également l'option Flux. L'outil Crayon propose l'option Inversion auto, ainsi que les options standard de l'outil Gomme. Souvenez-vous que la barre d'options varie selon l'outil sélectionné. Ces options sont détaillées aux chapitres 4, 6 et 9.

Barre d'options

Outil sélectionné

Boîte à outils

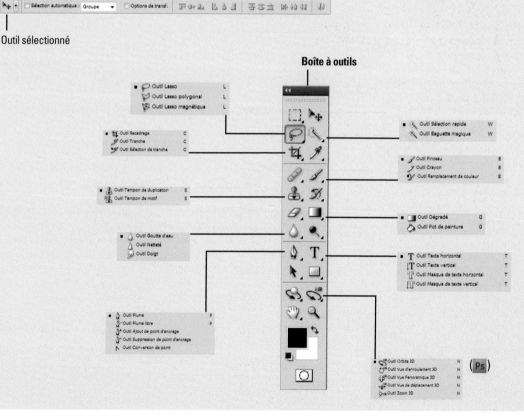

Créez un nouveau document

La création d'un document Photoshop requiert plus de considérations qu'un document de traitement de texte. Vous devez par exemple réfléchir à la résolution et au mode de couleurs. Vous pouvez créer autant de documents que votre projet l'exige. Toutefois, comme l'ouverture simultanée de plusieurs documents alourdit considérablement la charge sur le processeur, il est plus judicieux de ne travailler que sur un seul à la fois. Une fois le nouveau document créé, vous disposez d'un accès à tous les outils de conception et de manipulation de Photoshop pour laisser libre cours à votre imagination.

Créez un nouveau document

1 Cliquez le menu **Fichier**, puis **Nouveau**.

2 Saisissez le nom du document.

> **ATTENTION !** *La saisie d'un nom n'enregistre pas le document. Il vous faut l'enregistrer une fois que vous l'avez créé.*

3 Cliquez la liste **Paramètre prédéfini**, puis choisissez un document prédéfini ou définissez vos propres options pour créer un document personnalisé.

- ◆ **Largeur et Hauteur.** Choisissez une unité de mesure, comme point, centimètre ou pixel.

- ◆ **Résolution.** Choisissez une résolution, comme 30 pixels/cm (72 p/pouce ou ppi) pour un usage en ligne et 120 pixels/cm (300 ppi) pour l'impression.

- ◆ **Mode.** Choisissez un mode de couleurs, comme RVB pour la couleur et Niveaux de gris pour le noir et blanc.

- ◆ **Contenu de l'arrière-plan.** Choisissez une couleur d'arrière-plan ou un arrière-plan transparent.

4 Cliquez **OK**.

Nouveau

Nom : Sans titre-1	OK
Paramètre prédéfini : Format Photoshop par défaut	Annuler
Taille :	Enregistrer le paramètre prédéfini...
Largeur : 16,02 cm	Supprimer le paramètre prédéfini...
Hauteur : 11,99 cm	
Résolution : 72 pixels/pouce	Device Central...
Mode : Couleurs RVB 8 bits	
Contenu de l'arrière-plan : Blanc	

⊗ Avancé

Taille de l'image : 452,2 Ko

Profil colorimétrique : Espace de travail RVB : sRGB IEC61966-2.1
Format des pixels : Pixels carrés

Bon à savoir

Créez un document prédéfini personnalisé

Vous allez peut-être exploiter régulièrement le même document. Pour gagner du temps, enregistrez la définition du document en tant que paramètre prédéfini. Dans la boîte de dialogue Nouveau, cliquez la flèche de la liste Paramètre prédéfini, choisissez un paramètre, puis modifiez les options pour élaborer votre document personnalisé. Pour nommer votre paramètre prédéfini personnalisé, tapez un nom dans la zone Nom, puis cliquez Enregistrer le paramètre prédéfini.

Sélectionnez les modes colorimétriques et la résolution

Sélectionnez un mode de couleurs

Un **mode de couleurs**, ou **espace colorimétrique**, détermine la façon dont Photoshop affiche et imprime une image. Les modes (basés sur des modèles employés dans l'édition) diffèrent selon les tâches à effectuer. Vous choisissez un mode de couleurs lorsque vous créez un nouveau document ou vous modifiez celui d'un document existant. Voici les modes les plus courants :

Niveaux de gris. Idéal pour l'impression des images en noir et blanc et bichromiques. Il emploie une couche et compte jusqu'à 256 nuances de gris.

RVB (Rouge, Vert, Bleu). Idéal pour les images en couleurs en ligne et multimédias. Cette décomposition correspond à celles des couleurs primaires sur un écran.

CMJN (Cyan, Magenta, Jaune, Noir). Idéal pour l'impression professionnelle des images en couleurs.

Lab (Luminosité, couches A et B). Idéal pour effectuer des corrections sur les images. Applique toutes les informations de niveaux de gris à la couche L (luminosité) et divise les couleurs sur les couches A et B.

Les couleurs sont traitées au chapitre 8 « Couleurs et couches ».

Choisissez la résolution d'une image

Photoshop fonctionne principalement avec des **documents tramés**, c'est-à-dire des images composées de pixels. Un **pixel** est une unité qui contient les données d'informations sur les couleurs et les détails de l'image. La comparaison entre une image Photoshop et un mur de briques, chacune d'elles correspondant aux pixels individuels de l'image, est une manière très juste d'imaginer un document Photoshop. Les documents ouverts dans Photoshop possèdent une résolution spécifique. La **résolution** de l'image, ainsi que sa largeur et sa hauteur, correspondent au nombre de pixels contenus dans l'image. Puisque les pixels sont des informations, dans un document, leur nombre est proportionnel à celui des informations que Photoshop doit manipuler pour améliorer l'image. Un moniteur 17 pouces classique affiche les pixels à une résolution de 1 024 x 768. Pour connaître le nombre de pixels contenus sur un écran, multipliez les deux nombres de la résolution, ce qui donne 786 432 avec une résolution de 1 024 x 768. La résolution est égale au nombre de pixels contenus dans un pouce de l'écran, on parle alors de **ppi** (*pixels per inch*, pixels par pouce). Un moniteur classique affiche les pixels à 72 ppi.

Pour déterminer la taille d'une image en pouces, on divise les pixels par le nombre de ppi. Par exemple, avec une image large de 1 024 pixels, on obtient 1 024 / 72 = 14,2 pouces. Pour déterminer les pixels contenus dans une image, multipliez la taille par le nombre de ppi. Ainsi, pour une image de 3 pouces, on obtient 3 x 72 = 216. Si la résolution de l'image diminue, la sortie de l'image perd en qualité. La **pixellisation** se produit quand la résolution est si basse que l'on peut discerner les pixels. Plus la résolution est élevée (plus il y a de pixels), plus l'image est nette. Toutefois, elle est également proportionnelle à la taille du fichier. Pour optimiser l'utilisation d'un fichier, choisissez la résolution en fonction de la tâche à effectuer : 72 ppi pour les pages web, les CD-ROM et le multimédia, 150 ppi pour une imprimante à jet d'encre, 200 ppi pour les imprimantes photo et 300 ppi pour l'impression professionnelle. Dans le domaine du traitement de l'image, il est toujours préférable de commencer avec une taille d'image élevée. Si on la réduit par la suite (en retirant des pixels), on ne perd pas en qualité. En revanche, en agrandissant l'image, vous courez le risque de perdre de la qualité. En effet, le nombre de pixels n'est pas augmenté avec l'image, ce sont les pixels eux-mêmes qui sont grossis, ce qui va rendre l'image beaucoup moins précise.

Créez un nouveau document avec les paramètres prédéfinis

 PS 10.4

Lorsque vous créez des documents destinés à des supports spécifiques (périphérique mobile, Web, film ou vidéo), vous devez faire en sorte qu'ils répondent aux critères de sortie de la destination. Les tailles de fichiers prédéfinies disponibles dans le menu Paramètre prédéfini permettent de créer des images dont le format taille/pixel compense l'échelle si vous les incorporez dans la sortie de votre choix. Grâce à ce menu, le temps où le résultat obtenu avec la création de documents photo, Web, pour appareils mobiles, film et vidéo était hasardeux est révolu.

Créez un nouveau document avec les paramètres prédéfinis

1. Cliquez le menu **Fichier**, puis **Nouveau**.

2. Cliquez la flèche de la liste **Paramètre prédéfini**, puis choisissez un paramètre :
   - Photo
   - Web
   - Appareils mobiles
   - Film et vidéo
   - Personnalisé

3. Cliquez la flèche de la liste **Taille**, puis choisissez un paramètre. Les options dépendent du type de document à créer.
   - **Photo**. Par exemple, Paysage 4 x 6.
   - **Web**. Par exemple, 640 x 480.
   - **Appareils mobiles**. Par exemple, 176 x 208.
   - **Film et vidéo**. Par exemple, HDTV 1080p/29,97.

4. Si nécessaire, ajustez les options disponibles pour créer votre document.

5. Cliquez **OK**.

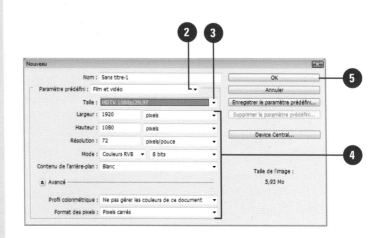

Bon à savoir

Employez l'option Aperçu de la vidéo

Photoshop propose une option Aperçu de la vidéo qui permet de présenter les documents sur un périphérique d'affichage, comme un écran standard ou DVD. Le périphérique doit être branché à l'ordinateur *via* un port FireWire. Une fois celui-ci connecté, ouvrez un document, cliquez le menu Fichier, pointez Exportation, puis cliquez Envoyer l'aperçu de la vidéo vers le périphérique. Pour définir des options de sortie avant d'afficher le document, cliquez Fichier, Exportation, puis Rendu vidéo. L'option Aperçu de la vidéo est compatible avec les images RVB, niveaux de gris et indexées, avec 8 ou 16 bits par couche. Ajustez si besoin le format pour améliorer la qualité des images. Sélectionnez d'abord le format du périphérique d'affichage, à savoir Standard (4:3) ou Grand écran (16:9), puis choisissez une option de disposition, comme Centrer ou Recadrage en 4:3. Pour conserver le format des pixels (non carrés) d'une image, cochez la case Appliquer le format des pixels à l'aperçu.

Exploitez les pixels non carrés

Les images affichées sur un écran d'ordinateur sont composées de pixels carrés. En revanche, une image sur écran vidéo est analogique et ne contient aucune forme de pixel. Les pixels non carrés sont les plus exploités par les périphériques d'encodage de production vidéo. Si on importe une image d'un programme graphique à pixels carrés vers un programme d'édition vidéo comme Adobe Premiere, les pixels carrés sont automatiquement mis à l'échelle des pixels non carrés pour l'encodage vidéo. Cette opération déforme l'image. Par défaut, les documents à pixels non carrés s'ouvrent avec l'option Correction du format des pixels activée. Elle donne un aperçu de l'apparence de l'image sur le périphérique de sortie, tel un écran vidéo, et lors de l'exportation vers un appareil vidéo analogique. Avec la volonté de suivre un marché en évolution constante, Adobe offre ces nouvelles options de format de pixels : DVCPRO HD 1080 (1,5) et HDV 1080/ DVCPRO HD 720 (1,33).

Travaillez avec les pixels non carrés

1 Cliquez le menu **Fichier**, puis **Nouveau**.

2 Au bas de la boîte de dialogue Nouveau, dans la section Avancé, cliquez la flèche de la liste **Format des pixels**, sélectionnez l'un des paramètres de pixels non carrés et cliquez **OK**.

3 Cliquez le menu **Fenêtre**, pointez **Réorganiser** et cliquez **Nouvelle fenêtre** pour créer une nouvelle fenêtre où placer le document actif.

4 Cliquez le menu **Fenêtre**, pointez **Réorganiser**, puis cliquez **Mosaïque horizontale** pour disposer les images les unes à côté des autres.

5 Sélectionnez la nouvelle fenêtre.

6 Cliquez le menu **Affichage**, puis **Correction du format des pixels** pour passer de l'affichage corrigé à non corrigé. L'option est activée par défaut.

La fenêtre d'origine montre le format corrigé et la nouvelle affiche le même document sans correction du format des pixels.

Image avec format des pixels non carrés

Ouvrez des images

Avec Photoshop, vous ouvrez des fichiers image créés dans différents formats tels TIFF, JPG, GIF et PNG, ainsi que des documents Photoshop en format PSD ou PSB. Pour ouvrir simplement une image ou un document Photoshop, la boîte de dialogue Ouvrir est la meilleure solution. En revanche, pour gérer, organiser ou traiter des fichiers, il est plus judicieux de passer par Adobe Bridge. Vous y ouvrez un document Photoshop ou un fichier image exactement comme dans un autre programme. Notez toutefois que la boîte de dialogue Ouvrir présente deux options d'affichage sous Mac : Adobe ou SE.

Ouvrez une image

1 Cliquez le menu **Fichier**, puis **Ouvrir** pour afficher tous les types de fichier dans la liste de la boîte de dialogue Ouvrir.

> RACCOURCI *Pointez la commande Ouvrir les fichiers récents du menu Fichier pour accéder à un fichier récent.*

2 Pour changer l'affichage sous Mac, cliquez **Utiliser la boîte de dialogue Adobe** ou **Utiliser la boîte de dialogue SE**.

3 Cliquez la flèche de la liste **Types de fichiers** (Win) ou **Activer** (Mac), puis choisissez un format.

4 Cliquez la flèche **Regarder dans** (Win) ou **Où** (Mac) et sélectionnez l'emplacement de l'image à ouvrir.

5 Cliquez le fichier image à ouvrir.

> RACCOURCI *Maintenez enfoncée la touche Ctrl pour sélectionner plusieurs fichiers dans la boîte de dialogue Ouvrir.*

6 Cliquez **Ouvrir**.

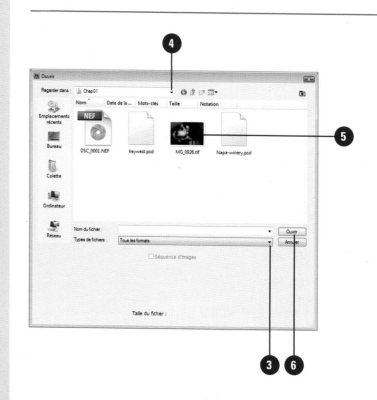

Voir aussi

Reportez-vous à la section« Découvrez les formats de fichiers » à la page 381.

Bon à savoir

Ouvrez un fichier dans un autre format

La commande Ouvrir sous du menu Fichier permet d'ouvrir un fichier dans Photoshop sous un autre format, ce qui évite de l'ouvrir et de l'enregistrer par la suite dans un autre format. Dans la boîte de dialogue Ouvrir sous, sélectionnez le fichier, affichez tous les fichiers, choisissez le format dans la liste Ouvrir (Mac) ou Ouvrir sous (Win) et cliquez Ouvrir. Si le fichier ne s'ouvre pas, cela signifie que le format choisi ne correspond pas au format réel du fichier ou que celui-ci est endommagé.

Insérez des images dans un document

La commande Importer insère un élément dans un document ouvert. Photoshop place la nouvelle image sur un calque séparé pour qu'il soit plus simple de contrôler ses informations. Vous pouvez importer des fichiers PDF, Illustrator et EPS. La première fois que vous importez une image vectorisée dans Photoshop, il est possible de modifier sa largeur, sa hauteur et sa rotation, à l'instar d'une vraie image vectorielle. Cependant, comme Photoshop est principalement un programme en trame de points, lorsque vous finalisez vos modifications, il pixellise les informations du fichier (convertit les données vectorielles en pixels) et l'enregistre en tant qu'objet dynamique. Cela signifie qu'il est impossible de modifier les documents importés comme on modifierait une forme ou un chemin d'accès vectoriel. Mais il vous reste la possibilité d'ouvrir l'objet dynamique dans son fichier original et de le modifier pour le mettre à jour.

Insérez une image dans un document avec la commande Importer

1 Ouvrez un document Photoshop.

2 Cliquez le menu **Fichier**, puis **Importer**.

3 Sélectionnez le document à importer dans le document actif.

4 Cliquez **Importer**.

Photoshop place l'image dans un nouveau calque, juste au-dessus du calque actif, puis l'entoure d'un cadre de sélection active.

5 Contrôlez la forme en manipulant les angles et les poignées latérales du cadre.

6 Appuyez sur **Entrée** (Win) ou **Retour** (Mac) pour pixelliser l'image à la résolution du document actif.

Note

Numérisez des images dans Photoshop. Connectez et installez le scanneur avec son logiciel (y compris l'interface Twain), cliquez le menu Fichier, pointez Importation, cliquez Twain, définissez les paramètres du scanneur, puis cliquez Numériser.

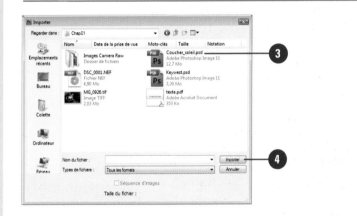

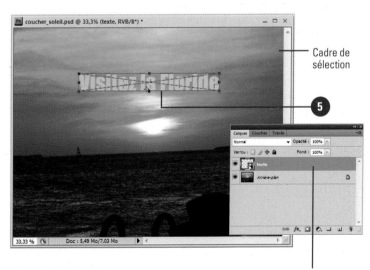

Cadre de sélection

Nouveau calque importé

Importez des données raw d'un appareil photo numérique

 PS 1.6, 7.1, 7.2, 7.3, 7.5

Importez un fichier Camera Raw

1 Cliquez le menu **Fichier**, puis **Ouvrir**.

◆ Pour importer un fichier raw en tant qu'objet dynamique, cliquez **Fichier**, puis **Importer**.

2 Cliquez la flèche de la liste **Format** (Mac) ou **Types de fichiers** (Win), puis cliquez **Camera Raw**.

3 Sélectionnez un fichier image Camera Raw ou **Ctrl** (Win)/⌘ (Mac) + cliquez pour sélectionner plusieurs fichiers.

4 Cliquez **Ouvrir**.

Photoshop ouvre l'image dans la boîte de dialogue Camera Raw, dans l'onglet Réglages de base.

5 Cliquez l'un des onglets – **Réglages de base**, **Courbe des tonalités**, **Détail** (Netteté et Réduction du bruit), **TSI / Niveaux de gris**, **Virage partiel**, **Corrections de l'objectif**, **Étalonnage de l'appareil photo** ou **Paramètres prédéfinis** – pour modifier des options.

6 Pour effectuer des ajustements de teintes automatiques, cliquez **Auto** dans l'onglet Réglages de base, puis réglez manuellement les autres paramètres.

La plupart des appareils photo numériques haut de gamme produisent des fichiers image de format Camera Raw (format brut) qui contiennent toutes les informations sur la prise de l'image. Ce format désactive tous les ajustements de l'appareil et enregistre simplement les informations saisies par le capteur sur la carte mémoire. Lorsque vous ouvrez un fichier image raw, Photoshop ouvre Camera Raw et vous invite à ajuster les détails de l'image. En cas de doute, cliquez Auto pour que Camera Raw s'en charge ou faites glisser les curseurs de couleur pour régler manuellement les options. Vous ajustez les nuances des couleurs, réduisez le bruit, corrigez les défauts de l'objectif, ajoutez un vignettage après recadrage (**Ps**) et retouchez les images à l'aide des outils Corriger, Dupliquer et Retouche des yeux rouges. Pour ajuster les nuances de couleurs, modifiez l'exposition, la récupération de surexposition, la lumière d'appoint, la luminosité, le contraste et la saturation à l'aide de Vibrance et Saturation. Les images raw sont plus volumineuses ; cependant, l'augmentation de la taille du fichier constitue un ajout d'informations employé par Camera Raw pour ajuster l'image. En outre, les images raw peuvent être converties en 16 bits, permettant un meilleur contrôle sur les ajustements comme les corrections des teintes et des couleurs. Une fois traitées, les images raw peuvent être enregistrées aux formats DNG (*Digital Negative*), TIF, PSD, PSB ou JPEG. Lorsqu'un fichier raw est importé en tant qu'objet dynamique, Photoshop incorpore les données raw dans le document, ce qui vous permet de modifier les paramètres raw et de mettre à jour le calque converti.

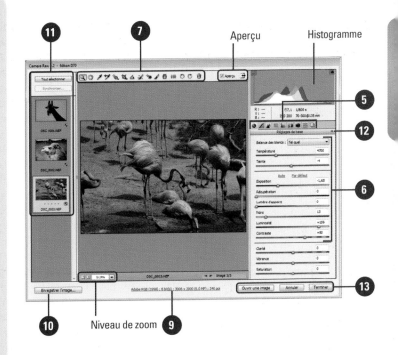
Aperçu | Histogramme

7 Modifiez l'image à l'aide de ces outils :

◆ Modifiez la taille, l'orientation et la position de l'image avec les outils **Zoom**, **Main**, **Rotation**, **Recadrage** et **Redressement**.

◆ Définissez l'équilibrage des blancs avec **Balance du blanc** et échantillonnez une couleur avec **Échantillonnage de couleur**.

◆ Améliorez l'image avec **Retouche des tons directs** ou **Retouche des yeux rouges**.

◆ Exploitez les outils **Pinceau de retouche** ou **Filtre Gradué** (Ps) pour ajuster l'exposition, la luminosité, le contraste, la saturation, la clarté, la netteté et la couleur.

8 Deux zones de l'écran affectent l'affichage de l'image :

◆ **Aperçu**. Cochez cette case pour que l'image affichée présente toutes les corrections effectuées.

◆ **Niveau de zoom**. Change le niveau d'agrandissement de l'image active.

9 Cliquez les paramètres du fichier pour modifier la **Distance** (couleur), la **Profondeur** (bits), la **Taille** et la **Résolution** de l'image.

10 Cliquez **Enregistrer l'image** pour spécifier le dossier, le nom de fichier et le format des images traitées.

11 Sélectionnez les images à synchroniser (auxquelles appliquer les paramètres) dans le film fixe (cliquez **Tout sélectionner** si nécessaire), puis cliquez **Synchroniser**.

12 Cliquez le bouton **Menu Camera Raw** pour **Charger**, **Enregistrer** ou **Effacer** un jeu spécifique de paramètres.

13 Lorsque vous avez terminé, cliquez **Terminer** pour traiter le fichier, sans l'ouvrir, ou cliquez **Ouvrir une image** pour le traiter et l'ouvrir dans Photoshop. Maintenez enfoncée la touche **Alt** (Win) ou **Option** (Mac) pour accéder aux commandes **Ouvrir une copie** ou **Réinitialiser**.

Niveau de zoom

Onglet Réglages de base

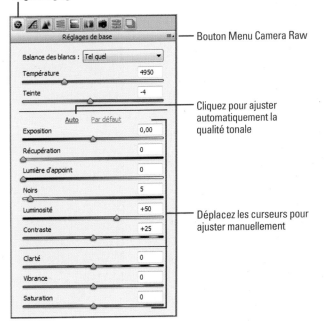

Bouton Menu Camera Raw

Cliquez pour ajuster automatiquement la qualité tonale

Déplacez les curseurs pour ajuster manuellement

Travaillez avec des objets dynamiques

Travaillez avec des objets dynamiques

1 Il existe plusieurs méthodes pour créer un objet dynamique :

- ◆ Cliquez le menu **Fichier**, **Ouvrir en tant qu'objet dynamique**, sélectionnez un fichier, puis cliquez **Ouvrir**.

- ◆ Cliquez le menu **Fichier**, puis **Importer** pour importer dans un document Photoshop ouvert.

- ◆ Sélectionnez un calque, cliquez le menu **Calque**, pointez **Objets dynamiques**, puis cliquez **Convertir en objet dynamique**.

2 Si vous avez utilisé la commande **Importer**, servez-vous du cadre de sélection pour donner à l'image la forme voulue.

3 Appuyez sur **Entrée** (Win) ou **Retour** (Mac) pour convertir l'image en objet dynamique (dans le panneau Calques).

4 Pour faire une copie, faites glisser le calque de l'objet dynamique vers le bouton Créer un calque.

5 Double-cliquez la vignette de l'original ou de la copie pour ouvrir l'éditeur de l'objet dynamique.

Note

Impossible de modifier les données de pixels. Certains outils (peinture, densité, clonage) ne sont disponibles que si vous convertissez le calque de l'objet dynamique en calque normal.

Un **objet dynamique** est un conteneur auquel on peut incorporer des données d'image trame/pixel (comme PSD, JPEG, TIFF) ou vectorielles (comme AI, PDF, EPS), par exemple, provenant d'un autre fichier Photoshop ou Adobe Illustrator, avec toutes ses caractéristiques originales et restant totalement éditable. Un objet dynamique peut être mis à l'échelle, pivoté et déformé sans dommages et sans perdre ses données initiales dans Photoshop. Les objets dynamiques stockent des données source avec l'objet d'origine, ce qui permet de travailler sur une représentation (données composites) de l'image sans modifier l'original, un fichier étant incorporé au sein d'un autre. Par exemple, si l'on double-clique un objet dynamique Illustrator dans le panneau Calques, Photoshop démarre Illustrator et ouvre une copie de l'élément. Si le fichier est modifié et enregistré dans Illustrator, Photoshop le trame à nouveau automatiquement. Si vous dupliquez un objet dynamique, Photoshop stocke une seule copie des données source tandis qu'il crée une seconde instance des données composites. Lorsqu'un objet dynamique est modifié, Photoshop met à jour toutes les copies. En outre, vous pouvez lier un objet dynamique avec son masque de couche (**Ps**) afin qu'ils soient déplacés ensemble. Pour créer des objets dynamiques, convertissez les calques sélectionnés, collez les données Illustrator à partir du Presse-papiers ou employez la commande Importer pour insérer un fichier ou la commande Ouvrir en tant qu'objet dynamique.

Copie de l'objet dynamique

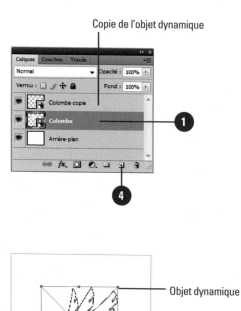

Objet dynamique

6 Modifiez et enregistrez l'image, puis fermez la fenêtre de l'éditeur.

7 Lorsque vous en avez terminé avec l'objet dynamique, choisissez l'une des commandes suivantes :

◆ **Convertir en calque normal**. Sélectionnez le calque, cliquez le menu **Calque**, pointez **Pixellisation**, puis cliquez **Objet dynamique**.

◆ **Exporter le contenu**. Sélectionnez le calque, cliquez le menu **Calque**, pointez **Objets dynamiques**, puis cliquez **Exporter le contenu**.

Photoshop enregistre le contenu dans son format d'origine ou en PSB s'il a été créé à partir d'un calque.

◆ **Remplacer le contenu**. Sélectionnez le calque, cliquez le menu **Calque**, pointez **Objets dynamiques**, puis cliquez **Remplacer le contenu**.

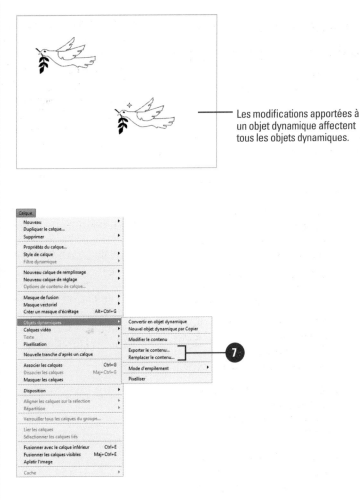

Les modifications apportées à un objet dynamique affectent tous les objets dynamiques.

Note

Appliquez un filtre à un objet dynamique. Lorsqu'un filtre est appliqué à un objet dynamique, le filtre devient un filtre dynamique. Les filtres dynamiques apparaissent dans le panneau Calques sous le calque Objet dynamique, où l'on peut les afficher ou les masquer indépendamment ; ils sont non destructifs. On peut appliquer n'importe quel filtre, sauf Fluidité et Point de fuite.

Convertissez un calque 3D en objet dynamique (Photoshop Extended). Sélectionnez le calque 3D dans le pannea u Calques, cliquez le menu Options, puis cliquez Convertir en objet dynamique. Pour rééditer le contenu 3D, double-cliquez le calque Objet dynamique.

Bon à savoir

L'édition non destructive

Dans Photoshop, l'édition non destructive permet de revenir sur des modifications apportées à une image sans modifier l'image d'origine. Cette souplesse vous permet de tester plusieurs effets à votre guise sans vous soucier de l'effet sur l'image d'origine. Ce mode d'édition s'applique à plusieurs domaines de Photoshop : (1) Transformations avec les objets dynamiques, (2) Filtrage par filtres dynamiques, (3) Ajustement des variations, ombres et brillances avec les objets dynamiques, (4) Édition dans Camera Raw, (5) Ouverture de fichiers Camera Raw en tant qu'objets dynamiques, (6) Recadrage non destructif, (7) Masques avec calques et vecteurs, (8) Retouches sur calque séparé à l'aide des outils Tampon de duplication, Correcteur et Correcteur de tons directs et (9) Calques de réglage.

Modifiez la taille et la résolution d'une image

PS 1.4

Modifiez la taille de l'image

1. Ouvrez une image.

2. Cliquez le menu **Image**, puis **Taille de l'image**.

3. Cochez la case **Rééchantillonnage**.

4. Ouvrez la liste **Rééchantillonnage** et choisissez une option.

   ◆ **Au plus proche**. Résultats rapides de qualité moyenne.

   ◆ **Bilinéaire**. S'applique aux dessins au trait.

   ◆ **Bicubique**. Option par défaut, objectifs les plus divers et qualité élevée.

   ◆ **Bicubique plus lisse**. Idéal pour agrandir une image.

   ◆ **Bicubique plus net**. Idéal pour réduire une image.

5. Pour conserver les proportions de l'image, cochez la case **Conserver les proportions**.

6. Saisissez les dimensions souhaitées dans les zones fournies.

   Si, à l'étape 5, vous choisissez de conserver les proportions, lorsque vous modifiez une dimension, les autres zones s'ajustent automatiquement.

7. Cliquez **OK**.

Vous êtes libre de modifier la taille et la résolution d'un document ouvert. Cependant, n'oubliez pas que cela impose à Photoshop d'ajouter ou de soustraire des pixels de l'image, processus appelé **interpolation**. Par exemple, si vous augmentez la résolution d'une image de 72 à 144 ppi, Photoshop ajoute des pixels. Au contraire, si vous réduisez la résolution, Photoshop supprime des pixels. La méthode d'interpolation de l'image détermine la manière dont Photoshop effectue ce processus. La méthode Au plus proche est la plus rapide, mais elle dégrade plus la qualité visuelle. La méthode Bicubique plus net est plus longue, mais elle produit les meilleurs résultats visuels.

Des icônes indiquent que les proportions sont conservées

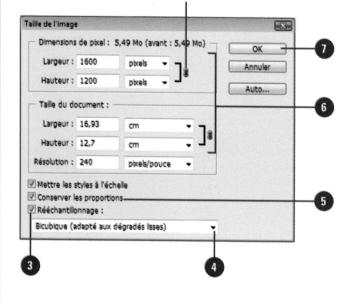

Travaillez avec des images de grande taille

Photoshop accepte les documents atteignant 300 000 pixels dans chaque dimension et jusqu'à 56 couches par fichier. Le programme propose trois formats de fichier pour enregistrer des documents dont la taille excède 2 Go : PSD, RAW et TIFF. Notez que la plupart des programmes, dont les anciennes versions de Photoshop (antérieures à la CS), ne prennent pas en charge les fichiers dont la taille dépasse 2 Go.

Modifiez la résolution d'une image

 Ouvrez une image.

2 Cliquez le menu **Image**, puis **Taille de l'image**.

3 Décochez la case **Rééchantillonnage**.

4 Tapez une résolution, laquelle ajuste automatiquement les champs Largeur et Hauteur.

5 Cliquez **OK**.

Taille de l'image

Dimensions de pixel : 5,49 Mo

Largeur : 1600 pixels

Hauteur : 1200 pixels

OK — 5

Annuler

Auto...

Taille du document :

Largeur : 27,09 cm

Hauteur : 20,32 cm

Résolution : 150 pixels/pouce — 4

☑ Mettre les styles à l'échelle
☑ Conserver les proportions
☐ Rééchantillonnage : — 3

Bicubique (adapté aux dégradés lisses)

Recherchez des mises à jour et des correctifs

Avec le temps, Photoshop évolue, comme tous les programmes, au moyen de mises à jour et de correctifs. Les mises à jour apportent des améliorations, telles qu'une nouvelle fonctionnalité, option ou commande. Les correctifs résolvent des problèmes découverts après la publication du programme. La bonne nouvelle, c'est que tous deux sont gratuits et qu'une opération suffit pour les télécharger et les installer automatiquement. Adobe fournit deux manières de prendre connaissance des nouveautés. Consultez de votre propre chef le site web d'Adobe ou passez par la boîte de dialogue Adobe Updater. La boîte de dialogue Préférences Adobe Updater permet de définir des options de mise à jour pour Photoshop et les autres produits Adobe installés, comme Bridge. Il est possible de définir ces préférences de manière à lancer la recherche des mises à jour toutes les semaines ou tous les mois et vous avez le choix entre un téléchargement automatique ou une demande avant de télécharger.

Recherchez des mises à jour directement sur Internet

1 Ouvrez votre navigateur Internet.

2 Rendez-vous à l'adresse www. adobe.com/fr/downloads/ updates/.

3 Ouvrez la liste Produit et sélectionnez **Photoshop – Macintosh** ou **Photoshop – Windows**.

4 Cliquez **OK**.

Tous les correctifs et mises à jour sont affichés dans une liste.

5 En fonction de votre système d'exploitation, suivez les instructions à l'écran pour télécharger et installer le logiciel.

ATTENTION ! *Pour rechercher des mises à jour, vous devez posséder une connexion à Internet. Comme certaines mises à jour peuvent être volumineuses, il est préférable de disposer d'un accès performant ; 56 k suffisent, mais un modem DSL ou le câble conviennent mieux.*

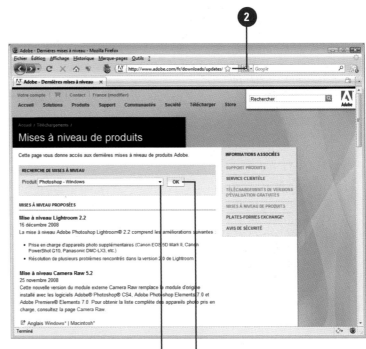

Recherchez des mises à jour à partir du menu Aide

1 Démarrez Adobe Photoshop si nécessaire.

2 Cliquez le menu **Aide**, puis **Mises à jour**.

Photoshop vous connecte automatiquement à Internet et recherche les mises à jour. Si certaines sont disponibles, Adobe les télécharge et les installe.

ATTENTION ! *N'oubliez pas que ces fichiers peuvent être assez volumineux. Par conséquent, si votre connexion Internet est lente, choisissez plutôt de télécharger les fichiers pendant une période de trafic faible. En outre, en fermant les autres programmes en cours d'exécution, vous optimisez les ressources de votre système pour le téléchargement des fichiers.*

À la fin de la recherche ou du téléchargement, la boîte de dialogue Adobe Updater s'affiche.

3 Pour modifier les préférences, cliquez **Préférences**, cochez la case **Rechercher automatiquement des mises à jour Adobe**, sélectionnez vos options de mise à jour et de programme et cliquez **OK**.

4 Cliquez **OK**.

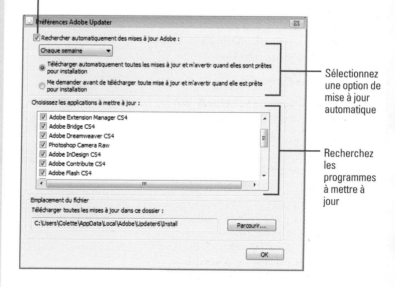

Cochez cette case pour mettre à jour une application

Sélectionnez une option de mise à jour automatique

Recherchez les programmes à mettre à jour

Obtenez de l'aide

À un moment ou l'autre, tout le monde en vient à se poser une question sur le logiciel qu'il utilise. Pour vous aider à localiser l'information dont vous avez besoin, l'aide de Photoshop utilise le site Aide à la communauté (Ps) sur le Web à l'adresse www.adobe.com/fr/support/photoshop/. Ce site est maintenu à jour régulièrement. Lorsque vous cliquez Aide de Photoshop, votre navigateur s'ouvre à l'adresse précédente, présentant des catégories et des sujets d'aide. Vous pouvez choisir un sujet dans la liste de catégories et des sujets, cliquer le lien Aide de Photoshop dans la colonne de droite ou taper un mot-clé ou une expression dans la zone de recherche. Les résultats d'une recherche sont donnés par ordre de pertinence. Certains sujets d'aide sont accompagnés de liens vers des articles ou des didacticiels vidéo. En outre, des commentaires et des notes données par les utilisateurs sont disponibles pour vous guider.

Obtenez de l'aide

1. Cliquez le menu **Aide,** puis cliquez **Aide de Photoshop**.

   RACCOURCI *Appuyez sur F1.*

   Votre navigateur s'ouvre, affichant l'aide de Photoshop depuis le site d'Adobe. Une connexion Internet est nécessaire. Pour atteindre l'aide proprement dite du logiciel, cliquez le lien Aide de Photoshop (web) en haut de la colonne de droite.

2. Développez un chapitre d'aide en cliquant le signe plus (+) correspondant dans la colonne de gauche.

3. Cliquez le sujet recherché.

4. Lisez l'information et, si nécessaire, cliquez l'un des liens proposés pour atteindre un sujet connexe ou une définition.

5. Lorsque vous avez terminé, fermez le navigateur.

Note

Obtenez de l'aide sur Photoshop via Internet. Cliquez le menu Aide, puis Photoshop en ligne (requiert une connexion Internet) pour ouvrir le site web d'Adobe à la page consacrée à Photoshop, qui contient bon nombre d'informations pratiques.

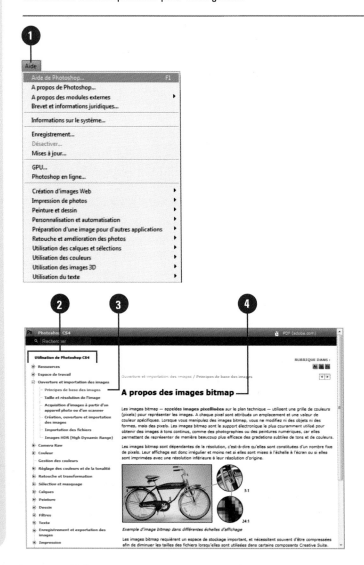

Recherchez de l'aide

 Cliquez le menu **Aide,** puis cliquez **Aide de Photoshop**.

Votre navigateur s'ouvre, affichant l'aide de Photoshop depuis le site d'Adobe. Une connexion Internet est nécessaire.

2 Tapez un mot-clé ou une expression dans la zone de recherche, puis appuyez sur **Entrée** (Win) ou **Retour** (Mac).

Votre navigateur affiche une liste des réponses à votre recherche trouvées dans le site web d'Adobe, d'après le sujet de recherche donné.

3 Cliquez le lien vers le sujet qui vous paraît le plus pertinent.

4 Lisez l'article et, si nécessaire, cliquez l'un des liens proposés pour atteindre un sujet connexe.

5 Lorsque vous avez terminé, fermez le navigateur.

Note

Trouvez les nouveautés de Photoshop CS4. Cliquez le menu Aide, puis Photoshop en ligne (requiert une connexion Internet) pour ouvrir le site web d'Adobe. La page Comparatif des éditions de Photoshop CS4 énumère la liste des nouveautés. Pour plus de détails sur ces nouvelles caractéristiques, cliquez le lien Photoshop CS4 et accédez à la page des caractéristiques ou affichez la page Nouvelles fonctionnalités de Photoshop dans le chapitre Ressources de l'aide.

Imprimez le sujet d'aide sélectionné. Ouvrez le sujet d'aide qui vous intéresse, sélectionnez Imprimer dans le menu Fichier, définissez les options d'impression et cliquez Imprimer (Win) ou OK (Mac).

Nouveautés

Note

Vous pouvez parcourir l'aide page par page. Utilisez les boutons Page précédente et Page suivante du coin supérieur droit des pages d'aide.

Enregistrez un document

Après avoir fini de travailler sur le document Photoshop, vous devez l'enregistrer avant de le fermer ou de quitter Photoshop. Cela peut s'avérer très simple, mais vous devez vous poser certaines questions avant l'enregistrement d'un fichier, comme « Quelle va être la destination finale de l'image ? ». Par exemple, si le document est destiné à Internet, choisissez d'enregistrer le document au format JPEG, GIF ou PNG. Tout périphérique de sortie, écran ou papier, nécessite un format spécifique et il est préférable de le connaître à la création du document. Connaître la destination finale d'une image permet de créer sans perdre de vue l'objectif final.

Enregistrez un document

1. Cliquez le menu **Fichier**, puis **Enregistrer sous**.

2. Saisissez le nom du fichier dans le champ **Nom du fichier** (Win) ou **Enregistrer sous** (Mac).

3. Déroulez la liste **Format**, puis choisissez un format.

4. Déroulez la liste **Enregistrer dans** (Win) ou **Où** (Mac), puis sélectionnez l'emplacement où stocker l'image.

5. Choisissez l'une des options d'enregistrement :

   ◆ **En tant que copie**. Enregistre une copie du fichier tout en laissant le fichier en cours ouvert sur votre Bureau.

   ◆ **Couches alpha**. Enregistre ou supprime les informations sur les couches alpha de l'image.

   ◆ **Calques**. Conserve tous les calques de l'image. Si cette option n'est pas cochée ou est désactivée, cela signifie que tous les calques visibles sont aplatis ou fusionnés (selon le format sélectionné).

   ◆ **Annotations**. Enregistre les annotations avec l'image.

   ◆ **Tons directs**. Enregistre ou supprime les informations de couches de ton direct de l'image.

6 Choisissez l'une des options de couleur :

◆ **Format épreuve**. Crée un document de couleur gérée.

◆ **Incorporer le profil de couleur** (Mac) ou **Profil ICC** (Win). Incorpore les informations sur le profil d'épreuve dans un document non balisé. Si le document est balisé, le profil est incorporé par défaut.

7 Choisissez parmi les autres options disponibles :

◆ **Aperçu**. Enregistre une vignette avec les données du fichier. Pour activer cette option, vous devez sélectionner l'option Choix à l'enregistrement pour la zone Aperçus d'image dans le volet Gestion des fichiers de la boîte de dialogue Préférences.

◆ **Extension de fichier en minuscules**. Enregistre l'extension de fichier en minuscules.

8 Cliquez **Enregistrer**, puis **OK**, si nécessaire, pour optimiser la compatibilité de l'enregistrement du fichier.

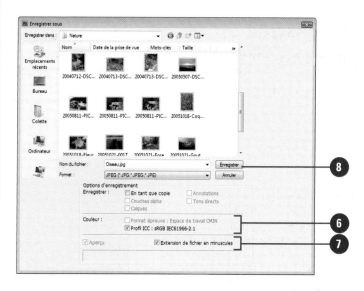

Voir aussi

La section« Enregistrez un document sous un autre format de fichier », page 382, contient des informations sur les options d'enregistrement.

Les différents formats de fichiers sont détaillés à la section« Découvrez les formats de fichiers », page 381.

Bon à savoir

Commandes Enregistrer

Lorsque vous vous servez de la commande **Enregistrer** du menu Fichier pour enregistrer un document existant, Photoshop effectue l'enregistrement sans ouvrir de boîte de dialogue. Cela signifie qu'il remplace le document d'origine par l'état actuel de l'image. Pour conserver le document d'origine, choisissez la commande **Enregistrer sous** du menu Fichier, puis attribuez un nouveau nom au fichier. Par exemple, un fichier nommé paysage.psd pourrait être enregistré sous le nom paysage_1.psd. Régulièrement, arrêtez-vous, cliquez **Enregistrer sous** et créez une autre version du fichier (paysage_2.psd, paysage_3.psd). Ainsi, vous disposez d'un enregistrement de la progression du document. Vous pouvez aussi exploiter les compositions de calques ou Version Cue pour conserver la trace des versions précédentes du même fichier.

Exploitez la Barre d'état

Pour travailler efficacement dans Photoshop, il vous faut quelques informations sur le document actif. Les détails sur la taille du document, sa résolution, son mode de couleurs et sa taille actuelle sont d'une aide précieuse dans la conception et la préparation de l'image finale. Photoshop présente les informations en cours concernant le document actif dans la Barre d'état, située au bas de la fenêtre du document.

Exploitez la Barre d'état

① Cliquez le **triangle noir** en regard de la zone d'informations de la Barre d'état, pointez **Afficher**, puis choisissez l'une des options suivantes :

◆ **Version Cue**. Indique si la gestion de fichiers Version Cue est activée.

◆ **Tailles du document**. Le nombre de gauche indique la taille aplatie du fichier image et celui de droite, la taille du fichier ouvert, selon les calques et les options.

◆ **Profil du document**. Donne des informations sur le profil de couleur affecté au document.

◆ **Dimensions du document**. Représente la largeur et la hauteur de l'image.

◆ **Échelle de mesure**. Donne l'échelle du document.

◆ **Fichiers de travail**. Le nombre de gauche indique l'espace disque de travail requis par Photoshop et celui de droite, l'espace disponible du disque de travail.

◆ **Efficacité**. Affiche un pourcentage qui représente l'efficacité de Photoshop, basée sur l'espace du disque de travail et la RAM disponibles.

◆ **Durée**. Enregistre le temps nécessaire pour effectuer le dernier ajustement ou la dernière commande.

◆ **Outil actif**. Indique l'outil en cours.

◆ **Exposition 32 bits**. Permet de contrôler l'exposition générale de l'image.

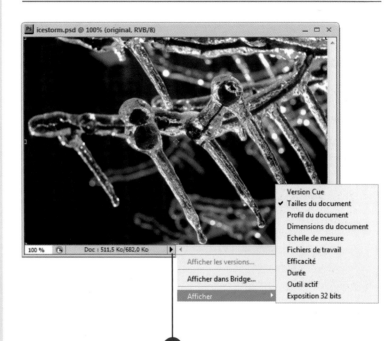

Fermez un document

Pour conserver les ressources de votre ordinateur, fermez tous les documents Photoshop sur lesquels vous ne travaillez pas. Vous pouvez fermer les documents un à un [cliquez Fermer dans le menu Fichier ou utilisez le bouton Fermer sur l'onglet de document ()] ou vous servir d'une commande pour fermer simultanément tous les documents ouverts sans fermer le programme (cliquez Tout Fermer dans le menu Fichier). Dans les deux cas, si vous essayez de fermer un document sans enregistrer vos dernières modifications, une boîte de dialogue vous invite à le faire.

Fermez un document

1 Cliquez le bouton **Fermer** de l'onglet de document ou ouvrez le menu **Fichier** et cliquez **Fermer**.

> **RACCOURCI** *Appuyez sur Ctrl + W (Win) ou ⌘ + W (Mac) pour fermer le document actif.*

2 Si nécessaire, cliquez **Oui** pour enregistrer vos modifications.

Note

Fermez tous les documents simultanément. Cliquez le menu Fichier, puis Tout Fermer. Si nécessaire, cliquez Oui pour enregistrer les modifications de chaque document. Sinon, appuyez sur Alt + Ctrl + W (Win) ou Option + ⌘ + W (Mac).

Fermez des documents et ouvrez Bridge simultanément. Pour fermer le ou les document(s) ouvert(s) et ouvrir Bridge, cliquez le menu Fichier, puis Fermer et passer à Bridge.

1 Bouton Fermer sur l'onglet de document

Quittez Photoshop

Maintenant que vous savez comment enregistrer votre document, il est temps de quitter Photoshop. Assurez-vous au préalable que tous vos documents ont été correctement enregistrés et fermés avant de quitter le programme. Ce dernier effectue un peu de gestion de mémoire, enregistre l'emplacement en cours des panneaux et des boîtes à outils, puis se ferme.

Quittez Photoshop dans Windows

1 Cliquez le menu **Fichier**.

2 Cliquez **Quitter**.

> **RACCOURCI** *Cliquez le bouton Fermer de la fenêtre du programme ou appuyez sur Ctrl + Q pour quitter Photoshop.*

3 Si nécessaire, cliquez **Oui** pour enregistrer vos modifications.

Photoshop se ferme et votre Bureau s'affiche à nouveau.

Cliquez pour quitter Photoshop

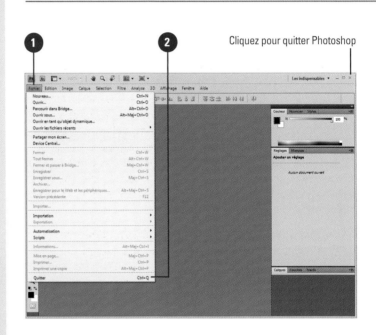

Quittez Photoshop dans Macintosh

1 Cliquez le menu **Photoshop**.

2 Cliquez **Quitter Photoshop**.

> **RACCOURCI** *Appuyez sur ⌘ + Q pour quitter Photoshop.*

3 Si nécessaire, cliquez **Oui** pour enregistrer vos modifications.

Photoshop se ferme et votre Bureau s'affiche à nouveau.

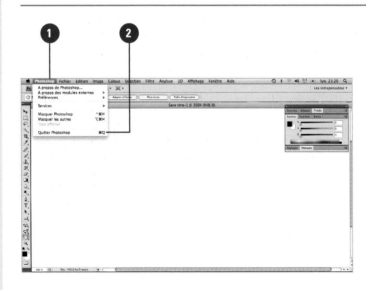

Les systèmes de navigation et de mesure

Pour réussir un voyage en voiture, vous devez disposer d'outils de navigation (cartes) et comprendre comment mesurer les distances entre deux points de la carte (1 cm égale 100 km). Dans Adobe Photoshop, votre réussite se fonde essentiellement sur une bonne compréhension des outils de navigation et de mesure. Photoshop permet de choisir le système de mesure pour répondre aux besoins d'un projet spécifique. Par exemple, si vous préparez des images destinées au Web ou à un moniteur, vous opterez sans doute pour les pixels.

À l'inverse, pour une sortie papier, ou éventuellement une presse quadrichromique, vous préférerez les pouces ou les picas. Le choix du système de mesure n'influe pas sur la qualité de l'image finale, mais uniquement sur la manière de mesurer les dimensions. Fiez-vous à mon expérience : comprendre la mesure des distances rend le voyage agréable.

Vous avez des difficultés à percevoir les petits détails d'une photographie ? Optimisez votre contrôle du document avec l'outil Zoom. En agrandissant une section d'un document, vous pouvez retoucher les détails sans la moindre difficulté. En outre, le panneau Informations indique la position exacte du curseur et fournit des informations précises sur les couleurs, indispensables dans le cadre des corrections de couleurs.

Les annotations textuelles permettent d'enregistrer des informations essentielles concernant le traitement de l'image et de les transmettre à toute personne susceptible d'ouvrir le document. Les systèmes de navigation et de mesure de Photoshop ne sont pas seulement informatifs, ils permettent de garder le contrôle sur le document et de maîtriser le processus créatif.

Modifiez le facteur de zoom avec le panneau Navigation

 PS 1.3

Le panneau Navigation propose un aperçu global de l'image et permet de parcourir le document ou de modifier le facteur de zoom. Avec ces différentes vues d'une image, vous vous concentrez sur les petits éléments sans porter atteinte à la qualité globale de l'image. Une fois les détails agrandis, il devient plus simple de procéder à de petits changements. Le facteur de zoom détermine la partie visible d'une image dans la fenêtre du document. En augmentant le facteur de zoom, vous manipulez les détails et vous visualisez ensuite leur impact sur l'image entière en réduisant le grossissement. Le panneau Navigation accueille une vignette de l'image, sous laquelle se trouvent les contrôles d'ajustement du facteur de zoom. En outre, les changements apportés au panneau Navigation se répercutent immédiatement dans la fenêtre du document actif.

Modifiez le facteur de zoom dans le panneau Navigation

1 Sélectionnez le panneau **Navigation**.

2 Servez-vous de l'une des méthodes suivantes pour modifier le facteur de zoom :

- Faites glisser le curseur triangulaire vers la droite pour augmenter le zoom, ou vers la gauche pour le réduire.
- Cliquez la petite ou la grande icône de montagnes, situées à droite et à gauche du curseur, pour réduire ou augmenter le zoom.
- Saisissez une valeur entre 0,23 et 3 200 % dans la zone Échelle.

Cliquez les icônes de montagnes pour réduire ou augmenter le zoom

Saisissez une valeur   Faites glisser le curseur

Note

Il existe d'autres moyens de zoomer dans le panneau Navigation. Dans la vignette de l'illustration, appuyez sur la touche Ctrl et faites glisser le pointeur pour redimensionner le document actif.

Imposez un déplacement horizontal ou vertical de la zone de vignette. Appuyez sur la touche Maj et faites glisser le pointeur dans la zone de vignette.

Bon à savoir

Raccourci du panneau Navigation

Le panneau Navigation propose un raccourci bien pratique : cliquez une fois dans la zone Échelle du panneau Navigation et servez-vous des flèches de direction pour augmenter ou réduire le facteur de zoom de 1 % à la fois. Pas assez rapide à votre goût ? Appuyez sur la touche Maj et les flèches de direction Haut et Bas pour modifier le facteur de zoom de 10 % à la fois. Appuyez sur Entrée pour appliquer les changements dans la fenêtre du document actif.

Modifiez la zone visible avec le panneau Navigation

Les images grossies sont généralement plus grandes que la fenêtre du document. Dans ce cas, Photoshop ajoute des barres de défilement en bas et à droite de la fenêtre du document. Elles ne sont cependant pas le seul moyen de changer la zone visible de l'image. En effet, le panneau Navigation en propose une approche visuelle. Un encadré de couleur marque les limites de la fenêtre du document actif correspondant à la zone visible de l'image.

Modifiez la zone visible avec le panneau Navigation

① Sélectionnez le panneau **Navigation**.

② Faites glisser le rectangle dans la vignette de l'image active.

③ Cliquez dans la vignette.

Le déplacement de la zone de vignette modifie la zone visible de l'image dans la fenêtre du document.

Note

Affichez le panneau Navigation. Si le panneau Navigation n'est pas visible, cliquez Navigation dans le menu Fenêtre.

Changez le facteur de zoom avec la vignette du panneau Navigation. Appuyez sur la touche Ctrl (Win) ou ⌘ (Mac) et faites glisser le pointeur dans la vignette. Lorsque vous relâchez le bouton de la souris, la zone sélectionnée s'étend. L'effet est semblable à celui de l'outil Zoom, mais il est réalisé en faisant glisser le pointeur dans la vignette. Si vous répétez l'opération avec un encadré plus grand, le facteur de zoom diminue.

Modifiez la couleur de la zone de vignette du panneau Navigation

La zone de vignette, dont la couleur par défaut est rouge, définit la zone visible de l'image. Il est important que cette couleur ressorte par rapport à celle(s) de l'image. Dans certains documents, les images ont une couleur identique à celle de la zone de vignette, laquelle devient difficile à localiser. En modifiant sa couleur, vous la mettez en évidence. Cette option peut sembler insignifiante, mais le choix d'une couleur contrastante vous rendra bien des services.

Modifiez la couleur de la zone de vignette

1. Sélectionnez le panneau **Navigation**.

2. Cliquez le bouton **Menu** du panneau **Navigation**, puis **Options de panneau**.

3. Ouvrez la liste **Couleur**, puis cliquez une couleur prédéfinie ou **Personnalisée** pour sélectionner une couleur dans un nuancier.

4. Cliquez **OK**.

Note

Augmentez la taille de la vignette du panneau Navigation. Faites glisser l'angle inférieur droit du panneau Navigation pour agrandir le panneau. La taille de la vignette augmente proportionnellement à celle du panneau Navigation.

Zone de vignette

Modifiez le mode d'affichage

Dans Photoshop, le mode d'affichage détermine l'arrière-plan de l'image active. Vous pourriez par exemple opter pour un arrière-plan noir ou masquer tous les panneaux. L'arrière-plan et les panneaux de Photoshop ajoutent des couleurs distrayantes à l'espace de travail. Modifiez le mode d'affichage pour mieux visualiser l'image sur un arrière-plan d'une couleur pleine. En effet, un arrière-plan noir ou gris permet d'identifier les vraies couleurs de l'image.

Modifiez le mode d'affichage

① Pour basculer entre les différents modes, cliquez le bouton **Mode d'affichage** ou sa flèche, et sélectionnez un mode.

- ◆ **Mode Fenêtres standard**. L'image s'affiche sur fond gris, noir ou personnalisé (Win) ou sur le Bureau du Mac. Tous les menus et panneaux sont visibles.

- ◆ **Mode Plein écran avec menus**. Centre l'image et l'affiche sur un arrière-plan gris, noir ou personnalisé. Tous les menus et les panneaux sont visibles.

- ◆ **Mode Plein écran sans menus**. Centre l'image et l'affiche sur un arrière-plan gris, noir (par défaut) ou personnalisé. Aucun menu ni panneau n'est visible.

RACCOURCI *Appuyez sur F pour basculer entre les modes.*

Note

Masquez temporairement tous les panneaux et la boîte à outils. Appuyez sur la touche Tab pour masquer la boîte à outils et les panneaux. Appuyez une deuxième fois pour les afficher à nouveau. Maintenez enfoncée la touche Maj et appuyez sur Tab pour masquer les panneaux, mais pas la boîte à outils ni la barre d'options. Dans les préférences de l'interface, vous pouvez choisir d'ajouter à chacun des modes une ombre portée ou une bordure ou de n'appliquer aucun effet (Ps).

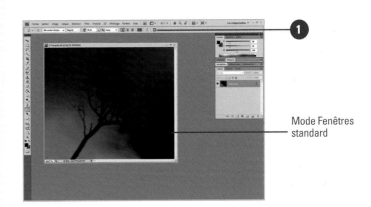

①

Mode Fenêtres standard

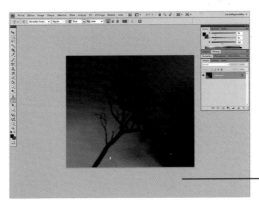

Mode Plein écran avec menus

Mode Plein écran sans menus

Modifiez l'affichage avec l'outil Zoom

 PS 1.3

L'outil Zoom est une autre manière de contrôler de manière précise ce que vous voyez dans Photoshop. À l'instar du panneau Navigation, l'outil Zoom ne modifie pas l'image active, mais permet de visualiser l'image selon différents facteurs de zoom. L'outil Zoom se trouve dans la partie inférieure de la boîte à outils et ressemble à une loupe. L'agrandissement maximal d'un document est de 3 200 % et la plus petite taille est un pixel. En augmentant le facteur de zoom, vous optimisez votre contrôle sur l'image. Les documents de grande taille sont difficiles à exploiter et à visualiser. Avec un facteur de 100 %, de nombreux documents sont plus grands que la taille de la fenêtre agrandie à sa taille maximale. Dans ce cas, il faut réduire le facteur pour afficher toute l'image.

Augmentez le facteur de zoom

1 Dans la boîte à outils, sélectionnez l'outil **Zoom**.

2 Faites appel à l'une des méthodes suivantes :

◆ **Cliquez le document**. L'image s'agrandit, l'emplacement du clic désignant le centre de l'agrandissement.

◆ **Faites glisser le pointeur pour définir une zone avec l'outil Zoom**. L'image s'agrandit en fonction des limites de la zone tracée. Lorsque le facteur d'agrandissement est supérieur à 500 %, une grille de pixels (Ps) apparaît pour faciliter les modifications au niveau des pixels.

◆ **Zoom temporaire (Ps)**. Dans une image agrandie, maintenez enfoncée la touche H, puis cliquez sans relâcher le bouton de la souris pour effectuer un zoom arrière. L'outil Loupe se transforme en main et vous pouvez alors déplacer le rectangle d'affichage pour sélectionner une autre zone. Lorsque vous relâchez le bouton de la souris, cette zone sera agrandie avec le même facteur.

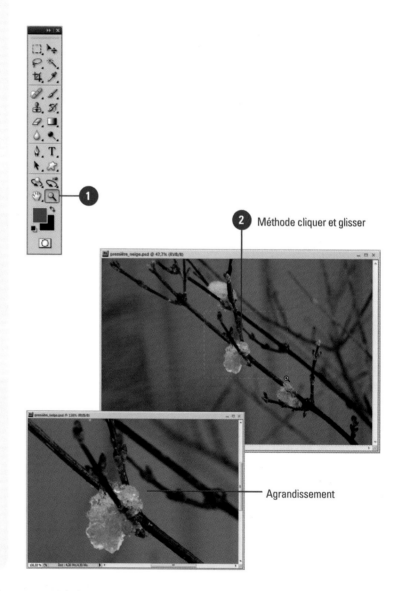

2 Méthode cliquer et glisser

Agrandissement

Réduisez le facteur de zoom

1. Dans la boîte à outils, sélectionnez l'outil **Zoom**.

2. Maintenez enfoncée la touche **Alt** (Win) ou **Option** (Mac) et cliquez à l'écran pour réduire le zoom du document actif.

   La réduction est centrée sur l'endroit où vous avez cliqué.

   ATTENTION ! *Les images affichées dans Photoshop se composent de pixels (comme les briques d'un mur). Pour mieux évaluer le résultat imprimé, affichez l'image avec un facteur de 100 %, même si elle est trop grande pour l'écran.*

Note

Agrandissez ou réduisez l'image avec les touches de raccourci quel que soit l'outil en cours d'utilisation. Pour agrandir l'image, appuyez sur Ctrl + barre d'espace (Win) ou ⌘ + barre d'espace (Mac), puis cliquez ou faites glisser pour définir une zone. Pour réduire l'image, appuyez sur Ctrl + barre d'espace + Alt (Win) ou ⌘ + barre d'espace + Option (Mac), puis cliquez ou faites glisser pour définir une zone.

L'affichage est toujours clair. Lorsque le facteur d'agrandissement était de 33 % ou de 66 % dans les versions précédentes de Photoshop, vous obteniez un aperçu découpé. Maintenant l'aperçu est clair et net quel que soit le facteur d'agrandissement (Ps).

Zoom arrière

Augmentez ou réduisez le grossissement

PS 1.3

Comme il est primordial de pouvoir modifier le grossissement au cours du processus de création, Photoshop permet d'y parvenir de différentes façons. La barre d'options propose plusieurs méthodes pour zoomer. Pour accéder aux options de l'outil Zoom, ce dernier doit être sélectionné. Photoshop propose deux valeurs de zoom prédéfinies. Pour zoomer automatiquement à 100 %, double-cliquez l'outil Zoom. Pour adapter automatiquement l'image à l'écran, double-cliquez l'outil Main.

Augmentez le grossissement d'une image

1 Cliquez le bouton **Zoom avant** ou **Zoom arrière** de la barre d'options et cliquez dans la fenêtre du document pour augmenter ou réduire le zoom.

2 Cochez **Redimensionner fenêtres** dans la barre d'options pour ajuster le document actif dans la fenêtre agrandie.

3 Cochez **Zoom fenêtres** dans la barre d'options pour appliquer le même facteur d'agrandissement à toutes les fenêtres ouvertes.

4 Cliquez **Taille réelle des pixels**, **Adapter à l'écran**, **Plein écran** ou **Taille d'impression** pour atteindre rapidement une taille prédéfinie.

RACCOURCI *Il est possible de changer le facteur de zoom sans quitter le clavier. Maintenez enfoncée la touche Ctrl (Win) ou ⌘ (Mac) et appuyez sur les touches plus (+) pour l'augmenter ou moins (–) pour le diminuer.*

Note

Zoomez plusieurs documents simultanément. Si plusieurs documents sont ouverts, cochez Zoom fenêtres dans la barre d'options.

Image affichée avec le bouton Taille réelle des pixels

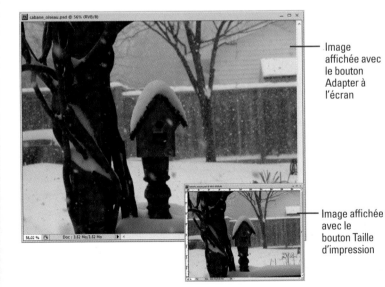

Image affichée avec le bouton Adapter à l'écran

Image affichée avec le bouton Taille d'impression

Déplacez les images dans la fenêtre du document

 PS 1.2

Déplacez une image dans la fenêtre du document

1. Dans la boîte à outils, sélectionnez l'outil **Main** ou **Rotation de l'affichage**.

2. Faites glisser le pointeur dans le document actif pour déplacer ou faire pivoter l'image.

   Lorsque vous utilisez l'outil Rotation de l'affichage, une boussole indique le nord quel que soit l'angle de rotation de la surface.

   ◆ Pour utiliser une valeur précise de rotation, saisissez une valeur dans le champ **Angle de rotation**.

3. Annulez la rotation en cliquant le bouton **Réinitialiser la vue**.

Note

Accédez rapidement à l'outil Main. Maintenez enfoncée la barre d'espace pour basculer temporairement vers l'outil Main. Faites glisser le document actif dans la position de votre choix et relâchez la barre d'espace. Vous revenez instantanément au dernier outil utilisé. Vous ne pouvez pas vous servir de la barre d'espace pour accéder à l'outil Main si vous utilisez l'outil Texte.

Ainsi appelé car il prend la forme d'une main ouverte, l'outil Main est très utile mais peu employé. Il permet de déplacer l'image active au sein du document sans les barres de défilement. Par exemple, si vous avez agrandi une image au-delà de la taille de la fenêtre du document, vous pouvez en afficher une autre partie. L'opération est simple et pratique. Si votre ordinateur prend en charge la technologie OpenGL, vous pouvez utiliser l'outil Rotation de l'affichage (Ps) pour obtenir un meilleur angle de travail en faisant pivoter la surface, ce qui est utile avec une tablette graphique.

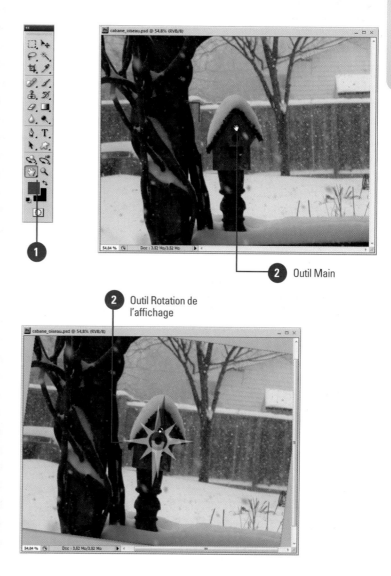

Outil Main

Outil Rotation de l'affichage

Travaillez avec plusieurs documents

PS 1.2

Vous pouvez utiliser le menu Fenêtre ou les onglets (**Ps**) pour sélectionner une des images lorsque plusieurs documents sont ouverts. Cliquez un onglet pour activer le document. Par défaut, l'ordre des onglets est l'ordre d'ouverture des documents, mais vous pouvez modifier cet ordre. Lorsque vous voulez copier ou déplacer des informations d'un document à un autre, il est plus facile de le faire en affichant plusieurs documents à la fois dont vous pouvez modifier la disposition (**Ps**). La commande Réarranger les documents (**Ps**) propose plusieurs options d'affichage des documents ouverts.

Travaillez avec plusieurs documents

1. Ouvrez plusieurs documents.

2. Cliquez l'onglet d'un document.

   ◆ Vous pouvez aussi cliquer le menu **Fenêtre**, puis le nom d'un document au bas du menu.

3. Cliquez **Réorganiser les documents**, puis sélectionnez une option.

   ◆ **Tout regrouper**. Affiche le document actif.

   ◆ **Tout disposer en grille**. Affiche tous les documents en grille.

   ◆ **Tout disposer en mosaïque verticale**. Affiche tous les documents ouverts dans des fenêtres verticales.

   ◆ **Tout disposer en mosaïque horizontale**. Affiche tous les documents ouverts dans des fenêtres horizontales.

   ◆ **2 vignettes, 3 vignettes…** Affiche ce nombre de documents selon l'option de disposition choisie.

4. Pour déplacer une fenêtre de document, exécutez une des opérations suivantes :

   ◆ Pour modifier l'ordre des documents (**Ps**), faites glisser l'onglet vers une autre position.

   ◆ Pour extraire ou ajouter un document à une fenêtre d'onglets (**Ps**), faites glisser son onglet à l'extérieur du groupe ou à l'intérieur du groupe.

Documents réorganisés avec l'option 3 vignettes

Exploitez une image dans plusieurs fenêtres

Créez deux vues d'une image

1. Ouvrez un document.

2. Cliquez l'icône **Réorganiser les documents**, puis **Nouvelle fenêtre**.

   Une copie du document actif est créée dans une nouvelle fenêtre.

3. Si vous voulez modifier la disposition des fenêtres, cliquez l'icône **Réorganiser les documents**, puis sélectionnez une des options de disposition (voir *Bon à savoir* pour plus de détails).

4. Dans la boîte à outils, sélectionnez l'outil **Zoom** et agrandissez le nouveau document à votre convenance.

5. Sélectionnez un outil d'édition ou de dessin et travaillez sur la nouvelle image dans la fenêtre agrandie.

   Les résultats de votre travail apparaissent instantanément dans la fenêtre en affichage normal.

6. Lorsque vous avez terminé, cliquez le bouton **Fermer** de la nouvelle fenêtre.

Note

Empêchez la fenêtre agrandie de s'étendre. L'outil Zoom étant sélectionné, désélectionnez Redimensionner fenêtres dans la barre d'options.

Il est parfois intéressant d'afficher à l'écran deux vues différentes de l'image. Par exemple, vous retouchez une photo et devez zoomer pour travailler sur des détails et vous souhaitez, en même temps, disposer d'une vue entière pour apprécier le résultat de la retouche sur l'image en taille normale. La possibilité d'afficher une image avec des agrandissements différents est très utile. Vous pouvez aussi utiliser l'option Réorganiser les documents pour modifier la disposition des fenêtres.

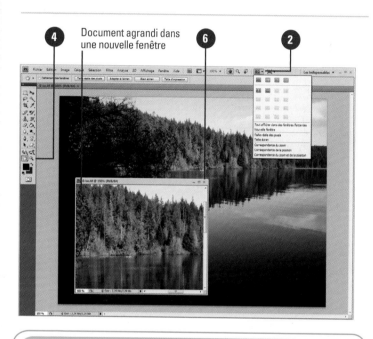

Document agrandi dans une nouvelle fenêtre

Bon à savoir

Organisez et faites correspondre plusieurs fenêtres

Le sous-menu Réorganiser du menu Fenêtre et le menu Réorganiser les documents (Ps) proposent des options qui simplifient le travail avec plusieurs documents. Les commandes Cascade, Juxtaposer, Afficher dans une fenêtre flottante, Tout afficher dans des fenêtres flottantes et Tout regrouper dans des onglets organisent les fenêtres dans l'espace de travail de Photoshop (Ps). Les commandes Faire correspondre le zoom, Faire correspondre la position, Faire correspondre la rotation et Tout faire correspondre (Ps) harmonisent le zoom et/ou la position des fenêtres. Par exemple, ouvrez plusieurs images, cliquez le menu Fenêtre, pointez Réorganiser et cliquez Tout faire correspondre. Sélectionnez l'outil Zoom ou l'outil Main puis l'une des images, maintenez la touche Maj enfoncée, puis cliquez dans une zone ou faites glisser le pointeur. Le même pourcentage et la même position s'appliquent aux autres images.

Déplacez des calques entre deux documents ouverts

Photoshop cache bien des astuces, et l'une des plus pratiques est sans doute celle qui permet de déplacer des calques entre des documents ouverts. Supposons, par exemple, que vous disposez d'un paysage comportant un ciel que vous n'aimez pas. Vous l'effacez et vous ouvrez alors un autre document avec un ciel mieux adapté et, d'un simple geste, vous déplacez le ciel d'un document à l'autre.

Déplacez des calques entre des documents

1 Ouvrez au moins deux documents.

2 Activez d'un clic le document qui contient le calque à déplacer.

3 Dans la boîte à outils, sélectionnez l'outil **Déplacement**.

4 Faites glisser le calque de la fenêtre du document ouvert vers le deuxième document.

> **ATTENTION !** *Si le document de destination contient plusieurs calques, Photoshop place le calque déplacé directement au-dessus du calque actif de ce document. Si l'ordre d'empilement n'est pas correct, déplacez le calque dans le panneau Calques.*

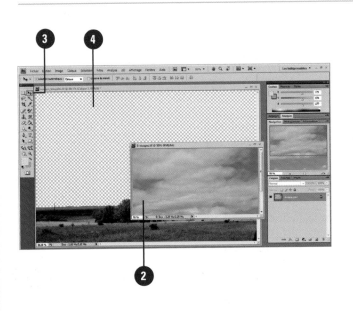

Note

Faites glisser la vignette d'un calque dans un document.
Faites glisser la vignette du calque du panneau Calques vers la fenêtre du deuxième document.

Avis d'experts

Si vous faites glisser le calque à partir d'un document qui contient plus de pixels que le document de destination, les zones de l'image situées en dehors de la zone visible sont toujours là, occupant de l'espace dans le fichier. Pour supprimer les pixels superflus, positionnez avec précision l'image puis, dans le menu Sélection, cliquez Tout sélectionner. Dans le menu Image, cliquez Rognage. Et voilà ! Toutes les informations situées en dehors de la fenêtre visible sont supprimées.

Créez des annotations

On trouve des notes partout : collées sur la porte des réfrigérateurs, sur les panneaux d'informations et même sur les écrans d'ordinateur. Elles servent à nous rappeler des tâches et des événements importants. Dans Photoshop, les annotations permettent de se remémorer des points importants de la conception ou d'informer un autre concepteur des tenants et des aboutissants du document, par exemple en donnant des instructions pour l'impression. La saisie de texte se fait dans le panneau Annotations (Ps). Une annotation ne fait pas partie de l'image, mais elle est enregistrée avec elle.

Créez une annotation

1. Dans la boîte à outils, sélectionnez l'outil **Annotations**.

2. Cliquez dans le document actif pour créer une annotation vide.

3. Saisissez le texte de l'annotation.

   RACCOURCI *Cliquez l'icône d'une annotation pour la sélectionner et cliquez-la à nouveau pour la désélectionner. Vous pouvez aussi cliquer une annotation avec le bouton droit pour ouvrir un menu contextuel.*

4. Cliquez les boutons **Précédent** ou **Suivant** pour parcourir les annotations.

5. Cliquez le bouton **Fermer**.

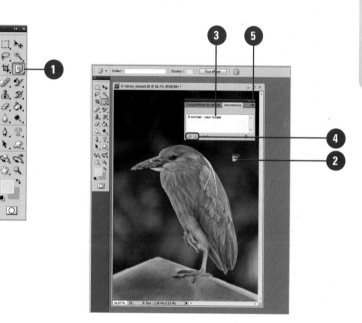

Note

Changez l'auteur, la police ou la couleur d'une annotation.
Sélectionnez l'annotation et servez-vous des options de la barre d'options pour personnaliser l'annotation. Pour masquer ou afficher les annotations, sélectionnez Affichage → Afficher → Annotations.

Exploitez les annotations

Action	Commandes
Désélectionner une annotation	Cliquez l'annotation sélectionnée.
Rouvrir une annotation	Cliquez l'icône de l'annotation et utilisez le panneau Annotations pour la modifier si nécessaire.
Supprimer une annotation	Sélectionnez l'annotation dans le panneau Annotations, puis appuyez sur Suppr ou sélectionnez l'annotation et faites-la glisser dans la corbeille du panneau Annotations.

Exploitez le panneau Informations

Créez un objet de taille spécifique

① Sélectionnez le panneau **Informations**.

② Dans la boîte à outils, sélectionnez un outil de dessin.

③ Faites glisser le pointeur dans la fenêtre du document pour créer la forme.

④ Relâchez le bouton lorsque le panneau Informations indique les dimensions appropriées.

> **ATTENTION !** *La partie inférieure du panneau Informations fournit désormais des astuces sur l'utilisation de l'outil en cours et la taille actuelle du document.*

Créez un échantillonnage de couleur

① Sélectionnez le panneau **Informations**.

② Dans la boîte à outils, sélectionnez l'outil **Pipette**.

③ Maintenez enfoncée la touche **Maj** et cliquez une fois dans le document pour créer un échantillonnage de couleur. Il est possible de créer au maximum quatre échantillons de couleur par document.

Pour repositionner un échantillonnage, appuyez sur Ctrl (Win) ou ⌘ (Mac) et cliquez, puis faites glisser l'échantillonnage vers une nouvelle position ou hors de la fenêtre du document pour le supprimer.

Le panneau Informations fournit une profusion de données sur l'espace de couleurs du document, ainsi que des informations sur la position x/y du pointeur de la souris dans l'image active. En outre, lorsque vous exploitez les outils de dessin ou de mesure de Photoshop, ce panneau donne la taille de l'objet créé. Photoshop se sert du noir, du blanc, des nuances de gris et de chaque couleur intermédiaire. En créant des échantillonnages de couleur, vous identifiez l'emplacement de points de couleur spécifiques dans une image, opération indispensable pour corriger les couleurs. Ce panneau affiche les valeurs chromatiques d'un échantillonnage et les valeurs avant/après lors d'un réglage de couleurs.

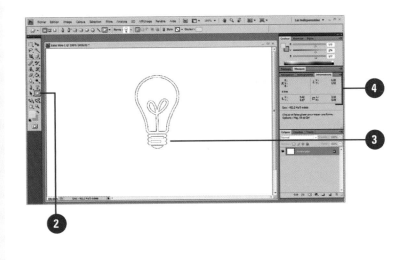

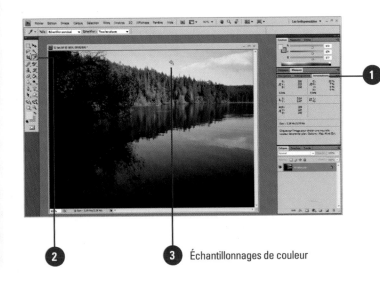

③ Échantillonnages de couleur

Changez la manière dont le panneau Informations mesure les couleurs

Il est important de connaître les couleurs employées dans un document, au même titre que le mode de couleurs. Le mode de couleurs dépend du type de document. Par exemple, les images affichées à l'écran utilisent le mode RVB (rouge, vert, bleu) alors que celles envoyées à une presse d'impression font appel au mode CMJN (cyan, magenta, jaune, noir). Le panneau Informations mesure les couleurs en fonction du mode de couleurs choisi.

Changez la manière dont le panneau Informations mesure les couleurs

1. Sélectionnez le panneau **Informations**.

2. Cliquez le bouton **Menu** du panneau **Informations**, puis **Options de panneau**.

3. Cliquez les flèches des listes **Mode** des sections **Infos couleur 1ère lecture** et **Infos couleur 2ème lecture**, puis choisissez une des options disponibles.

4. Cliquez **OK**.

Le panneau Informations mesure à présent les couleurs en fonction de vos sélections.

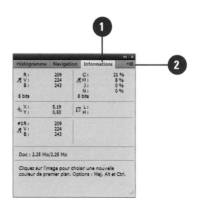

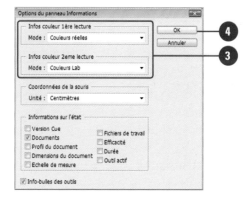

Le panneau Informations après modification des options de couleurs

Note

Le panneau Informations permet à présent d'afficher des informations comme les dimensions du document, l'efficacité, les fichiers de travail, **etc.** Cliquez le bouton Options de panneau et cochez les options de votre choix. Le panneau Informations affiche également la couche de couleurs de l'image (8, 16 ou 32 bits).

Exploitez les règles

Les charpentiers savent que des mesures précises sont essentielles et ils appliquent une règle : mesurer deux fois et couper une fois. Les mesures sont essentielles et Photoshop propose donc plusieurs systèmes de mesure, dont les règles. Ces dernières s'intègrent sur les bords supérieur et gauche de la fenêtre du document actif et servent plusieurs objectifs. Elles permettent de mesurer la largeur et la hauteur de l'image active, de placer des repères à l'écran pour contrôler la position des autres éléments de l'image, puis de créer des marqueurs qui suivent le pointeur dans son déplacement. Les règles ont donc un rôle important. Les repères des règles permettent d'aligner correctement les éléments qui composent l'image. De fait, si vous ne travaillez pas sur écran plat, la courbure de l'écran peut vous donner une fausse impression de la verticale et de l'horizontale. Avec les repères, vous avez accès à des systèmes d'alignement précis. Pour exploiter les repères, il faut d'abord afficher les règles.

Modifiez les options des règles

1 Dans le menu **Edition** (Win) ou **Photoshop** (Mac), pointez **Préférences** et cliquez **Unités et règles**.

2 Sélectionnez l'unité de mesure des règles et son type.

3 Cliquez **OK**.

ATTENTION ! *Si les règles ne sont pas visibles dans le document actif, sélectionnez Règles dans le menu Affichage.*

Note

Choisissez l'équivalence points/ picas à utiliser. Cliquez PostScript (72 points/pouce) ou Imprimerie (72,7 points/pouce). PostScript étant le plus répandu, Photoshop l'utilise par défaut.

Voir aussi

Pour des informations sur le paramétrage des préférences Unités et règles, reportez-vous à la section « Travaillez avec les unités et les règles », page 62.

Utilisez les repères de règle

① Cliquez **Affichage → Règles** pour afficher les règles dans la fenêtre du document.

② Placez-vous sur le repère vertical ou horizontal, puis cliquez et faites-le glisser.

③ Revenez à la règle et continuez le déplacement jusqu'à positionner les repères correctement.

④ Cliquez **Affichage → Verrouiller les repères** pour les figer ou **Effacer les repères** pour les supprimer.

⑤ Dans la boîte à outils, cliquez l'outil **Déplacement** pour déplacer les repères existants (vérifiez que la case **Verrouiller les repères** n'est pas cochée).

Note

Supprimez un repère à la fois. Vérifiez que la case Verrouiller les repères n'est pas cochée et cliquez l'outil Déplacement. Faites glisser le repère à supprimer vers la règle correspondante.

Intervertissez les repères à la volée. Si vous faites glisser un repère horizontal ou vertical dans la fenêtre du document mais que vous voulez en fait déplacer le repère opposé, appuyez sur Alt (Win) ou Option (Mac) tout en poursuivant l'opération. Les repères verticaux deviennent horizontaux et inversement.

Voir aussi

Pour de plus amples informations sur les préférences des repères, reportez-vous à la section « Exploitez les préférences Repères, grille et tranches », page 64.

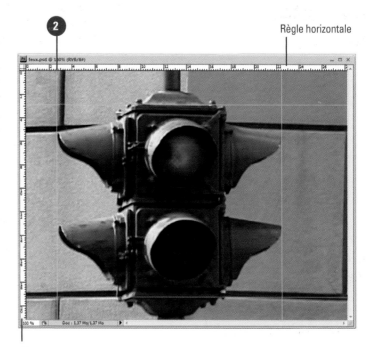

Règle horizontale

Règle verticale

Créez des outils prédéfinis

Photoshop propose une grande variété d'outils de modification des images. Chaque outil s'accompagne d'autres options accessibles dans la barre d'options. Si vous employez souvent le même outil avec des paramètres spécifiques, gagnez du temps en enregistrant ces valeurs. Vous pouvez charger, modifier et créer des bibliothèques d'outils prédéfinis avec le Sélecteur d'outils prédéfinis dans la barre d'options, le panneau Outils prédéfinis et le Gestionnaire des paramètres prédéfinis.

Créez et exploitez des outils prédéfinis

1 Cliquez l'outil et définissez dans la barre d'options celles à enregistrer.

2 Cliquez la flèche du bouton de l'outil qui se trouve à gauche dans la barre d'options.

3 Cliquez le bouton **Créer un outil prédéfini**.

4 Saisissez un nom pour l'outil prédéfini.

5 Cliquez **OK**.

6 Pour utiliser l'outil prédéfini :

◆ **Bouton Outils prédéfinis**. Cliquez le sélecteur d'outils prédéfinis dans la barre d'options et cliquez l'outil prédéfini à utiliser.

◆ **Panneau Outils prédéfinis**. Dans le menu Fenêtre, cliquez **Outils prédéfinis** et sélectionnez l'outil à utiliser.

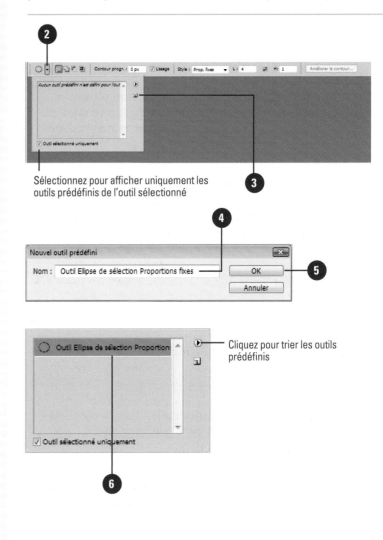

Sélectionnez pour afficher uniquement les outils prédéfinis de l'outil sélectionné

Cliquez pour trier les outils prédéfinis

Note

Modifiez la liste des outils prédéfinis. Cliquez le triangle du sélecteur d'outils prédéfinis, puis l'option d'affichage de votre choix : Trier par outil, Afficher tous les outils prédéfinis, Afficher les outils prédéfinis en cours ou Texte seul, Petite liste ou Grande liste.

Personnalisez votre manière de travailler

Il serait impensable de décrire Photoshop sans parler de ses paramètres d'optimisation, connus mais peu exploités, réglables dans les Préférences. Ceux-ci servent plusieurs objectifs : personnaliser le programme selon votre style de travail et vous aider à exploiter les ressources disponibles de l'ordinateur pour optimiser les performances générales du programme.

En modifiant les préférences de gestion des fichiers par l'ajout d'une extension de fichier ou le choix de la manière d'enregistrer un fichier TIFF multicalque, vous rationalisez le processus d'enregistrement de fichiers. En outre, vous choisissez l'apparence de votre pointeur de souris. Par exemple, pour colorer, quel pinceau préférez-vous utiliser : un réticule ou la forme de la pointe en cours, ou encore la forme et le réticule ?

Dans Photoshop, il est très important de travailler avec les unités et les règles. La précision est le maître mot quand on manipule des images. Et la couleur des repères, des grilles et des tranches ? Sans importance, diriez-vous. Et pourtant, si vous avez déjà essayé de visualiser un repère bleu sur une image de ciel bleu, vous savez exactement en quoi la couleur importe. En ajustant les préférences telles que le cache des données d'images, les disques de travail et la mémoire RAM, vous pourriez augmenter la vitesse de 20 %.

De plus, la personnalisation du programme facilite son utilisation ; des études montrent que plus le concepteur se sent à l'aise, mieux il travaille. En outre, cela accélère votre rythme de travail et par conséquent votre productivité. Quel est l'intérêt de définir des préférences ? Elles optimisent Photoshop (jusqu'à 20 % plus rapide), vous travaillez plus efficacement et vos projets sont de meilleure qualité. Il s'agit là d'une combinaison intéressante. Les préférences de Photoshop ne sont pas là pour vous compliquer la tâche, mais pour vous proposer des choix et ainsi accroître votre contrôle.

Optimisez Photoshop

Photoshop est un programme puissant et, en tant que tel, il mobilise une quantité non négligeable de ressources de l'ordinateur. Si vous travaillez sur des documents volumineux, un programme Photoshop peu optimisé sera peu réactif et long à répondre... Et cela risque de vous handicaper en cas de délais serrés à respecter. La bonne nouvelle, c'est que Photoshop peut être configuré pour fonctionner plus efficacement. Pour l'optimiser, cliquez le menu Edition (Win) ou Photoshop (Mac), pointez Préférences, cliquez Performance et sélectionnez les options qui donneront les meilleures performances de Photoshop.

États d'historique

Les états d'historique déterminent le nombre d'annulations possibles. En fait, on peut monter jusqu'à 1 000 annulations (mais qui ferait assez d'erreurs pour en avoir besoin d'autant ?) En revanche, l'augmentation de ce nombre accroît la quantité de RAM employée par Photoshop pour gérer la palette Historique. En affectant davantage de mémoire RAM à la gestion de l'historique, vous

en allouez moins à Photoshop pour effectuer les opérations normales ce qui diminue les performances du programme. Si vous rencontrez des problèmes de performances trop faibles, diminuez le nombre d'états d'historique pour libérer de la RAM et rendre Photoshop plus efficace.

Disques de travail

Si la RAM de l'ordinateur est insuffisante pour effectuer une opération, Photoshop emploie de l'espace libre sur un disque disponible, appelé **Disque de travail**. Photoshop requiert un espace disponible contigu sur le disque dur mesurant 5 fois la taille du fichier en cours d'exécution. Par exemple, si la taille de travail de votre fichier est de 100 Mo, il vous faudra 500 Mo d'espace disque dur contigu, sinon, vous recevrez un message d'erreur : Le disque de travail est saturé (ce n'est jamais une bonne nouvelle). L'emploi de disques de travail supplémentaires permet à Photoshop de répartir la charge de traitement et d'améliorer les performances. Photoshop détecte et présente tous les disques

États d'historique

internes disponibles dans la boîte de dialogue Préférences. Les disques de travail doivent être physiquement reliés à l'ordinateur (évitez le réseau et les supports amovibles, comme les lecteurs zip ou les CD/DVD réinscriptibles). Pour aller plus vite, évitez les disques USB et préférez la connexion FireWire 4 ou 6 broches. Les tests de comparaison montrent qu'avec les lecteurs FireWire en tant que disques de travail, la vitesse peut être améliorée jusqu'à 20 %. Imaginez que vous gagnez une heure toutes les cinq heures ou un jour tous les cinq jours ! C'est appréciable. Pour les meilleurs résultats, les disques de travail ne doivent pas être situés sur le disque utilisé pour la mémoire virtuelle ou pour modifier des fichiers volumineux. Défragmentez régulièrement les disques prenant en charge vos disques de travail.

Cache mémoire et cache des données d'images

Photoshop fonctionne avec la mémoire RAM (comme toutes les applications). Pour s'exécuter efficacement, Photoshop requiert une mémoire disponible de cinq fois la taille du document ouvert (certains tests préconisent 6 à 8 fois). En fait, plus vous attribuez de mémoire RAM à Photoshop, plus il sera efficace, en particulier pour ouvrir des documents volumineux.

L'usage de la mémoire RAM est déterminé par la taille de travail du document et non sa taille à l'ouverture. Quand on travaille sur un document, on finit toujours par y ajouter des calques pour séparer et contrôler les éléments de l'image. Ce faisant, la taille du fichier augmente en cours d'exécution.

Attribution de la mémoire RAM

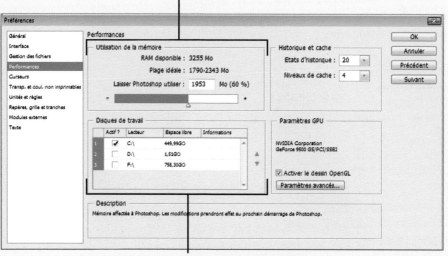

Disques de travail disponibles

Définissez les préférences générales

 PS 1.3

Les préférences du groupe Général configurent certaines des fonctionnalités les plus utiles du programme, comme les paramètres de qualité de l'image, ainsi que le Journal de l'historique. La section Options regroupe d'autres options, comme l'affichage d'astuces sur les outils, l'émission d'un signal sonore en fin d'opération et l'emploi des curseurs dynamiques. Le Journal de l'historique enregistre tous les états d'historique effectués sur un document spécifique. Par exemple, si vous ouvrez une image, tous les ajustements et actions effectués s'enregistrent dans un fichier texte. Vous disposez ainsi d'informations utiles et des moyens pour reproduire les étapes effectuées sur une image afin de modifier le contenu d'une autre image. Il est aussi possible de modifier la taille du texte de l'interface utilisateur (barre d'options, panneaux, astuces sur les outils).

Définissez les options générales

1. Cliquez le menu **Edition** (Win) ou **Photoshop** (Mac) et pointez **Préférences**.

2. Cliquez **Général**.

3. Ouvrez la liste **Sélecteur de couleurs**, puis sélectionnez **Adobe** ou votre système d'exploitation.

4. Ouvrez la liste **Interpolation de l'image**, puis sélectionnez **Au plus proche**, **Bilinéaire** ou l'une des options **Bicubique**.

5. Sélectionnez les options de votre choix :

   ◆ **Mise à jour auto des documents ouverts.** Crée un lien entre l'image ouverte et le fichier image du disque.

   ◆ **Signal sonore en fin d'opération.** Émet un son lorsqu'une opération est terminée.

   ◆ **Curseurs dynamiques**. Aperçu des effets de couleur dans les barres de curseurs.

   ◆ **Exporter le Presse-papiers.** Transfère une image copiée vers le Presse-papiers du système d'exploitation.

◆ **Touche Maj pour changer d'outil**. Active l'emploi du raccourci clavier lorsque deux outils partagent le même emplacement dans la boîte à outils.

◆ **Redimensionner pendant le collage/l'importation**. Permet de redimensionner une image pendant le collage ou l'importation.

◆ **Zoom animé** (Ps). Permet d'effectuer un zoom avant ou arrière continu. Vous devez disposer de la technologie OpenGL sur votre ordinateur.

◆ **Fenêtres redimensionnées par zoom**. Force la fenêtre de l'image à se redimensionner lorsque le zoom est sélectionné.

◆ **Zoom avec molette de défilement**. Détermine si la molette de la souris produit un zoom ou le défilement par défaut.

◆ **Centrer à l'emplacement du clic** (Ps). Centre l'affichage agrandi sur l'emplacement cliqué.

◆ **Activer les panoramiques rapides** (Ps). Permet de faire un panoramique rapide à l'aide d'un mouvement rapide de la souris sur l'image au lieu de maintenir le bouton enfoncé.

6 Sélectionnez les options de votre choix du Journal de l'historique.

7 Cliquez **OK**.

Note

Changez une zone de texte en curseur. Toute zone de texte affichant une valeur numérique, comme une taille de police, peut fonctionner comme un curseur. Pointez le nom de la zone et le pointeur deviendra une flèche à deux têtes. Déplacez alors la souris vers la gauche pour diminuer la valeur affichée ou vers la droite pour l'augmenter.

Modifiez les préférences de gestion des fichiers

Modifiez les options de gestion des fichiers

① Cliquez le menu **Edition** (Win) ou **Photoshop** (Mac) et pointez **Préférences**.

② Cliquez **Gestion des fichiers**.

③ Sélectionnez les options d'enregistrement de fichier de votre choix :

◆ **Aperçus d'image**. Choisissez parmi **Toujours enregistrer**, **Ne jamais enregistrer** ou **Choix à l'enregistrement**.

◆ **Icône**. Enregistre des aperçus des images (Mac).

◆ **Taille réelle**. Enregistre des aperçus en taille réelle pour l'utilisation en tant qu'objets FPO *(For Placement Only)* dans les programmes de mise en page du Bureau (Mac).

◆ **Vignette Macintosh**. Enregistre des aperçus visibles avec la commande **Ouvrir un fichier Mac** (Mac).

◆ **Vignette Windows**. Enregistre des aperçus visibles avec la commande **Ouvrir un fichier Win** (Mac).

◆ **Ajouter l'extension**. Vous choisissez d'ajouter l'extension de fichier ou non (Mac).

◆ **En minuscules (Mac) ou Extension de fichier (Win)**. Choisissez entre les extensions en minuscules ou en majuscules.

Tôt ou tard, vous devrez enregistrer le fichier (document) créé dans Photoshop. La sortie finale d'un document est enregistrée sous un format de fichier spécifique tel que TIF, EPS, JPG voire BMP. En fait, Photoshop propose plus de quinze formats de fichier. Les options des préférences de gestion des fichiers modifient les informations enregistrées avec le fichier. Les aperçus d'image sont généralement de petite taille ; vous n'augmentez que très peu la taille du fichier. Une fois le document enregistré, vous allez l'ouvrir, l'imprimer et éventuellement le modifier à l'aide d'autres applications d'édition d'images. Les options de compatibilité de fichiers permettent d'enregistrer un fichier de façon à augmenter sa transportabilité vers d'autres applications.

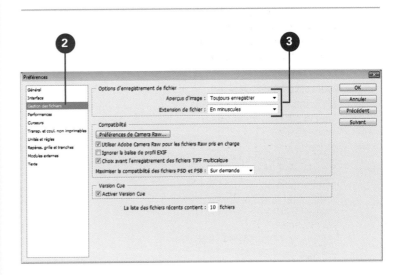

4 Sélectionnez les options de compatibilité de votre choix :

- **Préférences de Camera Raw**. Cliquez ici pour sélectionner les options de Camera Raw comme les paramètres par défaut de l'image, la mémoire cache de Camera Raw, la gestion des fichiers DNG et le choix d'ouvrir ou non les fichiers JPEG et TIFF avec Camera Raw.

- **Utiliser Adobe Camera Raw pour les fichiers raw pris en charge**. Ouvrez les fichiers raw pris en charge dans Camera Raw.

- **Ignorer la balise de profil EXIF**. Ignore les métadonnées sur l'espace colorimétrique associées aux images d'appareils photo numériques.

- **Choix avant l'enregistrement des fichiers TIFF multicalques**. Créez des documents multicalques, puis enregistrez-les au format TIFF.

  Il s'agit là d'un avantage certain lorsqu'il faut exploiter des fichiers multicalques et qu'on ne veut pas les enregistrer au format propriétaire .psd de Photoshop.

- **Maximiser la compatibilité des fichiers PSD et PSB**. Permet d'enregistrer des fichiers .psd à ouvrir dans les versions précédentes du programme et de créer puis d'enregistrer des fichiers volumineux .psb.

5 Cochez la case **Activer Version Cue** pour enregistrer des fichiers compatibles avec Adobe Version Cue.

6 Tapez le nombre de fichiers (30 maximum) à conserver dans la liste des fichiers récents.

7 Cliquez **OK**.

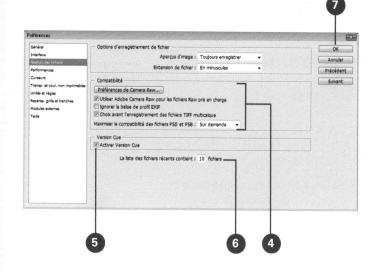

Voir aussi

Certains formats de fichier disponibles dans Photoshop sont détaillés à la page 381.

Définissez les préférences de l'interface

 PS 1.1, 1.2

Définissez les options de l'interface

1. Cliquez **Edition** (Win) ou **Photoshop** (Mac) → **Préférences** → **Interface**.

2. Sélectionnez les options d'interface :

   - **Modes d'affichage**. Pour les couleurs de fond et le style de cadre.

   - **Utiliser l'icône de l'application Niveaux de gris**. Affiche l'icône de la barre d'outils en niveaux de gris ou en couleurs.

   - **Afficher les couches en couleurs**. Affiche les couches du panneau Couches en couleurs.

   - **Afficher les couleurs de menu**. Affiche les éléments du menu sélectionnés en couleurs.

   - **Afficher les info-bulles**. Affiche une étiquette descriptive lorsque le pointeur est placé sur une option.

   - **Réduire automatiquement les panneaux d'icônes**. Réduit les panneaux d'icônes lorsque l'on clique à l'extérieur.

   - **Afficher automatiquement les panneaux masqués** (Ps). Les panneaux masqués apparaissent lorsque vous pointez les bords de la fenêtre de l'application.

   - **Mémoriser la position des panneaux**. Enregistre la position des panneaux.

   - **Options de texte de l'interface utilisateur**. Utilisez les listes **Langue de l'IU** pour changer la langue de l'interface et **Corps...** pour choisir une taille du texte de l'interface.

3. Cliquez **OK**.

Grâce aux préférences de l'interface, vous contrôlez certains éléments de l'interface utilisateur : affichage/masquage de certaines fonctionnalités ou couleur de certains éléments. Par exemple, vous pouvez afficher l'icône de la barre d'outils en couleurs ou en niveaux de gris, afficher les couches en couleurs ou certains éléments de menu en couleurs définies par l'utilisateur. Les préférences de l'interface permettent également d'afficher des info-bulles lorsque le pointeur est placé sur une option, de réduire automatiquement les panneaux d'icônes lorsque vous cliquez à l'extérieur et de mémoriser la position des panneaux. Vous avez aussi accès à la taille de la police du texte de la barre d'options, des panneaux et des infos-bulles.

Définissez les préférences des curseurs

La communication avec Photoshop s'effectue par le biais de nombreux périphériques, tels une tablette graphique, une souris, un écran tactile ou un clavier. Pour communiquer, Photoshop envoie des signaux visuels, le principal étant la forme du pointeur. Par exemple, par sa forme en I, le pointeur vous indique qu'il faut taper du texte ou s'il ressemble à une loupe, qu'il faut cliquer dans l'image pour augmenter le facteur de zoom. Les préférences des curseurs permettent de contrôler la manière dont Photoshop communique avec vous.

Définissez les préférences des curseurs

1 Cliquez le menu **Edition** (Win) ou **Photoshop** (Mac) et pointez **Préférences**.

2 Cliquez **Curseurs**.

3 Sélectionnez vos options de pointeurs d'outils de dessin :

- **Standard**. Apparaissent comme leur bouton associé dans la boîte à outils.
- **Précis**. Apparaissent en forme de réticule.
- **Pointe standard**. Apparaissent avec la forme de la pointe active.
- **Taille réelle de la pointe**. Montre la taille réelle de la pointe, y compris l'adoucissement des bords.
- **Affichage du réticule de la pointe**. Affiche un réticule au centre de la forme.

4 Sélectionnez vos options **Autres curseurs** :

- **Standard**. Apparaissent comme leur bouton associé dans la boîte à outils.
- **Précis**. Apparaissent en forme de croix.
- **Aperçu de la forme**. Dans la zone Aperçu de la forme, choisissez une couleur pour l'aperçu.

5 Cliquez **OK**.

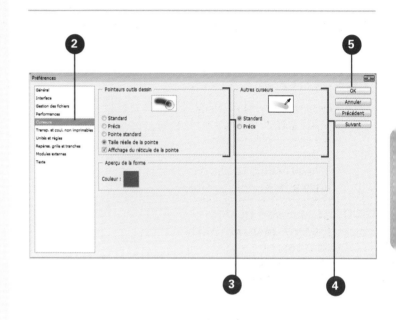

Bon à savoir

Alternez entre les pointeurs Précis et Standard

En appuyant sur la touche **Verr. Maj** tout en utilisant un pointeur de dessin, vous ferez alterner le pointeur entre Précis et la taille du pinceau. Avec un autre curseur, vous alternerez entre Standard et Précis.

Contrôlez les préférences de transparence et de couleurs non imprimables

Les préférences du volet Transparence et couleurs non imprimables déterminent la manière dont Photoshop présente les zones transparentes d'un document (le damier), ainsi que la couleur et l'opacité des zones d'une image exclues du mode colorimétrique CMJN. Dans Photoshop, la transparence n'en sort pas toujours indemne à l'enregistrement du fichier. Par exemple, le format JPEG sert principalement à enregistrer des images pour Internet et il ne prend pas en charge la transparence. À l'enregistrement, Photoshop remplace les zones de transparence de l'image par une couleur mate (blanc par défaut). En outre, le message « Avertissement : couleur non imprimable » peut s'afficher car les moniteurs exploitent le mode RVB qui possède davantage de valeurs de saturation qu'une presse en quadrichromie (CMJN). L'utilisation d'une nouvelle encre ou des tons directs peut parfois résoudre la question d'une couleur non imprimable. Concernant la transparence, n'oubliez pas qu'à moins d'imprimer le document directement avec Photoshop, c'est le format qui déterminera si les zones transparentes seront enregistrées et le message « Avertissement : couleur non imprimable » est là pour vous signaler que des zones pourraient ne pas s'imprimer comme vous l'attendez.

Contrôlez les options de transparence et des couleurs non imprimables

1. Cliquez le menu **Edition** (Win) ou **Photoshop** (Mac) et pointez **Préférences**.

2. Cliquez **Transp. et coul. non imprimables**.

3. Sélectionnez les options de transparence de votre choix :

   ◆ **Grille**. Choisissez une grille de transparence.

   ◆ **Couleur**. Choisissez le modèle de couleur à appliquer à la grille de transparence.

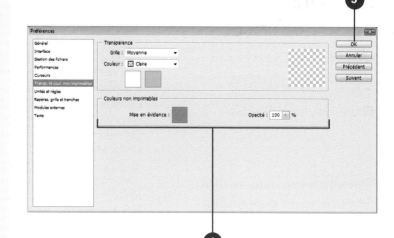

④ Sélectionnez les options de couleurs non imprimables de votre choix :

◆ **Mise en évidence**. Choisissez une couleur de masquage des zones d'une image qui sortent de l'espace colorimétrique CMJN.

◆ **Opacité**. Saisissez une valeur entre 0 et 100 %.

L'opacité détermine avec quelle intensité la couleur de masquage couvre les pixels de l'image d'origine.

Par exemple, si vous choisissez la couleur gris et une opacité de 100 %, les zones d'une image qui sortent de l'espace colorimétrique CMJN seront masquées par du gris.

⑤ Cliquez **OK**.

ATTENTION ! *Pour activer l'option d'avertissement de couleur non imprimable, ouvrez un document dans Photoshop, cliquez le menu Affichage, puis Couleurs non imprimables. Les zones hors gamme de l'image apparaissent dans la couleur et l'opacité sélectionnées dans les préférences Transparence et couleurs non imprimables.*

Travaillez avec les unités et les règles

Si modifier les unités de mesure et les règles n'affecte pas la qualité de sortie, cela permet d'évaluer les informations d'un document pour mieux l'adapter à un périphérique de sortie. Les unités des règles fournissent des informations précises sur la largeur et la hauteur du document actif. Les dimensions des colonnes donnent les informations dont se sert Photoshop pour créer des documents en colonnes, tels journaux, magazines, brochures, *etc*. Les résolutions prédéfinies des nouveaux documents permettent de choisir des valeurs de résolution spécifiques à la création d'un nouveau document. Saisissez les valeurs que vous emploierez le plus souvent lorsque vous créerez un document Photoshop.

Travaillez avec les options des unités et des règles

1 Cliquez le menu **Edition** (Win) ou **Photoshop** (Mac) et pointez **Préférences**.

2 Cliquez **Unités et règles**.

3 Sélectionnez les options d'unités de votre choix :

◆ **Règles**. Définit le système de mesure par défaut de la Règle. Par exemple, les pixels conviennent généralement aux images affichées sur écran et les picas ou les pouces à la sortie sur presse ou imprimante.

◆ **Type**. Définit l'unité de mesure du texte par défaut en points, pixels ou millimètres.

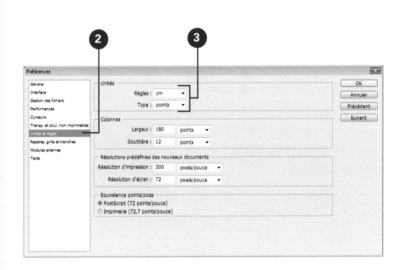

Note

Changez d'unités de mesure sans passer par les préférences. Pour changer le système de mesure par défaut de la barre Règle, cliquez avec le bouton droit dans la Règle. Une liste des options de mesure disponibles apparaît.

4 Sélectionnez les options de colonnes de votre choix :

- ◆ **Largeur**. Choisissez un système de mesure et la valeur de la largeur de colonne.

- ◆ **Gouttière**. Choisissez un système de mesure et la valeur de la gouttière (espace entre les colonnes).

  Lorsque vous changez de système de mesure (points, pouces ou cm), Photoshop ajuste la valeur.

5 Sélectionnez les paramètres du groupe Résolutions prédéfinies des nouveaux documents à utiliser :

- ◆ **Résolution d'impression**. Choisissez une résolution d'impression et un système de mesure par défaut pour l'impression.

- ◆ **Résolution d'écran**. Choisissez une résolution d'affichage et un système de mesure par défaut pour l'affichage à l'écran.

6 Choisissez l'équivalence points/picas **PostScript** ou **Imprimerie** pour l'outil Texte de Photoshop (PostScript étant l'option la plus utilisée).

7 Cliquez **OK**.

Exploitez les préférences Repères, grille et tranches

Les préférences du volet Repères, grille et tranches aident à maintenir l'ordre dans un document multicalque. Par exemple, vous alignerez plus facilement les boutons sur une interface web ou vous maintiendrez en place des éléments de conception spécifiques dans la fenêtre du document. Dans le groupe Repères, vous sélectionnez la couleur et le style des repères placés dans la fenêtre de document. Pour placer des repères dans l'image, faites-les glisser depuis la règle horizontale ou verticale vers le document actif. Dans le groupe Grille, vous choisissez une couleur, un style et la disposition du système de grille. L'option Tranches définit la couleur d'un trait de tranche et spécifie si Photoshop affiche le numéro de chaque tranche.

Exploitez les options des repères, grille et tranches

1. Cliquez le menu **Edition** (Win) ou **Photoshop** (Mac) et pointez **Préférences**.

2. Cliquez **Repères, grille et tranches**.

3. Sélectionnez les options de repères de votre choix :

   ◆ **Couleur**. Choisissez la couleur par défaut des repères.

   ◆ **Style**. Choisissez le style (trait continu ou en pointillés) des repères.

4. Sélectionnez les options de repères commentés de votre choix :

   ◆ **Couleur**. Choisissez la couleur à employer avec les repères commentés.

Note

Transformez un repère horizontal en repère vertical et vice versa. Placez-vous dans la Règle et faites glisser un repère dans la fenêtre du document. Avant de relâcher le bouton, maintenez enfoncée la touche Alt (Win) ou Option (Mac). Le repère change automatiquement de direction.

⑤ Sélectionnez les options de grille de votre choix :

- ◆ **Couleur**. Choisissez la couleur par défaut des grilles.

- ◆ **Style**. Choisissez le style par défaut (trait continu, en pointillés ou points) de la grille.

- ◆ **Pas**. Tapez la valeur de la distance entre les lignes de la grille dans le document actif.

- ◆ **Subdivisions**. Tapez la valeur correspondant au nombre de subdivisions (lignes) qui apparaissent entre chaque ligne principale de la grille.

⑥ Sélectionnez les options de tranches votre choix :

- ◆ **Couleur du trait**. Choisissez la couleur du trait par défaut des tranches.

- ◆ **Afficher le numéro des tranches**. Cochez cette case pour afficher le numéro de chaque tranche dans son coin supérieur gauche.

ATTENTION ! *Si vous sélectionnez une couleur de trait, choisissez une couleur différente de celle des repères et des grilles. Vous distinguerez ainsi plus facilement les repères et les grilles des traits créés par l'utilisateur.*

⑦ Cliquez **OK**.

Note

Modifiez les choix de couleurs des repères, grille et tranches.
Les propositions de couleurs ne vous conviennent pas ? Cliquez les vignettes de couleur situées à droite de la boîte de dialogue Préférences et choisissez une couleur avec le sélecteur de couleur.

Sélectionnez des modules externes

Les préférences du volet Modules externes permettent d'organiser les modules externes en les enregistrant dans un ou plusieurs dossiers. Ces dossiers supplémentaires sont généralement destinés à contenir des modules externes tiers. Lorsqu'ils sont sélectionnés, les modules externes stockés dans le dossier sont disponibles dans le menu Filtre de Photoshop. L'organisation des modules externes dans des dossiers garantit la cohérence de votre projet et réduit l'encombrement des modules externes dans le menu Filtre.

Exploitez les options des modules externes

1 Cliquez le menu **Edition** (Win) ou **Photoshop** (Mac) et pointez **Préférences**.

2 Cliquez **Modules externes**.

3 Cochez la case **Dossier des modules externes supplémentaires** si vous avez d'autres modules externes enregistrés ailleurs que dans le dossier par défaut des modules externes de Photoshop.

ATTENTION ! *La première fois que vous sélectionnez cette option, Photoshop vous demande où les modules sont enregistrés.*

4 Si nécessaire, cliquez **Sélectionner** pour spécifier ou modifier le dossier où stocker les modules externes.

5 Choisissez les options des panneaux d'extension (Ps).

Cochez **Permettre la connexion à Internet pour les extensions** et/ou **Charger les panneaux d'extensions** si vous voulez utiliser des nouvelles fonctionnalités comme Kuler ou Connexions (Ps).

6 Cliquez **OK**.

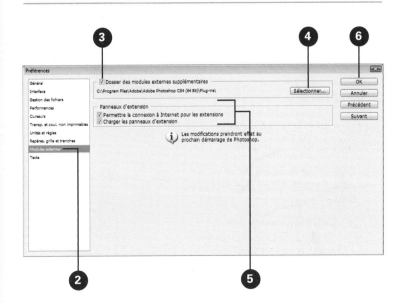

Sélectionnez les disques de travail

Vous définissez les préférences des performances pour optimiser au maximum les capacités de votre ordinateur, en choisissant un ou plusieurs disques durs dédiés aux opérations de travail. Si un ordinateur ne dispose pas de suffisamment de RAM pour effectuer une opération, Photoshop emploie de l'espace libre sur un quelconque disque disponible, appelé Disque de travail. Photoshop sera plus performant si vous répartissez la charge de travail sur des disques de travail. Les opérations de travail s'effectuent sur votre disque dur et elles ont lieu lorsque Photoshop fait appel à l'un de ses nombreux filtres et réglages. Le logiciel détecte et met à votre disposition tous les disques disponibles dans le volet Performances de la boîte de dialogue Préférences. En attribuant des disques durs supplémentaires à la tâche, vous accélérez les performances générales de Photoshop. Les modifications des disques de travail prennent effet au prochain démarrage de Photoshop.

Définissez les options des disques de travail

1 Cliquez le menu **Edition** (Win) ou **Photoshop** (Mac) et pointez **Préférences**.

2 Cliquez **Performances**.

3 Sélectionnez les disques de travail à exploiter en cochant leur case respective.

ATTENTION ! *Photoshop réserve de l'espace sur le disque de travail tant que l'application est ouverte. Pour libérer cet espace, vous devez fermer Photoshop.*

4 Cliquez **OK**.

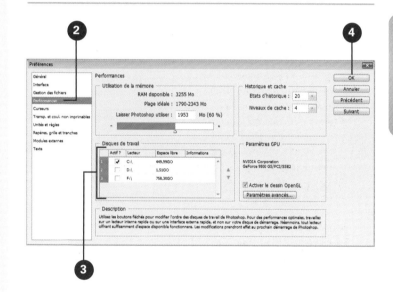

Allouez de la mémoire et des caches de données d'image

 PS 1.3

Allouez de la mémoire et des caches de données d'images

1. Cliquez le menu **Edition** (Win) ou **Photoshop** (Mac) et pointez **Préférences**.

2. Cliquez **Performances**.

3. Sélectionnez les options **Historique et cache** de votre choix :

   ◆ **États d'historique**. Saisissez la quantité d'états d'historique (maximum 1 000) à conserver en tant qu'annulations.

   ◆ **Niveaux de cache**. Choisissez un nombre entre 1 et 8.

   ATTENTION ! *Les états d'historique influent sur les performances de Photoshop car ils réservent de la mémoire RAM et de l'espace de disque de travail. Plus vous disposez d'états d'historique, plus la quantité de RAM requise est élevée. L'emploi d'un nombre trop important d'états d'historique affecte donc les performances de Photoshop.*

Voir aussi

La mémoire RAM et les autres exigences du système sont détaillées à la section « Installez Photoshop », page 2.

Les préférences de mémoire et de cache d'images permettent de contrôler la quantité de mémoire RAM allouée à Photoshop et la quantité de mémoire affectée aux rafraîchissements de l'écran (cache des données de l'image). Photoshop, en tant qu'application de haute performance, mobilise une quantité de mémoire RAM assez importante. Aussi l'ajustement de ces options peut-il améliorer les performances de Photoshop en terme de rapidité. Photoshop fait appel à de nombreux composants qui exploitent la mémoire RAM : États d'historique, Annuler, Presse-papiers et la mise en cache. Si vous modifiez les paramètres d'utilisation de la mémoire, vous augmentez ou diminuez la quantité de RAM mobilisée par Photoshop pour différentes tâches. Un seul conseil : faites des tests. Testez plusieurs paramètres et enregistrez les performances de Photoshop. En ajustant finement les paramètres de Photoshop, vous augmentez sa vitesse générale et votre productivité de création.

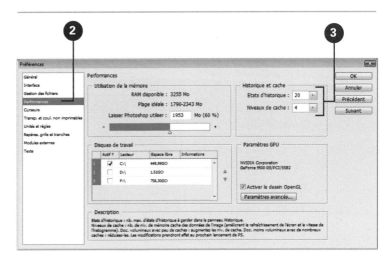

Bon à savoir

Définissez les niveaux de cache

Les niveaux de cache correspondent aux rafraîchissements de l'écran. Il s'agit du nombre de versions du document actif que Photoshop enregistre. Si vous travaillez sur des documents volumineux, les niveaux de cache accélèrent la fonction de rafraîchissement et la manipulation des images. Cependant, ils mobilisent de la mémoire RAM ; ainsi, plus vous en sélectionnez, moins vous disposez de RAM pour les fonctions de Photoshop.

4 Saisissez le pourcentage de RAM utilisée dans le champ **Laisser Photoshop utiliser**.

Photoshop a besoin d'environ cinq fois la taille du document ouvert en mémoire RAM pour fonctionner efficacement.

ATTENTION ! *Toutes les modifications de paramètres effectuées pour allouer de la mémoire et des caches de données d'image ne seront effectives qu'au prochain démarrage du programme. Lisez le message au bas de l'écran.*

5 **Paramètres GPU (Ps).** Si votre carte vidéo dispose de la technologie GPU *(Graphics Processing Unit),* son nom apparaît dans cette section. Cochez la case **Activer le dessin OpenGPL** pour pouvoir utiliser la vitesse accélérée et l'adoucissement de rendu et de navigation de CS4.

6 Cliquez **OK**.

ATTENTION ! *Ne sélectionnez jamais 100 % d'utilisation de la mémoire, sinon Photoshop bénéficiera de la totalité de votre mémoire RAM disponible, sans rien laisser au système d'exploitation ou aux autres programmes ouverts. Si vous rencontrez plus de problèmes que d'habitude lorsque Photoshop est ouvert, réduisez l'utilisation de la mémoire.*

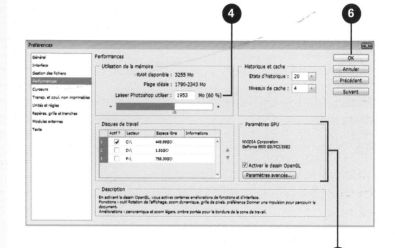

Travaillez avec le texte

Exploitez les options de saisie

1 Cliquez le menu **Edition** (Win) ou **Photoshop** (Mac) et pointez **Préférences**.

2 Cliquez **Texte**.

3 Sélectionnez les options de saisie de votre choix :

♦ **Guillemets typographiques**. Permet de remplacer automatiquement les guillemets droits par des guillemets typographiques.

♦ **Afficher les options de texte asiatique**. Affiche les options de texte japonais, chinois et coréen dans les panneaux Caractère et Paragraphe.

♦ **Activer la protection des glyphes manquants**. Permet de sélectionner automatiquement les caractères incorrects ou illisibles entre le texte romain et autres (japonais ou cyrillique).

♦ **Afficher le nom des polices en anglais**. Affiche les polices non romaines avec leur nom romain.

♦ **Taille d'aperçu de la police**. Choisissez la taille des polices du menu.

4 Cliquez **OK**.

ATTENTION ! *Photoshop fait appel aux systèmes de mesure PostScript pour dimensionner les polices. Ainsi, une police de 72 points mesure 1 pouce à l'impression. Cela vous permet de connaître la taille des polices à l'impression.*

Bien que Photoshop ne soit pas par définition une application ciblée sur le texte, comme Adobe InDesign, il possède tout de même des fonctionnalités de saisie très intéressantes. Par exemple, il permet de sortir du texte PostScript sur imprimante grâce à l'option PostScript. Il n'est pas nécessaire d'importer des images Photoshop dans des applications de saisie comme InDesign ou Illustrator, uniquement pour créer quelques lignes de texte. En outre, le nouveau menu de saisie de Photoshop présente les polices telles qu'elles s'affichent ou s'impriment. Ce menu de polices représente un gain de temps considérable pour les graphistes qui se servent très souvent des polices. Les préférences du volet Texte permettent de définir les options de texte et de polices.

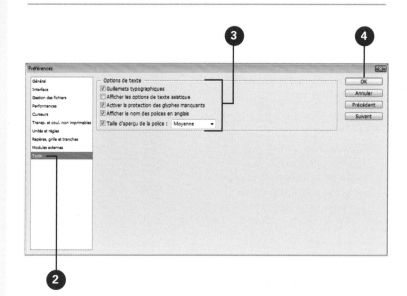

Gérez les bibliothèques avec le Gestionnaire des paramètres prédéfinis

Avec le Gestionnaire de paramètres prédéfinis, vous gérez les pinceaux, les nuanciers, les dégradés, les motifs, les contours, les formes personnalisées et les outils prédéfinis. Il sert également à modifier le groupe d'éléments prédéfinis en cours et à créer de nouvelles bibliothèques de groupes personnalisés. Une fois qu'une bibliothèque est chargée dans le Gestionnaire de paramètres prédéfinis, vous pouvez accéder à tous ses éléments partout où les paramètres prédéfinis sont disponibles. Les modifications du gestionnaire sont globales et s'appliquent chaque fois que vous ouvrez Photoshop. Lorsque vous enregistrez un nouveau paramètre prédéfini, le nom apparaît dans la boîte de dialogue de l'option spécifique sélectionnée.

Créez un nouveau paramètre prédéfini

1. Cliquez le menu **Edition** et cliquez **Gestionnaire des paramètres prédéfinis**.

2. Déroulez la liste **Type** et choisissez une option.

3. Cliquez le bouton **Options** et choisissez les paramètres prédéfinis à ajouter à la liste des éléments en cours.

4. Pour supprimer un élément d'un paramètre prédéfini, cliquez une vignette puis **Supprimer**.

5. Pour réorganiser l'ordre, cliquez et faites glisser les vignettes vers de nouveaux emplacements dans la fenêtre d'aperçu.

6. Pour modifier le nom d'un paramètre prédéfini, cliquez une vignette, **Renommer**, modifiez le nom et cliquez **OK**.

7. Cliquez une vignette, puis **Enregistrer le groupe**.

8. Tapez le nouveau nom du groupe, puis choisissez l'emplacement où l'enregistrer.

9. Cliquez **Enregistrer**, puis **Terminer**.

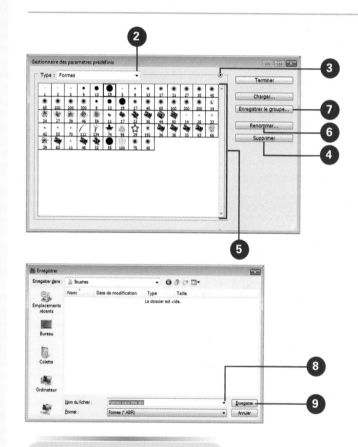

Note

Enregistrez des éléments spécifiques de la fenêtre d'affichage comme paramètres prédéfinis. Ctrl + cliquez (Win) ou ⌘ + cliquez (Mac) les éléments à inclure dans le nouveau groupe, puis cliquez Enregistrer le groupe.

Personnalisez l'espace de travail

 PS 1.1

L'espace de travail se compose d'un document entouré d'un cadre d'application (Mac seulement), d'une barre d'options, d'une boîte à outils et de plus de vingt panneaux y compris les nouveaux panneaux 3D, Réglages et Masques (Ps). Selon votre manière de travailler, votre espace de travail reflète une combinaison de ces éléments. Par exemple, lorsque vous tapez du texte, il vous faut les panneaux Caractère et Paragraphe, mais pas nécessairement les panneaux Styles ou Histogramme. Pour travailler efficacement, chaque projet requiert une certaine organisation de l'espace de travail. Au lieu de le revoir complètement à chaque nouveau projet, Photoshop propose de créer et d'enregistrer des espaces personnalisés.

Créez un espace de travail personnalisé

1. Arrangez les panneaux dans un ordre spécifique.

2. Cliquez le menu **Fenêtre**, pointez **Espace travail**, puis cliquez **Enregistrer l'espace de travail**.

3. Saisissez le nom de l'espace de travail.

4. Cochez les cases pour enregistrer la position des panneaux, les raccourcis clavier ou les menus.

5. Cliquez **Enregistrer**.

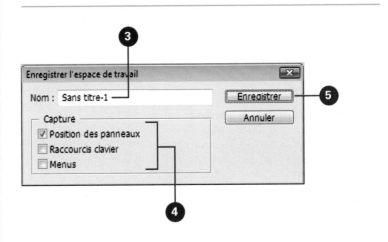

Supprimez un espace de travail personnalisé

1. Cliquez le menu **Fenêtre**, pointez **Espace travail**, puis cliquez **Supprimer l'espace de travail**.

2. Ouvrez la liste **Espace de travail** et sélectionnez l'espace à supprimer ou cliquez **Tout**.

3. Cliquez **Supprimer**, puis **Oui** pour confirmer la suppression.

Note

Vous ne pouvez pas supprimer l'espace de travail dans lequel vous travaillez actuellement.
Vous devez commencer par passer dans un autre espace de travail.

Bon à savoir

Réinitialisez les panneaux

On peut rétablir la configuration initiale de tous les panneaux Photoshop. Cliquez le menu Fenêtre, pointez Espace de travail, puis cliquez Les indispensables (par défaut). Photoshop réinitialise tous les panneaux et les menus.

Définissez des touches de raccourci

 PS 1.1

Le temps, c'est de l'argent, et Photoshop consomme beaucoup de temps ! C'est pourquoi l'application propose d'employer des **touches de raccourci**. Comme leur nom l'indique, elles accomplissent des tâches en un minimum de temps. Par exemple, pour ouvrir un nouveau document dans Photoshop, soit vous cliquez le menu Fichier, puis Nouveau, soit vous abandonnez votre souris et vous appuyez sur Ctrl + N (Win) ou ⌘ + N (Mac). Avec ces touches, la souris est moins utilisée et les opérations s'effectuent bien plus rapidement. En fait, une étude récente parue dans l'*American Medical Journal* montre que l'emploi des touches de raccourci diminue significativement le stress et réduit le risque du syndrome du canal carpien. Non seulement Photoshop vous donne des centaines de combinaisons de touches possibles, mais il vous propose également de créer les vôtres.

Créez un raccourci clavier

1 Cliquez le menu **Edition**, puis **Raccourcis clavier**.

2 Ouvrez la liste **Raccourcis pour** et sélectionnez parmi **Menus de l'application**, **Menus de panneau** et **Outils**. Pour un menu, cliquez la flèche (à gauche) pour développer le menu contenant la commande pour laquelle vous voulez créer un raccourci.

3 Choisissez un élément dans la liste des commandes.

4 Créez le nouveau raccourci à l'aide du clavier. Par exemple, appuyez sur **Ctrl** + **J** (Win) ou ⌘ + **J** (Mac).

5 Si le raccourci est déjà utilisé, un message apparaît et vous avez le choix d'annuler la modification ou de remplacer l'ancien raccourci. Cliquez **Accepter**.

6 Cliquez **OK**.

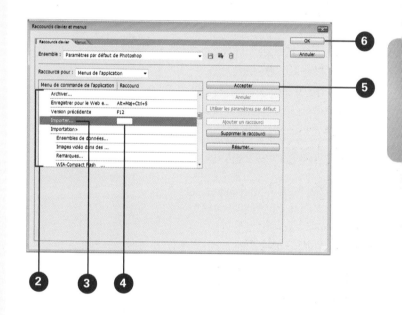

Note

Gagnez du temps avec les touches de raccourci. Selon plusieurs études, l'emploi des touches de raccourci fait gagner 1 heure de travail sur 8 à un utilisateur.

Bon à savoir

Servez-vous des raccourcis

En plus d'ajouter des raccourcis, vous pouvez en supprimer et même imprimer un résumé de ceux prédéfinis dans Photoshop. Les raccourcis permettent d'accéder aux menus de l'application et des panneaux ainsi qu'aux outils de la boîte à outils. Dans la boîte de dialogue Raccourcis clavier et menus, servez-vous des boutons appropriés, comme Supprimer le raccourci, Ajouter un raccourci ou Résumer, pour effectuer ces tâches.

Personnalisez l'interface utilisateur

Adobe Certified Expert **PS 1.1**

Les menus déroulants contiennent des centaines d'options. Si cela vous ennuie de les parcourir, réjouissez-vous, car Adobe vous offre la solution : l'interface utilisateur personnalisable. Dans Photoshop, il est possible de choisir les éléments de menus proposés dans les menus déroulants et même d'en colorer certains pour faciliter leur localisation. Par exemple, si vous voulez connaître toutes les nouvelles fonctionnalités de Photoshop, créez un système de menus déroulants avec toutes les nouvelles fonctionnalités mises en surbrillance. Photoshop propose neuf groupes d'interfaces utilisateur prédéfinis, appelés espaces de travail, afin de vous indiquer la route à prendre pour commencer. Vous accédez à ces espaces de travail, intitulés Les indispensables, De base ou Nouveautés de CS4, par le nouveau bouton Espace de travail (Ps) de la barre de l'application ou par la commande Espace de travail du menu Fenêtre.

Exploitez l'interface utilisateur prédéfinie

① Cliquez le menu **Fenêtre**, puis pointez **Espace de travail**.

RACCOURCI *Cliquez le bouton Espace de travail (Ps) (affichant le nom actuel de l'espace de travail) placé à droite de la barre de menu.*

② Cliquez l'un des noms de groupe prédéfini, comme **Automatisation**, **Web**, **Peinture** ou **Nouveautés de CS4**.

③ Au besoin, cliquez **Oui** pour appliquer les modifications.

Les menus Photoshop présentent maintenant des options mises en surbrillance selon votre sélection.

Note

Restaurez les menus avec leurs paramètres d'origine.
Pour restaurer les valeurs d'origine de tous les paramètres de menus Photoshop, dans le menu Fenêtre, pointez Espace de travail et cliquez Les indispensables.

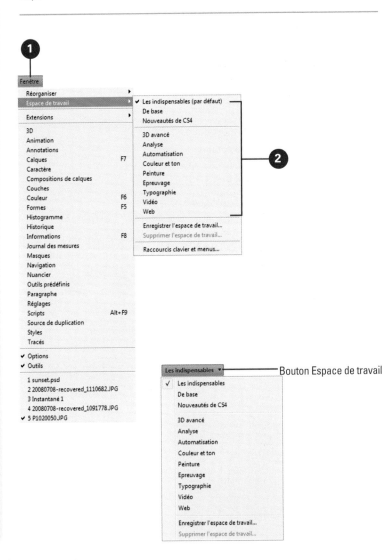

Bouton Espace de travail

Créez une interface utilisateur personnalisée

1. Cliquez le menu **Fenêtre**, pointez **Espace de travail**, puis cliquez **Raccourcis clavier et menus**.

2. Cliquez l'onglet **Menus**.

3. Pour créer un nouvel ensemble fondé sur celui en cours, cliquez le bouton **Créer un ensemble d'après l'ensemble de menus actif**, tapez un nom et cliquez **Enregistrer**.

4. Déroulez la liste **Ensemble** et choisissez une liste d'interfaces utilisateur modifiées.

5. Déroulez la liste **Menu pour**, puis cliquez **Menus de l'application** ou **Menus de palette** selon les éléments à modifier.

6. Cliquez une flèche (colonne gauche) pour développer le menu qui contient la commande à modifier.

7. Cliquez l'icône **Visibilité** associée à une commande pour afficher ou masquer la commande.

8. Cliquez le mot **Couleur** pour ouvrir la liste et attribuer une couleur à la commande sélectionnée.

9. Cliquez le bouton **Enregistrer toutes les modifications** pour enregistrer la nouvelle interface utilisateur personnalisée.

10. Cliquez **OK**.

Note

Supprimez un ensemble de l'interface utilisateur. Cliquez le menu Fenêtre, pointez Espace de travail, cliquez Raccourcis clavier et menus, sélectionnez l'onglet Menus, ouvrez la liste Ensemble, choisissez un ensemble, puis cliquez Supprimer.

Travaillez avec les tablettes graphiques

Un graphiste qui travaille sur ordinateur laisse derrière lui le monde naturel des huiles, aquarelles et toiles pour celui des écrans d'ordinateur et des pixels. Les différences entre la création traditionnelle et numérique ne prêtent pas à confusion ; cependant, il n'est pas obligatoire d'abandonner tous les aspects du monde naturel. Par exemple, la souris de l'ordinateur a toujours constitué un problème pour les graphistes qui ont perdu la sensation et le contrôle d'un pinceau. Heureusement, la technologie s'en est mêlée et la tablette graphique a vu le jour. La tablette de dessin possède une surface de dessin et un outil semblable à un pinceau, le stylet. Le graphiste prend le stylet et le déplace sur la surface de la tablette. Celle-ci interprète ces mouvements comme des coups de pinceau. Non seulement Photoshop prend totalement en charge cette technologie, mais il interprète également le style de dessin propre au dessinateur. Par exemple, une pression plus forte avec le stylet sur la tablette indique à Photoshop de créer un coup plus marqué ou d'appliquer davantage de couleur. Les tablettes graphiques traduisent le contrôle dont on dispose avec de vrais pinceaux artistiques sur des toiles, sauf qu'il s'agit d'un monde numérique. Parmi tous les fabricants, Wacom tient le haut du pavé et s'affirme comme le leader de cette technologie. Les tablettes Wacom restituent la sensation de créer avec un pinceau et le logiciel livré avec la tablette fonctionne parfaitement avec Photoshop ainsi qu'avec les systèmes d'exploitation Windows ou Macintosh. Pour savoir quelle tablette vous conviendrait le mieux, rendez-vous à l'adresse www.wacom.fr/fr/ et consultez les différentes possibilités.

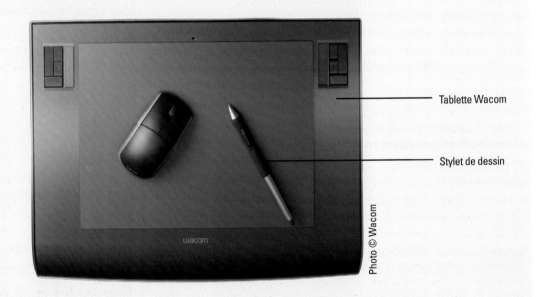

Tablette Wacom

Stylet de dessin

Photo © Wacom

Maîtrisez l'art
de la sélection

4

La maîtrise d'Adobe Photoshop requiert des connaissances dans de nombreux domaines. S'il faut des compétences différentes pour modifier les couleurs d'une image, retoucher une photo ancienne ou supprimer des imperfections, toutes ces actions nécessitent une sélection. Sans sélection, toute modification s'applique à tout le document actif. Si vous choisissez de colorer un contour en noir, vous sélectionnez l'outil Pinceau, la couleur noire et vous colorez. Photoshop permet d'appliquer du noir à toute l'image ou à une partie seulement. Grâce à la sélection, vous indiquez à Photoshop les parties du document actif à modifier et les parties à protéger.

Les outils de sélection ont toujours fait partie de Photoshop. Ils sont disponibles depuis les premières versions. Alors que certains outils permettent de sélectionner des zones d'une image de manière structurée (carrés, cercles, lignes), les outils Lasso apportent un peu de souplesse. Ces derniers imposent de coordonner judicieusement l'œil et la main. Par exemple, avec l'outil Lasso, vous créez une zone de sélection personnalisée autour d'un objet quelconque d'un document : animal, végétal ou minéral. Il vous faut juste le bon coup d'œil, une main habile et un immense tapis de souris (pour ne jamais en sortir).

La sélection se montre indispensable lorsque l'on souhaite modifier une zone précise de l'image, comme changer la couleur d'une voiture du bleu au rouge. Toute zone sélectionnée devient l'espace de travail des filtres, réglages et pinceaux qui ne s'appliquent alors que dans la limite de la sélection. La sélection est si importante quand il s'agit de contrôler un document que Photoshop propose de nombreux moyens de la personnaliser. Maîtriser l'art de la sélection ne permet pas uniquement de contrôler ce que l'on fait, mais également là où on le fait.

Au sommaire de ce chapitre

Exploitez l'outil Rectangle de sélection

Exploitez l'outil Ellipse de sélection

Exploitez les outils Rectangle de sélection 1 rangée et 1 colonne

Exploitez l'outil Lasso

Exploitez l'outil Lasso magnétique

Exploitez l'outil Lasso polygonal

Exploitez l'outil Sélection rapide

Exploitez l'outil Baguette magique

Sélectionnez par plage de couleurs

Améliorez un contour de sélection

Modifiez une sélection existante

Ajoutez, soustrayez et recadrez une sélection

Exploitez les couches pour créer et stocker des sélections

Exploitez la transformation et la transformation manuelle

Utilisez l'échelle basée sur le contenu

Exploitez l'outil Rectangle de sélection

 PS 3.1

Vous créez des sélections rectangulaires et carrées avec l'outil Rectangle de sélection. Cet outil est idéal pour opérer un recadrage rapide ou sélectionner et déplacer des blocs d'informations d'image. Sélectionnez Rectangle de sélection dans la boîte à outils parmi les options de sélection, puis faites glisser l'outil avec la souris (ou la tablette graphique). Pour dessiner un carré parfait, maintenez enfoncée la touche Maj. Pour créer une sélection à partir du centre, maintenez enfoncée la touche Alt (Win) ou Option (Mac). L'outil crée la sélection dès que vous relâchez le bouton de la souris.

Exploitez l'outil Rectangle de sélection

① Dans la boîte à outils, sélectionnez l'outil **Rectangle de sélection**.

② Déroulez la liste **Outils prédéfinis**, puis choisissez l'un des outils prédéfinis.

③ Servez-vous des options de sélection de la barre d'options pour créer une nouvelle sélection ou ajouter, soustraire ou croiser une sélection existante.

④ Tapez une valeur (0 à 250) dans la zone **Contour prog.** pour créer un contour de sélection progressif ou cliquez le bouton **Améliorer le contour** pour ajuster visuellement le contour.

⑤ Ouvrez la liste **Style**, puis choisissez l'un des styles disponibles :

- ◆ **Normal**. Crée des sélections rectangulaires ou carrées.

- ◆ **Prop. fixes**. Crée des sélections avec une proportion spécifique, comme 2 sur 1. Tapez les valeurs associées dans les champs L et H.

- ◆ **Taille fixe**. Crée des sélections de taille absolue, comme 30 pixels par 90 pixels. Tapez les valeurs associées dans les champs L et H.

⑥ Faites glisser pour obtenir la zone de sélection souhaitée.

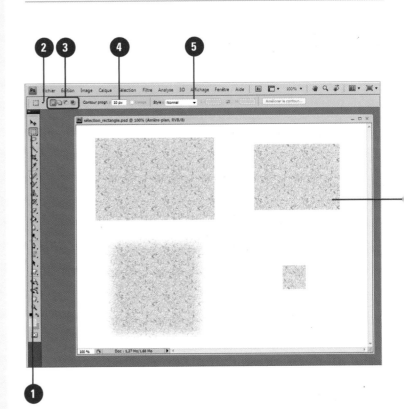

Bon à savoir

Sélectionnez des zones pour un moniteur standard

Si vous sélectionnez des zones d'une image afin de les afficher sur un moniteur standard, cliquez l'option Prop. fixes dans la barre d'options, puis donnez aux champs Largeur et Hauteur les valeurs 4 et 3. Comme un moniteur d'ordinateur normal (quelle que soit sa résolution) a un rapport d'affichage de 4 par 3, votre sélection va parfaitement s'adapter au moniteur. Ce n'est plus le cas des écrans panoramiques qui sont de plus en plus répandus de nos jours.

Exploitez l'outil Ellipse de sélection

 PS 3.1

Exploitez l'outil Ellipse de sélection

① Dans la boîte à outils, sélectionnez l'outil **Ellipse de sélection**.

② Déroulez la liste **Outils prédéfinis**, puis choisissez l'un des outils prédéfinis.

③ Servez-vous des options de sélection de la barre d'options pour créer une nouvelle sélection ou ajouter, soustraire ou croiser une sélection existante.

④ Tapez une valeur (0 à 250) dans la zone **Contour prog.** pour créer un contour de sélection progressif ou cliquez le bouton **Améliorer le contour** pour ajuster visuellement le contour.

⑤ Cochez la case **Lissage** pour adoucir les contours de la sélection.

⑥ Déroulez la liste **Style**, puis choisissez l'un des styles disponibles :

◆ **Normal**. Crée des sélections ovales ou circulaires.

◆ **Prop. fixes**. Crée des sélections avec une proportion spécifique. Tapez les valeurs associées dans les champs L et H.

◆ **Taille fixe**. Crée des sélections de taille absolue. Tapez les valeurs associées dans les champs L et H.

⑦ Faites glisser pour obtenir la zone de sélection souhaitée.

Vous créez des sélections ovales ou circulaires avec l'outil Ellipse de sélection. Utilisez-le avec l'option Masque de fusion et quelques filtres créatifs pour créer des vignettes impressionnantes. Sélectionnez l'outil Ellipse de sélection dans la boîte à outils parmi les options de sélection, placez le pointeur dans le document, puis faites glisser l'outil avec la souris pour contrôler la sélection. Pour dessiner un cercle parfait, maintenez enfoncée la touche Maj, et pour créer une sélection à partir du centre, la touche Alt (Win) ou Option (Mac). L'outil crée la sélection dès que vous relâchez le bouton de la souris.

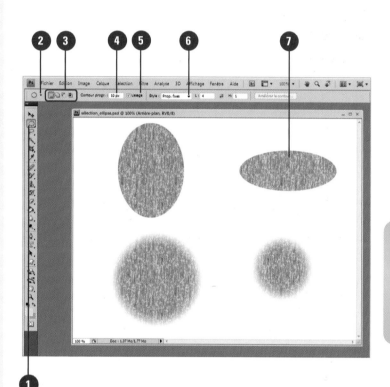

Exploitez les outils Rectangle de sélection 1 rangée et 1 colonne

 PS 3.1

Les outils Rectangle de sélection 1 rangée et 1 colonne créent des sélections horizontales et verticales d'un pixel. Sélectionnez l'outil Rectangle de sélection 1 rangée ou 1 colonne dans la boîte à outils parmi les options de sélection, puis cliquez dans le document actif pour créer une sélection verticale ou horizontale d'un pixel. Pour déplacer la sélection, placez le pointeur sur la sélection ; lorsqu'il se transforme en flèche, cliquez et faites-le glisser. Relâchez la souris lorsque la sélection est correctement positionnée. Pour un positionnement précis, utilisez les touches fléchées pour déplacer la sélection d'un pixel à la fois.

Exploitez l'outil Rectangle de sélection 1 rangée et 1 colonne

1 Dans la boîte à outils, sélectionnez l'outil **Rectangle de sélection 1 rangée** ou **Rectangle de sélection 1 colonne**.

2 Déroulez la liste **Outils prédéfinis**, puis choisissez l'un des outils prédéfinis.

3 Servez-vous des options de sélection de la barre d'options pour créer une nouvelle sélection ou ajouter, soustraire ou croiser une sélection existante.

4 Faites glisser le pointeur pour obtenir la zone de sélection souhaitée.

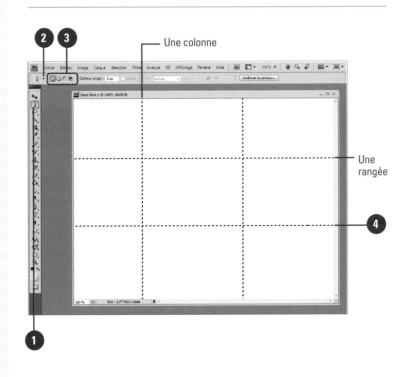

Une colonne

Une rangée

Note

Les outils de sélection de colonne ne proposent pas l'option Lissage. En effet, un moniteur affiche les informations numériques à l'aide de pixels. Comme les pixels se disposent à l'image comme un mur de briques et que les outils de sélection de colonnes ne peuvent dessiner que des lignes horizontales ou verticales, il est inutile de les lisser : ils suivent les lignes horizontales et verticales des pixels.

Bon à savoir

Créez des repères personnalisés

N'avez-vous jamais eu besoin d'un repère orienté à 45 degrés ? Gréez un nouveau calque, sélectionnez l'outil de sélection 1 rangée (ou colonne), puis cliquez pour créer une sélection dans le document actif. Sélectionnez le noir (ou une autre couleur) et appuyez sur Alt + Retour arrière (Win) ou Option + Suppr (Mac) pour remplir la sélection d'un pixel avec la couleur. Cliquez le menu Edition, pointez Transformation, puis cliquez Rotation. Tapez la valeur 45 dans la zone Angle de la barre d'options ; votre repère s'oriente à 45 degrés. Comme il se trouve sur un calque séparé, vous pouvez utiliser l'outil Déplacement pour le repositionner.

Exploitez l'outil Lasso

 PS 3.1

Exploitez l'outil Lasso

① Dans la boîte à outils, sélectionnez l'outil **Lasso**.

② Déroulez la liste **Outils prédéfinis**, puis sélectionnez un des outils prédéfinis.

③ Servez-vous des options de sélection de la barre d'options pour créer une nouvelle sélection ou ajouter, soustraire ou croiser une sélection existante.

④ Tapez une valeur (0 à 250) dans la zone **Contour prog.** pour créer un contour de sélection progressif.

⑤ Cochez la case **Lissage** pour adoucir les contours de la sélection. Cette option est très pratique en cas de sélections fortement courbées ou arrondies.

⑥ Faites glisser pour obtenir la sélection souhaitée.

Note

Convertissez temporairement l'outil Lasso en outil de dessin d'une ligne droite (Lasso polygonal). Maintenez enfoncée la touche Alt (Win) ou Option (Mac) et relâchez la souris, puis cliquez un autre emplacement de l'image pour dessiner une ligne droite entre les deux points.

L'outil Lasso impose de bien coordonner la main et l'œil. Sélectionnez une des options de lasso dans la boîte à outils, cliquez dans le document actif, puis faites glisser le pointeur avec la souris (ou tablette graphique) pour établir la sélection. Maintenez enfoncée la touche Alt (Win) ou Option (Mac) en traçant pour dessiner des segments droits. L'outil Lasso ferme la sélection lorsque vous relâchez la souris. Le tour est joué ! Évitez de trembler et munissez-vous d'un très grand tapis de souris.

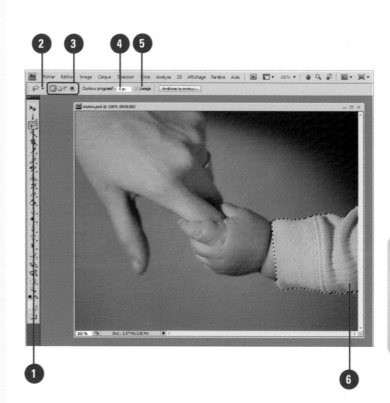

Exploitez l'outil Lasso magnétique

PS 3.1

L'outil Lasso magnétique crée une sélection reposant sur les contours visibles d'un objet. Par exemple, il va suivre les bords d'un bâtiment qui se détache sur un ciel bleu clair. En réalité, une photo ne comprend aucun bord, aussi l'outil suit-il les changements de luminosité créés par la rencontre de deux valeurs tonales. Sélectionnez une option de l'outil Lasso magnétique dans la boîte à outils. Cliquez un bord visible dans une image (comme la frontière entre le bâtiment et le ciel), puis déplacez l'outil autour de l'objet (sans cliquer/glisser). Le lasso magnétique suit le contour visible de l'objet ; il ajoute parfois des points d'ancrage sur la ligne pendant le déplacement. Double-cliquez pour fermer la sélection.

Exploitez l'outil Lasso magnétique

1 Sélectionnez l'outil **Lasso magnétique** dans la boîte à outils.

2 Déroulez la liste **Outils prédéfinis**, puis choisissez l'un des outils prédéfinis.

3 Servez-vous des options de sélection de la barre d'options pour créer une nouvelle sélection ou ajouter, soustraire ou croiser une sélection existante.

4 Tapez une valeur (0 à 250) dans la zone **Contour prog.** pour créer un contour de sélection progressif ou cliquez le bouton **Améliorer le contour** pour ajuster visuellement le contour.

5 Cochez la case **Lissage** pour lisser les contours de la sélection. Cette option est très pratique en cas de sélections fortement courbées ou arrondies.

6 Tapez une valeur de **Largeur** (0 à 256) pour indiquer à l'outil Lasso magnétique le nombre de pixels à considérer pour définir le contour.

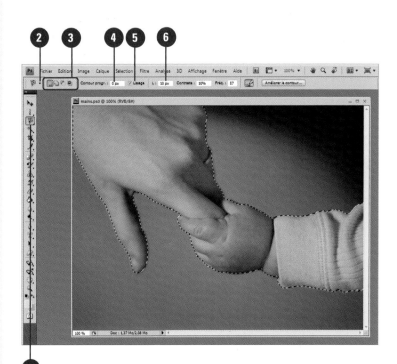

7 Tapez une valeur de **Contraste** (0 à 100) pour indiquer à l'outil Lasso magnétique quelle différence de luminosité utiliser pour déterminer le contour.

8 Tapez une valeur de **Fréquence** (0 à 100) pour indiquer à l'outil où ajouter des points sur la ligne de sélection.

9 Cliquez une fois pour créer un point d'ancrage, puis déplacez le pointeur le long du contour à tracer.

10 Si la ligne ne se colle pas au contour voulu, cliquez pour ajouter manuellement un point d'ancrage. Continuez de tracer le contour et ajoutez des points d'ancrage au besoin.

11 Double-cliquez ou cliquez le point de départ pour fermer la sélection.

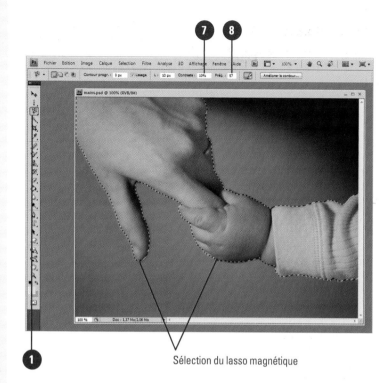

Sélection du lasso magnétique

Note

Supprimez des points d'ancrage. Si vous utilisez l'outil Lasso magnétique et que vous voulez faire marche arrière, effectuez le trajet inverse jusqu'au dernier point d'ancrage. Pour revenir encore plus en arrière, appuyez sur Retour arrière (Win) ou Suppr (Mac) pour supprimer le dernier ancrage.

Utilisez temporairement l'outil Lasso magnétique en tant qu'outil Lasso. Maintenez enfoncée la touche Alt (Win) ou Option (Mac), puis faites glisser pour dessiner. Relâchez le bouton de la souris pour retrouver l'outil Lasso magnétique.

Exploitez l'outil Lasso polygonal

L'outil Lasso polygonal effectue une sélection à l'aide de lignes droites, ce qui convient très bien pour délimiter une fenêtre ou le toit d'une maison. Sélectionnez-le dans la boîte à outils parmi les options de Lasso disponibles et cliquez pour créer un point ; déplacez et cliquez pour tracer une ligne droite entre les deux points. Continuez de cliquer et de déplacer votre souris jusqu'à obtenir la forme de sélection souhaitée. Double-cliquez pour que l'outil ferme la sélection.

Exploitez l'outil Lasso polygonal

① Dans la boîte à outils, sélectionnez l'outil **Lasso polygonal**.

② Déroulez la liste **Outils prédéfinis**, puis choisissez l'un des outils prédéfinis.

③ Servez-vous des options de sélection de la barre d'options pour créer une nouvelle sélection ou ajouter, soustraire ou croiser une sélection existante.

④ Tapez une valeur (0 à 250) dans la zone **Contour prog.** pour créer un contour de sélection progressif ou cliquez le bouton **Améliorer le contour** pour ajuster visuellement le contour.

⑤ Cochez la case **Lissage** pour lisser les contours de la sélection. Cette option est très pratique en cas de sélections fortement courbées ou arrondies.

⑥ Cliquez pour créer des points d'ancrage, puis double-cliquez ou cliquez le point de départ pour fermer la sélection.

Note

Utilisez temporairement l'outil Lasso polygonal en tant qu'outil Lasso. Maintenez enfoncée la touche Alt (Win) ou Option (Mac), puis faites glisser pour dessiner. Relâchez le bouton de la souris pour retrouver l'outil Lasso polygonal.

Exploitez l'outil Sélection rapide

 PS 3.1

L'outil Sélection rapide simplifie la sélection de zones d'une image. Il suffit de dessiner une sélection approximative avec une pointe réglable de forme arrondie pour sélectionner une zone. Pendant que vous déplacez l'outil, la sélection s'étend et elle identifie puis suit automatiquement les bords définis de l'image. Servez-vous de l'option Accentuation automatique pour préciser et affiner le contour de la sélection.

Exploitez l'outil Sélection rapide

① Dans la boîte à outils, sélectionnez l'outil **Sélection rapide**.

② Déroulez la liste **Outils prédéfinis**, puis choisissez l'un des outils prédéfinis.

③ Servez-vous des options de sélection de la barre d'options pour créer une nouvelle sélection ou ajouter ou soustraire une sélection existante.

④ Déroulez la liste **Forme**, puis sélectionnez les options de votre choix : **Diamètre**, **Dureté**, **Pas**, **Angle**, **Arrondi** et **Épaisseur**.

⑤ Cochez la case **Échantillonner tous les calques** pour créer une sélection fondée sur tous les calques et non uniquement sur celui qui est sélectionné.

⑥ Cochez la case **Accentuation automatique** pour diminuer l'irrégularité et la pixellisation du contour de sélection.

⑦ Peignez pour créer la sélection.

RACCOURCI *Appyez sur les touches deux-points (:) et point d'exclamation (!) pour diminuer ou augmenter la taille de la pointe de forme de l'outil Sélection rapide.*

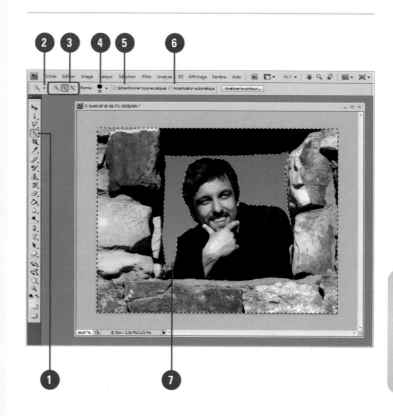

Exploitez l'outil Baguette magique

 PS 3.1

L'outil Baguette magique (nommé ainsi à cause de sa ressemblance avec cet objet) est unique dans son utilisation car il n'est pas nécessaire de cliquer et de glisser : il suffit de cliquer. Il crée une sélection en fonction des variations de plages de luminosité dans une image. S'il existe un changement net dans la luminosité des pixels, cet outil est idéal pour sélectionner des zones de formes particulières. Par exemple, il gère en un clin d'œil la sélection d'un tournesol de couleur lumineuse contrastant avec un ciel bleu intense. Pour l'utiliser, cliquez le bouton correspondant dans la boîte à outils. Il est parfois plus aisé de sélectionner ce que l'on ne souhaite pas et, dans cet exemple, le ciel bleu a été sélectionné avant d'être supprimé. Cependant, vous pourriez avoir besoin du tournesol pour le placer dans une autre image. Dans ce cas, il est encore plus simple de sélectionner le ciel avec la Baguette magique, de cliquer le menu Sélection, puis Intervertir pour obtenir la sélection inverse.

Exploitez l'outil Baguette magique

1. Sélectionnez l'outil **Baguette magique** dans la boîte à outils.

2. Déroulez la liste **Outils prédéfinis**, puis choisissez l'un des outils prédéfinis.

3. Servez-vous des options de sélection de la barre d'options pour créer une nouvelle sélection ou ajouter, soustraire ou croiser une sélection existante.

4. Tapez une valeur de **Tolérance** (0 à 255). Plus le nombre est élevé, plus l'outil sélectionne une large gamme de tonalités.

5. Cochez la case **Lissage** pour lisser les contours de la sélection. Cette option est très pratique en cas de sélections fortement courbées ou arrondies.

6. Cochez la case **Pixels contigus** pour ne sélectionner que des pixels adjacents dans le document actif.

7. Cochez la case **Échantillonner tous les calques** pour échantillonner les informations d'image de tous les calques.

8. Cliquez une zone pour effectuer la sélection.

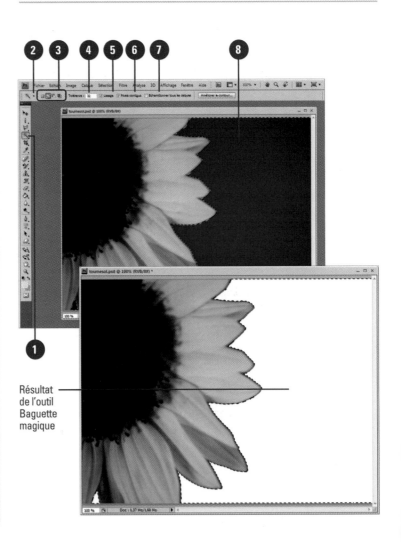

Résultat de l'outil Baguette magique

Sélectionnez par plage de couleurs

 PS 3.1

Photoshop facilite la sélection en donnant les moyens de dessiner des bordures de sélection de toute forme ou toute taille. Cependant, la sélection ne consiste pas seulement à faire glisser un pointeur à l'écran pour créer des contours. Outre les outils de dessin standard, Photoshop propose de sélectionner des informations d'image en fonction des informations chromatiques des couches. Il s'agit peut-être de cette voiture rouge vif à l'arrière-plan ou du stuc blanc qui orne la maison, mais peu importe puisque Photoshop permet de choisir la couleur et la plage maximale à sélectionner. Lorsque vous travaillez avec l'option Plage de couleurs, l'image dans la boîte de dialogue présente un mélange de noir et de blanc. Les zones blanches représentent les parties de l'image sélectionnées et les noires, les parties masquées.

Sélectionnez par plage de couleurs

1. Dans le menu **Sélection**, cliquez **Plage de couleurs**, puis sélectionnez une option :

   ◆ **Sélection**. Permet de choisir **Pipette**, une couleur spécifique ou **Couleurs non imprimables**.

   ◆ **Clusters de couleurs localisés** (**Ps**). Cochez cette option pour restreindre la sélection par couleurs à une zone spécifique. Utilisez le curseur **Étendue** pour indiquer à quelle distance une couleur doit être située pour être incluse.

   ◆ **Sélection ou Image**. Affiche le masque de sélection ou l'image.

   ◆ **Prévisualisation**. Modifie l'affichage de l'image dans la fenêtre du document. Choisissez entre **Sans**, **Niveaux de gris**, **Cache noir**, **Cache blanc** ou **Masque**.

2. Cliquez les pipettes pour ajouter ou soustraire des couleurs de la sélection, puis cliquez dans l'image.

3. Ajustez le curseur **Tolérance** pour augmenter ou diminuer la gamme des couleurs sélectionnées (0 à 200).

4. Cochez la case **Inverser** pour inverser le masque de sélection.

5. Cliquez **OK** pour créer la sélection à partir de la plage de couleurs.

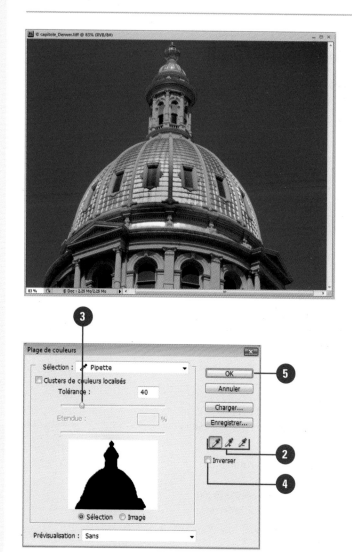

Améliorez le contour d'une sélection

 PS 3.4

Après avoir effectué une première sélection, utilisez l'outil Améliorer le contour pour la peaufiner. Les commandes de cet outil ajustent la sélection à l'aide des options Rayon, Contraste, Lisser, Contour progressif, Contracter/Dilater. Vous pouvez aussi changer le mode d'affichage pour visualiser la sélection avec différents arrière-plans.

Améliorez le contour d'une sélection

1 Effectuez une sélection.

2 Cliquez **Améliorer le contour** dans la barre d'options.

3 Cochez la case **Aperçu** pour afficher les modifications.

4 Déplacez les curseurs pour ajuster la sélection.

◆ **Rayon**. Spécifie la taille de la sélection. Augmentez-le pour une sélection plus précise.

◆ **Contraste**. Accentue les contours de la sélection et supprime les artéfacts flous.

◆ **Lisser**. Atténue les zones irrégulières de la sélection (de 0 à 100).

◆ **Contour progressif**. Adoucit le contour de la sélection (de 0 à 250 pixels).

◆ **Contracter/Dilater**. Redimensionne la sélection.

5 Pour changer de mode d'affichage, cliquez l'une des cinq icônes d'affichage. Une description apparaît sous le mode d'affichage. Cliquez le bouton **Description** si nécessaire.

◆ Double-cliquez le **Mode Masque** pour changer le masque de couleur.

6 Servez-vous des outils **Zoom** ou **Main** pour changer la taille ou la position de l'affichage.

7 Cliquez **OK**.

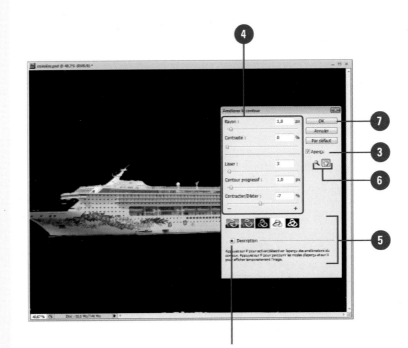

Bouton Description

Modifiez une sélection existante

Modifiez une sélection existante

Effectuer une sélection peut être aussi simple que de tracer un cercle ou un carré avec l'un des outils de sélection ou aussi difficile que d'utiliser un outil à main levée. Quelle que soit la situation, Photoshop permet d'améliorer n'importe quelle sélection à l'aide des outils de modification. Une fois la sélection créée, elle peut être modifiée à l'aide des différentes options que Photoshop propose pour simplifier l'utilisation des sélections complexes. La sélection constitue une part importante du travail avec Photoshop et sa pratique est la clé de la réussite.

① Effectuez une sélection, cliquez le menu **Sélection**, puis choisissez une option :

- ◆ **Tout sélectionner**. Sélectionne tous les pixels du document actif.
- ◆ **Désélectionner** ou **Resélectionner**. Supprime la sélection active ou rétablit la dernière sélection active.
- ◆ **Intervertir**. Intervertit la sélection précédente.
- ◆ **Tous les calques**. Sélectionne tous les calques (hormis l'arrière-plan).
- ◆ **Désélectionner les calques**. Désélectionne tous les calques.
- ◆ **Calques similaires**. Sélectionne les calques similaires.
- ◆ **Plage de couleurs**. Crée une sélection selon une ou plusieurs couleurs dans le document actif.
- ◆ **Améliorer le contour**. Améliore la qualité du contour de la sélection.
- ◆ **Modifier**. Pour modifier le cadre, dilater, contracter ou lisser la sélection dans le document actif.
- ◆ **Étendre**. Pour augmenter une sélection en ajoutant des pixels.
- ◆ **Généraliser**. Pour élargir une sélection en ajoutant des pixels non contigus.
- ◆ **Transformer la sélection**. Crée un cadre modifiable autour de la sélection active.
- ◆ **Mode Masque**. (Ps) Affiche la sélection en mode Masque.
- ◆ **Récupérer** et **Mémoriser la sélection**. Permet de récupérer ou de mémoriser une sélection de masque de couche enregistrée.

Sélection

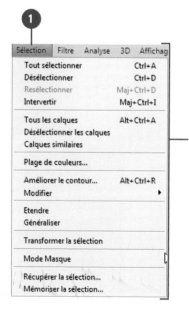

Options de sélection disponibles

Ajoutez, soustrayez et recadrez une sélection

PS 3.3, 5.5

C'est peu dire que Photoshop facilite les sélections. Non seulement il existe de nombreuses manières de modifier des sélections, mais Photoshop permet de changer d'avis en soustrayant ou en ajoutant des zones à une sélection, et même en exploitant les outils de sélection pour recadrer l'image. Comme la plupart des sélections ne sont pas parfaites du premier coup, il est intéressant de savoir modifier une sélection pour la rendre parfaite. L'ajout et la soustraction dans une image s'effectuent par de simples raccourcis clavier ou à l'aide de la barre d'options. Dans tous les cas, les sélections complexes deviennent un jeu d'enfant.

Ajoutez à une sélection existante

1. Créez une sélection avec l'un des outils de sélection de Photoshop.

2. Maintenez enfoncée la touche **Maj**, puis ajoutez à la sélection existante avec un outil de sélection (les zones sélectionnées ne doivent pas nécessairement être contiguës).

3. Relâchez la souris et la touche **Maj** pour terminer les ajouts.

Deux sélections séparées

Soustrayez d'une sélection existante

1. Créez une sélection avec l'un des outils de sélection de Photoshop.

2. Soustrayez de la sélection existante en maintenant enfoncée la touche **Alt** (Win) ou **Option** (Mac).

3. Créez une sélection en intersection avec la sélection existante.

4. Relâchez la souris et la touche **Alt** pour terminer la soustraction.

Recadrez une image

① Créez une sélection avec l'un des outils de sélection de Photoshop.

La zone de sélection ne doit pas nécessairement être un rectangle.

② Cliquez le menu **Image**, puis **Recadrer**.

Note

Une fois la sélection effectuée, il est possible de la modifier avec les outils de transformation standard. Pour transformer une sélection, cliquez le menu Sélection, puis Transformer la sélection. Libre à vous de l'étendre, de la contracter et même de la faire pivoter. Pour quitter cette option, double-cliquez au milieu de la sélection ou appuyez sur la touche Entrée (Win) ou Retour (Mac).

Précisez l'objectif d'une image en la recadrant. Le recadrage d'un document a pour effet de mettre en évidence le sujet de l'image. Par exemple, si vous prenez en photo une personne devant un immeuble, le sujet est-il la personne ou l'immeuble ? Si c'est la personne, recadrez en enlevant une partie de l'immeuble. Le recadrage élimine les éléments superflus qui sont sans rapport avec le message de l'image. Une image peut en dire beaucoup, mais attention à ce qu'elle n'en dise pas trop.

① Image recadrée

Bon à savoir

Recadrez une image avec une forme définie par l'utilisateur

Il est possible de recadrer une image en suivant une forme définie, comme un cœur. Ouvrez l'image à recadrer. Sélectionnez l'outil Forme personnalisée dans la boîte à outils. Dans la barre d'options, choisissez la forme souhaitée. Créez un nouveau calque directement sur le calque de l'image et servez-vous de l'outil Forme personnalisée pour dessiner la forme de recadrage. Sélectionnez la première option de forme de la barre d'options : Calques de forme (les deux autres sont Tracés et Pixels de remplissage). Sélectionnez l'outil Déplacement et placez la forme directement sur la zone de l'image à recadrer. Dans le panneau Calques, faites glisser le calque de la forme directement sous celui de l'image. La forme disparaît. Déplacez votre curseur dans le panneau Calques (il se transforme en main avec un doigt tendu) jusqu'à ce que le bout du doigt touche la ligne séparant le calque de l'image de celui de la forme. Maintenez enfoncée la touche Alt (Win) ou Option (Mac) (le pointeur se transforme en double cercle), puis cliquez. Vous avez créé un groupe d'écrêtage et l'image est recadrée dans la forme. Si la position du cadre ne vous satisfait pas, sélectionnez le calque de la forme et servez-vous de l'outil Déplacement. Pour que le recadrage soit permanent, masquez tous les calques sauf ceux de la forme et de l'image, cliquez le bouton Options du panneau Calques, puis Fusionner les calques visibles.

Utilisez les couches pour créer et stocker des sélections

 PS 5.3, 5.6

Dans Photoshop, la méthode principale pour créer des sélections repose sur l'emploi d'outils tels que Sélection, Lasso et Baguette magique. Ces outils donnent des résultats professionnels et complexes, mais il existe d'autres moyens de sélectionner à l'aide du panneau Couches. Celui-ci contient principalement des informations sur les couleurs, mais ce n'est pas tout. Il sert également à créer et à stocker des sélections complexes. Photoshop retient les informations de sélection en exploitant le noir (masque), le blanc (sélection) et les niveaux de gris (pourcentages de sélection). En outre, les couches peuvent être enregistrées avec le fichier image.

Créez des sélections avec les couches

1 Sélectionnez le panneau **Couches**.

2 Cliquez les couches chromatiques individuelles.

3 Recherchez une couche qui présente une différence de luminosité entre ce que vous voulez sélectionner et ce que vous voulez masquer.

4 Réalisez une copie de la couche en la faisant glisser vers le bouton **Créer une couche**.

5 Sélectionnez la nouvelle couche.

6 Cliquez le menu **Image**, pointez **Réglages**, puis cliquez **Seuil**.

7 Déplacez le curseur **Seuil** vers la gauche ou la droite jusqu'à ce que l'image visible représente un masque en noir et blanc de votre sélection.

8 Cliquez **OK**.

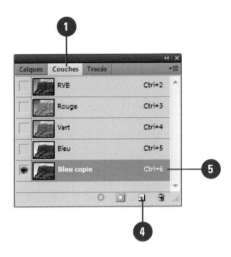

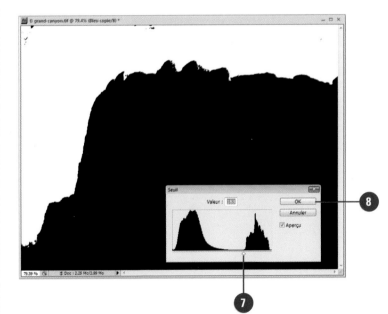

Appliquez des masques de sélection à une image

1 Cliquez le menu **Sélection**, puis **Récupérer la sélection**.

2 Déroulez la liste **Couche**, puis sélectionnez la dernière couche créée.

3 Cliquez **OK**.

Note

Les masques de sélection créés à partir des couches chromatiques ne sont jamais parfaits. En effet, il reste toujours des points blancs ou noirs. Dans ce cas, faites au mieux avec la commande Seuil puis utilisez votre pinceau pour nettoyer le masque avec du blanc ou du noir.

Voir aussi

L'emploi des masques de couches en tant que sélections est détaillé à la section « Créez un masque de couche à partir d'une sélection », page 243.

Sélection

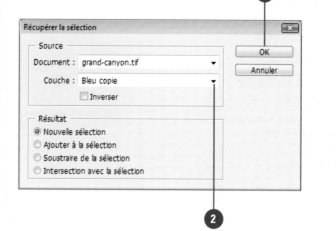

Exploitez la transformation et la transformation manuelle

 PS 1.4, 3.3

Une fois la sélection effectuée, il faut se mettre au travail. Les sélections ne servent pas uniquement à corriger les couleurs ou à améliorer une image. Il se peut que vous deviez utiliser certaines commandes de transformation pour déplacer, modifier ou redimensionner la sélection avant d'y apporter d'autres modifications. Contrairement à la commande Transformation manuelle, Transformation propose plusieurs options de modification de la sélection, telles que Homothétie, Rotation, Torsion, Perspective ou Déformation. La zone de sélection est visuellement définie par un cadre avec des nœuds, ou points d'ancrage, aux quatre coins et au centre de chaque axe.

Utilisez la commande Transformation manuelle

1. Sélectionnez une zone d'une image à l'aide de l'un des outils de sélection.

2. Cliquez le menu **Edition** et cliquez **Transformation manuelle**.

3. Placez le pointeur sur l'un des quatre coins, puis faites-le glisser pour étendre ou contracter la taille de la sélection.

   Placez le pointeur hors du cadre de sélection pour obtenir un pointeur en forme de flèche courbée, puis faites-le glisser pour faire pivoter la sélection.

   Servez-vous des nœuds horizontaux ou verticaux pour étendre l'image.

4. Appuyez sur **Entrée** (Win) ou **Retour** (Mac) ou double-cliquez à l'intérieur du cadre de sélection pour appliquer la transformation.

Sélection agrandie et inclinée

Note

Respectez les proportions. Maintenez enfoncée la touche Maj tout en faisant glisser une poignée d'angle pour conserver les proportions de l'image d'origine.

Note

Utilisez la commande Transformation manuelle pour déformer une image. Maintenez enfoncée la touche Ctrl (Win) ou ⌘ (Mac) tout en faisant glisser une poignée de coin pour créer une sélection déformée.

Utilisez la commande Transformation

1. Sélectionnez une zone d'une image à l'aide de l'un des outils de sélection.

2. Cliquez le menu **Edition**, pointez **Transformation**, puis choisissez une option :

   ◆ **Répéter**. Reproduit la commande Transformation précédente.

   ◆ **Homothétie**. Augmente ou réduit la taille de la zone sélectionnée.

   ◆ **Rotation**. Fait pivoter la zone de sélection d'un angle compris entre 0 et 360 degrés.

   ◆ **Inclinaison**. Permet de sélectionner un nœud et de le faire glisser à l'horizontale ou à la verticale sans affecter les autres nœuds.

   ◆ **Torsion**. Permet de sélectionner un nœud et de le faire glisser dans n'importe quelle direction sans affecter les autres nœuds.

   ◆ **Perspective**. Modifie la perspective d'une sélection.

   ◆ **Déformation**. Déforme une image autour de n'importe quelle forme à l'aide d'un repère modifiable. Pour déformer une image selon une forme spécifique, déroulez la liste **Déformation** dans la barre d'options, puis sélectionnez une forme.

   RACCOURCI *Pour afficher ou masquer le repère de déformation et les points d'ancrage, cliquez le menu Affichage, puis Extras.*

3. Sélectionnez des paramètres dans la barre d'options et modifiez l'image transformée à votre guise à l'aide des points d'ancrage, d'un segment du cadre de sélection ou du repère ou d'une zone du quadrillage.

Commandes de transformation supplémentaires

Déformation   Quadrillage

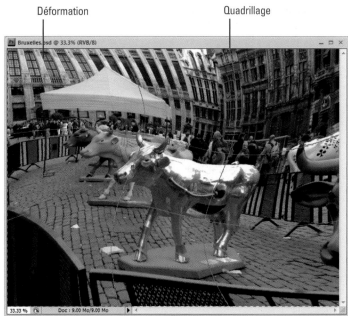

Utilisez l'échelle basée sur le contenu

La commande Échelle basée sur le contenu (Ps) permet de modifier la taille d'une image sans effet sur ses éléments importants, tels que les personnes ou les édifices. Lorsque vous modifiez normalement l'échelle d'une image, tous les pixels sont modifiés alors que seuls les pixels des zones sans importance sont modifiés par la commande Échelle basée sur le contenu. Vous pouvez agrandir ou réduire des images pour les faire tenir sur une feuille ou en modifier l'orientation. Pour protéger des zones spécifiques d'une image, vous pouvez utiliser une couche alpha pour préserver la zone sélectionnée.

Utilisez l'échelle basée sur le contenu

1. Ouvrez le document dont vous voulez modifier l'échelle.

2. Sélectionnez la zone à protéger à l'aide d'un des outils de sélection.

3. Si vous mettez à l'échelle un calque d'arrière-plan, cliquez **Sélection →** **Tout sélectionner**.

4. Choisissez la commande **Edition →** **Échelle basée sur le contenu**.

5. Utilisez les options suivantes :

   ◆ **Position du point de référence.** Cliquez un carré pour définir un point fixe de mise à l'échelle.

   ◆ **Utiliser le positionnement relatif...** Cliquez pour indiquer la nouvelle position par rapport à la position actuelle.

   ◆ **Taille de l'image.** Indiquez des dimensions précises.

   ◆ **Pourcentage de mise à l'échelle.** Saisissez des pourcentages.

   ◆ **Valeur.** Définissez le facteur de mise à l'échelle sensible au contenu par rapport à la mise à l'échelle standard.

   ◆ **Protéger.** Choisissez une couche alpha délimitant une zone de protection.

   ◆ **Protéger la coloration...** Cliquez pour conserver les zones présentant des tons de chair.

6. Faites glisser une poignée du cadre pour mettre l'image à l'échelle. Appuyez sur **Maj** pour conserver les proportions.

7. Cliquez le bouton **Valider** ou **Annuler la transformation**.

Arrière-plan

Exploitez les calques

Pour réussir avec Adobe Photoshop, votre principal atout est le contrôle des couleurs, des éléments de la conception, voire de l'ordre d'apparition des éléments. Ce contrôle, les calques vous l'offrent, plus que toute autre fonctionnalité de Photoshop. Ils permettent de séparer les différents éléments de la conception, puis de contrôler la façon dont ils apparaissent. On peut les comparer à des feuilles d'acétate empilées les unes sur les autres. Vous pouvez fusionner les éléments de plusieurs calques ou créer des calques pour régler et contrôler le contraste, la luminosité et l'équilibrage des couleurs. Les calques peuvent être regroupés pour organiser et gérer la conception.

Les calques représentent la toile des concepteurs numériques. Les coups de pinceau créés par les outils de dessin sur un calque Photoshop équivalent aux coups de pinceau appliqués à une vraie toile. L'artiste classique se sert de peintures à l'huile et à l'eau ; l'artiste Photoshop exploite les encres électroniques. Le panneau Calques permet de voir l'image presque comme si l'on peignait réellement. Nous ne travaillons cependant pas sur un support naturel et notre toile, le panneau Calques, dépasse de loin les possibilités du monde « réel ».

Dans Photoshop, la superposition des calques permet de maîtriser les éléments et l'objectif d'un document. Pour certains projets, vous créerez plusieurs calques pour contrôler indépendamment chaque aspect d'un document. L'empilement des calques permet alors d'ajuster et de mouvoir chaque élément. Si, au cours du processus de conception, les calques ne sont plus tous nécessaires, inutile de les lier ou de les placer dans un dossier. Il suffit de les combiner en une seule et unique entité. Photoshop propose plusieurs options pour combiner les calques sans aplatir tout le document.

À propos du panneau Calques

Avec le panneau Calques, vous maîtrisez les éléments d'une conception Photoshop en affectant chaque objet à un calque. Les effets de calque contrôlent l'application d'ombres portées ou d'incrustation en dégradé, alors que les calques de réglage se chargent des incrustations de couleurs et des corrections d'image. Pour accéder au panneau Calques, sélectionnez-le ou, s'il n'est pas visible, cliquez Calques dans le menu Fenêtre.

Modes de fusion. Sélectionnez cette option pour modifier l'interaction entre les calques ou leur « fusion ».

Opacité. Sélectionnez une valeur entre 0 et 100 % pour changer l'opacité du calque actif.

Fond. Sélectionnez une valeur entre 0 et 100 % pour changer l'opacité interne du calque actif sans modifier celle des styles de calque appliqués.

Options de verrouillage. Cliquez Verrouiller les pixels transparents, Verrouiller les pixels de l'image, Verrouiller la position ou Tout verrouiller.

Lier les calques. Maintenez la touche Maj enfoncée et cliquez pour sélectionner plusieurs calques. Cliquez ensuite ce bouton pour les lier.

Ajouter un style de calque. Cliquez ce bouton et sélectionnez ensuite un style de calque.

Ajouter un masque de fusion. Cliquez ce bouton pour appliquer un masque de fusion au calque actif, cliquez une deuxième fois pour ajouter un masque vectoriel.

Créer un calque de remplissage ou de réglage. Cliquez ce bouton et sélectionnez ensuite un calque de remplissage ou de réglage.

Créer un groupe. Cliquez ce bouton pour créer un nouveau groupe, autrement dit un dossier dans lequel placer, stocker et organiser les calques.

Créer un calque. Cliquez ce bouton pour créer un nouveau calque dans le document actif.

Supprimer le calque. Cliquez ce bouton pour supprimer le calque actif.

Options de calques. Cliquez ce bouton pour accéder au menu des commandes spécifiques aux calques.

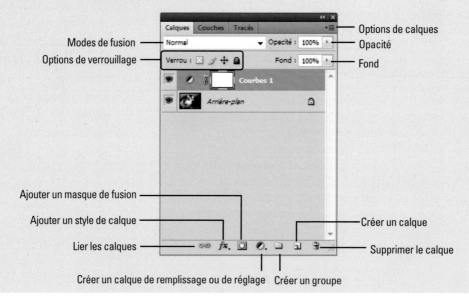

Définissez les désignations et les attributs des calques

 PS 5.1, 5.4

Non seulement Photoshop permet de générer des calques, mais également de leur attribuer des désignations différentes. La **désignation** d'un calque détermine le type d'informations qu'il contient. Par exemple, un calque de texte contient du texte et un calque de masque accueille des masques d'image. Par la désignation de chaque calque, vous organisez les différents éléments qui constituent une image Photoshop.

Arrière-plan. Arrière-plan est un type de calque unique (techniquement, il ne s'appelle pas le calque Arrière-plan, mais simplement Arrière-plan). L'arrière-plan est toujours positionné au bas de la pile des calques et ne peut pas être déplacé. En outre, il n'accepte pas la transparence.

Calque. Cliquer sur le bouton Créer un calque crée un calque Photoshop. Le logiciel insère toujours le calque directement au-dessus du calque actif. Un calque classique prend en charge tous les outils de dessin et de formes de Photoshop, les options de remplissage et de fusion, mais pas le texte. Vous pouvez le déplacer au sein de la pile de calques en le faisant glisser.

Texte. Pour créer un calque de texte, sélectionnez l'un des outils Texte, cliquez dans le document actif et commencez la saisie. Photoshop crée automatiquement un calque de texte directement au-dessus du calque actif dans le panneau Calques.

Masque. Un masque est appliqué à un calque en cliquant le bouton Ajouter un masque de fusion du panneau Calques. Un masque crée des zones transparentes dans l'image visible. Servez-vous des masques pour supprimer des éléments d'une image sans les effacer physiquement.

Forme. Un calque de forme contrôle des données vectorielles par le biais d'un masque vectoriel. Il existe plusieurs méthodes pour créer un calque de forme : dans la boîte à outils, sélectionnez l'outil Plume, cliquez le bouton Calques de forme (situé dans la barre d'options), et commencez à dessiner, ou sélectionnez l'un des outils de forme avec l'option Calques de forme.

Réglage. Les calques de réglage peuvent tout contrôler, du contraste à la couleur. Pour créer un calque de réglage, cliquez le bouton Créer un calque de remplissage ou de réglage et choisissez l'une des options. Le calque de réglage se place directement au-dessus du calque actif et contrôle les informations des calques sous-jacents. Vous pouvez aussi choisir une des quinze icônes du panneau Réglages (Ps).

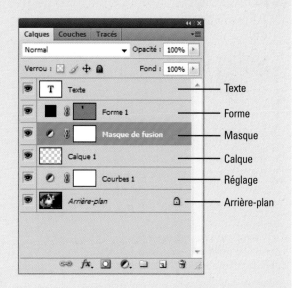

Créez un nouveau calque

Adobe Certified Expert PS 4.1, 5.5

Les calques contrôlent les éléments du document, aussi Photoshop vous permet de créer jusqu'à 8 000 calques. Si ce nombre dépasse de beaucoup ce dont vous n'aurez sans doute jamais besoin dans un document, il met à votre disposition un nombre appréciable d'options créatives. Pour créer un nouveau calque, commencez par ouvrir un document. Une nouvelle image dans Photoshop possède un seul calque. Si plusieurs documents sont ouverts, vérifiez que l'image active est bien celle à laquelle vous souhaitez ajouter un calque. Vous ajoutez rapidement un calque en vous servant d'un menu ou d'un bouton. Il est également possible d'ajouter un calque, puis de sélectionner des options dans une boîte de dialogue, parmi lesquelles le nom du calque, sa désignation comme groupe d'écrêtage, son mode de fusion des couleurs ou son opacité.

Ajoutez des calques au document actif

1 Sélectionnez le panneau **Calques**.

2 Cliquez le bouton **Options** du panneau, puis **Nouveau calque**.

RACCOURCI *Cliquez le bouton Créer un calque du panneau Calques.*

Le nouveau calque s'insère directement au-dessus du calque actif.

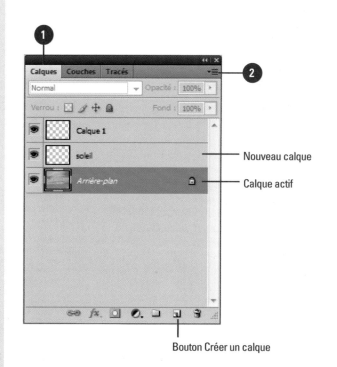

Nouveau calque

Calque actif

Bouton Créer un calque

Note

Déplacez un calque dans la pile. Appuyez sur la touche Ctrl (Win) ou ⌘ (Mac) et servez-vous du point-virgule (;) et de la virgule (,). Le point-virgule fait monter le calque dans la pile et la virgule le fait descendre.

Masquez tous les calques à l'exception du masque d'écrêtage et du calque de base. Appuyez sur la touche Alt (Win) ou ⌘ (Mac) et cliquez l'icône de visibilité du calque.

Ajoutez des calques et sélectionnez des options

1 Sélectionnez le panneau **Calques**.

2 Maintenez enfoncée la touche **Alt** (Win) ou **Option** (Mac) et cliquez le bouton **Créer un calque** pour ouvrir la boîte de dialogue **Nouveau calque**.

3 Utilisez les options voulues :

◆ **Nom**. Saisissez le nom du calque dans la zone Nom.

◆ **Créer un masque d'écrêtage d'après le calque précédent.** Cochez cette case afin d'utiliser les données d'image du calque précédent pour masquer les éléments du nouveau calque.

◆ **Couleur**. Cette option permet de coder les calques avec des couleurs. Déroulez la liste et sélectionnez parmi les couleurs disponibles.

◆ **Mode**. Ouvrez la liste Mode et sélectionnez un des modes de fusion disponibles.

◆ **Opacité**. Cette option contrôle la visibilité du nouveau calque. Sélectionnez une valeur entre 0 et 100 %.

4 Cliquez **OK**.

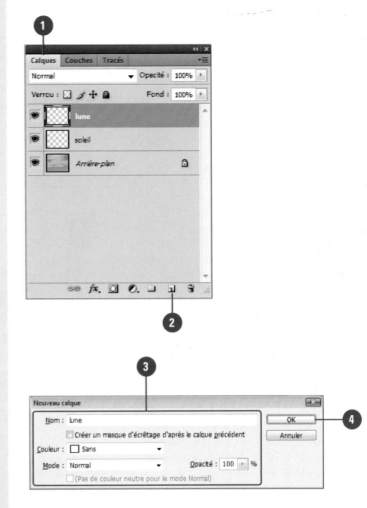

Note

Contrôlez les calques auxquels s'applique le réglage. Pour confiner les effets d'un calque de réglage au calque immédiatement en dessous, maintenez la touche Alt (Win) ou Option (Mac) enfoncée et cliquez la ligne visible séparant le calque de réglage du calque situé en dessous.

Bon à savoir

Sélectionnez des options de calque

Lorsque vous créez un nouveau calque dans Photoshop, la taille du fichier n'augmente pas. C'est uniquement au moment de dessiner ou d'ajouter des informations au calque que la taille du document Photoshop croît. Par exemple, créer un calque vide dans un document de 10 Mo ne modifie en rien sa taille. En revanche, ouvrir un fichier de 10 Mo et créer une copie du calque original fait passer la taille du fichier à 20 Mo. Les calques constituent des outils de création puissants, mais employez-les uniquement lorsque vous en avez besoin. Les performances sont directement liées à la taille de fichier du document actif : plus elle est importante, plus Photoshop est lent.

Sélectionnez les calques

PS 4.1, 4.2

Photoshop permet de sélectionner plusieurs calques dans le panneau Calques ou directement dans la fenêtre du document avec l'outil Déplacement. Par exemple, vous pouvez déplacer rapidement plusieurs calques sans devoir les lier puis les détacher. Vous pouvez également supprimer simultanément plusieurs calques. La possibilité de sélectionner plusieurs calques accroît votre maîtrise qui évolue rapidement en énergie créative. Un calque unique sélectionné est appelé calque actif.

Sélectionnez les calques

1 Ouvrez un document contenant plusieurs calques.

2 Sélectionnez plusieurs calques dans le panneau **Calques** à l'aide des méthodes suivantes :

◆ **Calques contigus**. Cliquez le premier calque, puis appuyez sur la touche **Maj** et cliquez le dernier calque pour sélectionner ces deux calques ainsi que tous les calques intermédiaires.

◆ **Calques non contigus**. Cliquez un calque, maintenez enfoncée la touche **Ctrl** (Win) ou (Mac) et cliquez un autre calque.

3 Sélectionnez les calques dans la fenêtre du document en vous servant des options suivantes :

◆ **Un et plusieurs calques**. Sélectionnez l'outil **Déplacement**, cochez **Sélection automatique** dans la barre d'options, sélectionnez **Groupe** ou **Calque**, et cliquez un objet dans la fenêtre du document. Le calque qui contient cet objet est sélectionné. Pour ajouter ou retirer des calques de la sélection, appuyez sur la touche **Maj** et cliquez (ou faites glisser).

4 Pour désélectionner tous les calques, dans le menu **Sélection**, cliquez **Désélectionner les calques**.

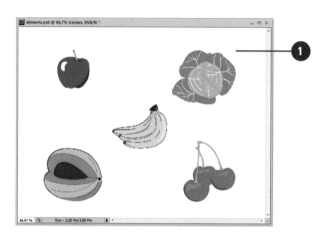

Plusieurs calques contigus sélectionnés

Des calques non contigus sélectionnés

Créez un groupe de calques

PS 4.1, 4.3

Les groupes de calques permettent de structurer les documents comportant de nombreux calques. Les groupes de calques Photoshop permettent de gérer en une fois tous les calques du groupe. Il est par exemple possible de placer plusieurs calques dans un groupe et de les masquer ou de les verrouiller d'un clic. En outre, si vous cliquez le nom du groupe, vous pouvez transformer ou déplacer simultanément tous les objets des calques du groupe. Photoshop permet également de créer des groupes imbriqués, lesquels contiennent d'autres groupes. Vous contrôlez tous les groupes imbriqués en cliquant le nom du groupe principal, ou un groupe individuel en sélectionnant directement son nom.

Créez un groupe de calques ou un groupe de calques imbriqués

1 Ouvrez un document.

2 Sélectionnez le panneau **Calques**.

3 Si le document contient un groupe de calques, cliquez le triangle pour développer le groupe et sélectionnez l'un des calques du groupe pour créer un groupe imbriqué.

4 Dans le panneau **Calques**, cliquez le bouton **Créer un groupe** ou appuyez sur **Ctrl** + **G** (Win) ou ⌘ + **G** (Mac).

Photoshop crée un groupe de calques.

RACCOURCI *Pour réer rapidement un groupe de calques, maintenez enfoncée la touche Maj, cliquez les calques à placer dans le groupe, cliquez le bouton Options du panneau puis Nouveau groupe d'après les calques.*

5 Pour ajouter des calques au groupe, faites-les glisser dans le panneau **Calques** vers l'icône du dossier du groupe.

6 Pour retirer des calques du groupe, faites-les glisser du groupe vers le panneau **Calques**.

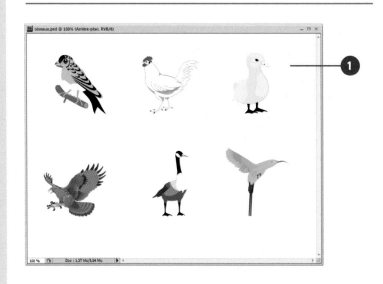

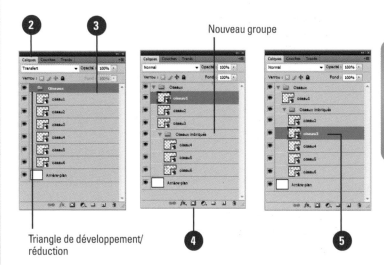

Nouveau groupe

Triangle de développement/réduction

Créez une sélection à partir d'un calque

Les calques classiques peuvent être comparés à des feuilles de plastique transparent. Une fois créés, ils reconnaissent tous les outils de dessin de Photoshop, ainsi que les outils de formes et de dégradés. Ils ne demeurent toutefois pas longtemps transparents. En fait, le calque peut devenir un mélange complexe de zones non transparentes (image) et transparentes. Il est également possible de sélectionner une image complexe. Photoshop propose un moyen simple de convertir un calque en sélection.

Créez une sélection à partir d'un calque

 Cliquez le panneau **Calques**.

2 Maintenez enfoncée la touche **Ctrl** (Win) ou ⌘ (Mac) et cliquez la vignette de l'image du calque à convertir en sélection. Veillez bien à cliquer la vignette et non le nom du calque, comme dans les versions précédentes.

Les portions visibles de l'image sur le calque sont converties en sélection.

ATTENTION ! *Dans la mesure où Photoshop crée la sélection en se fondant sur les données de l'image, celle-ci doit contenir des zones transparentes et non transparentes, sans quoi la commande sélectionne tout le calque comme si vous aviez exécuté Sélection → Tout sélectionner.*

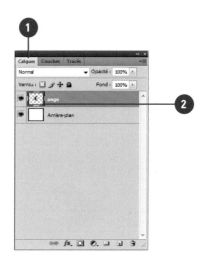

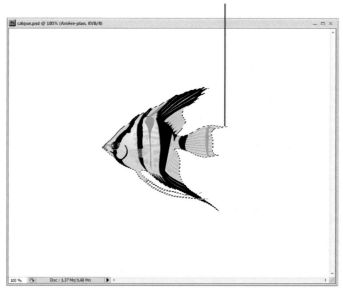

Sélection fondée sur les zones visibles du calque

Créez un calque à partir d'une sélection

À la page précédente, vous avez appris à créer une sélection à partir des données de l'image d'un calque. Photoshop permet également de créer instantanément un calque à partir d'une sélection. Cette opération ouvre bien des opportunités d'effets spéciaux. Vous pouvez, par exemple, sélectionner un objet dans un calque et créer un calque à partir de cette sélection ou sélectionner une partie de l'image, créer le calque et appliquer ensuite un style de calque à la copie. Les possibilités sont infinies et une partie du plaisir de Photoshop repose sur leur exploration.

Créez un calque à partir d'une sélection

1. Sélectionnez le panneau **Calques**.

2. Cliquez le calque contenant les données à convertir en calque.

3. Sélectionnez une zone de l'image avec l'un des outils de sélection.

4. Appuyez sur **Ctrl** + **J** (Win) ou ⌘ + **J** (Mac) pour effectuer la copie.

   Photoshop convertit la zone sélectionnée en nouveau calque et le place directement au-dessus du calque actif.

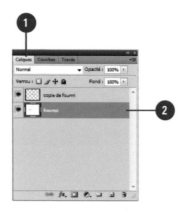

Note

Copiez tous les éléments d'un calque. Sélectionnez le calque dans le panneau Calques et cliquez Ctrl + J (Win) ou ⌘ + J (Mac). Comme rien n'est sélectionné, Photoshop crée une copie de tout le calque.

Copiez les objets d'un calque sans sélection. Pour copier un calque contenant un objet, sélectionnez le calque dans le panneau Calques, puis l'outil Déplacement, maintenez enfoncée la touche Alt (Win) ou Option (Mac), puis cliquez et faites glisser (dans la fenêtre du document).

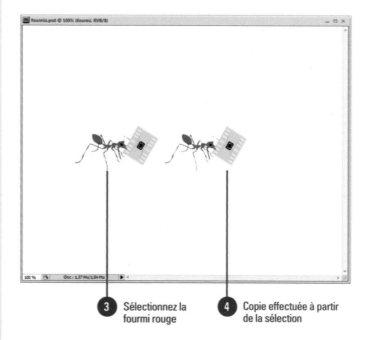

3. Sélectionnez la fourmi rouge

4. Copie effectuée à partir de la sélection

Convertissez un arrière-plan en calque

L'Arrière-plan a une fonction unique dans Photoshop. Certains programmes de composition ne prennent pas en charge les multiples calques de Photoshop, ni la transparence et il faut parfois convertir l'image finale en arrière-plan par une méthode nommée **aplatissement**. Dans ce cas, tous les calques du document sont compressés en un seul élément, appelé Arrière-plan, dans le panneau Calques. Autrement dit, il n'y a plus de calques, plus de transparence, plus de contrôle. Les arrière-plans sont un mal nécessaire puisque Photoshop n'est pas unique en son genre et qu'il peut être nécessaire de transférer des images de Photoshop vers d'autres applications. Parfois, vous commencez avec une image d'arrière-plan, issue d'un appareil photo numérique, d'une image numérisée ou d'un CD, à laquelle vous voulez appliquer une transparence, des modes de fusion ou d'autres réglages, impossibles à appliquer à un arrière-plan. Dans ce cas, il faut convertir l'arrière-plan en calque Photoshop classique.

Convertissez un arrière-plan en calque

1 Sélectionnez le panneau **Calques**.

2 Double-cliquez **Arrière-plan** pour ouvrir la boîte de dialogue **Nouveau calque**.

3 Renommez le calque dans la zone **Nom** (conservez les valeurs par défaut des autres options).

4 Cliquez **OK**.

L'Arrière-plan est converti en calque classique.

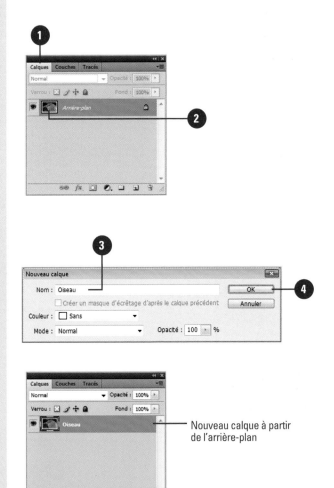

Nouveau calque à partir de l'arrière-plan

Convertissez un document multicalque en arrière-plan

① Sélectionnez le panneau **Calques**.

② Cliquez le bouton **Options** du panneau, puis **Aplatir l'image**.

Le document comprenant plusieurs calques est compressé dans le calque Arrière-plan.

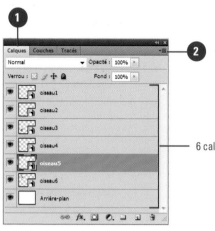

6 calques et un arrière-plan

Note

Créez une image composite d'un document multicalque sans aplatir l'image. Créez et sélectionnez un nouveau calque. Maintenez la touche Alt (Win) ou Option (Mac) enfoncée. Dans le panneau Calques, cliquez le bouton Options du panneau, puis Fusionner les calques visibles. Photoshop crée un composite de tous les calques visibles dans le nouveau calque. Vous disposez alors du contrôle et de la flexibilité d'un document multicalque et d'un calque composite séparé. Conserver cette maîtrise vous permet d'être plus créatif.

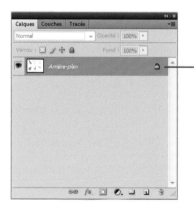

Plusieurs calques compressés dans l'arrière-plan

Voir aussi

Pour de plus amples informations sur la fusion de plusieurs calques sans aplatissement, reportez-vous à la section « Fusionnez des calques », page 110.

Contrôlez les informations de l'image à l'aide du panneau Calques

Dans les documents à plusieurs calques, il est important de comprendre les options de contrôle des informations de l'image. Il est par exemple délicat d'exploiter un document de vingt calques. Photoshop permet un contrôle complet du document, des noms des calques au verrouillage des données des pixels. Par exemple, vous gagnez du temps en liant deux calques, ce qui permet de les redimensionner ou de les déplacer simultanément. Voyons les moyens que propose le panneau Calques pour contrôler les informations relatives à l'image.

Contrôlez les options de verrouillage des informations

1. Sélectionnez le panneau **Calques** et servez-vous de l'une de ces options :

   - **Nom du calque**. Pour nommer le calque, double-cliquez le nom actuel, tapez un nouveau nom et appuyez sur **Entrée** (Win) ou **Retour** (Mac).

   - **Afficher/Masquer**. Pour masquer ou afficher temporairement un calque, cliquez l'icône en forme d'œil, située à sa gauche.

   - **Lier**. Pour lier des calques, maintenez enfoncée la touche **Maj** et cliquez les calques à lier, puis cliquez le bouton **Lier les calques**. Une icône en forme de maillon indique l'existence d'une liaison qui permet de déplacer et de redimensionner simultanément les calques.

   - **Verrouillage**. Les quatre options de verrouillage disponibles sont **Verrouiller les pixels transparents**, **Verrouiller les pixels de l'image**, **Verrouiller la position** et **Tout verrouiller**.

   - **Ordre d'empilement**. Pour modifier la position d'un calque dans la pile, faites glisser le calque vers le haut ou le bas. Une ligne pleine indique le futur emplacement.

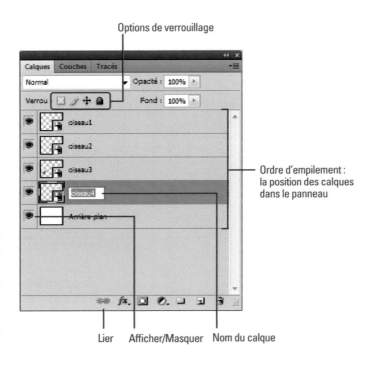

Options de verrouillage

Ordre d'empilement : la position des calques dans le panneau

Lier   Afficher/Masquer   Nom du calque

Déplacez des calques entre documents

PS 4.2

Les documents Photoshop contiennent généralement plusieurs calques. Une enquête web a révélé que les concepteurs Photoshop créaient en moyenne quatorze calques par document. La gestion des calques constitue un aspect important, aussi bien dans le cadre de l'organisation que dans l'optimisation des conceptions. Que se passe-t-il si l'on souhaite contrôler les calques de plusieurs documents ? Imaginons, par exemple, que vous travailliez sur une création Photoshop et que vous deviez accéder à d'autres données d'image, mais qui se trouvent dans un autre document. Grâce à Photoshop, vous pouvez déplacer les calques entre des documents ouverts.

Déplacez des calques entre documents

1 Ouvrez les documents dont vous voulez déplacer les calques.

2 Pour visualiser tous les documents, ouvrez le menu **Fenêtre**, pointez **Réorganiser** et cliquez **Mosaïque** ou **Cascade**.

3 Cliquez le document contenant le calque à déplacer.

4 Faites glisser le calque du panneau **Calques** vers la fenêtre du document de destination.

Photoshop crée un nouveau calque contenant une copie des données d'image de l'autre document.

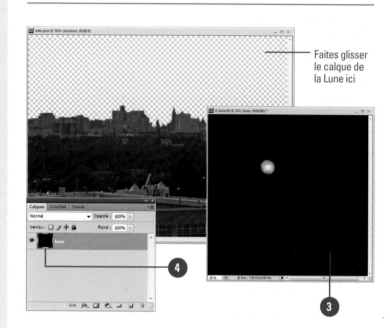

Faites glisser le calque de la Lune ici

Note

Contrôlez la position du calque déplacé. Maintenez enfoncée la touche Maj en faisant glisser le calque dans un autre document. Photoshop aligne le nouveau calque sur le centre du document de destination.

Déplacez des portions choisies du calque. Sélectionnez la zone à déplacer, cliquez l'outil Déplacement et faites glisser la zone directement de la fenêtre du document source vers celle du document de destination.

Calque de la Lune

Nouveau calque provenant du document source

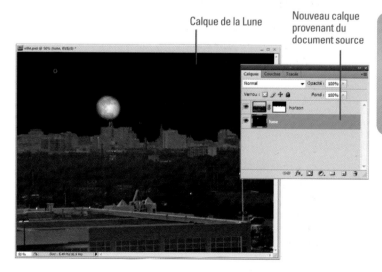

Fusionnez des calques

Adobe Certified Expert **PS 4.2**

Fusionnez avec le calque inférieur

1. Sélectionnez le panneau **Calques**.

2. Sélectionnez les calques à fusionner.

3. Cliquez le bouton **Options →**
   Fusionner avec le calque inférieur
   (un calque sélectionné) ou
   Fusionner les calques (sélection
   multiple).

   Les calques sélectionnés sont
   fusionnés avec le calque inférieur.
   Avec Fusionner avec le calque
   inférieur, le calque supérieur prend
   le nom et les caractéristiques du
   calque inférieur.

   RACCOURCI *Appuyez sur
   Ctrl + E (Win) ou ⌘ + E (Mac) pour
   fusionner des calques vers le bas.*

Fusionnez les calques visibles

1. Sélectionnez le panneau **Calques**.

2. Cliquez l'icône **Afficher** de tous les
   calques à fusionner.

3. Cliquez le bouton **Options →**
   Fusionner les calques visibles.

   Tous les calques dont l'option
   Afficher est active sont fusionnés.

   RACCOURCI *Appuyez sur Alt
   (Win) ou Option (Mac), cliquez le
   menu Calque, puis Fusionner les
   calques visibles pour fusionner
   tous les calques visibles en un
   nouveau calque.*

L'option Fusionner avec le calque inférieur fusionne le calque
sélectionné avec celui situé directement en dessous. Les calques
fusionnés prennent les caractéristiques du calque auquel ils sont
fusionnés. Par exemple, si un calque est fusionné avec un autre
qui utilise le mode de fusion Obscurcir, les deux calques fusionnés
emploieront cette option. Lorsqu'un calque est fusionné avec l'arrière-
plan, il en devient partie intégrante. Avec l'option Fusionner les calques
visibles, vous fusionnez d'un clic tous les calques dont l'option Afficher
est active.

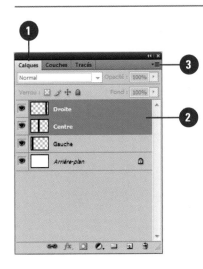

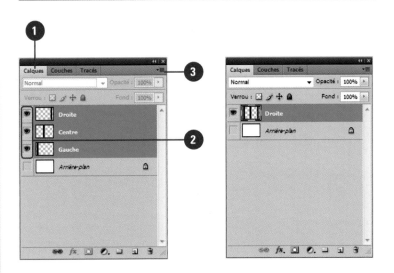

Liez et détachez des calques

En examinant le panneau Calques, vous pourriez vous demander où se trouve le bouton de liaison. Pas d'inquiétude, il n'a pas été oublié, mais simplement déplacé. Rien de plus simple que de lier des calques : sélectionnez-les et cliquez le bouton Lier les calques qui se trouve dans la partie inférieure du panneau Calques. Vous pouvez lier des calques ou des groupes. Contrairement à une sélection de plusieurs calques, les calques liés conservent leur relation (restent ensemble) jusqu'à ce qu'ils soient détachés, ce qui permet de les déplacer ou de les redimensionner comme un ensemble.

Liez les calques

1. Ouvrez un document contenant plusieurs calques.

2. Sélectionnez le panneau **Calques**.

3. Sélectionnez plusieurs calques.

4. Cliquez le bouton **Lier les calques**, dans la partie inférieure du panneau **Calques**.

   Les calques sélectionnés sont liés. Une icône de lien apparaît en regard des calques liés.

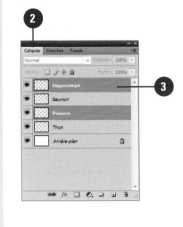

Les calques sont liés

Détachez des calques liés

1. Ouvrez un document contenant des calques liés.

2. Sélectionnez le panneau **Calques**.

3. Sélectionnez un calque lié.

   RACCOURCI Pour détacher plusieurs calques liés, sélectionnez-les avant de poursuivre.

4. Cliquez le bouton **Lier les calques**, dans la partie inférieure du panneau **Calques**.

   RACCOURCI Pour désactiver temporairement un calque lié, appuyez sur la touche Maj et cliquez son icône de lien. Une croix rouge apparaît. Appuyez sur la touche Maj et cliquez l'icône de lien pour réactiver le lien.

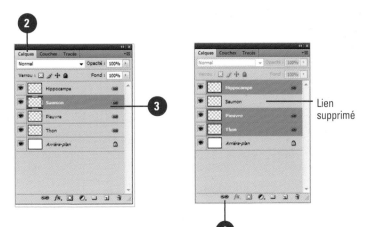

Lien supprimé

Exploitez les modes de fusion des calques

Combinez les informations de calque avec les modes de fusion

 Ouvrez un document contenant plusieurs calques.

② Sélectionnez le panneau **Calques**.

③ Sélectionnez un calque.

Les modes de fusion ont un effet sur tous les calques inférieurs. Sélectionnez donc le calque situé directement au-dessus de celui à fusionner.

④ Déroulez la liste **Modes de fusion** et sélectionnez un mode.

Photoshop utilise le mode sélectionné pour fusionner visuellement l'image avec tous les calques situés sous le calque du mode de fusion.

Une grande partie de la créativité offerte par les calques repose sur les modes de fusion. Ils permettent de combiner différemment les données d'images de plusieurs calques. Par exemple, fusionner en mode Produit multiplie la couleur d'un calque par celle d'un autre, ce qui donne une couleur plus foncée. Les modes de fusion donnent un pouvoir sur les images qui va bien au-delà de ce que l'on pourrait imaginer dans le monde « analogique ».

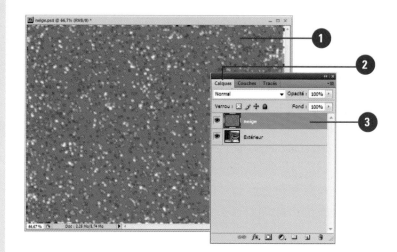

Le calque de la neige est fusionné avec celui de l'arrière-cour.

Dupliquez un calque

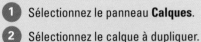
Vous aurez parfois besoin d'une copie d'un calque Photoshop. La duplication est un processus simple qui crée une copie pixel par pixel du calque sélectionné. La copie devient une image distincte au sein du document et vous pouvez modifier à votre guise le nouveau calque. La duplication permet d'appliquer des effets non destructifs à l'image en les apportant à une copie de l'image et non à l'original.

Dupliquez un calque

1. Sélectionnez le panneau **Calques**.

2. Sélectionnez le calque à dupliquer.

3. Cliquez le bouton **Options** du panneau, puis **Dupliquer le calque**.

4. Saisissez un nom pour le nouveau calque.

5. Pour placer le calque dans un autre document ouvert, ouvrez la liste **Document** et sélectionnez le document.

6. Cliquez **OK**.

Note

Dupliquez un calque avec le bouton Créer un calque. Faites glisser le calque au-dessus du bouton Créer un calque et Photoshop crée une copie exacte du calque portant le nom du calque d'origine suivi du mot « copie ».

Supprimez
des calques

Photoshop permet d'ajouter jusqu'à 8 000 calques à un document et, bien entendu, d'en supprimer. Une fois un calque supprimé et le document enregistré, il n'existe aucun moyen de récupérer le calque supprimé. Cependant, tant que le document est ouvert, le panneau Historique peut vous sauver la mise.

Supprimez des calques

① Sélectionnez le panneau **Calques**, puis le calque à supprimer.

② Maintenez enfoncée la touche **Alt** (Win) ou **Option** (Mac) et cliquez le bouton **Supprimer le calque**.

> ### Note
>
> ***Supprimez un calque du panneau Calques par glisser-déposer***. Sélectionnez le calque à supprimer et faites-le glisser sur le bouton Supprimer le calque.

Le calque sélectionné a été supprimé du panneau Calques.

Supprimez des calques liés

① Sélectionnez le panneau **Calques**, maintenez enfoncée la touche **Maj** et cliquez les calques à supprimer.

② Maintenez enfoncée la touche **Alt** (Win) ou **Option** (Mac) et cliquez le bouton **Supprimer le calque**.

Photoshop supprime tous les calques liés.

> ### Note
>
> ***Supprimez les calques masqués du panneau Calques***. Cliquez le bouton Options du panneau, puis Supprimer les calques masqués.

Les calques sélectionnés sont supprimés du panneau Calques.

Modifiez
les propriétés
d'un calque

La boîte de dialogue Propriétés du calque gère deux éléments importants : le nom et la couleur d'identification du calque. Par exemple, si votre document contient plus de vingt calques qui n'ont pas reçu des noms distinctifs, vous oublierez rapidement ce que contient chaque calque. En nommant les calques, vous identifiez visuellement les informations qu'ils hébergent. En outre, il est possible d'appliquer une option de couleur à un groupe spécifique de calques, par exemple en colorant en rouge tous les calques de texte. De prime abord, les propriétés du calque ne semblent guère importantes et pourtant elles simplifient grandement l'organisation d'un document complexe comprenant de nombreux calques.

Modifiez les propriétés d'un calque

1️⃣ Sélectionnez le panneau **Calques**.

2️⃣ Cliquez le bouton **Options** du panneau, puis **Propriétés du calque**.

> **RACCOURCI** *Maintenez enfoncée la touche Alt (Win) ou Option (Mac) et double-cliquez un nom de calque pour ouvrir ses propriétés.*

3️⃣ Changez le nom du calque.

4️⃣ Cliquez la liste **Couleur** et sélectionnez une couleur de calque.

5️⃣ Cliquez **OK**.

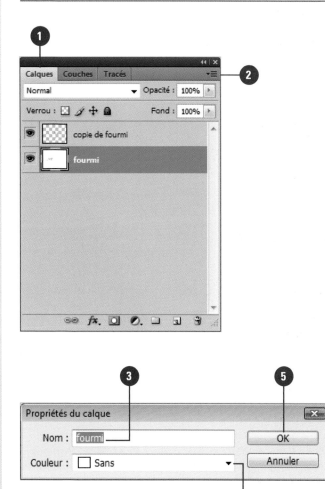

Exploitez le panneau Compositions de calques

Exploitez le panneau Compositions de calques

1 Ouvrez un document.

2 Dans le menu **Fenêtre**, cliquez **Compositions de calques**.

3 Cliquez le bouton **Créer une composition de calques** pour créer un instantané de l'image.

4 Cochez les cases pour régler la visibilité, la position et l'aspect.

5 Cliquez **OK**.

6 Cliquez le bouton **Créer une composition de calques** pour créer un autre instantané de l'image.

7 Répétez les étapes **4** et **5** pour créer autant de compositions de calques que nécessaire.

8 Cliquez les flèches pour parcourir les compositions de calques.

9 Cliquez le bouton **Mettre à jour la composition de calques** pour actualiser la composition sélectionnée avec l'état actuel de l'image.

10 Cliquez l'icône **Composition de calques** pour remplacer l'image active par l'état de la composition sélectionnée.

11 Pour supprimer une composition, cliquez le bouton **Supprimer la composition de calques**.

Les compositions de calques sont une image ou un cliché instantané de l'état actuel du panneau Calques. Lorsque vous créez une composition de calques, vous enregistrez les paramètres des calques, comme leur visibilité, leur position au sein du document et les styles appliqués. Lorsque vous actualisez le panneau Compositions de calques après avoir apporté des modifications, une nouvelle composition est créée. Chaque fois que vous souhaitez visualiser une composition de calques, il suffit de la sélectionner dans le panneau Compositions de calques. Les compositions de calques permettent de créer plusieurs versions d'un document et de les enregistrer dans un seul fichier, ce qui vous permet d'exploiter différentes options créatives dans un même document. Il est également possible d'imprimer le document avec des compositions de calques différentes.

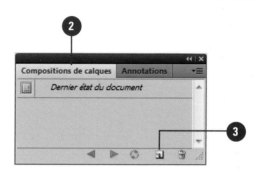

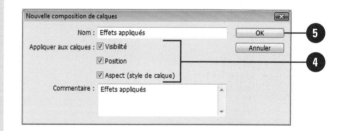

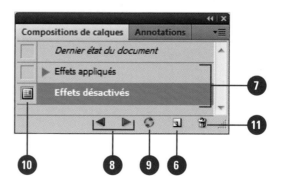

Exportez des calques en tant que fichiers

Photoshop permet d'exporter et d'enregistrer les calques en tant que fichiers dans un grand nombre de formats, parmi lesquels : PSD, BMP, JPEG, PDF, Targa et TIFF. Lorsque des calques sont exportés dans des fichiers, Photoshop applique un format à tous les calques exportés. La commande de script Exporter les calques dans des fichiers permet de créer des fichiers individuels à partir de calques individuels et permet de sélectionner des options propres au format du fichier.

Exportez des calques dans des fichiers

1 Ouvrez un document.

2 Dans le menu **Fichier**, pointez **Scripts** et cliquez **Exporter les calques dans des fichiers**.

3 Pour spécifier une destination, cliquez **Parcourir** et sélectionnez un dossier.

4 Saisissez un préfixe de nom du fichier.

5 Pour exporter uniquement les calques visibles, cochez la case **Calques visibles seulement**.

6 Cliquez la flèche **Type de fichier** et sélectionnez un format : PSD, BMP, JPEG, PDF, Targa, TIFF, PNG-8 et PNG-24.

7 Pour inclure le profil de couleur, cochez la case **Inclure le profil ICC**.

8 Spécifiez les options relatives au format choisi.

9 Cliquez **Exécuter**.

10 Après l'opération, cliquez **OK**.

Les fichiers sont préfixés d'après le nom choisi et numérotés en ordre séquentiel.

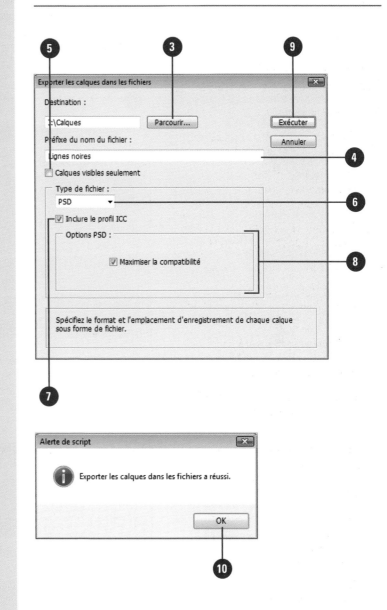

Définissez les options du panneau Calques

Photoshop ne propose pas beaucoup d'options de contrôle du panneau Calques ; il n'y en a en fait qu'une seule : modifier la taille de la vignette. Vous avez le choix de ne pas les afficher ou de le faire en taille petite, moyenne ou grande. Si vous modifiez la taille de la vignette, Photoshop met plus ou moins longtemps à l'afficher. Plus la vignette est grande, plus les détails sont visibles, mais plus celle-ci est longue à charger dans le panneau Calques. Si vous rencontrez des problèmes de performances alors que vous utilisez une grande vignette, envisagez d'en réduire la taille.

Définissez les options du panneau Calques

① Sélectionnez le panneau **Calques**.

② Cliquez le bouton **Options** du panneau, puis **Options de panneau**.

③ Cliquez une taille de vignette ou l'option **Sans**.

④ Cliquez l'option **Limites du calque** ou **Document entier**.

⑤ Cochez la case **Utiliser les masques par défaut sur les calques de réglage** pour insérer automatiquement un masque lorsque vous créez un nouveau calque de réglage.

Cochez **Développer les nouveaux effets** pour afficher les filtres dynamiques et les styles de calque dans le panneau. Vous pouvez aussi les développer et les réduire en cliquant le triangle en regard du nom du calque.

⑥ Cliquez **OK**.

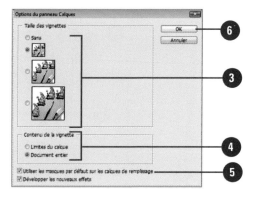

Utilisez les repères commentés

Photoshop propose des repères commentés pour vous aider à aligner les formes, les tranches et les sélections. Ils apparaissent automatiquement lorsque vous dessinez une forme ou créez une sélection ou une tranche, puis disparaissent lorsque le dessin de la forme est terminé. Cet outil visuel facilite l'alignement des objets. Par défaut, les repères commentés sont activés.

Utilisez les repères commentés

① Ouvrez un document comportant plusieurs calques.

② Sélectionnez un calque contenant un objet.

③ Sélectionnez l'outil **Déplacement** et faites glisser l'objet.

Au cours du déplacement, des repères commentés apparaissent pour vous aider à aligner les objets.

④ Relâchez le bouton de la souris et les repères disparaissent.

Note

Activez ou désactivez les repères commentés. Cliquez Affichage → Afficher → Repères commentés.

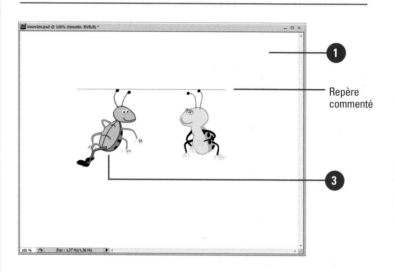

Repère commenté

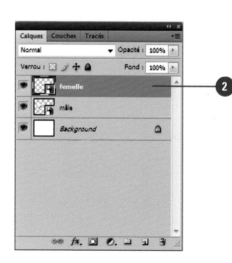

Exploitez le panneau Historique

En introduisant le panneau Historique dans Photoshop 5, Adobe a bouleversé le monde de la conception graphique. À la base, ce panneau sert à effectuer plusieurs annulations. Représentez-vous-le comme un outil magique qui corrige vos erreurs et ne s'épuise jamais. Évidemment, son action ne se limite pas seulement à remonter le temps et corriger les erreurs. Lorsque vous combinez son efficacité avec les outils Forme d'historique et Forme d'historique artistique, vous obtenez un trio d'outils dont les possibilités dépassent l'imagination.

Adobe Photoshop propose deux options d'utilisation du panneau Historique : linéaire et non linéaire. L'état **linéaire** conserve une trace des dernières étapes et supprime toute étape qui interfère avec un flux de travail linéaire. L'état **non linéaire** conserve toutes les étapes (linéaires ou non) et il est utile si l'on se place dans une approche non chronologique.

Avec le panneau Historique, Photoshop hausse la barre en vous proposant d'enregistrer et de sauvegarder les commandes effectuées sur un document dans un fichier texte. Il est désormais possible de savoir exactement ce qui a été fait sur une image. Et comme le document est imprimable, vous pouvez créer des documents texte d'historique de toutes vos techniques de manipulation et de restauration préférées et les enregistrer en tant que rubriques d'aide personnalisées.

En outre, si vous associez la forme d'historique au panneau Historique, vous bénéficiez d'un outil de création impressionnant et irremplaçable. En fait, il est même possible de convertir l'outil Gomme en Forme d'historique.

Définissez les options du panneau Historique

L'emploi du panneau Historique exige une bonne compréhension de son fonctionnement et des possibilités qu'il offre. Il enregistre vos étapes à mesure que vous travaillez sur un document. Une étape est définie comme une action spécifique, par exemple créer un calque ou ajouter un coup de pinceau. À chaque action, le panneau Historique enregistre une étape. Ce panneau permet de rétablir un état d'historique précédent, ce qui est équivalent à une commande d'annulation. Le nombre de d'annulations possibles dépend du nombre d'états d'historique défini dans les préférences Photoshop. De plus, le panneau Historique crée des **instantanés** du document, c'est-à-dire des images de l'état actuel du document. Associés au panneau Historique et à l'outil Forme d'historique, ils servent à créer des effets spéciaux.

Définissez le nombre d'états d'historique

1 Cliquez le menu **Edition** (Win) ou **Photoshop** (Mac), pointez **Préférences**, puis cliquez **Performance**.

2 Tapez une valeur entre 0 et 1 000 pour préciser le nombre d'étapes enregistrées dans la zone États d'historique.

3 Cliquez **OK**.

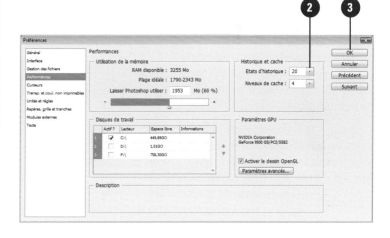

Note

Dupliquez un état d'historique.
Maintenez enfoncée la touche Alt (Win) ou Option (Mac), puis cliquez l'état d'historique à dupliquer.

Bon à savoir

Effectuez plusieurs annulations

Le panneau Historique permet d'effectuer un nombre spécifique de commandes d'annulation, nombre défini dans les Préférences. Cependant, si vous appuyez sur Ctrl + Z (Win) ou ⌘ + Z (Mac), vous n'agissez que sur la dernière commande, l'annulant puis la rétablissant. Pour exécuter des annulations successives, appuyez sur Ctrl + Maj + Z (Win) ou ⌘ + Maj + Z (Mac) pour parcourir vers l'avant les étapes de l'historique ou Alt + Ctrl + Z (Win) ou Option + Maj + Z (Mac) pour revenir en arrière dans les étapes de l'historique disponibles.

Définissez les options d'historique

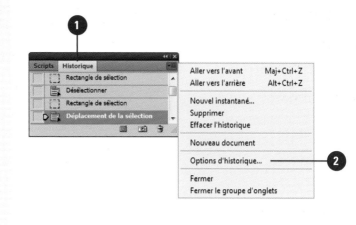

1. Sélectionnez le panneau **Historique**.

2. Cliquez le bouton **Options d'historique**, puis **Options d'historique**.

3. Cochez les cases des options à activer :

    ◆ **Créer le premier instantané automatiquement**. Crée un instantané (image) à la première ouverture du document.

    ◆ **Créer automatiquement un instantané lors de l'enregistrement**. Crée un instantané chaque fois que vous enregistrez le document.

    ◆ Cette option permet de suivre les modifications apportées à un document.

    ◆ **Accepter un historique non linéaire**. Permet d'utiliser l'historique dans un mode non linéaire.

    ◆ **Afficher la boîte de dialogue Nouvel instantané par défaut**. Ouvre une boîte de dialogue avec options chaque fois que vous créez un nouvel instantané.

    ◆ **Rendre les modifications de visibilité des calques permanentes**. Inclut dans l'historique les modifications effectuées sur la visibilité d'un calque, les rendant ainsi annulables.

4. Cliquez **OK**.

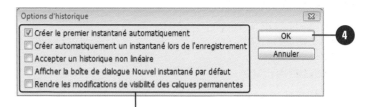

Exploitez l'historique linéaire et non linéaire

Le panneau Historique enregistre de manière linéaire chaque étape effectuée sur un document Photoshop. Cependant, il ne sert pas uniquement à enregistrer votre progression, mais également à apporter des modifications et à corriger des erreurs. Photoshop peut gérer ce panneau de manière linéaire et non linéaire. Lorsque vous travaillez avec un panneau Historique linéaire et que vous cliquez une étape précédente, toutes les étapes en dessous sont désactivées. Si vous ajoutez ensuite une étape, les étapes grisées sont supprimées et la nouvelle les remplace en bas de la liste. Un panneau linéaire est méthodique et peu gourmand en RAM, mais une fois qu'une étape d'historique est supprimée, elle est irrécupérable. Lorsque vous travaillez avec un panneau Historique non linéaire, si vous cliquez une étape précédente, les étapes suivantes ne sont pas désactivées. Si vous ajoutez une étape, celle-ci s'ajoute au bas du panneau Historique. La nouvelle étape comprend les caractéristiques de l'étape sélectionnée, plus toute action ajoutée. Un panneau non linéaire n'est pas organisé et consomme davantage de mémoire RAM. En revanche, les étapes de l'historique ne sont pas supprimées, mais simplement réorganisées.

Exploitez l'historique linéaire

1 Sélectionnez le panneau **Historique**.

2 Cliquez le bouton **Options d'historique**, puis **Options d'historique**.

3 Décochez la case **Accepter un historique non linéaire** (non cochée par défaut) et cliquez **OK**.

4 Travaillez sur le document afin de générer une dizaine d'étapes dans le panneau Historique.

5 Cliquez une étape située à mi-chemin dans le panneau Historique.

Les étapes situées sous l'étape sélectionnée sont désactivées.

6 Effectuez une autre action sur l'image.

Les étapes désactivées sont supprimées, remplacées par la dernière action appliquée à l'image.

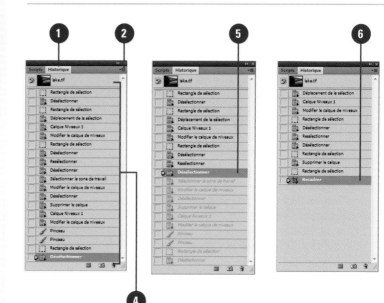

Exploitez l'historique non linéaire

1. Sélectionnez le panneau **Historique**.

2. Cliquez le bouton **Options d'historique**, puis **Options d'historique**.

3. Cochez la case **Accepter un historique non linéaire**.

4. Cliquez **OK**.

5. Travaillez sur le document pour générer dix ou quinze étapes dans le panneau Historique.

6. Cliquez une étape située à mi-chemin dans le panneau Historique.

   Les étapes situées sous l'étape sélectionnée ne changent pas.

7. Effectuez une autre action sur l'image.

   La nouvelle étape s'ajoute au bas des étapes de l'historique.

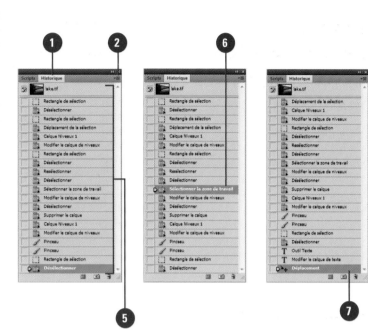

Note

Nettoyez rapidement les états d'historique et libérez ainsi de la mémoire RAM. Maintenez enfoncée la touche Alt (Win) ou Option (Mac), cliquez le bouton Options d'historique, puis cliquez Effacer l'historique. Attention, cette action est irréversible : toutes les étapes précédentes ne pourront plus être annulées.

Diminuez l'utilisation de la mémoire en préférant un historique linéaire. L'historique non linéaire est gourmand en mémoire. Ne l'utilisez que si vous en avez vraiment besoin. Si ce n'est pas le cas, ouvrez la boîte de dialogue Options d'historique et vérifiez que l'option Accepter un historique non linéaire n'est pas cochée.

Contrôlez le processus de création avec les instantanés

Le panneau Historique contient plus que des étapes, il accueille aussi des instantanés. Un instantané d'historique est une image du document au moment précis où l'instantané a été pris. Le panneau Historique contient autant d'instantanés que nécessaire sans être soumis à la limite de quantité des états d'historique. Cela signifie qu'ils accompagnent le document tout au long du processus de création. Par défaut, Photoshop prend un instantané de l'image à la première ouverture. Il représente l'état d'origine de l'image, avant l'application de tous les réglages et modifications, et il est identifié par le nom de fichier de l'image. Il est judicieux de créer un instantané chaque fois que vous apportez une modification importante à l'image. Ainsi, si vous devez tout recommencer, il vous suffit de cliquer l'instantané pour que Photoshop vous ramène à l'instant où cet instantané a été créé. Vous disposez en quelque sorte de votre propre machine à remonter le temps.

Créez des instantanés

1. Sélectionnez le panneau **Historique**.

2. Cliquez le bouton **Options d'historique**, puis **Options d'historique**.

3. Cochez la case **Afficher la boîte de dialogue Nouvel instantané par défaut**, puis cliquez **OK**.

4. Effectuez quelques actions sur l'image.

5. Cliquez le bouton **Définit un nouvel instantané**.

6. Tapez le nom de l'instantané.

7. Ouvrez la liste **Source**, puis une option d'enregistrement d'informations de l'image :

   ◆ **Document entier**. Enregistre toute l'image visible et tous les calques.

   ◆ **Calques fusionnés**. Enregistre uniquement les calques fusionnés.

   ◆ **Calque sélectionné**. Enregistre uniquement le calque actif.

8. Cliquez **OK**.

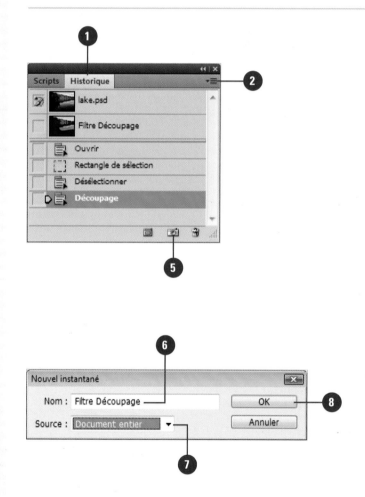

Dupliquez un état d'historique dans un autre document

Voici un outil qui permet de contrôler le processus de création et de vous faire gagner beaucoup de temps et d'efforts. Grâce au panneau Historique, vous pouvez créer de nouveaux documents fondés sur une étape ou un instantané de l'historique. Par exemple, vous travaillez sur une image compliquée et vous souhaitez en isoler une partie dans un autre document. Non seulement vous vous embarrassez moins, mais en travaillant sur une partie de l'image dans un document séparé, vous créez un document de taille plus réduite et Photoshop fonctionne plus rapidement.

Créez un autre document

1. Sélectionnez le panneau **Historique**.

2. Cliquez l'instantané ou l'état d'historique à employer comme base du nouveau document.

3. Cliquez le bouton **Crée un document à partir de l'état actuel**.

   Photoshop crée un nouveau document en fonction de l'instantané ou de l'état sélectionné. Le panneau Historique du nouveau document contient un instantané et un état.

   ATTENTION ! *Les instantanés ne s'enregistrent pas avec le document Photoshop. Lorsque vous rouvrez un document, le panneau Historique présente un instantané de l'état actuel de l'image et une étape d'historique.*

Note

Économisez de la RAM grâce au panneau Historique. Tout nouveau document créé via le panneau Historique est peu gourmand en RAM, contrairement à la méthode traditionnelle du copier/coller.

Nouveau document fondé sur l'instantané ou l'état sélectionné

Enregistrez l'état d'historique d'un document

Enregistrez l'historique

① Cliquez le menu **Edition** (Win) ou **Photoshop** (Mac), pointez **Préférences**, puis cliquez **Général**.

② Cochez la case **Journal de l'historique**.

③ Sélectionnez le type de fichier où enregistrer les éléments du journal :

◆ **Métadonnées**. Enregistre les données en tant que métadonnées incorporées.

◆ **Fichier texte**. Enregistre les données dans un fichier texte.

◆ **Les deux**. Enregistre les informations sous forme de métadonnées et de texte.

④ Cliquez **Sélectionner**, puis choisissez l'emplacement de stockage des fichiers.

⑤ Ouvrez la liste **Modifier des éléments du journal**, puis choisissez le type de données à enregistrer.

◆ **Par session**. Enregistre uniquement les informations de base, comme l'ouverture ou la fermeture du fichier.

◆ **De manière concise**. Davantage d'informations sur les actions effectuées.

◆ **De manière détaillée**. Le maximum de données, y compris la date et l'heure des actions et chaque étape individuelle.

⑥ Cliquez **OK**.

Photoshop propose d'enregistrer les états d'historique d'un document dans un document texte séparé ou en tant que métadonnées incorporées. Cette méthode est idéale pour parcourir à nouveau les étapes nécessaires à l'obtention d'une création particulière. Non seulement les données enregistrées contiennent vos étapes, mais également la date et l'heure de chaque étape effectuée. Vous bénéficiez ainsi d'un journal qui vous donne le temps passé sur un document, ce qui s'avère utile pour facturer un client. Photoshop enregistre les fichiers d'historique dans un document texte standard, lisible dans n'importe quel éditeur de texte.

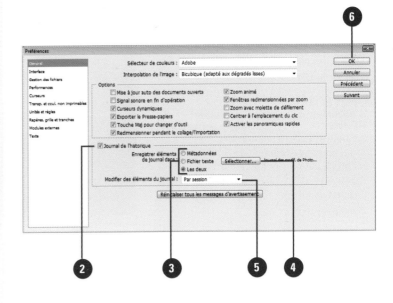

Consultez le fichier texte des états d'historique

Photoshop crée le fichier des états d'historique à la volée, à mesure que vous travaillez. Il ne crée pas un fichier de données séparé pour chaque session de travail, mais un seul fichier consignant toutes les sessions. Si vous supprimez le fichier de données d'historique d'origine, Photoshop en crée un nouveau et l'enregistre au même emplacement sous le même nom. Vous est-il arrivé de travailler sur un document, d'exécuter des commandes, puis d'être revenu en arrière en appréciant au bout du compte le résultat final ? Vous avez alors immédiatement attrapé de quoi noter et tenté de vous remémorer toutes les étapes, en oubliant évidemment les plus importantes. Ceci n'arrivera plus grâce à Photoshop et son fichier texte Historique. Le document texte consigne fidèlement une étape après l'autre. Une fois le projet terminé, ce fichier vous donne la liste de toutes vos commandes et étapes.

Ouvrez le fichier texte des états d'historique

① Fermez Photoshop.

② Ouvrez le dossier contenant le fichier texte Historique.

Par défaut, il s'appelle Journal des modif. de Photoshop.txt et se trouve sur le Bureau.

③ Double-cliquez le fichier pour l'ouvrir dans l'éditeur de texte par défaut.

Il s'ouvre avec Bloc-notes (Win), TextEdit (Mac) ou n'importe quel programme de traitement de texte comme Microsoft Word.

◆ La date et l'heure d'ouverture du fichier apparaissent en haut du document.

◆ Les étapes effectuées sont listées l'une après l'autre.

◆ La date et l'heure de fermeture du fichier apparaissent au bas du document.

④ Fermez l'éditeur de texte.

Date et heure d'ouverture du fichier

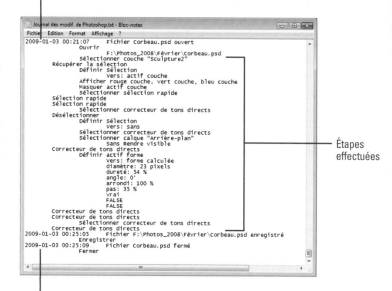

Étapes effectuées

Date et heure de fermeture du fichier

Combinez l'outil Forme d'historique avec un état d'historique

Pour promouvoir l'arrivée de l'historique, Adobe a avancé l'avantage de disposer de plusieurs annulations. Les annulations multiples sont pratiques, mais si vous n'employez le panneau Historique que pour corriger vos erreurs, vous passez à côté d'un avantage clé. Ce panneau n'est pas exclusivement autonome, car il est lié à l'outil Forme d'historique. Celui-ci obtient ses informations depuis un état ou un instantané sélectionné. Par exemple, le panneau Historique contient un instantané de l'apparence de l'image à l'ouverture et par défaut, la Forme d'historique est liée à cet instantané. Représentez-vous la Forme d'historique comme un outil de restauration de photo qui mémorise toujours l'état d'origine de l'image. À mesure que vous travaillez sur un document, vous le modifiez. Si pendant la session de travail, vous souhaitez rétablir le document dans son état d'origine (première ouverture), Forme d'historique est l'outil par excellence. Il ne corrige pas seulement les erreurs, mais crée également des effets spéciaux impressionnants. Il vous faut seulement un peu d'imagination et quelques instantanés supplémentaires.

Corrigez les erreurs avec l'outil Forme d'historique

① Dans la boîte à outils, sélectionnez l'outil **Forme d'historique**.

② Cliquez le panneau **Formes**, puis une taille de pinceau.

③ Faites glisser la forme d'historique sur l'image.

Les endroits où vous passez sont rétablis dans leur état d'origine (première ouverture).

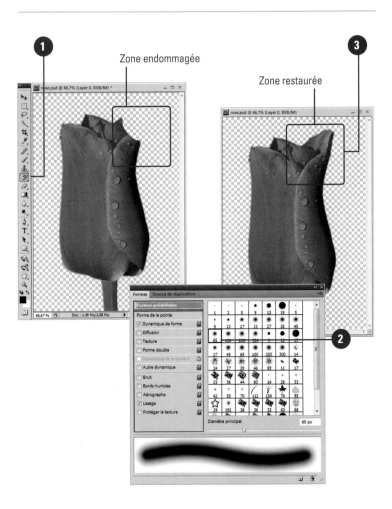

Zone endommagée

Zone restaurée

Amusez-vous avec l'outil Forme d'historique

1. Appliquez une modification importante à un document (comme un filtre Réticulation).

2. Sélectionnez le panneau **Historique**.

3. Cliquez le bouton **Définit un nouvel instantané** pour prendre un instantané de l'image dans son état actuel.

4. Cliquez l'instantané d'origine pour le rétablir à son état de première ouverture.

5. Cliquez dans la case **Source de l'instantané** créé à l'étape **3** pour changer la cible de la Forme d'historique.

   Vous indiquez ainsi à l'outil de dessiner avec la version de l'image ayant reçu l'effet du filtre spécial.

6. Faites glisser votre souris sur l'image pour remplacer l'image d'origine par les données d'image contenues dans l'instantané sélectionné.

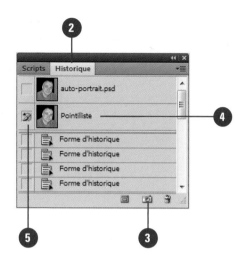

Note

Lorsque vous vous servez de la Forme d'historique sur un calque d'image, vous modifiez les informations fondées sur l'état ou l'instantané d'historique choisi. Cependant, vous maîtriserez mieux la situation si vous employez la Forme d'historique dans un calque séparé. Créez et sélectionnez un nouveau calque et lorsque vous employez la Forme d'historique, dessinez dans le calque. Non seulement le calque distinct protège l'image contre les dommages, mais vous pouvez utiliser les modes de fusion et les paramètres d'opacité pour affiner votre création.

Exploitez l'outil Forme d'historique artistique

Photoshop offre deux outils de formes d'historique : Forme d'historique et Forme d'historique artistique. L'outil Forme d'historique dessine quel que soit l'état ou l'instantané sélectionné. L'outil Forme d'historique artistique crée des effets peints à l'aide des informations d'un ou de plusieurs instantanés ou états d'historique. En effet, il peut combiner les données d'image (provenant de l'instantané ou de l'état d'historique actif) avec des coups de pinceau artistiques.

Exploitez l'outil Forme d'historique artistique

① Cliquez et maintenez enfoncé le bouton de l'outil **Forme d'historique** de la boîte à outils, puis cliquez l'outil **Forme d'historique artistique**.

② Choisissez parmi les options de la barre d'options :

◆ **Forme**. Sélectionnez une pointe et un style de forme.

◆ **Mode**. Sélectionnez un mode de fusion dans la liste. Les modes de fusion, appliqués à une forme, gèrent la manière dont les couleurs se mélangent à celles du document.

◆ **Opacité**. Saisissez une valeur entre 1 et 100 %.

◆ **Style**. Sélectionnez le style de la forme d'historique artistique.

◆ **Zone**. Tapez une valeur entre 0 et 500 pixels pour définir la zone de dessin.

◆ **Tolérance**. Sélectionnez une valeur entre 0 et 100 %. Les limites de valeurs élevées dessinent sur des zones de l'image qui diffèrent de la couleur employée par la forme d'historique artistique. Les valeurs faibles laissent la forme d'historique artistique dessiner des touches indépendamment des valeurs de couleur de l'image.

③ Faites glisser votre souris sur l'image en y allant par petites touches.

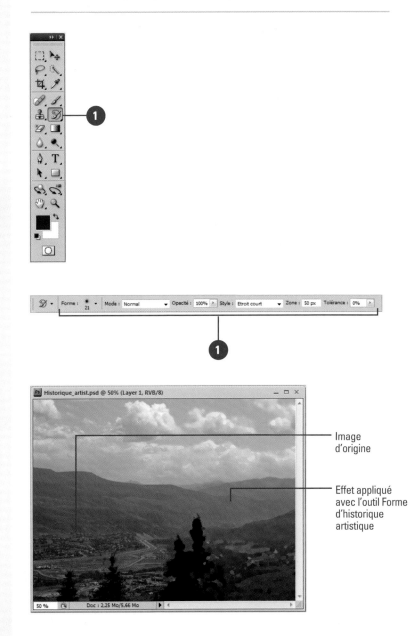

Image d'origine

Effet appliqué avec l'outil Forme d'historique artistique

Changez l'outil Gomme en Forme d'historique

Changez l'outil Gomme en Forme d'historique

1. Dans la boîte à outils, sélectionnez l'outil **Gomme**.

2. Dans la barre d'options, cochez la case **Effacer de l'historique**.

3. Sélectionnez un état d'historique ou un instantané dans le panneau Historique.

4. Faites glisser l'outil Gomme dans l'image.

   L'outil Gomme n'efface pas l'image, mais il dessine dessus d'après la sélection de l'historique en cours.

Note

Exploitez plusieurs calques avec la Forme d'historique. Lorsque vous vous servez de l'un des outils Forme d'historique, il est judicieux de créer un nouveau calque pour y effectuer les dessins d'historique. Ainsi, si vous n'êtes pas satisfait du résultat, vous supprimez le calque à votre guise. En outre, placer les informations d'historique dans un calque séparé permet de vous servir des paramètres du mode de fusion et de la transparence des calques pour parvenir à de meilleurs résultats.

Photoshop propose un autre outil qui fonctionne avec le panneau Historique : l'outil Gomme. En changeant une préférence dans la barre d'options, vous pouvez changer l'outil Gomme en Forme d'historique. L'emploi de la gomme pour restaurer l'image constitue une autre manière d'arriver au même résultat qu'avec la Forme d'historique. Et si vous connaissez un peu Adobe, vous savez que ses concepteurs proposent toujours au moins trois manières d'effectuer une action. Disposer de plusieurs façons d'effectuer la même fonction est un avantage en matière de contrôle. Deux utilisateurs de Photoshop n'aboutiront pas à la même création et ne résoudront pas un problème donné de la même manière. Adobe vous présente des possibilités ; à vous de choisir la meilleure méthode pour effectuer une tâche selon les options disponibles. Et rappelez-vous, si vous changez le mode de couleurs, la résolution ou la taille de l'image active, les outils Forme d'historique ne fonctionneront pas.

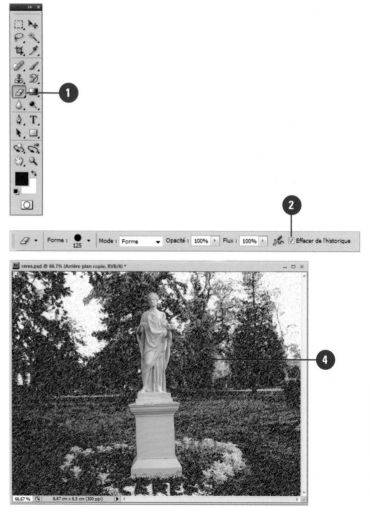

Contrôlez les états d'historique

Le panneau Historique est un outil fantastique ! Il permet de revenir dans le temps, de corriger des erreurs et même de prendre des instantanés de l'image, qui serviront à créer de nouveaux documents. Mais tous les bons outils ont un prix. Celui de ce panneau concerne la consommation de mémoire RAM. Plus vous employez le panneau Historique, plus il demande de mémoire RAM. Si Photoshop vous semble trop lent ou si un message vous indique que Photoshop ne dispose pas d'assez de mémoire vive, il existe quelques moyens de récupérer un peu de cette efficacité perdue. Photoshop permet de 0 à 1 000 états d'historique. Cela signifie 1 000 annulations et si cela vous semble très pratique, souvenez-vous que les états d'historique mobilisent de la mémoire. Vous pouvez aussi consulter vos paramètres d'historique. L'historique non linéaire sollicite davantage la mémoire RAM. Si vous n'avez pas besoin de ce type d'historique, désactivez-le. Dans la mesure où Photoshop emploie beaucoup de mémoire RAM (déjà 64 Mo pour seulement s'ouvrir), il était logique qu'Adobe vous permette de purger, c'est-à-dire effacer, votre mémoire.

Purgez la mémoire RAM

① Cliquez le menu **Edition** (Win) ou **Photoshop** (Mac), pointez **Purger**, puis choisissez parmi les options suivantes :

◆ **Annulation**. Supprime les états Annulation de l'historique.

◆ **Presse-papiers**. Si vous avez utilisé les commandes Copier et Coller, les informations restent dans la mémoire RAM. Cette option sert à purger la mémoire du Presse-papiers.

◆ **Historique**. Purge tous les états du panneau Historique.

◆ **Tout**. Efface de la mémoire toutes les opérations créées par les commandes Annuler, le panneau Historique et le Presse-papiers.

ATTENTION ! *L'option Purger ne peut être annulée. Si vous sélectionnez l'une de ces options, il sera impossible de revenir en arrière, alors soyez certain que vous voulez purger la mémoire avant de cliquer.*

Edition	
Annuler Changement d'état	Ctrl+Z
Aller vers l'avant	Maj+Ctrl+Z
Aller vers l'arrière	Alt+Ctrl+Z
Atténuer...	Maj+Ctrl+F
Couper	Ctrl+X
Copier	Ctrl+C
Copier avec fusion	Maj+Ctrl+C
Coller	Ctrl+V
Coller dedans	Maj+Ctrl+V
Effacer	
Orthographe...	
Rechercher et remplacer du texte...	
Remplir...	Maj+F5
Contour...	
Echelle basée sur le contenu	
Transformation manuelle	Ctrl+T
Transformation	▶
Alignement automatique des calques...	
Fusion automatique des calques...	
Définir une forme prédéfinie...	
Utiliser comme motif...	
Créer une forme personnalisée...	
Purger	▶
Paramètres prédéfinis Adobe PDF...	
Gestionnaire des paramètres prédéfinis...	
Couleurs...	Maj+Ctrl+K
Attribuer un profil...	
Convertir en profil...	
Raccourcis clavier...	Alt+Maj+Ctrl+K
Menus...	Alt+Maj+Ctrl+M
Préférences	▶

Purger ▶
- Annulation
- Presse-papiers
- Historique
- Tout

Exploitez les calques, filtres et outils de réglage

7

Pour ajuster visuellement un document Adobe Photoshop, les calques de réglage constituent l'outil par excellence. Un calque de réglage a pour objet d'illustrer visuellement l'application d'un réglage spécifique à l'image, comme Teinte et Saturation. Le réglage étant intégré à un calque séparé, l'image d'origine ne change pas. Vous pouvez ainsi tester divers paramètres et, puisque les calques de réglage sont enregistrés avec le document, vous êtes libre de les conserver et de les modifier ultérieurement.

La taille des calques de réglage représente un autre avantage. Ils n'augmentent pas la taille d'un document Photoshop. La plupart des calques Photoshop se composent de pixels, aussi accroissent-ils la taille des documents auxquels on les ajoute. Les calques de réglage se composent uniquement de données mathématiques et n'augmentent pas la taille du fichier.

Photoshop applique les réglages à une image de deux manières : soit en passant par le menu Image et en choisissant Réglages, ce qui applique un réglage permanent, soit en utilisant un calque de réglage. Avec les calques de réglage, vous modifiez, fusionnez ou créez une image composite temporaire et ce, sans modifier l'image d'origine. Une fois que vous aurez découvert tous leurs avantages, vous n'emploierez plus le menu Image.

En outre, les calques de réglage étant des calques séparés, vous leur appliquez des commandes standard de calques, comme les modes de fusion, l'opacité et le fond. Ces calques sont aussi accompagnés de leurs propres masques prédéfinis qui permettent de contrôler où et comment le réglage s'applique à l'image.

Créez un calque de réglage

Adobe Certified Expert PS 2.1, 4.7

Un calque de réglage peut être créé à partir du panneau Calques ou du panneau Réglages (Ps). Par défaut, le réglage s'applique à tous les calques situés sous le calque de réglage. Ce dernier fonctionne avec tout type de calque Photoshop, y compris l'Arrière-plan. Vous n'êtes pas limité par le nombre de calques de réglage. Vous pouvez, par exemple, créer un calque de réglage Niveaux pour contrôler le contraste d'une image et ajouter un calque de réglage Courbes pour corriger la couleur de l'image. Si vous créez plusieurs calques de réglage, chacun s'applique à l'image selon sa position dans l'ordre d'empilement du panneau Calques.

Créez un calque de réglage

1 Sélectionnez le panneau **Calques**.

2 Cliquez le calque à régler.

3 Cliquez le bouton **Créer un calque de remplissage ou de réglage** et sélectionnez une option dans la liste.

À la création du calque de réglage, le panneau Réglages s'ouvre pour définir les paramètres du réglage choisi. Si vous créez le calque à partir du panneau Réglages, vous avez le choix parmi quinze icônes (Ps) représentant la plupart des options possibles. Sous les icônes se trouve une liste de paramètres prédéfinis disponibles pour certains réglages. Lorsque vous cliquez l'une des icônes, les commandes concernant ce type de réglages apparaissent dans le panneau, prêtes à être ajustées.

4 Ajustez les commandes du type de réglage choisi dans le panneau Réglages.

5 Au bas du panneau Réglages, des boutons permettent de revenir à la liste des types de réglages, de faire passer le panneau du mode Standard au mode agrandi, d'écrêter selon le calque ou d'appliquer le réglage à tous les calques inférieurs, d'activer ou de désactiver la visibilité du calque, de revenir à l'état précédent, de rétablir les réglages par défaut ou de supprimer le calque de réglage.

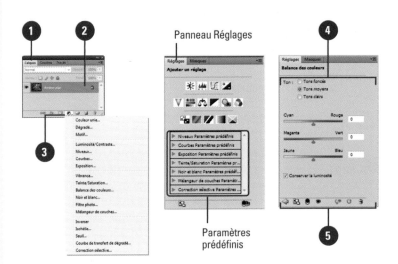

Panneau Réglages

Paramètres prédéfinis

Bon à savoir

Appliquez des calques de réglage

Lorsque vous appliquez un calque de réglage à une image, Photoshop ne vous demande plus d'enregistrer le document au format PSD (Photoshop). Le logiciel prend en charge l'enregistrement des fichiers contenant plusieurs calques, y compris les calques de réglage, au format TIFF (*Tagged Image File*). Ces fichiers peuvent ensuite être ouverts dans des applications de composition standard. Toutefois, si le fichier est ouvert dans une application qui prend en charge les calques multiples, comme Corel Painter ou Adobe InDesign, les calques de réglage sont conservés.

Modifiez un calque de réglage

Le principal avantage des calques de réglage repose sur le contrôle qu'ils offrent. Avec la commande Réglages du menu Image, toute modification apportée à l'image est définitive dès que l'on clique OK. Ce n'est pas le cas des calques de réglage qui isolent les changements dans des calques distincts, ce qui permet de modifier les réglages ultérieurement. Grâce à ce type de commandes, vous pouvez tester différents paramètres jusqu'à obtenir exactement l'image souhaitée.

Modifiez un calque de réglage

1 Sélectionnez le panneau **Calques**.

2 Double-cliquez la vignette du calque de réglage à modifier.

Les options relatives au réglage s'affichent de nouveau dans le panneau Réglages. Si vous l'avez fermé, cliquer le calque à modifier le rouvrira. Les options varient en fonction du réglage.

3 Modifiez les options à votre convenance.

4 Cliquez **OK**.

Note

Déplacez les calques de réglage dans la pile des calques. Puisque chaque calque de réglage interagit avec les autres, vous pouvez obtenir une image totalement différente, en modifiant l'ordre d'empilement.

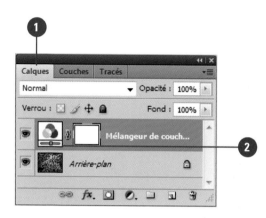

Fusionnez des calques de réglage

Photoshop permet de créer autant de calques de réglage que nécessaire. Vous pouvez, par exemple, créer un calque de réglage Niveaux pour équilibrer le contraste, Courbes pour corriger les couleurs et Filtre photo pour ajuster la température des couleurs. Chaque calque de réglage interagit avec les autres calques de réglage pour produire l'image finale. Il est courant de créer trois, quatre, voire cinq calques de réglage pour une image. Il est possible de fusionner certains ou tous les calques. Dans ce cas, toutefois, l'image perd l'effet produit par les réglages et ce, en raison de la manière dont Photoshop exploite les calques de réglage. Chaque calque contrôle une part du réglage. Les calques eux-mêmes ne contiennent pas d'image, mais des données mathématiques sur les changements apportés, relatives à un réglage spécifique, comme Courbes ou Niveaux. Chaque calque ne peut contenir qu'un seul jeu de réglages. Fusionner plusieurs calques de réglage oblige Photoshop à éliminer toutes les données de réglage et à remplacer les calques fusionnés par un calque transparent classique. Pour résoudre le problème, essayez de fusionner les calques de réglage et l'image en un seul calque.

Fusionnez les réglages et les images

1 Ouvrez un document contenant un calque d'image et plusieurs calques de réglage.

2 Sélectionnez le panneau **Calques**.

3 Cliquez le bouton **Options** du panneau et sélectionnez l'une des options de fusion suivantes :

◆ **Fusionner les calques.** Fusionne en un seul calque uniquement les calques sélectionnés dans le panneau Calques.

◆ **Fusionner les calques visibles.** Fusionne uniquement les calques visibles, sans toucher aux calques masqués.

◆ **Aplatir l'image.** Fusionne tous les calques en un arrière-plan plat. Si plusieurs calques sont masqués, Photoshop affiche un message d'avertissement et vous demande si vous souhaitez supprimer les calques masqués.

Bouton Afficher

Créez une image composite temporaire

Si vous fusionnez des calques de réglage dans l'image, vous vous retrouvez avec un seul calque contenant tous les réglages. Vous perdez donc le contrôle sur les calques de réglage individuels. Il s'agit en fait de réduire la taille des fichiers et le nombre de calques, au détriment du contrôle sur l'image. Pour profiter du meilleur des deux mondes, c'est-à-dire à la fois d'un calque contenant l'image et tous les réglages et l'image d'origine avec des calques de réglage séparés, créez un calque composite.

Créez une image composite temporaire

① Ouvrez un document contenant une image et plusieurs calques de réglage visibles.

② Sélectionnez le panneau **Calques**, créez un nouveau calque au sommet de la pile de calques et sélectionnez-le.

③ Maintenez enfoncée la touche **Alt** (Win) ou **Option** (Mac) et cliquez le bouton **Options** du panneau puis **Fusionner les calques visibles**.

Photoshop combine tous les calques visibles dans le nouveau calque tout en conservant les calques d'origine.

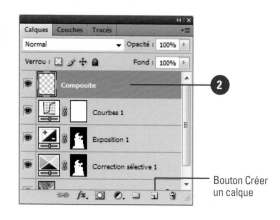

Bouton Créer un calque

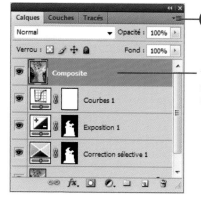

Tous les calques visibles sont combinés dans le nouveau calque.

Note

Servez-vous du calque composite dans n'importe quel document Photoshop multicalque. Une fois le calque composite créé, procédez à d'autres réglages sans affecter l'image d'origine ou déplacez le calque composite dans un autre document Photoshop.

Servez-vous de l'option de lien pour contrôler l'image composite. Créez un nouveau calque et liez les calques à inclure dans la composition. Suivez la procédure de création d'une composition, mais cliquez Fusionner les calques liés.

Groupez les calques de réglage par un masque d'écrêtage

Avec les calques de réglage, les effets du réglage s'appliquent à tous les calques situés sous le calque de réglage, y compris les autres calques de réglage. Vous voudrez parfois appliquer le réglage à un calque spécifique. Par exemple, dans un document multicalque, vous voulez créer un calque de réglage Courbes pour régler la couleur du calque inférieur. Malheureusement, le réglage Courbes s'applique à tous les calques. La réponse est simple, créez un masque d'écrêtage qui groupera le calque de réglage avec le calque à corriger.

Groupez les calques de réglage avec un masque d'écrêtage

1. Sélectionnez le panneau **Calques**, puis cliquez le calque à appliquer uniquement au calque inférieur.

2. Déplacez le pointeur jusqu'à ce que le bout du doigt du pointeur en forme de main touche la ligne qui sépare le calque de réglage du calque inférieur.

3. Maintenez enfoncée la touche **Alt** (Win) ou **Option** (Mac).

   Le pointeur prend la forme d'un bouton à deux cercles (le bouton de masque d'écrêtage).

4. Cliquez pour grouper les deux calques.

   La vignette du calque de réglage se décale pour indiquer que les deux calques sont groupés par un masque d'écrêtage. L'effet du calque de réglage s'applique uniquement aux calques groupés.

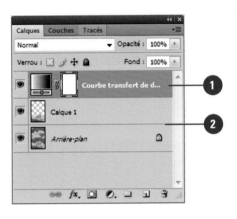

Calques groupés par un masque d'écrêtage

Note

Regroupez plusieurs calques.
Maintenez enfoncée la touche Alt (Win) ou Option (Mac) et cliquez la ligne de séparation du calque suivant pour l'ajouter au groupe. Pour retirer un calque du groupe, maintenez enfoncée la touche Alt (Win) ou Option (Mac) et cliquez la ligne de séparation des deux éléments groupés.

Supprimez un calque de réglage

En supprimant un calque de réglage, vous supprimez en fait le réglage et non l'image. Les calques de réglage ne contiennent pas de données d'image, mais manipulent les informations que contient leur calque. Il est aussi simple de supprimer un calque de réglage qu'un calque classique. L'effet est le même : la fonction du calque est éliminée du document. Par exemple, si vous supprimez un calque de réglage Courbes, les effets disparaissent de l'image qui revient à son état antérieur. Lorsque vous supprimez un calque de réglage, les changements qu'il induit dans l'image ne s'appliquent plus.

Supprimez un calque de réglage

① Sélectionnez le panneau **Calques**.

② Cliquez le calque de réglage à supprimer.

③ Faites-le glisser vers le bouton **Supprimer le calque**.

Note

Convertissez un calque de réglage en calque classique. Par défaut, les calques de réglage s'accompagnent d'un masque prédéfini. Pour supprimer le masque en conservant le calque de réglage, sélectionnez ce dernier dans le panneau Calques, maintenez enfoncée la touche Alt (Win) ou Option (Mac) et cliquez le bouton Supprimer le calque.

Le calque de réglage est supprimé du document

Exploitez les modes de fusion et d'opacité avec les calques

PS 4.4

Les calques de réglage ont deux fonctions : le réglage et le contrôle de l'image. Le réglage étant conservé dans un calque distinct, vous bénéficiez à la fois d'un réglage isolé et de toutes les options classiques. Ceci, combiné avec la possibilité de manipuler les informations des pixels, constitue un outil d'édition d'image très puissant. Les modes de fusion modifient la manière dont les calques interagissent. Par exemple, le mode de fusion Produit demande à Photoshop de mélanger les pixels de plusieurs calques, créant ainsi une image entièrement nouvelle. Les cinq modes qui produisent les résultats les plus étonnants sont Produit, Superposition, Mélange maximal, Différence et Exclusion. L'opacité d'un calque de réglage contrôle l'intensité du réglage sélectionné. Il est possible de réduire l'opacité du réglage Teinte et saturation jusqu'à 50 %, ce qui réduit son impact sur l'image. Chaque calque de réglage possédant ses propres paramètres d'opacité, vous pouvez ajuster plusieurs calques de réglage pour obtenir l'effet souhaité sur l'image.

Exploitez les modes de fusion avec les calques de réglage

1. Sélectionnez le panneau **Calques**.

2. Cliquez le calque à régler.

3. Ouvrez la liste **Mode de fusion** et choisissez parmi les options disponibles.

   Le résultat de la fusion est visible dans la fenêtre du document.

Le mode de fusion modifié appliqué à l'image

Contrôlez l'opacité

1 Sélectionnez le panneau **Calques**.

2 Cliquez le calque à régler.

3 Cliquez la flèche de **Opacité** et faites glisser le curseur pour réduire l'opacité du calque.

Le résultat des modifications est visible dans la fenêtre du document.

RACCOURCI *Cliquez dans la zone Opacité et servez-vous des touches de direction pour augmenter ou réduire l'opacité d'1 % à la fois. Maintenez la touche Maj enfoncée et servez-vous des touches de direction pour augmenter ou réduire l'opacité de 10 % à la fois. Vous pouvez aussi sélectionner le pourcentage dans la zone et saisir une autre valeur.*

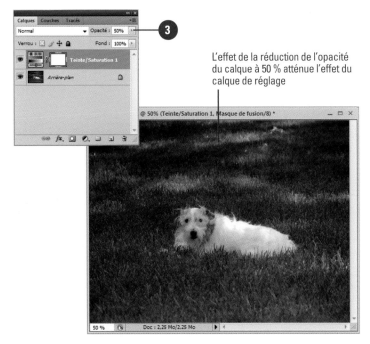

L'effet de la réduction de l'opacité du calque à 50 % atténue l'effet du calque de réglage

Exploitez les masques avec les calques de réglage

PS 5.1, 5.2, 5.4

Lorsque vous créez un calque de réglage, ses effets s'appliquent à toute l'image. Vous pouvez modifier le réglage avec les modes de fusion ainsi qu'à l'aide des paramètres d'opacité, mais les effets s'appliquent également à l'ensemble de l'image. Il arrive cependant que l'on ne souhaite pas appliquer le réglage à toute l'image, par exemple, pour corriger une partie d'image ou éclaircir les ombres d'une image sans appliquer le même réglage aux zones éclairées. Photoshop gère ce problème avec l'aide des masques. Lorsque vous créez un calque de réglage, Photoshop crée un masque avec le calque. Le masque contrôle l'application du réglage et vous contrôlez l'effet en peignant le masque de noir, de blanc ou d'une teinte de gris. Si vous peignez le masque en noir, le réglage est masqué, alors qu'avec du blanc, le réglage s'applique. En peignant avec 50 % de gris, le réglage s'applique à l'image avec une intensité de 50 %.

Peignez sur le masque de réglage

1 Sélectionnez le panneau **Calques**.

2 Cliquez la vignette du masque de fusion dont vous voulez peindre le masque.

3 Sélectionnez l'outil **Pinceau**.

4 Sélectionnez une taille de pinceau dans la barre d'options.

5 Sélectionnez le panneau Masques (Ps) pour afficher les détails sur le masque de pixels et le masque vectoriel et choisir les options de densité et de contour progressif du masque. Vous pouvez aussi modifier la plage de couleurs du masque ou l'inverser.

6 Dans la boîte à outils, choisissez le noir comme Couleur de premier plan.

7 Dans la fenêtre du document, peignez les zones de l'image à masquer. Le calque de réglage doit être sélectionné. Les zones peintes en noir masquent le réglage et laissent voir l'image normale.

8 Pour restaurer les zones masquées, passez à la couleur blanche et peignez les zones de l'image préalablement peintes en noir.

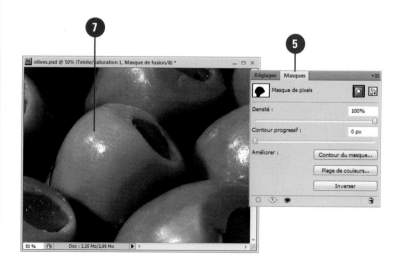

Créez des masques par sélection

Adobe Certified Expert

PS 5.6

Il est possible de créer un masque instantané avec les techniques classiques de sélection. Avant de créer un calque de réglage, sélectionnez la zone de l'image à laquelle appliquer le réglage. Pour ce faire, servez-vous de l'un des outils de sélection de Photoshop. Lorsque vous créez un calque de réglage, Photoshop convertit la sélection en masque et seules les zones sélectionnées bénéficient du réglage.

Créez des masques par sélection

1 Servez-vous de l'un des outils de sélection pour créer une sélection autour de la zone de l'image à laquelle appliquer le réglage.

2 Sélectionnez le panneau **Calques**.

3 Cliquez le bouton **Créer un calque de remplissage ou de réglage** et sélectionnez un réglage dans la liste.

Photoshop crée un masque fondé sur la sélection, les zones sélectionnées recevant le réglage et les zones non sélectionnées étant masquées.

Note

Servez-vous des filtres sur le masque du calque de réglage. Vous pouvez, par exemple, utiliser le filtre Flou gaussien pour adoucir la transition entre le réglage et le masque. Testez plusieurs filtres pour obtenir différents effets créatifs.

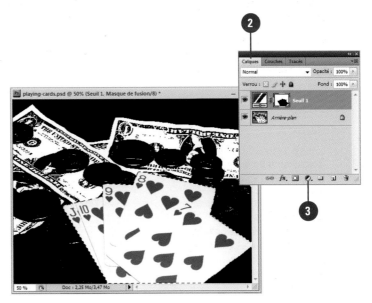

Utilisez le filtre Ajout de bruit

Le filtre Ajout de bruit permet également de retoucher une image. Il applique des pixels aléatoires à une image, simulant un effet granulaire. Il peut, par exemple, donner l'impression d'un film ultrarapide. En outre, le filtre Ajout de bruit réduit l'effet de bande dans les sélections adoucies ou les trames dégradées et donne un aspect plus réaliste aux zones très retouchées. Essayez le filtre Ajout de bruit conjointement à d'autres filtres, comme les filtres Flou directionnel, pour créer des effets spéciaux.

Utilisez le filtre Ajout de bruit

1. Sélectionnez le panneau **Calques**.

2. Sélectionnez le calque auquel appliquer le filtre.

3. Dans le menu **Filtre**, pointez sur **Bruit** et cliquez **Ajout de bruit**.

4. Servez-vous des options suivantes :

   ◆ **Quantité**. Faites glisser le curseur ou saisissez une valeur (entre 0,1 et 400) pour augmenter ou réduire la quantité de bruit.

   ◆ **Répartition**. Sélectionnez l'option **Uniforme** pour créer une apparence plus ordonnée ou **Gaussienne** pour un bruit plus aléatoire.

   ◆ **Monochromatique**. Cochez cette case pour appliquer le filtre aux tons de l'image sans changer les couleurs.

   RACCOURCI *Les signes plus (+) et moins (-), situés sous l'aperçu de l'image, augmentent et réduisent la zone visible.*

5. Cliquez **OK**.

Bon à savoir

Utilisez des filtres pour retoucher une image

L'une des fonctionnalités les plus puissantes de Photoshop consiste à recréer une photographie. Les photographes emploient le terme **restauration photographique** pour décrire la retouche d'images. Il s'agit du processus qui rend à l'image son état d'origine, par exemple, en supprimant la poussière et les éraflures d'une ancienne image ou en réparant les problèmes associés aux images vieillies. Vous pouvez ainsi faire appel aux outils de correction et aux filtres, dont le filtre Antipoussière pour restaurer une ancienne image. Les outils et les filtres servant à appliquer des effets aux images peuvent être utilisés pour la restauration. Testez différents filtres pour trouver ceux qui conviennent le mieux.

Utilisez le filtre Réduction de bruit

Utilisez le filtre Réduction de bruit

1. Dans le menu **Filtre**, pointez **Bruit** et cliquez **Réduction du bruit**.

2. Cochez la case **Aperçu** pour constater les changements.

3. Sélectionnez l'option **De base** ou **Avancé**. L'option Avancé permet de régler le bruit par couche.

4. Servez-vous des options suivantes :

   ◆ **Paramètres**. Cliquez la flèche et sélectionnez un paramètre défini par l'utilisateur.

   ◆ **Intensité**. Faites glisser le curseur pour déterminer l'intensité à appliquer pour réduire le bruit.

   ◆ **Conserver les détails**. Faites glisser le curseur pour déterminer l'équilibre entre le bruit et les détails à conserver.

   ◆ **Réduire le bruit de la couleur**. Faites glisser le curseur pour convertir le bruit composé de couleurs en teintes de gris (cette action peut désaturer d'autres zones de l'image).

   ◆ **Accentuer les détails**. Faites glisser le curseur pour déterminer où se trouvent les détails de l'image, en termes de décalage de luminosité.

   ◆ **Supprimer l'artefact JPEG**. Cochez pour supprimer les artefacts (le bruit dans les tons foncés) des images JPEG très compressées.

5. Cliquez **OK**.

Le filtre Réduction de bruit supprime le bruit aléatoire qui se produit sur les images numériques. On l'appelle bruit, mais en réalité, il s'agit d'un motif d'informations de couleurs ou de dégradés de gris reposant sur les données de l'image originale. Le bruit peut être généré par le filtre Ajout de bruit, mais il provient généralement des scanneurs ou des appareils photos numériques. Comme il existe un modèle mathématique à la plupart des bruits, le filtre Réduction de bruit le recherche et arrive à réduire la quantité de bruit d'une image. Il s'applique aux calques individuels et non à l'ensemble du document. Après avoir appliqué le filtre, servez-vous des autres outils de restauration, comme l'outil Correcteur et l'outil Pièce, pour nettoyer les zones problématiques de l'image.

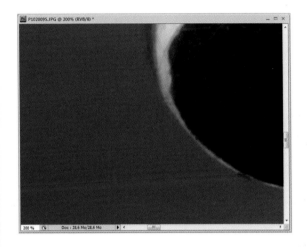

Filtre Bruit
appliqué à l'image

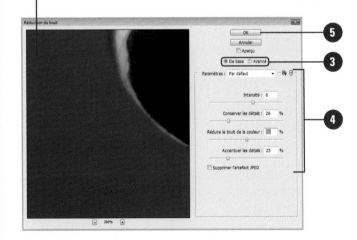

Conservez la perspective avec un point de fuite

Utilisez l'outil Point de fuite

1 Ouvrez une image.

2 Dans le menu **Filtre**, cliquez **Point de fuite**.

3 Servez-vous des outils suivants :

- ◆ **Modification du plan**. Met la grille en correspondance avec la perspective de l'image.

- ◆ **Création de plan**. Premier outil à utiliser. Il crée le plan de perspective initial.

- ◆ **Rectangle de sélection**. Effectue des sélections dans la grille et change leur perspective à mesure que vous les déplacez.

- ◆ **Tampon**. Permet de copier des zones et de les estamper sur d'autres zones en se servant de la perspective de la grille.

- ◆ **Pinceau**. Peint une couleur dans la grille. Si vous cliquez le bouton **Correcteur** puis **Luminosité**, le Point de fuite adapte la couleur aux tons foncés ou aux textures des zones peintes.

- ◆ **Transformation**. Permet de pivoter, redimensionner ou d'inverser une sélection avec l'outil Rectangle de sélection.

- ◆ **Pipette**. Cliquez pour sélectionner une couleur spécifique dans l'image.

Le Point de fuite permet de déplacer et/ou de copier des objets tout en conservant la perspective visuelle de l'original. Supposons que vous ayez photographié une route disparaissant au loin et qu'un panneau d'affichage longe la route. Vous voudriez que le panneau apparaisse plus éloigné. Avec le Point de fuite, vous créez un cadre, ou un plan, qui identifie la profondeur de l'image et déplacez ensuite le panneau avec les outils Déplacement ou Tampon. Où que vous placiez le panneau, il conserve la bonne perspective. Si vous êtes équipé de Photoshop CS3 Extended, vous pouvez ajuster l'angle du plan ou prendre des mesures. Lorsque vous en avez terminé avec le point de fuite, faites appel au menu Point de fuite pour obtenir le rendu des grilles dans Photoshop. Avec Photoshop Extended, vous pouvez exporter les informations et les mesures 3D aux formats DFX ou 3DS.

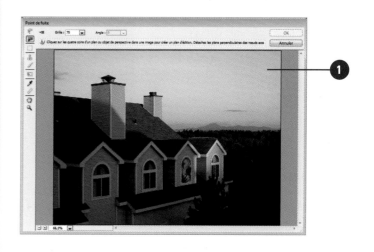

1

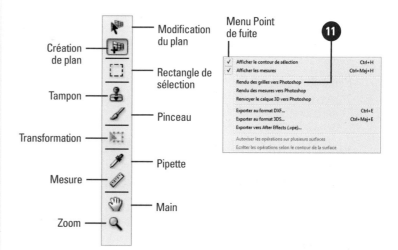

- ◆ **Mesure**. Permet de tracer une ligne de mesure sur un objet dans un plan de perspective (Extended).

- ◆ **Main**. Cliquez pour déplacer une image dans la fenêtre Point de fuite.

  - ◆ **Zoom**. Cliquez pour augmenter le facteur de zoom ou appuyez sur la touche **Alt** (Win) ou **Option** (Mac) et cliquez pour le réduire.

④ Sélectionnez l'outil **Création de plan**.

⑤ Cliquez l'image pour créer le premier point de la grille, puis cliquez trois autres fois pour créer la forme de la grille.

  - ◆ **Angle**. Permet de régler l'angle du plan (Extended).

⑥ Servez-vous de l'outil **Modification du plan** pour changer la perspective du plan et étendre le plan sur la zone à corriger.

  La grille doit être bleue. Si elle est rouge ou jaune, le Point de fuite signale que la grille n'est pas correcte.

⑦ Sélectionnez l'outil **Zoom** et agrandissez les zones de travail.

⑧ Sélectionnez l'outil **Tampon**.

⑨ Positionnez le tampon directement sur la zone de l'image à utiliser pour corriger les zones à problème, puis appuyez sur la touche **Alt** (Win) ou **Option** (Mac) et cliquez pour confirmer la sélection.

⑩ Déplacez le pointeur vers la zone à corriger et cliquez, puis faites glisser l'outil **Tampon**. L'outil Tampon remplacera l'image par celle de la zone choisie en conservant la perspective correspondant à la grille.

⑪ Pour afficher la grille dans Photoshop, cliquez le menu **Point de fuite** puis **Rendu des grilles vers Photoshop**.

⑫ Cliquez **OK**.

Modification du plan

Exploitez le filtre Correction de l'objectif

Utilisez le filtre Correction de l'objectif

1 Ouvrez une image.

2 Dans le menu **Filtre**, pointez **Déformation** et cliquez **Correction de l'objectif**.

3 Servez-vous des outils suivants :

- **Correction de la déformation.** Cliquez dans la grille et faites glisser vers la gauche ou la droite pour corriger la dilation ou la contraction.

- **Redressement.** Cliquez dans la grille et faites glisser pour tracer une nouvelle ligne pour redresser l'image sur un nouvel axe.

- **Déplacement de la grille.** Faites glisser pour repositionner la grille d'alignement.

- **Main.** Cliquez et faites glisser pour déplacer l'image dans la fenêtre.

- **Zoom.** Cliquez dans la fenêtre pour agrandir. Appuyez sur la touche **Alt** (Win) ou **Option** (Mac) et cliquez pour réduire le facteur de zoom.

4 Servez-vous des outils suivants :

- **Paramètres.** Cliquez et choisissez des paramètres définis par l'utilisateur ou appliquez les paramètres précédents.

- **Corriger la déformation.** Déplacez le curseur pour corriger avec précision la contraction ou la dilatation.

Le filtre Correction de l'objectif corrige les défauts des prises de vues, comme la dispersion en barillet ou en coussinet, le vignettage ou l'aberration chromatique. La déformation **Dilatation** provoque un écartement des lignes droites qui s'incurvent vers les bords de l'image. À l'inverse, la déformation **Contraction** les rapproche du centre. Avec l'effet de **vignettage**, les bords de l'image sont plus sombres que le centre. L'aberration **chromatique** fait apparaître une lisière colorée sur les bords des objets, causée par l'objectif qui se concentre sur différentes couleurs de lumière dans différents plans. En outre, le filtre Correction de l'objectif permet de faire pivoter une image ou de corriger la perspective liée à l'inclinaison de l'appareil photo. Si la commande Transformation permet aussi d'effectuer certaines de ces corrections, la grille du filtre Correction de l'objectif rend les réglages plus faciles et plus précis.

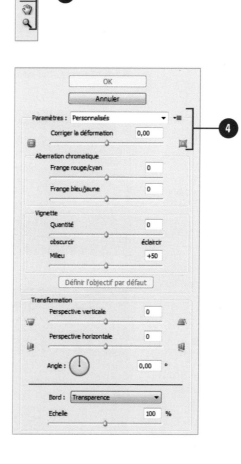

150

5 Servez-vous des options **Aberration chromatique** suivantes :

- ◆ **Frange rouge/cyan**. Supprime la frange rouge ou cyan.
- ◆ **Frange bleu/jaune**. Supprime la frange bleue ou jaune.

6 Servez-vous des options **Vignette** :

- ◆ **Quantité**. Déplacez le curseur pour créer une vignette claire ou sombre autour de l'image.
- ◆ **Milieu**. Déplacez le curseur pour modifier l'étendue de la correction de la vignette.

7 Cliquez **Définir l'objectif par défaut** pour enregistrer les paramètres courants comme objectif par défaut. Cette option n'est disponible que si l'image contient des données EXIF.

8 Servez-vous des options **Transformation** :

- ◆ **Perspective verticale**. Déplacez le curseur pour changer la perspective verticale.
- ◆ **Perspective horizontale**. Déplacez le curseur pour changer la perspective horizontale.
- ◆ **Angle**. Déplacez l'option d'angle pour faire pivoter l'image dans le sens horaire ou antihoraire.
- ◆ **Bord**. Cliquez et sélectionnez pour remplir les zones transparentes avec la Couleur d'arrière-plan, l'Extension du bord ou l'option Transparence.
- ◆ **Échelle**. Déplacez le curseur pour changer l'échelle de l'image.

9 Cochez la case **Aperçu** pour voir immédiatement les changements.

10 Cochez éventuellement **Afficher la grille**.

11 Cliquez la liste **Taille** pour changer la taille du quadrillage.

12 Cliquez la zone **Couleur** pour changer la couleur de la grille.

13 Cliquez **OK**.

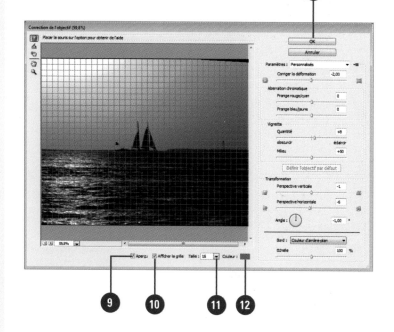

Utilisez les filtres Flou par moyenne, de surface et de forme

Photoshop fournit différents filtres d'atténuation parmi lesquels le flou par moyenne, le flou de surface et le flou de forme. Le filtre Flou par moyenne atténue l'image en fonction de la couleur moyenne des pixels voisins. Sa principale fonction est la création d'effets spéciaux. Vous réglez la taille de la zone employée pour calculer la valeur moyenne d'un pixel donné ; plus le rayon est grand, plus le flou appliqué est important. Le filtre Flou de surface atténue l'image en préservant les contours. Il est utile pour la création d'effets spéciaux et la suppression du bruit ou du grain. L'option Rayon spécifie la taille de la zone échantillonnée pour le flou. L'option Seuil détermine le degré de divergence des valeurs tonales des pixels voisins par rapport à la valeur de pixel central avant d'être compris dans le flou. Les pixels dont les différences de valeurs tonales sont inférieures au Seuil sont exclus du flou. Le filtre Flou de forme utilise la forme spécifiée pour créer le flou. Choisissez un noyau dans la liste des formes personnalisées prédéfinies et ajustez sa taille à l'aide du rayon. Vous pouvez charger différentes bibliothèques de formes en cliquant le triangle puis en choisissant dans la liste. Le rayon détermine la taille de la forme : plus elle est grande, plus le flou est important.

Utilisez le filtre Flou par moyenne

① Ouvrez une image.

② Dans le menu **Filtre**, pointez **Atténuation** et cliquez **Flou par moyenne**.

③ Déplacez le curseur **Rayon** pour réduire ou augmenter la quantité de flou appliquée à l'image.

④ Cliquez **OK**.

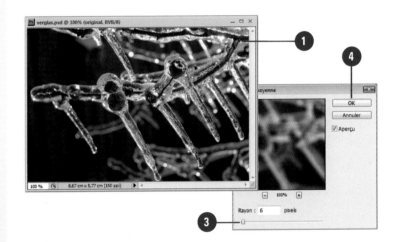

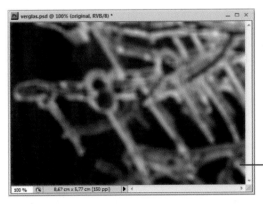

Résultat du flou par moyenne

Utilisez le filtre Flou de surface

① Ouvrez une image.

② Dans le menu **Filtre**, pointez **Atténuation** et cliquez **Flou de surface**.

③ Déplacez le curseur **Rayon** pour réduire ou augmenter la quantité de flou appliquée à l'image.

④ Déplacez le curseur **Seuil** pour réduire ou augmenter le décalage accepté pour la luminosité des informations d'image (bords).

⑤ Cliquez **OK**.

Résultat du flou de surface

Utilisez le filtre Flou de forme

① Ouvrez une image.

② Dans le menu **Filtre**, pointez **Atténuation** et cliquez **Flou par forme**.

③ Sélectionnez une forme (appelée noyau).

④ Déplacez le curseur **Rayon** pour réduire ou augmenter la quantité de flou appliquée à l'image.

⑤ Cliquez **OK**.

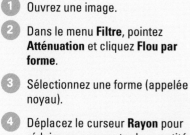

Résultat du flou par forme

Utilisez les filtres Flou gaussien et Flou intérieur

Le filtre Flou gaussien applique également une quantité spécifiée de flou à une image ou une sélection. S'il ne s'agit pas d'un outil de restauration au sens strict, il permet néanmoins d'ajouter un effet de profondeur. On peut, par exemple, l'employer pour atténuer l'arrière-plan d'une image en conservant le premier plan net. Il a toutefois pour inconvénient de créer une image brumeuse, floue. Un autre filtre, le filtre Flou intérieur, détecte les contours de l'image et rend floue la totalité de l'image excepté ses bords. Il n'existe bien sûr pas de vrais contours dans un document Photoshop ; le filtre Flou intérieur utilise les zones où la différence de luminosité des pixels est significative. Dans la mesure où un décalage signifie généralement un contour, le filtre Flou intérieur applique un flou précis tout en conservant les détails.

Utilisez le filtre Flou gaussien

1. Sélectionnez les parties d'une image à rendre floues ou ne sélectionnez rien pour appliquer le filtre à la totalité de l'image.

2. Dans le menu **Filtre**, pointez **Atténuation** et cliquez **Flou gaussien**.

3. Cochez la case **Aperçu** pour voir le résultat.

4. Déplacez le curseur **Rayon** ou saisissez une valeur de pixel pour réduire ou augmenter l'intensité du flou gaussien appliqué.

5. Cliquez **OK**.

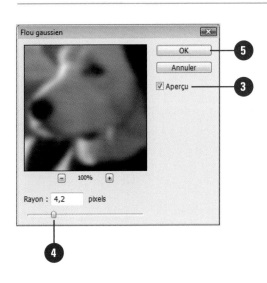

Utilisez le filtre Flou intérieur

1. Sélectionnez le panneau **Calques**.

2. Sélectionnez le calque auquel appliquer le filtre Flou intérieur.

3. Dans le menu **Filtre**, pointez sur **Bruit** et cliquez **Flou intérieur**.

   Photoshop applique le filtre Flou intérieur à l'image.

Zone à dépoussiérer

Utilisez le filtre Accentuation

Le filtre Accentuation crée une image visuellement plus nette en augmentant le contraste le long des contours. Il localise les pixels dont la valeur diffère de celles des pixels voisins d'une valeur définie par l'option Seuil. Lorsque le filtre est appliqué à l'image, les pixels les plus clairs des contours sont éclaircis et les pixels sombres sont assombris. Il est important de comprendre que le filtre Accentuation n'accentue pas réellement l'image, mais tente d'en créer l'illusion. Soyez prudent car une application exagérée de ce filtre crée des images dures avec des ombres et des contours irréguliers. D'autre part, les effets du filtre Accentuation sont moins visibles sur le document imprimé que sur un écran basse résolution.

Utilisez le filtre Accentuation

1. Sélectionnez le panneau **Calques**.

2. Sélectionnez le calque à accentuer.

3. Dans le menu **Filtre**, pointez **Renforcement** et cliquez **Accentuation**.

4. Servez-vous des options suivantes :

   ◆ **Aperçu**. Cochez la case pour voir les changements directement dans la fenêtre du document actif.

   ◆ **Gain**. Déplacez le curseur ou tapez une valeur pour déterminer l'augmentation du contraste des pixels.

   ◆ **Rayon**. Déplacez le curseur ou tapez une valeur pour définir le nombre de pixels autour des pixels de contour qui affectent l'accentuation.

   ◆ **Seuil**. Déplacez le curseur ou tapez une valeur pour déterminer le degré de différence entre les pixels et la zone alentour à partir de laquelle ils sont considérés comme pixels de contour et accentués par le filtre.

5. Cliquez **OK**.

Le filtre Accentuation appliqué à l'image

Utilisez le filtre Netteté optimisée

Le filtre Netteté optimisée tente d'accentuer les pixels d'une image floue un peu à la manière du filtre Accentuation. La principale différence est la capacité du filtre Netteté optimisée de donner le choix de l'algorithme de renforcement par l'option de suppression du flou gaussien, du flou de l'objectif ou du flou directionnel. Flou gaussien correspond à l'algorithme utilisé par le filtre Accentuation. Flou de l'objectif renforce les contours et les détails et réduit la netteté des halos. Flou directionnel réduit les effets de flou dus à un mouvement de l'appareil ou du sujet. Le filtre Netteté optimisée permet également de contrôler la correction appliquée aux zones de tons foncés et de tons clairs. Si vous ne savez pas quelle option choisir pour améliorer la netteté d'une image, tournez-vous vers le filtre Netteté optimisée.

Utilisez le filtre Netteté optimisée

① Sélectionnez le panneau **Calques**.

② Sélectionnez le calque à accentuer.

③ Dans le menu **Filtre**, pointez **Renforcement** et cliquez **Netteté optimisée**.

④ Cochez la case **Aperçu** pour voir le résultat appliqué directement à l'image.

⑤ Sélectionnez l'option **De base** ou **Avancé**.

⑥ Dans la liste **Paramètres**, vous pouvez sélectionner des paramètres définis par l'utilisateur.

⑦ Servez-vous des options suivantes :

◆ **Gain**. Déplacez le curseur pour définir le facteur d'atténuation appliqué à l'image.

◆ **Rayon**. Déplacez le curseur pour définir la largeur de l'effet de renforcement.

◆ **Supprimer**. Cliquez la flèche et sélectionnez le type de flou à supprimer de l'image.

◆ **Angle**. Tapez l'angle du filtre Flou directionnel à supprimer.

◆ **Plus précis**. Sélectionnez un effet de renforcement plus précis (plus lent).

Image originale

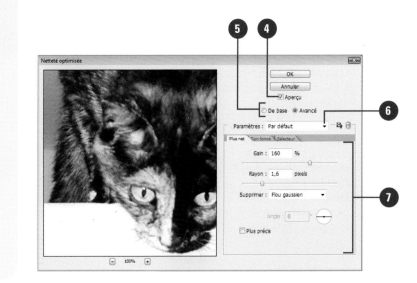

8 Sélectionnez l'onglet **Ton foncé,** puis servez-vous des options suivantes :

◆ **Estompage**. Déplacez le curseur pour définir le facteur d'accentuation des tons foncés.

◆ **Gamme de tons**. Déplacez le curseur pour définir la largeur de la gamme de tons foncés.

◆ **Rayon**. Déplacez le curseur pour définir la taille de la zone qui détermine les tons foncés.

9 Sélectionnez l'onglet **Sélecteur,** puis servez-vous des options suivantes :

◆ **Estompage**. Déplacez le curseur pour définir le facteur d'accentuation des tons clairs.

◆ **Gamme de tons**. Déplacez le curseur pour définir la largeur de la gamme de tons clairs.

◆ **Rayon**. Déplacez le curseur pour choisir la taille de la zone qui détermine les tons clairs.

Note

Le nom Sélecteur de l'onglet est trompeur : il s'agit d'une erreur de traduction pour « Tons clairs ».

10 Pour enregistrer une copie des paramètres Netteté optimisée, cliquez le bouton **Enregistrer**.

11 Pour supprimer les paramètres Netteté optimisée actifs enregistrés, cliquez le bouton **Supprimer**.

12 Cliquez **OK**.

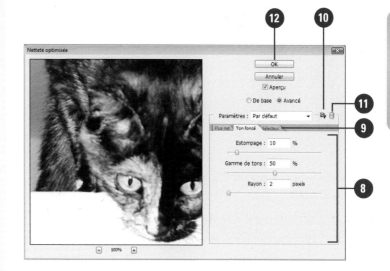

Image avec Netteté optimisée

Utilisez l'outil Tampon de duplication

PS 2.4

Utilisez l'outil Tampon de duplication

① Dans la boîte à outils, sélectionnez l'outil **Tampon de duplication**.

② Dans la barre d'options, sélectionnez une forme et ses options, comme le mode de fusion, l'opacité et le flux.

③ Dans la barre d'options, cochez la case **Aligné** pour échantillonner les pixels en continu sans perdre le point d'échantillonnage en cours. Ôtez la coche pour continuer à utiliser les pixels du point d'échantillonnage initial chaque fois que vous arrêtez et reprenez.

④ Ouvrez la liste **Échantil.** et sélectionnez l'option de calque à utiliser pour échantillonner les données : **Calque actif**, **Actif et inférieurs** ou **Tous les calques**.

⑤ Maintenez enfoncée la touche **Alt** (Win) ou **Option** (Mac) et cliquez une zone pour définir la portion de l'image à utiliser comme échantillonnage.

⑥ Déplacez le pointeur sur la zone à corriger.

⑦ Pour sélectionner d'autres échantillons, cliquez **Source de duplication** dans le menu **Fenêtre**, puis un autre bouton de source de duplication et répétez les étapes **5** et **6**.

L'un des aspects les plus intéressants de Photoshop est la retouche des photos. Pour manipuler une image, vous pouvez faire appel à l'outil Tampon de duplication. Ce dernier permet d'échantillonner l'image et d'appliquer l'échantillon sur la même image ou dans un autre document ouvert. Avec l'outil Tampon de duplication, l'option Aligné de la barre d'options permet d'échantillonner en continu, sans perdre le point d'échantillonnage et sans tenir compte du nombre de fois que l'on a arrêté puis repris le dessin. Si cette case n'est pas cochée, les pixels du point d'échantillonnage initial sont réutilisés chaque fois que l'on peint. Vous pouvez, par exemple, utiliser l'outil Tampon de duplication pour réparer une image abîmée, supprimer un arbre, voire supprimer ou ajouter quelqu'un à une image. Pour prélever plusieurs échantillons, le panneau Source de duplication permet de définir jusqu'à cinq sources d'échantillonnage différentes pour les outils Tampon de duplication et Correcteur. Cochez les options Afficher l'incrustation et Écrêtage (Ps) pour afficher la source du tampon dans le pinceau durant son utilisation.

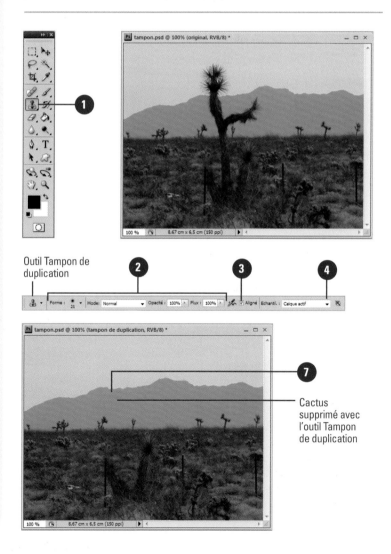

Outil Tampon de duplication

Cactus supprimé avec l'outil Tampon de duplication

Utilisez les outils Densité – et Densité +

Vous pouvez faire appel aux outils Densité – et Densité + pour éclaircir ou assombrir des zones spécifiques d'une image. L'outil Densité – éclaircit les tons foncés et l'outil Densité + assombrit les tons clairs. Il existe d'autres moyens de contrôler les tons clairs et foncés d'une image, comme le calque de réglage Niveaux, mais les outils Densité font appel à un pinceau appliqué à l'image. Ce type de contrôle permet de choisir avec précision les zones à modifier.

Utilisez les outils Densité – et Densité +

1. Dans la boîte à outils, sélectionnez l'outil **Densité –** ou **Densité +**.

2. Sélectionnez une forme et ses options dans la barre d'options.

3. Ouvrez la liste **Gamme** et choisissez **Tons moyens** (plage moyenne des gris),**Tons foncés** (zones foncées) **ou Tons clairs** (zones claires).

4. Indiquez la valeur **Exposition** du contour.

5. Pour employer le pinceau comme un aérographe, cliquez le bouton **Aérographe**. Vous pouvez aussi sélectionner l'option Aérographe dans le panneau Pinceau.

6. Cochez la case **Protéger les tons** (Ps) pour réduire l'écrêtage et empêcher les couleurs de changer de teinte.

7. Faites glisser le pointeur sur la zone à éclaircir ou à assombrir.

Note

L'outil Éponge n'éclaircit ni n'assombrit l'image. Il sature ou désature les valeurs des couleurs de l'image à mesure que le pointeur la survole. Les images sur ou sous-exposées ayant tendance à perdre des valeurs tonales et à apparaître plates, l'outil Éponge (avec Saturation) permet de restituer certaines des valeurs de couleur à l'image.

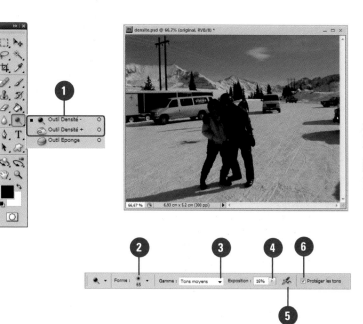

Zones sombres restaurées avec l'outil Densité –

Utilisez les outils Correcteur et Pièce

PS 2.4

Ces outils sont mes préférés pour corriger les problèmes liés aux images numériques. L'outil Correcteur permet de corriger les petites imperfections et de les faire disparaître dans l'image alentour. Cet outil fonctionne à partir d'un échantillon de l'image originale et fait correspondre la texture, l'éclairage, la transparence et les tons des pixels échantillonnés avec les pixels source. Si une image contient beaucoup de bruit aléatoire, avant d'utiliser l'outil Correcteur, essayez de réduire le bruit avec le filtre Réduction de bruit. Une fois le filtre appliqué, servez-vous de l'outil Correcteur pour nettoyer le reste des zones concernées. L'outil Pièce fonctionne conjointement à l'outil Correcteur. Il prend un échantillon et met en correspondance la texture, l'éclairage, la transparence et les tons de l'échantillon avec la source, réparant l'image de manière presque indétectable. Il permet également de dupliquer des zones isolées de l'image. En effectuant les corrections sur un calque séparé, vous contrôlez plus précisément le processus et pouvez même utiliser les paramètres d'opacité et du mode de fusion pour les affiner. Utilisez toujours l'outil Correcteur sur un calque séparé… toujours !

Utilisez l'outil Correcteur

① Sélectionnez l'outil **Correcteur**.

② Sélectionnez un pinceau rond et souple dans la barre d'options.

③ Créez un nouveau calque au-dessus du calque à modifier.

④ Ouvrez la liste **Échantillon** et sélectionnez l'option de calque à utiliser pour échantillonner les données : **Calque actif, Actif et inférieurs** ou **Tous les calques**.

⑤ Maintenez enfoncée la touche **Alt** (Win) ou **Option** (Mac) et cliquez pour échantillonner la zone de l'image qui servira de modèle.

Cette zone doit être représentative de la texture (non de la couleur) des zones à corriger.

⑥ Par petits traits courts, glissez soigneusement sur les zones à modifier, puis relâchez la souris et passez à la zone suivante.

L'outil Correcteur met en correspondance l'échantillon et l'image sous-jacente.

⑦ Si la texture de la zone corrigée change, répétez l'étape **4** et échantillonnez une autre zone.

L'image contient des rayures et des points

L'outil Correcteur corrige rapidement les images endommagées

Utilisez l'outil Pièce

1 Sélectionnez l'outil **Pièce**.

2 Sélectionnez le calque à modifier.

3 Avec l'outil **Pièce**, sélectionnez la zone endommagée de l'image à réparer (l'outil Pièce fonctionne comme l'outil Lasso).

4 Dans la barre d'options, cliquez l'option **Source**.

5 Placez-vous au centre de la sélection et faites-la glisser sur une zone qui puisse servir de modèle, puis relâchez. À mesure que vous déplacez la souris, une copie de la zone survolée apparaît dans la sélection d'origine.

6 Relâchez la souris lorsque la correspondance vous convient.

L'outil Pièce corrige la zone endommagée en harmonisant la « pièce » avec son contexte.

7 Répétez les étapes **2** à **6** pour corriger toute autre zone abîmée.

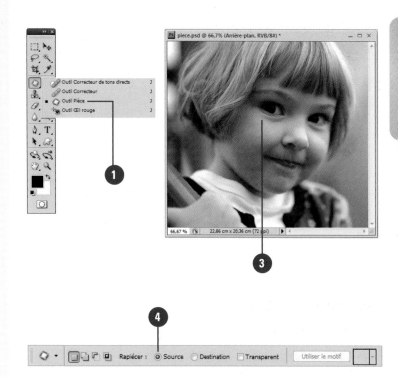

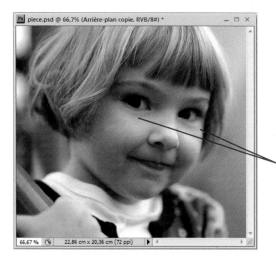

L'outil Pièce a supprimé les cernes sous les yeux

Note

Les options de l'outil Pièce dans la barre d'options sont très pratiques. Dans la barre d'options, utilisez l'option Source de l'outil Pièce pour sélectionner la zone abîmée et la faire glisser vers une zone correcte et choisissez l'option Destination pour sélectionner une zone correcte à faire glisser sur une zone abîmée. L'option Transparent préserve les zones transparentes pendant le processus de correction.

Exploitez l'outil Correcteur de tons directs

PS 2.4

L'outil Correcteur de tons directs vient enrichir l'arsenal des outils de restauration et de correction de Photoshop. Avec un nom identique à l'outil Correcteur, on peut s'attendre à des fonctionnalités similaires et c'est vrai. La principale différence entre les deux outils est que l'outil Correcteur de tons directs n'exige pas d'échantillon de la zone à corriger. Il utilise les pixels de la zone alentour à mesure que vous cliquez. L'outil Correcteur de tons directs est plus adapté aux petites imperfections. Pour corriger des zones plus importantes, l'outil Correcteur standard, l'outil Pièce ou l'outil Tampon de duplication conviennent mieux.

Utilisez l'outil Correcteur de tons directs

1. Sélectionnez l'outil **Correcteur de tons directs**.

2. Sélectionnez un pinceau rond et souple dans la barre d'options.

3. Créez un nouveau calque au-dessus du calque à modifier.

4. Sélectionnez l'option **Échantillonner tous les calques**.

5. Cliquez sur les taches ponctuelles à supprimer ou tracez à petits traits courts sur les lignes à corriger puis relâchez la souris et passez à la zone suivante.

L'outil Correcteur de tons directs harmonise chaque zone traitée avec la texture qui l'entoure.

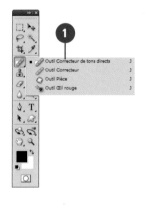

L'outil Correcteur de tons directs a fait disparaître certaines rides

Exploitez l'outil Œil rouge

L'outil Œil rouge ne permet pas seulement de supprimer les yeux rouges ; il supprime également les reflets verts ou blancs des yeux des animaux. Le flash intégré est le plus grand générateur d'yeux rouges. En fait, si l'on renommait le flash intégré « générateur d'yeux rouges », peut-être les photographes amateurs y prêteraient-ils plus attention. En attendant, les concepteurs devront traiter des images avec des yeux rouges. L'outil Œil rouge effectue deux opérations : il désature les valeurs rouges et assombrit la pupille.

Utilisez l'outil Œil rouge

1 Sélectionnez l'outil **Œil rouge**.

2 Dans la barre d'options, sélectionnez les options suivantes :

◆ **Taille de la pupille**. Choisissez la taille en fonction du diamètre de l'œil rouge.

◆ **Taux d'obscurcissement**. Sélectionnez le taux d'obscurcissement de la zone de la pupille.

3 Cliquez au centre de la portion rouge de l'œil et relâchez.

Le rouge est supprimé et la pupille obscurcie.

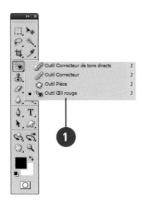

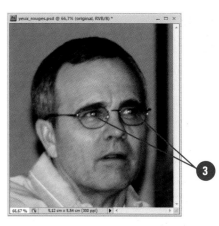

L'œil rouge est supprimé d'un clic

Contrôlez la plage tonale

Le calque de réglage Niveaux permet d'ajuster la plage tonale d'une image par l'entremise de trois curseurs : tons foncés, tons moyens et tons clairs. En déplaçant les curseurs, on règle précisément les plages tonales de l'image. En outre, les curseurs Sortie ajustent les pourcentages d'encre employés pour la sortie papier. En réglant les niveaux de sortie, on évite l'assombrissement de l'image à l'impression qui se produit parfois avec un papier à haute absorption comme le papier journal.

Contrôlez la plage tonale

1 Ouvrez un document dans lequel vous voulez modifier la plage tonale.

2 Dans le panneau **Calques**, sélectionnez le calque auquel appliquer le réglage **Niveaux**.

3 Cliquez le bouton **Créer un calque de remplissage ou de réglage,** puis **Niveaux** ou utilisez l'icône **Niveaux** du panneau **Réglages** (Ps).

4 Pour utiliser un paramètre prédéfini, ouvrez la liste **Niveaux** et cliquez une option. Si vous cliquez le bouton **Automatiques**, Photoshop effectuera un réglage automatique.

5 Ouvrez la liste **Couche** pour choisir de travailler sur toute l'image ou uniquement sur l'une des couches de couleur par défaut (pratique pour corriger les couleurs).

6 Déplacez le curseur d'entrée **Tons foncés** pour régler le noir dans l'image.

7 Déplacez le curseur d'entrée **Tons moyens** pour régler les tons moyens de l'image.

8 Déplacez le curseur d'entrée **Tons clairs** pour régler le blanc dans l'image.

9 Déplacez les curseurs **Niveaux de sortie blanc** et **noir** pour régler le pourcentage d'encre employé à l'impression de l'image.

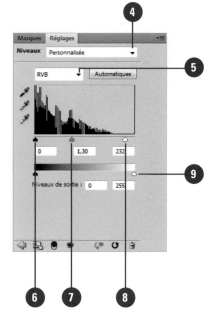

10 Pour charger un réglage Niveaux préalablement enregistré, cliquez **Charger le paramètre prédéfini de niveaux**, sélectionnez, puis chargez le fichier.

11 Cliquez **Enregistrer le paramètre prédéfini de niveaux** pour enregistrer le réglage de niveaux actuel.

12 Servez-vous des outils pipette pour sélectionner des points noirs, blancs ou moyens directement dans l'image active.

13 Utilisez les boutons du panneau Réglages pour ajuster les réglages et naviguer dans le panneau (Ps).

- ◆ La flèche vers la gauche renvoie à la liste des icônes de type de réglage.

- ◆ L'icône du dossier bascule l'affichage du panneau du mode Standard au mode agrandi.

- ◆ L'icône du double cercle crée un masque d'écrêtage qui lie le calque de réglage au calque inférieur.

- ◆ L'icône de l'œil modifie la visibilité du calque.

- ◆ L'icône de l'œil avec une flèche permet de voir l'état précédent avant l'application du réglage.

- ◆ La flèche circulaire annule les dernières modifications.

- ◆ L'icône de la poubelle supprime le calque de réglage.

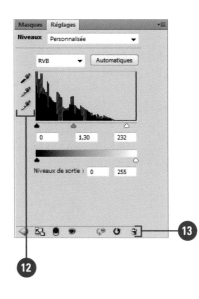

Après le changement tonal

Note

Affichez l'histogramme des niveaux à tout moment. Dans le menu Fenêtre, cliquez Histogramme. Photoshop ouvre le panneau Histogramme qui montre les changements de tons à mesure que vous les appliquez.

Exploitez le panneau Histogramme

Le panneau Histogramme de Photoshop fournit des informations sur les couleurs et les tons de l'image active. L'affichage par défaut de l'histogramme correspond à la plage tonale de toute l'image. Vous pouvez cependant utiliser les outils de sélection pour sélectionner une partie du document actif et en afficher l'histogramme. Il est également possible de voir une couche de couleur spécifique ou toutes les couches simultanément. Les valeurs de tons et de couleurs sont particulièrement importantes dans la génération des illustrations et le panneau Histogramme est un outil essentiel pour obtenir des informations en temps réel.

Exploitez le panneau Histogramme

1 Sélectionnez le panneau **Histogramme** ou cliquez le menu **Fenêtre**, puis **Histogramme**.

2 Cliquez le bouton **Options** du panneau et sélectionnez l'une des options suivantes :

- ◆ **Actualiser les données hors mémoire cache**. Cliquez pour actualiser le cache de l'image (rescanner l'image).

- ◆ **Affichage réduit**. Cochez pour réduire le panneau Histogramme.

- ◆ **Affichage agrandi**. Cochez pour étendre le panneau Histogramme. Comprend des options d'affichage de chaque couche, de la luminosité ou des couleurs.

- ◆ **Affichage de toutes les couches**. Cliquez pour afficher toutes les couches.

- ◆ **Afficher les statistiques**. Affiche les statistiques de l'image.

- ◆ **Afficher les couches en couleurs**. Affiche les couches en utilisant leurs couleurs spécifiques, rouge, vert et bleu, par exemple.

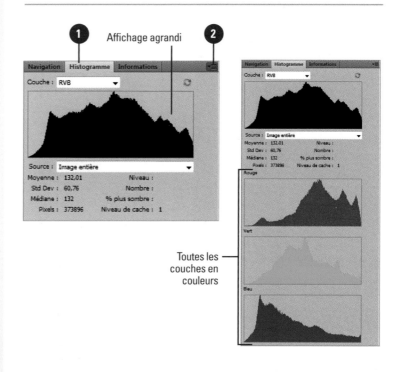

Affichage agrandi

Toutes les couches en couleurs

Bon à savoir

Affichez les informations avec le panneau Histogramme

Pour afficher les informations relatives à un niveau spécifique dans le panneau Histogramme, sélectionnez les options Affichage agrandi et Statistiques, et placez le pointeur dans l'histogramme pour afficher les informations relatives au niveau sélectionné. Pour afficher les informations relatives à une plage de valeurs, sélectionnez-la dans l'histogramme.

Couleurs et couches

La couleur est l'un des éléments essentiels dans le domaine de la conception. Lorsque vous créez une brochure, une publicité ou une bannière avec Adobe Photoshop, un usage approprié de la couleur attire l'attention du lecteur et permet également d'augmenter la cohésion entre les éléments de la conception. La couleur est un moteur de motivation employé dans bien des aspects de la vie.

De ce fait, Photoshop propose les standards de l'industrie et permet d'enregistrer et de créer des palettes de couleurs personnalisées, de corriger les couleurs d'une photographie en supprimant complètement une couleur ou en éliminant de manière sélective des couleurs de certaines portions de l'image. Vous pouvez aussi sélectionner des zones en vous fondant sur la couleur, puis remplir ces zones avec une autre couleur.

Il est important de comprendre comment la couleur est employée, mais également comment Photoshop gère les informations relatives à la couleur. C'est ici qu'entre en jeu le panneau Couches. En effet, les informations de couleur sont stockées dans des couches. Le nombre de couches d'une image dépend du mode colorimétrique, ou modèle de couleurs, comme RVB (Rouge, Vert et Bleu) ou CMJN (Cyan, Magenta, Jaune, Noir). Une solide compréhension des couches et des modes de couleurs, ainsi que de leur fonction dans Photoshop, vous aidera à bien les gérer.

Il existe de nombreuses commandes destinées aux corrections de l'image, parmi lesquelles Contraste automatique et Couleur automatique, Niveaux, Luminosité/Contraste, Saturer et Désaturer, pour n'en citer que quelques-unes. On peut également faire appel aux réglages Mise en correspondance de la couleur et Correction sélection pour affiner le résultat. Photoshop propose aussi des filtres de réglage photo, des réglages des tons clairs et des tons foncés pour corriger les images sur ou sous-exposées. Avec toutes ces solutions, la question devient : « Par où faut-il commencer ? »

Exploitez les images 8, 16 et 32 bits

PS 1.6, 10.5

Tout est question de nombres. Le nombre de couleurs disponibles pour l'affichage ou l'impression de chaque pixel d'une image est appelé **profondeur de bits**, profondeur de pixels ou profondeur chromatique. Plus cette profondeur est élevée, plus la palette de couleurs est large et plus leur représentation est précise dans une image. Une profondeur de 2 bits affiche 4 couleurs, 16 couleurs avec 4 bits, 256 couleurs avec 8 bits, 32 768 couleurs avec 16 bits et 16,7 millions de couleurs avec 24 bits et 32 bits. Les images numériques classiques contiennent 8 bits de données par couche. Par exemple, une image RVB avec des couches 8 bits est capable de produire 16,7 millions de couleurs par pixel (une image RVB 24 bits : 8 bits x 3 couches). Si cela peut sembler une quantité énorme d'informations, dans le domaine de la correction et du réglage des couleurs, ce n'est pas le cas.

Pour répondre au besoin croissant de contrôle de ses utilisateurs, Photoshop prend en charge les images 16 bits et maintenant 32 bits, appelées images **HDR** *(High Dynamic Range)*, contenant 32 bits par couche avec une plage dynamique étendue. La **plage dynamique** décrit la possibilité de capturer une information maximale du blanc au noir et des tons clairs aux tons foncés d'une image. La plage dynamique d'une image 8 bits par couche est de 250:1 (par couche), comme celle de la plage dynamique d'une impression ou de l'affichage de l'ordinateur. Une image de 16 bits par couche possède une plage dynamique de 65 000:1 et celle d'une image de 32 bits par couche est de 200 000:1. Plus la plage dynamique est importante, plus les réglages de couleurs et de contraste avec Niveaux et Courbes (voir ci-après) sont précis. Le travail avec les images HDR est très semblable à l'utilisation des fichiers Camera Raw auxquels des changements d'exposition sont appliqués ultérieurement. Les photographes peuvent capturer la plage dynamique complète d'une scène avec plusieurs expositions et fusionner ensuite les fichiers en une seule image.

La correction d'une image 8 bits peut lui faire perdre des valeurs tonales.

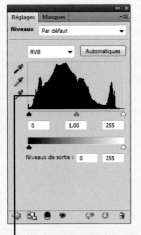

Les images 16 et 32 bits contiennent davantage d'informations d'image et donc plus de données pour les opérations de correction.

Modifiez les bits par couche

La capacité à exploiter des images 32 bits est une nouveauté assez récente de Photoshop et vous disposiez auparavant d'un usage limité de réglages et de filtres. Beaucoup plus de réglages et de filtres sont maintenant disponibles avec les images 32 bits, tels que Teinte/Saturation, Niveaux, Flou gaussien, Ajout de bruit, Netteté optimisée, Vibrance (Ps) et de nombreux autres.

Ainsi, lors du réglage de la couleur ou du contraste, il est préférable de convertir d'abord une image standard 8 bits en 16 bits avant d'effectuer les corrections. Cette opération prévient la perte des informations chromatiques et l'apparition de bandes entre tons clairs et foncés. Une fois les réglages de couleur/contraste effectués, l'image peut être reconvertie en 8 bits (si nécessaire). Pour modifier la profondeur de bits de l'image, ouvrez le fichier, cliquez le menu Image, pointez Mode et cliquez 8 bits/couche, 16 bits/couche ou 32 bits/couche.

Au cours du processus de conversion de 32 bits vers 8 ou 16 bits par couche, la boîte de dialogue Conversion HDR permet de corriger l'exposition et le contraste pour conserver la plage dynamique appropriée. La luminosité et le contraste sont réglés manuellement avec les curseurs Exposition et Gamma respectivement.

L'option Compression des tons clairs règle automatiquement les valeurs des tons clairs à la plage de luminance des images 8 ou 16 bits. L'option Égalisation de l'histogramme conserve automatiquement un certain contraste. L'option Adaptation locale ajuste la tonalité (zones de luminosité locales). Le curseur Rayon définit la taille des zones de luminosité locales et le curseur Seuil indique l'écart entre les valeurs tonales au-delà duquel les pixels n'appartiennent plus à la même zone de luminosité. Pour utiliser les mêmes paramètres ultérieurement, enregistrez-les et chargez-les en cas de besoin.

Affichez des images 32 bits

La plage dynamique des images HDR dépasse les capacités d'affichage des moniteurs standard. Lorsque l'on affiche une image HDR 32 bits, les tons clairs et les tons foncés peuvent sembler sombres ou délavés. Pour corriger ce problème, Photoshop permet de régler les options d'aperçu des images 32 bits. Ces options sont enregistrées dans chaque fichier d'image pour conserver ses propres paramètres. Pour les définir, ouvrez une image HDR 32 bits, cliquez le menu Affichage puis Options d'aperçu 32 bits. Dans la boîte de dialogue du même nom, sélectionnez les paramètres d'aperçu (décrits précédemment dans cette rubrique) et cliquez OK.

Exploitez le panneau Couches

 PS 5.1, 5.3

Le panneau Couches stocke les informations relatives aux couleurs et aux sélections. Par exemple, lorsque vous ouvrez une image RVB, le panneau Couches présente les couches des couleurs rouge, vert et bleu. Lorsque vous ouvrez une image CMJN, les couches de couleurs sont le cyan, le magenta, le jaune et le noir. Ces couches de couleur principales sont définies comme les couches natives de l'image. Le panneau Couches accueille également des couches de ton direct et des masques de sélection. Il contient aussi une couche composite, laquelle, lorsqu'elle est sélectionnée, affiche l'image en pleine couleur dans la fenêtre du document. En sélectionnant individuellement les couches chromatiques natives, l'affichage actif présente la couche de couleur sélectionnée. Le panneau Couches stocke les informations chromatiques par le biais des niveaux de gris, chaque couche de couleur étant susceptible d'afficher 256 degrés du noir au blanc. La valeur de pixel zéro affiche du noir et la valeur 255 du blanc. Plus le niveau de gris est foncé, moins on utilise la couleur d'encre sélectionnée pour créer les couleurs visibles de l'image.

Exploitez le panneau Couches

1. Ouvrez un document en couleurs.

2. Sélectionnez le panneau **Couches**.

3. Cliquez chaque couche pour afficher les couches chromatiques natives du document actif.

4. Cliquez la couche composite pour afficher l'image en pleine couleur.

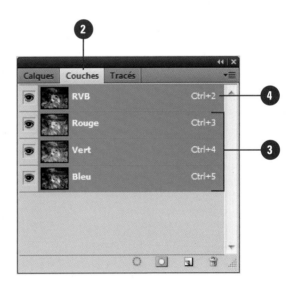

Voir aussi

Pour de plus amples informations sur le panneau Couches, reportez-vous à la section « Créez des couches de tons directs », page 188.

Pour de plus amples informations sur l'utilisation des couches, reportez-vous à la section « Utilisez les couches pour créer et stocker des sélections », page 92.

Exploitez les modes colorimétriques

Les modes colorimétriques définissent les couleurs représentées dans le document actif. S'il est possible de changer le mode colorimétrique d'un document, il est préférable d'opter pour le mode approprié dès le début du projet. Photoshop propose les modes colorimétriques suivants : Bitmap, Bichromie, Niveaux de gris, Couleurs indexées, RVB *(Rouge, Vert, Bleu)*, CMJN *(Cyan, Magenta, Jaune et Noir)*, Lab et Multicouche. Reportez-vous à la section « Sélectionnez les modes colorimétriques et la résolution », page 13, pour de plus amples informations sur la meilleure utilisation de chaque mode. Le nombre de couches d'une image dépend de son mode colorimétrique. Par exemple, l'image CMJN contient au moins quatre couches, une par couleur.

Les modes colorimétriques déterminent le nombre de couleurs et de couches et la taille du fichier. Par exemple, une image RVB compte au moins trois couches (comme une plaque d'impression), une par information chromatique. Les modes colorimétriques ne définissent pas uniquement l'espace colorimétrique du document actif, mais également celui du document produit. C'est ce dernier (impression, imprimerie ou écran) qui détermine le mode colorimétrique du document. Celui-ci ne conditionne pas uniquement les couleurs vues par les yeux, mais également leurs mélanges. Ce point est important puisque chaque périphérique de sortie mélange les couleurs différemment.

Aussi, lorsque vous sélectionnez un mode colorimétrique, tenez compte du format du document et de son utilisation. Une image prise avec un appareil photo numérique et ouverte ensuite dans Photoshop sera probablement en mode Couleurs RVB. Une image affichée à l'écran sera en RVB ou en Couleurs indexées. Une photo numérisée

par un scanneur récent sera probablement en mode Couleurs CMJN. Une image envoyée à une impression en quadrichromie sera également en CMJN. Si vous créez un document Photoshop à partir de rien, le mode colorimétrique choisi devrait représenter la destination finale du document produit, comme une page web, une imprimante à jet d'encre ou une impression en quadrichromie.

Basculez entre les modes colorimétriques

Malheureusement, les images ne parviennent pas toujours dans le format approprié. Par exemple, vous voulez coloriser une image noir et blanc ou bien vous prenez plusieurs photos avec votre appareil numérique (RVB), mais les images seront imprimées en quadrichromie (CMJN). Le changement de mode colorimétrique rejaillit sur les informations chromatiques numériques. Si vous ouvrez une image RVB avec l'intention de l'envoyer à une imprimante en quadrichromie (CMJN), il est préférable de conserver le mode Couleurs RVB pendant le traitement de l'image et de la convertir ensuite en mode CMJN et ce, en raison de la manière dont Photoshop passe d'un espace à l'autre. Si une image CMJN est convertie en mode Couleurs RVB, puis à nouveau en CMJN, les couleurs se décalent parce que Photoshop arrondit les valeurs chromatiques pendant le processus. Sans compter qu'un fichier d'image CMJN est 25 % plus gros qu'une image RVB et que le mode Couleurs RVB représente l'espace colorimétrique de l'écran, et non pas CMJN. Il est impossible de voir une couleur CMJN soustractive sur un périphérique RVB. Toutefois, si l'image vous parvient en CMJN, conservez ce mode colorimétrique.

Convertissez une image en couleurs RVB

Le mode Couleurs RVB est sans doute le mode colorimétrique le plus largement employé. Il génère la couleur grâce à trois couches 8 bits : 1 rouge, 1 verte et 1 bleue. Chaque couche étant capable de générer 256 niveaux de couleur, mathématiquement cela représente 16 777 216 couleurs possibles par pixel d'image. Le mode Couleurs RVB (parfois appelé RVB Additif) représente l'espace colorimétrique des écrans d'ordinateur, des téléviseurs et des moniteurs électroniques, y compris les PDA et les téléphones portables. RVB est considéré comme un mode colorimétrique dépendant du périphérique. Ce type de périphérique implique que les couleurs des images créées en mode Couleurs RVB seront différentes selon le périphérique. Entre les différents moniteurs et le Web, il est très rare que deux personnes voient exactement la même chose. Il est cependant important de comprendre comment Photoshop gère les informations chromatiques pour arriver à uniformiser les couleurs.

Convertissez une image en couleurs RVB

1 Ouvrez une image.

2 Dans le menu **Image**, pointez **Mode** et cliquez **Couleurs RVB**.

Photoshop convertit l'image en mode Couleurs RVB.

Mode Couleurs RVB

Convertissez une image en couleurs CMJN

Le mode Couleurs CMJN est le mode colorimétrique du papier et de l'imprimerie. Les presses d'imprimerie (appelées aussi presses en quadrichromie) convertissent les couleurs de l'image en pourcentages de CMJN (cyan, magenta, jaune, noir), qui deviennent par la suite des plaques d'impression. Une à une, les plaques appliquent la couleur à une feuille de papier et, quand les quatre couleurs ont été appliquées, le papier contient une image identique à l'image CMJN créée dans Photoshop. Le mode Couleurs CMJN gère parfaitement le passage de l'écran au papier. Avant de convertir une image en mode CMJN, il est important de comprendre qu'une certaine saturation de couleur sera perdue pendant la conversion. Les couleurs qui ne seront pas imprimées sont appelées **couleurs hors gamme**. Pour voir les zones de l'image RVB qui perdront des valeurs de saturation, cliquez Couleurs non imprimables dans le menu Affichage. Photoshop masque toutes les zones non imprimables de l'image.

Convertissez une image en couleurs CMJN

1 Ouvrez une image.

2 Dans le menu **Image**, pointez **Mode** et cliquez **Couleurs CMJN**.

Photoshop convertit l'image en mode Couleurs CMJN.

Voir aussi

Pour de plus amples informations sur le réglage des couleurs, reportez-vous à la section « Utilisez les réglages Courbes et de couleurs », page 192.

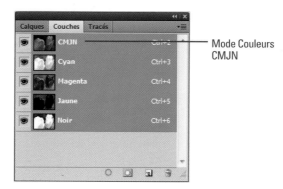

Mode Couleurs CMJN

Convertissez une image en niveaux de gris

Le mode Niveaux de gris utilise un pixel de 8 bits (8 interrupteurs de lumière allumé/éteint) pour générer un niveau de noir, un niveau de blanc et 254 niveaux de gris. Si l'usage du mode Niveaux de gris semble évident pour les anciennes photos en noir et blanc, la vitesse et la puissance de Photoshop, combinées à des systèmes informatiques de plus en plus rapides, ont poussé la majorité des restaurateurs photographiques à exploiter l'espace colorimétrique RVB pour sa souplesse et la possibilité de générer des millions de couleurs (ou de niveaux de gris). Le mode Niveaux de gris reste cependant très utilisé avec les images en noir et blanc si la taille du fichier est importante (la taille des images en niveaux de gris représente 1/3 de celles des images RVB) ou si l'image est imprimée sur un papier de style journal, incapable de produire les informations détaillées du RVB.

Convertissez une image en niveaux de gris

① Ouvrez une image.

② Dans le menu **Image**, pointez **Mode** et cliquez **Niveaux de gris**.

L'image est automatiquement convertie en mode Niveaux de gris.

Note

Colorisez une image en niveaux de gris. Convertissez l'image en mode RVB et sélectionnez une couleur, un pinceau et une taille de pinceau dans la barre d'options. L'astuce consiste à définir dans la barre d'options le mode de fusion du pinceau en Couleur. Ensuite, en peignant l'image, la couleur sélectionnée remplace les gris d'origine.

Mode Niveaux de gris

Convertissez une image en bitmap

Convertissez une image en bitmap

① Ouvrez une image.

② Dans le menu **Image**, pointez **Mode** et cliquez **Bitmap**.

> **ATTENTION !** *Avant de convertir une image en bitmap, convertissez-la en niveaux de gris.*

③ Saisissez une valeur de résolution de sortie.

④ Ouvrez la liste **Avec** et sélectionnez une des options disponibles :

◆ **50 % Seuil**. Convertit les pixels ayant des valeurs de gris supérieures au niveau de gris moyen (128) en blanc et inférieures en noir. Le résultat est une image très contrastée en noir et blanc.

◆ **Motif géométrique**. Convertit une image en organisant les niveaux de gris en motifs géométriques de points noirs et blancs.

◆ **Diffusion**. Convertit les pixels ayant des valeurs de gris supérieures au niveau de gris moyen (128) en blanc et inférieures en noir en utilisant un processus de diffusion d'erreur. Le résultat donne une texture granulaire ressemblant à un film.

◆ **Trame de demi-teintes**. Simule l'effet d'impression d'une image en niveaux de gris au moyen d'une trame de demi-teintes.

◆ **Motif personnalisé**. Simule l'effet d'impression d'une image en niveaux de gris au moyen d'une trame de demi-teintes personnalisée. Cette méthode permet d'appliquer une texture de trame.

⑤ Cliquez **OK**.

Les images bitmap se composent de deux couleurs : noir et blanc. Elles sont parfois appelées images 1 bit. Imaginez un bitmap comme un interrupteur à deux positions, allumé et éteint. Chaque pixel d'une image bitmap est allumé ou éteint, noir ou blanc. Puisqu'il n'y a qu'un bit, la taille d'un fichier d'image bitmap est très petite. L'usage des images bitmap est limité, mais on les utilise dans les dessins noirs et blancs à l'encre, les dessins au trait, les croquis ou les trames en demi-teintes.

50 % Seuil

Diffusion

Mode colorimétrique Bitmap

Convertissez une image en couleurs indexées

Le mode Couleurs indexées offre deux avantages : vous pouvez créer des images de la taille d'un niveau de gris (pixels 8 bits) et profiter de la couleur à la place du noir et blanc. Ces avantages en font le mode colorimétrique par excellence des images intégrées aux pages web, ainsi que des illustrations employées dans les présentations générées par ordinateur. L'inconvénient est le nombre de couleurs générées, 256 au maximum (comme les niveaux de gris). En revanche, il est possible de choisir les couleurs. Lorsqu'une image est convertie en mode Couleurs indexées, Photoshop crée une table des couleurs qui stocke les informations chromatiques. Si la couleur recherchée ne se trouve pas dans la table, Photoshop la remplace par la couleur disponible la plus proche.

Convertissez une image en couleurs indexées

1. Ouvrez une image.

2. Dans le menu **Image**, pointez **Mode** et cliquez **Couleurs indexées**.

3. Faites des choix parmi les options suivantes :

   ◆ **Palette**. Cliquez la flèche pour choisir une palette de couleurs ou cliquez **Autre** et créez votre propre palette.

   ◆ **Couleurs**. Sélectionnez le nombre de couleurs de la table des couleurs (9 à 256).

   ◆ **Forcées**. Force la table des couleurs à contenir des couleurs spécifiques. L'option Noir et blanc ajoute un noir et un blanc purs à la table des couleurs, Primaires ajoute le rouge, le vert, le bleu, le cyan, le magenta, le jaune, le noir et le blanc, Web ajoute les 216 couleurs compatibles Web, et Personnalisé permet de préciser vos couleurs.

   ◆ **Transparence**. Cochez la case pour conserver les zones transparentes de l'image (en l'absence de telles zones, l'option est désactivée).

4 Les autres options sont :

♦ **Cache**. Ouvrez la liste pour remplir les zones transparentes de l'image d'origine avec une couleur spécifique.

♦ **Tramage**. Sélectionnez un schéma de mélange des pixels (tramage) dans la liste. Le tramage donne un aspect plus naturel aux zones de transition de l'image (ombres, du clair au sombre).

♦ **Facteur**. Si l'option Tramage est sélectionnée, le Facteur indique à Photoshop le pourcentage d'informations chromatiques à utiliser dans le processus de tramage (0 à 100).

♦ **Conserver les couleurs exactes**. Cochez la case pour conserver les mesures exactes de la table des couleurs.

5 Cliquez **OK**.

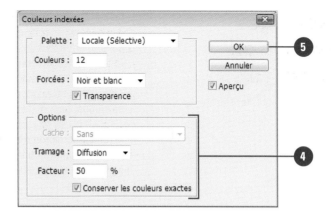

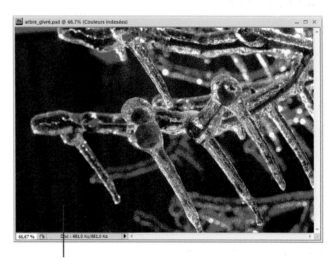

Image en couleurs indexées

Mode Couleurs indexées

Convertissez une image en couleurs Lab

Le mode Couleurs Lab est un ancien système de mesure des couleurs. Créé en France en 1939, il avait pour objet de mesurer les couleurs selon la perception visuelle. Comme il n'existait pas d'ordinateur en 1939, le modèle Lab ne se fonde pas sur un ordinateur ou un système d'exploitation particulier. Lab mesure la couleur par le biais d'une couche de luminosité, une couche « a » (rouge à vert) et une couche « b » (bleu à jaune). Ce mode répond parfaitement à l'édition d'images issues de CD de photos, au transfert d'images entre systèmes d'exploitation (Mac à Windows, par exemple) et à l'impression d'images sur les périphériques PostScript niveau 2 ou 3. La capacité du mode Lab à séparer les tons gris en une couche individuelle (luminosité) en fait un excellent outil pour accentuer la netteté ou augmenter le contraste d'une image sans changer les couleurs. Il suffit de convertir une image RVB en couleurs Lab, de sélectionner la couche Luminosité et de régler les niveaux et les courbes de la couche.

Convertissez une image en couleurs Lab

① Ouvrez une image.

② Dans le menu **Image**, pointez **Mode** et cliquez **Couleurs Lab**.

Photoshop convertit l'image en mode Couleurs Lab.

Note

***Archivez les images Couleurs RVB avec le mode Couleurs Lab**. L'espace colorimétrique Lab étant indépendant du périphérique, contrairement au RVB, archiver les images RVB en mode Couleurs Lab stabilise les informations chromatiques de l'image et en garantit la précision, quelle que soit l'application d'édition employée.

Mode Couleurs Lab

Convertissez une image en bichromie

Le mode colorimétrique Bichromie convertit une image en niveaux de gris en bichromie (2 couleurs), trichromie (3 couleurs) et quadrichromie (4 couleurs) en utilisant de 2 à 4 encres personnalisées. Les bichromies sont souvent utilisées pour accentuer la profondeur tonale d'une image en niveaux de gris. Par exemple, la plupart des presses d'imprimerie produisent 50 niveaux de gris par couleur. En convertissant une image en bichromie et en utilisant du noir et du gris moyen, la presse produit une image en niveaux de gris dans une gamme plus dynamique. Le mode colorimétrique bichrome est fréquemment utilisé pour créer une image avec une diffusion de couleurs globale, par exemple, en convertissant les gris en sépia. Si vous n'êtes pas sûr du mélange de couleurs à appliquer, Photoshop vous propose des dizaines d'exemples de valeurs chromatiques bichromes, trichromes et quadrichromes.

Convertissez une image en bichromie

1 Ouvrez une image.

2 Dans le menu **Image**, pointez **Mode** et cliquez **Bichromie**.

> **ATTENTION !** *Avant de convertir une image en bichromie, elle doit être convertie en mode Niveaux de gris.*

3 Ouvrez la liste **Type** et sélectionnez une des options disponibles :

- ◆ **Monochrome**. Utilise une couleur pour générer le ton de l'image (limité à la gamme dynamique).

- ◆ **Bichromie**. Utilise deux couleurs pour générer le ton de l'image (meilleure gamme dynamique pour les images noir et blanc).

- ◆ **Trichromie**. Utilise trois couleurs pour générer le ton de l'image.

- ◆ **Quadrichrome**. Utilise quatre couleurs pour générer le ton de l'image.

4 Cliquez le bouton **Surimpression** pour régler l'affichage des couleurs lors de l'impression des encres.

5 Cliquez **OK**.

Mode colorimétrique Bichromie

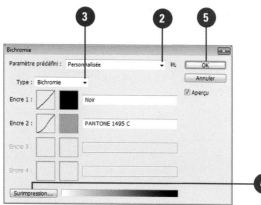

Utilisez le mode Multicouche

Le mode Multicouche est un mode spécialisé qui convertit les couches de couleurs d'origine en nuances de gris fondées sur les valeurs de luminosité d'origine. Les couches d'origine sont converties en couches de ton direct. Ce mode étant presque exclusivement employé dans l'industrie de l'impression, une image CMJN convertie en mode Multicouche produit des couches Cyan, Magenta, Jaune et Noir et une image RVB produit des couches Cyan, Magenta et Jaune, sans la couche Noir. Dans les deux cas, la conversion en Multicouche engendre la perte de la couche Composite.

Utilisez le mode Multicouche

1 Ouvrez une image.

2 Dans le menu **Image**, pointez **Mode** et cliquez **Multicouche**.

Photoshop convertit l'image en mode Multicouche.

ATTENTION ! *Les images converties en mode Multicouche doivent être enregistrées au format DCS 2.0. Ce format génère un fichier séparé pour chaque couche de ton direct.*

Voir aussi

Pour de plus amples informations sur l'enregistrement d'une image au format DCS 2.0, reportez-vous à la section « Préparez une image pour une impression commerciale », page 392.

Le panneau Couches sans la couche Composite

Utilisez le réglage Remplacement de couleur

La commande Remplacement de couleur crée une sélection fondée sur la couleur de l'image et permet de remplacer la couleur de cette sélection par une autre couleur. Le réglage Remplacement de couleur se fonde sur trois éléments de la couleur : Teinte, Saturation et Luminosité. Teinte modifie la couleur physique des images, Saturation gère la quantité de couleur et Luminosité détermine l'éclat de la couleur en fonction de Teinte et Saturation.

Utilisez le réglage Remplacement de couleur

① Ouvrez un document en couleurs.

② Dans le menu **Image**, pointez **Réglages** et cliquez **Remplacement de couleur**.

③ Cochez **Clusters de couleur localisés** (Ps) pour restreindre la sélection de couleur à une zone spécifique de l'image en utilisant les pipettes pour sélectionner, ajouter ou soustraire des couleurs.

④ Cliquez la zone **Couleur** pour sélectionner une couleur spécifique.

⑤ Déplacez le curseur **Tolérance** pour augmenter ou réduire la sensibilité des pipettes.

⑥ Cliquez l'option **Sélection** ou **Image** pour basculer entre le masque de sélection et l'image active (les zones blanches du masque représentent la sélection).

⑦ Déplacez les curseurs **Teinte**, **Saturation** et **Luminosité** pour changer les zones sélectionnées.

⑧ Cochez la case **Aperçu** pour constater les changements dans le document actif.

⑨ Cliquez **OK**.

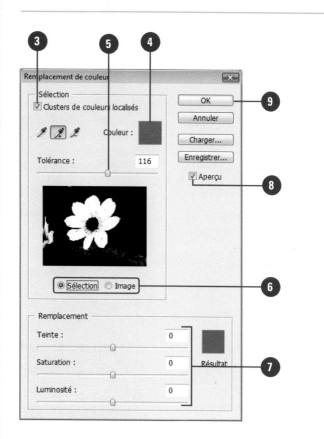

Exploitez le panneau Couleur

Photoshop ne permet pas uniquement de sélectionner presque toutes les couleurs possibles, mais également de les enregistrer pour une utilisation ultérieure. Par exemple, il est possible de créer un modèle de couleurs pour une brochure récurrente ou de choisir des couleurs Web sécurisées. Quels que soient vos besoins en matière de couleurs, Photoshop y répond. Le panneau Couleur donne accès aux outils de génération de couleur de Photoshop. Ce panneau permet de créer des couleurs à l'aide de six curseurs, deux spectres de couleurs, une échelle de gris et une option permettant de créer une échelle de couleurs pour les couleurs actuelles de premier plan et d'arrière-plan.

Exploitez le panneau Couleur

1 Sélectionnez le panneau **Couleur**.

2 Cliquez le bouton **Options** du panneau.

3 Sélectionnez un groupe de curseurs parmi les suivants :

◆ **Niveaux de gris**. Crée un curseur allant du blanc (0) au noir (100).

◆ **RVB**. Crée trois curseurs (rouge, vert et bleu). Les valeurs possibles de chaque curseur vont de 0 à 255.

◆ **TSL**. Crée trois curseurs additifs (teinte, saturation et luminosité). Les valeurs possibles de chaque curseur vont de 0 à 255.

◆ **CMJN**. Crée quatre curseurs soustractifs (cyan, magenta, jaune et noir). Les valeurs possibles de chaque curseur vont de 0 à 100.

◆ **Lab**. Crée trois curseurs (L, a et b). La valeur possible du curseur L va de 0 à 120 et celle des curseurs a et b de -120 à 100.

◆ **Curseurs de couleurs Web**. Crée trois curseurs (rouge, vert et bleu). La plage des valeurs hexadécimales possibles de chaque curseur va de 00 à FF.

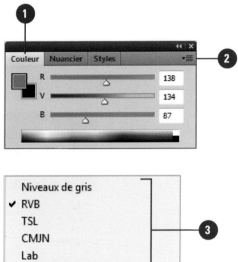

④ Cliquez le bouton **Options** du panneau et sélectionnez l'une des options de spectre ou d'échelle suivantes :

◆ **Spectre RVB**. Convertit la portion inférieure du panneau Couleur en spectre RVB. Cliquez n'importe où dans le spectre pour changer la couleur active.

◆ **Spectre CMJN**. Convertit la portion inférieure du panneau Couleur en spectre CMJN. Cliquez n'importe où dans le spectre pour changer la couleur active.

◆ **Échelle de gris**. Convertit la portion inférieure du panneau Couleur en échelle de gris. Cliquez n'importe où dans l'échelle pour changer la couleur active.

◆ **Couleurs courantes**. Convertit la portion inférieure du panneau Couleur en échelle de couleurs en utilisant les couleurs de premier et d'arrière-plan en cours. Cliquez n'importe où dans l'échelle pour changer la couleur active.

⑤ Pour choisir des couleurs web sécurisées, cliquez le bouton **Options** du panneau puis **Protéger la gamme Web**.

⑥ Pour changer une couleur avec le Sélecteur de couleurs Adobe, double-cliquez une zone de couleur, sélectionnez une couleur en vous servant de la gamme de couleurs ou des options de mode et cliquez **OK**.

Vous pouvez choisir les couleurs dans quatre modèles : TSL, RVB, Lab et CMJN.

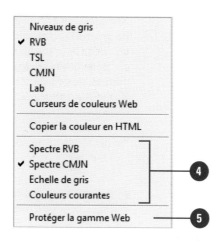

Le cube indique que la couleur n'est pas sécurisée Web. Un triangle d'avertissement indique que la couleur n'est pas imprimable.

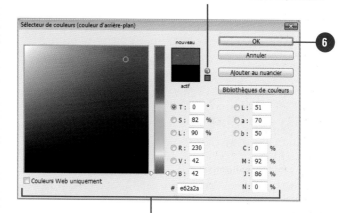

Sélectionnez les options ou cliquez dans la gamme de couleurs.

Bon à savoir

À propos des spectres et des échelles

Les spectres et les échelles se trouvent dans la partie inférieure du panneau Couleur et représentent l'intégralité du spectre de l'espace colorimétrique choisi. Par exemple, le spectre CMJN affiche un arc-en-ciel de couleurs dans la gamme CMJN. En cliquant avec la pipette dans la zone du spectre, vous sélectionnez n'importe quelle couleur et bénéficiez d'une représentation des relations entre les différentes couleurs. L'échelle Niveaux de gris donne accès aux 256 valeurs de gris disponibles.

Exploitez le panneau Nuancier

Non seulement Photoshop permet de sélectionner presque toutes les couleurs possibles, mais aussi de les enregistrer pour une utilisation ultérieure. Si le panneau Couleur permet de sélectionner presque n'importe quelle couleur, le panneau Nuancier permet d'enregistrer et d'utiliser des couleurs utilisées fréquemment. Par défaut, le panneau Nuancier contient plus de trente nuances prédéfinies et accueille un nombre illimité de nuanciers définis par l'utilisateur.

Ajoutez un nuancier au panneau Nuancier

1. Sélectionnez le panneau **Nuancier**.

2. Cliquez le bouton **Options** du panneau et choisissez parmi les nuanciers prédéfinis.

3. Cliquez le bouton **Ajouter** pour ajouter les nouvelles nuances.

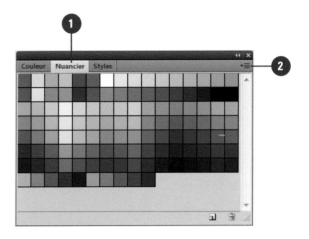

Modifiez ou supprimez des couleurs du panneau Nuancier

1. Sélectionnez le panneau **Nuancier**.

2. Sélectionnez une couleur et modifiez ce qui suit :

   ◆ **Premier plan**. Remplacez la couleur de premier plan en cliquant une couleur du panneau Nuancier.

   ◆ **Arrière-plan**. Maintenez enfoncée la touche **Ctrl** (Win) ou ⌘ (Mac) et cliquez l'une des couleurs du panneau Nuancier.

   ◆ **Supprimez**. Maintenez enfoncée la touche **Alt** (Win) ou **Option** (Mac) et cliquez la couleur dans le panneau Nuancier (le pointeur prend la forme de ciseaux).

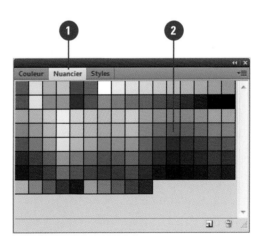

Ajoutez des couleurs au panneau Nuancier

① Sélectionnez le panneau **Couleur**, déplacez les curseurs ou saisissez des valeurs pour créer une nouvelle nuance.

② Sélectionnez le panneau **Nuancier** et faites glisser l'angle inférieur droit pour l'agrandir.

③ Placez le pointeur sous la dernière nuance de couleur pour qu'il prenne la forme d'un seau de peinture.

④ Cliquez une fois, nommez la couleur et cliquez **OK**.

Enregistrez des panneaux Nuancier personnalisés

① Sélectionnez le panneau **Nuancier**.

② Créez un nuancier personnalisé en ajoutant et/ou supprimant des couleurs d'un panneau existant.

③ Cliquez le bouton **Options** du panneau, puis **Enregistrer le nuancier**.

④ Saisissez un nom dans la zone **Nom du fichier**.

⑤ Cliquez la flèche **Où** (Mac) ou **Enregistrer dans** (Win) et choisissez l'emplacement où stocker le nuancier.

⑥ Cliquez **Enregistrer**.

Note

Accédez aux nuanciers personnalisés à partir du bouton Options du panneau. Lorsque vous enregistrez un nuancier dans le dossier Color Swatches (emplacement par défaut), son nom apparaît au bas du menu Options du panneau.

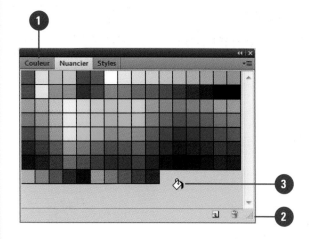

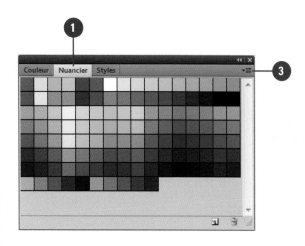

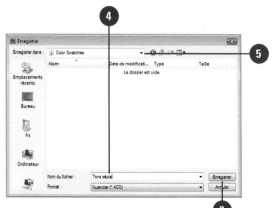

Utilisez les commandes Contour et Remplir

En matière d'ajout et de suppression de couleurs, Photoshop propose de nombreuses options : pinceaux, aérographes et outils de dessin, pour ne citer que ceux-là. Les commandes Contour et Remplir sont peu employées, mais néanmoins puissantes. Elles fonctionnent de concert avec les outils de sélection. Vous pouvez, par exemple, créer un contour unique autour d'un objet ou remplir une zone spécifique d'un document avec une couleur ou un motif. Dans ce cas, les commandes Contour et Remplir sont les mieux adaptées et les plus rapides.

Créez un contour

1. Créez une sélection à l'aide de l'un des outils de sélection Photoshop ou utilisez votre imagination pour créer un contour avec l'un des outils de dessin.

   RACCOURCI *Pour optimiser le processus, réalisez les opérations de contour ou de remplissage sur un nouveau calque.*

2. Dans le menu **Edition**, cliquez **Contour**.

3. Saisissez une valeur **Epaisseur** (entre 1 et 250).

4. Cliquez la zone **Couleur** et sélectionnez une couleur (par défaut, elle contient la couleur de premier plan).

5. Sélectionnez une position (**Intérieur**, **Centre** ou **Extérieur**) pour le contour.

6. Cliquez la flèche de la liste **Mode** et sélectionnez un mode de fusion.

7. Saisissez un pourcentage d'**Opacité** (entre 0 et 100).

8. Cochez la case **Conserver les zones transparentes** (en l'absence de telles zones, l'option est désactivée).

9. Cliquez **OK**.

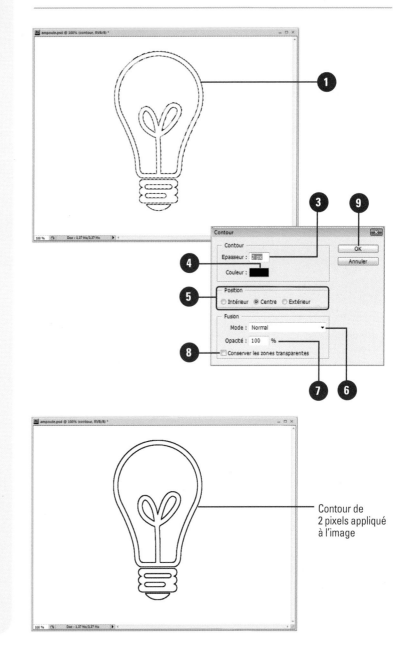

Contour de 2 pixels appliqué à l'image

Créez un remplissage

① Créez une sélection à l'aide de l'un des outils de sélection Photoshop.

② Dans le menu **Edition**, cliquez **Remplir**.

③ Ouvrez la liste **Avec** et sélectionnez une option de remplissage :

◆ Couleur de premier plan

◆ Couleur d'arrière-plan

◆ Couleur

◆ Motif

◆ Historique

◆ Noir

◆ 50 % gris

◆ Blanc

④ Déroulez la liste **Mode** et sélectionnez un mode de fusion.

⑤ Saisissez un pourcentage d'**Opacité** (entre 0 et 100).

⑥ Cochez la case **Conserver les zones transparentes** (en l'absence de telles zones, l'option est désactivée).

⑦ Cliquez **OK**.

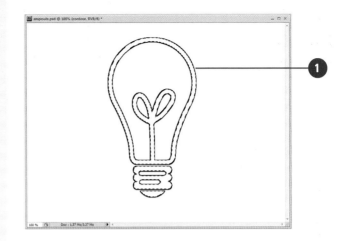

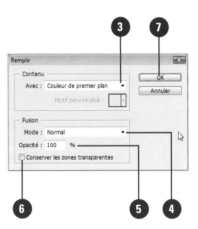

Note

Utilisez la commande Remplir à d'autres fins que remplir une zone avec une couleur ou un motif. Par exemple, sélectionnez une teinte sépia et choisissez dans la boîte de dialogue Remplir le mode de fusion Couleur, et vous créerez une image de style ancien, en sépia. Expérimentez les modes de fusion de la commande Remplir pour créer des effets uniques.

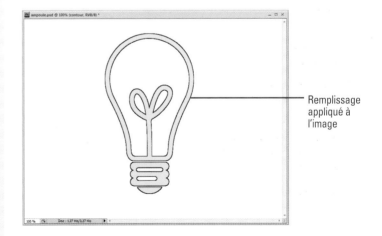

Remplissage appliqué à l'image

Créez des couches de tons directs

Dans le domaine du prépresse et de l'imprimerie, un certain nombre d'opérations sont nécessaires pour créer un document prêt à imprimer. Le mode colorimétrique de l'image sera CMJN et la sortie sera sans doute dans un format destiné à créer des plaques de couleurs comme DCS 2.0 (*Desktop Color Separation*). En outre, un ton direct est souvent appliqué à l'image. Les **tons directs** indiquent à la presse d'appliquer une couleur spécifique à une portion donnée du document, par exemple pour créer la couverture d'un livre en affichant le nom de l'auteur dans un bleu Pantone spécifique ou pour appliquer un vernis à une partie d'une brochure. Dans ces cas, vous devrez créer une couche de ton direct.

Créez des couches de tons directs

1 Ouvrez un document.

2 Si le document n'est pas au format CMJN, cliquez le menu **Image**, pointez **Mode** et cliquez **Couleurs CMJN**.

3 Créez une sélection définissant la zone du ton direct. Servez-vous des outils de sélection Photoshop, par exemple du masque de texte.

4 Sélectionnez le panneau **Couches**.

5 Cliquez le bouton **Options** du panneau, puis **Nouvelle couche de ton direct**.

6 Cliquez la zone **Couleur** et sélectionnez une couleur.

Pour employer une couleur d'imprimerie précise, un ton Pantone par exemple, cliquez **Bibliothèque de couleurs** dans le Sélecteur de couleurs, choisissez un jeu et cliquez **OK**.

La zone Nom indique le nom de la couleur sélectionnée.

7 Saisissez une valeur **Uniformité** (entre 0 et 100) pour choisir l'opacité du ton direct (l'uniformité n'affecte pas la sortie de presse).

8 Cliquez **OK**.

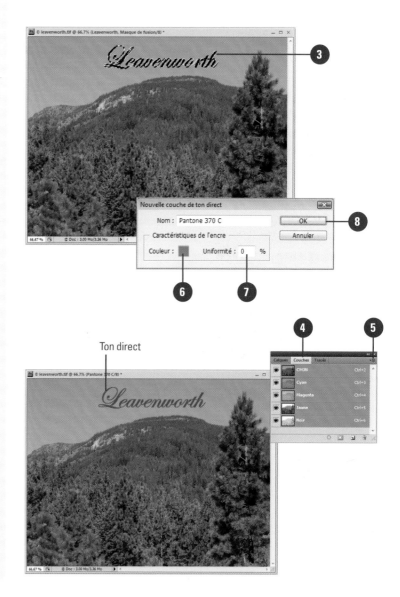

Ton direct

Utilisez le réglage Variantes

Le réglage Variantes de Photoshop montre l'impact de couleurs analogues et complémentaires sur la couleur d'un document. Par exemple, dans une image à tendance verte, il faut ajouter du magenta pour réduire le vert. Comprendre comment les couleurs interagissent et fonctionnent pour produire différentes couleurs permet de décider du processus à suivre et le réglage Variantes est un excellent enseignant.

Utilisez le réglage Variantes

① Ouvrez un document.

② Dans le menu **Image**, pointez **Réglages** et cliquez **Variantes**.

Les variantes Original et Sélection se trouvent dans la partie supérieure gauche de la boîte de dialogue.

③ Pour restaurer l'image, cliquez **Original** à tout moment au cours du processus de réglage.

④ Cliquez une option parmi **Tons foncés**, **Tons moyens**, **Tons clairs** ou **Saturation** pour définir le cadre du réglage des couleurs.

⑤ Déplacez le curseur **Faible/Fort** pour déterminer l'intensité du réglage appliqué.

⑥ Cochez la case **Zones écrêtées** pour afficher un masque sur les zones de l'image qui sortent de l'espace colorimétrique CMJN imprimable.

⑦ Cliquez les vignettes encadrant l'image centrale pour ajouter des couleurs spécifiques à la sélection en cours.

⑧ Cliquez **Plus clair** ou **Plus foncé** pour modifier la luminosité.

⑨ Cliquez **OK**.

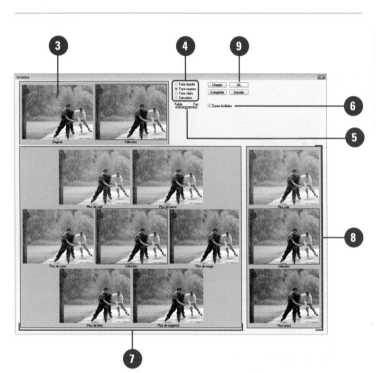

Utilisez la commande et le réglage Niveaux

Grâce à son histogramme, le réglage Niveaux fournit des informations en direct sur les valeurs tonales de l'image active. C'est un outil excellent pour effectuer des réglages tonaux globaux et certains réglages de couleur. Niveaux automatiques est un outil de correction rapide du réglage des couleurs qui, dans certains cas, donne un aussi bon résultat qu'une correction manuelle des couleurs. Cependant, comme une photo moyenne présente rarement un seul problème, il est préférable de corriger manuellement l'image. La commande Niveaux automatiques étant fondée sur les informations contenues dans l'image, qui ne sont pas toujours précises, il est préférable de faire appel à la commande Niveaux.

Réglez les niveaux manuellement

① Ouvrez une image.

② Dans le menu **Image**, pointez **Réglages** et cliquez **Niveaux**.

③ Cliquez la flèche **Couche** et sélectionnez la couche composite.

④ Déplacez les curseurs **Niveaux d'entrée** pour régler la luminosité.

⑤ Déplacez les curseurs **Niveaux de sortie** pour régler le niveau d'encre envoyé au périphérique de sortie (imprimante).

⑥ Cliquez **OK**.

Réglez les niveaux automatiquement

① Ouvrez une image.

② Dans le menu **Image**, pointez **Réglages** et cliquez **Niveaux**. Cliquez **Auto** dans la boîte de dialogue.

Note

La liste Paramètre prédéfini permet de sélectionner des réglages prédéfinis (Ps *).* Vous pouvez par exemple augmenter le contraste ou rendre les tons moyens plus lumineux ou plus foncés. Vous pouvez modifier un des paramètres et l'enregistrer comme nouveau paramètre en cliquant le bouton Options de paramètre prédéfini situé à droite de la liste.

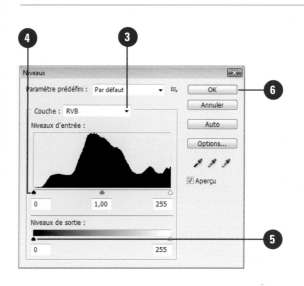

Utilisez les commandes Contraste/Couleur automatique

 PS 2.1

La commande Contraste automatique règle la tonalité de l'image sans impact sur la couleur. La commande Couleur automatique règle la tonalité et la couleur de l'image en ignorant les couches et en examinant directement l'image composite. Les commandes de couleur automatiques prennent leurs informations dans l'image active, y compris les informations erronées. Par exemple, si l'image contient une bordure large (généralement blanche), les commandes automatiques retiennent cette information dans la correction fondée sur la moyenne. Il est préférable de corriger la poussière ainsi que les éraflures et de rogner les bordures avant d'exécuter ces commandes automatiques.

Utilisez la commande Contraste automatique

① Ouvrez une image.

② Dans le menu **Image**, cliquez **Contraste automatique**.

> **ATTENTION !** *Utilisez les boutons automatiques (niveaux, contraste, couleur) uniquement si vous ne comprenez pas comment régler manuellement l'image avec des réglages comme Niveaux ou Courbes.*

Utilisez la commande Couleur automatique

① Ouvrez une image.

② Dans le menu **Image**, cliquez **Couleur automatique**.

Note

Utilisez une sélection pour contrôler le fonctionnement des commandes Contraste automatique et Couleur automatique. Si l'image contient une bordure et que vous ne voulez pas que celle-ci influence la correction de la commande automatique, sélectionnez le Rectangle de sélection et tracez une bordure autour de l'image. À l'exécution de la commande automatique, seules les zones sélectionnées sont corrigées.

Utilisez les réglages Courbes et de couleurs

 PS 2.1

Utilisez le réglage Courbes

1. Ouvrez une image.

2. Dans le menu **Image**, pointez **Réglages** et cliquez **Courbes**.

3. Pour sélectionner des niveaux prédéfinis, cliquez la liste **Paramètre prédéfini** et faites votre choix.

4. Cliquez la flèche **Couche** et sélectionnez la couche composite.

5. Faites glisser les curseurs Noir et Blanc pour ajuster les valeurs tonales des courbes.

6. Cliquez la ligne diagonale pour ajouter un point d'édition et faites glisser pour augmenter ou réduire les valeurs tonales de l'image active.

7. Utilisez les pipettes pour sélectionner les valeurs tonales directement dans la fenêtre de l'image active.

8. Cochez la case **Aperçu** pour voir les changements directement dans l'image.

9. Cliquez l'option de courbe pour régler la courbe en ajoutant des points ou cliquez l'option crayon pour tracer la courbe.

10. Pour enregistrer les paramètres, cliquez le bouton **Options de paramètre prédéfini**, tapez un nom et cliquez **Enregistrer**.

11. Cliquez **OK**.

Le réglage Courbes ajuste les plages tonales de l'image sans en modifier l'exposition. Les courbes éclaircissent les tons foncés pour accentuer les détails ou créer un effet spécial comme la solarisation. Pour vous faciliter la tâche, Photoshop propose des paramètres prédéfinis. Le réglage Balance des couleurs modifie indépendamment les tons foncés, moyens et clairs d'une image. La boîte de dialogue Balance des couleurs effectue des réglages linéaires de la couleur et constitue donc un excellent outil de correction de problèmes classiques de tons, comme l'utilisation en extérieur d'un film d'intérieur ayant créé une dominance verte. Le réglage Luminosité/Contraste applique un éclaircissement ou un assombrissement global des pixels de l'image. S'il convient parfaitement aux effets spéciaux, son mode linéaire de modification de la luminosité et du contraste ne convient guère à la restauration de photo. Courbes et Niveaux conviennent beaucoup mieux à ce type de travail.

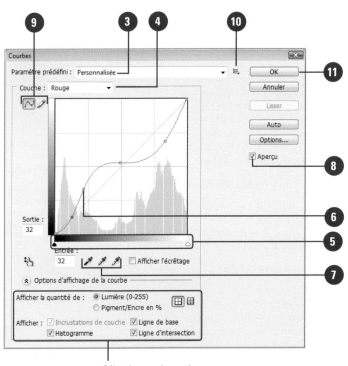

Sélectionnez des options d'affichage supplémentaires

Utilisez le réglage Balance des couleurs

① Ouvrez une image.

② Dans le menu **Image**, pointez **Réglages** et cliquez **Balance des couleurs**.

③ Déplacez les curseurs **CMJ** vers **RVB** pour régler la couleur.

④ Cliquez une option **Balance des tons**.

⑤ Cliquez **OK**.

Utilisez le réglage Luminosité/Contraste

① Ouvrez une image.

② Dans le menu **Image**, pointez **Réglages** et cliquez **Luminosité/Contraste**.

③ Déplacez le curseur **Luminosité** pour augmenter ou réduire les valeurs de luminosité des couleurs de l'image active.

④ Déplacez le curseur **Contraste** pour augmenter ou réduire les degrés de couleurs dans l'image.

⑤ Si vous préférez la méthode Luminosité/Contraste de CS2, cochez **Utiliser la luminosité existante**.

⑥ Cliquez **OK**.

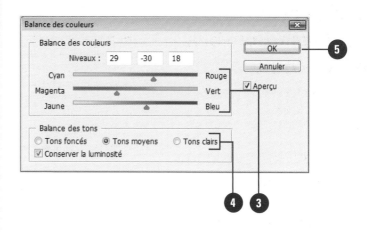

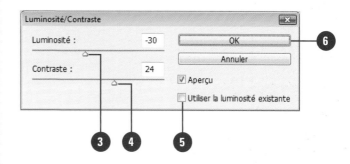

Note

Servez-vous d'une sélection avec le réglage Luminosité/Contraste. Isolez une portion de l'image avec l'un des outils de sélection avant d'employer le réglage Luminosité/Contraste : seules les zones sélectionnées seront corrigées.

Bon à savoir

Luminosité et contraste

Le réglage Luminosité/Contraste effectue des réglages linéaires de l'image. Par exemple, le déplacement vers la droite du curseur de la luminosité augmente uniformément les valeurs de luminosité de tous les pixels de l'image. Puisque les photos ne sont pas linéaires par nature, le réglage Luminosité/Contraste est déconseillé. Dans ce cas, préférez les réglages Niveaux ou Courbes (non linéaire) et servez-vous de Luminosité/Contraste pour les images clipart, le texte et les images non photographiques.

Utilisez les commandes Teinte/Saturation et Désaturation

Teinte/Saturation permet de régler séparément la teinte, la saturation et la luminosité d'une image tandis que son option Redéfinir applique une dominance globale de couleur analogue à un effet bichrome. La commande Désaturation élimine toutes les couleurs de l'image, ce qui préserve les valeurs Teinte et Luminosité des pixels et attribue la valeur zéro à Saturation. Le résultat est une image en niveaux de gris.

Utilisez Teinte/Saturation

1 Ouvrez une image.

2 Cliquez **Image → Réglages → Teinte/Saturation**.

3 Déroulez la liste **Paramètre prédéfini** et sélectionnez un paramètre tel que Cyanotype, Sépia ou Rouge intense.

4 Déplacez les curseurs **Teinte**, **Saturation** et **Luminosité** à votre convenance.

5 Cliquez la flèche **Modifier**, sélectionnez une couleur et cliquez dans l'image active avec les pipettes pour régler la Teinte/Saturation.

6 Cochez **Aperçu** pour un aperçu instantané des changements.

7 Cochez **Redéfinir** pour teinter l'image avec la couleur de premier plan.

8 Cliquez **OK**.

Utilisez la commande Désaturation

1 Ouvrez une image.

2 Cliquez **Image → Réglages → Désaturation**.

Note

Désaturez des zones sélectionnées d'une image avec l'outil Éponge. Cliquez l'outil Éponge puis Désaturation dans la barre d'options et faites glisser pour éliminer progressivement la couleur de l'image.

Utilisez le réglage Correspondance de la couleur

 PS 2.1

Le réglage Correspondance de la couleur permet de sélectionner les couleurs de l'image, puis de les mettre en correspondance avec une autre image et de les modifier (avec les curseurs Luminance, Intensité des couleurs et Fondu). Ce réglage fonctionne uniquement avec les images en mode Couleurs RVB. Il donne une apparence cohérente aux images en harmonisant leurs couleurs.

Utilisez le réglage Correspondance de la couleur

1. Ouvrez une image.

2. Dans le menu **Image**, pointez **Réglages** et cliquez **Correspondance de la couleur**.

3. Déplacez les curseurs (Luminance, Intensité des couleurs et Fondu).

4. Cochez la case **Neutraliser** pour supprimer une éventuelle dominante de couleur dans l'image active.

5. Dans la section **Statistiques de l'image**, cliquez la liste **Source** et sélectionnez une autre image ou un autre calque pour la mise en correspondance.

   Si vous sélectionnez une zone de l'image avant d'ouvrir la boîte de dialogue Correspondance de la couleur, vous pouvez choisir d'utiliser la sélection dans le document source ou cible pour calculer les couleurs.

6. Cliquez **Enregistrer les statistiques** pour enregistrer le réglage en cours ou cliquez **Charger les statistiques** pour utiliser les réglages effectués dans d'autres images.

7. Cochez la case **Aperçu** pour constater les changements dans l'image active.

8. Cliquez **OK**.

Utilisez le réglage Correction sélective

 PS 2.1

Utilisez le réglage Correction sélective

1. Ouvrez une image.

2. Dans le menu **Image**, pointez **Réglages** et cliquez **Correction sélective**.

3. Cliquez la liste **Couleurs** et cliquez la couleur à régler.

   Enregistrez vos réglages comme paramètre prédéfini en cliquant **Enregistrer le paramètre prédéfini** du bouton Options à gauche du bouton OK.

4. Déplacez les curseurs **Cyan**, **Magenta**, **Jaune** et **Noir** pour augmenter ou réduire les valeurs.

5. Cliquez l'option **Relatif** pour changer la couleur sélectionnée en utilisant un pourcentage d'encre total.

6. Cliquez l'option **Absolu** pour modifier la couleur existante en utilisant une valeur absolue comprise entre 1 et 100 %.

7. Cochez la case **Aperçu** pour constater les changements dans l'image active.

8. Cliquez **OK**.

Le réglage Correction sélective permet d'ajouter ou de soustraire des quantités précises d'encres cyan, magenta, jaune et noir. Il s'agit d'un excellent outil pour effectuer des réglages en fonction d'une épreuve couleur, ou pour ajouter/soustraire certaines couleurs primaires en fonction des informations fournies par votre imprimante. Vous pouvez modifier les valeurs de couleurs CMJN (Cyan, Magenta, Jaune et Noir), spécifier une couleur par un pourcentage d'encre total et modifier une couleur existante avec une valeur absolue comprise entre 1 et 100 %.

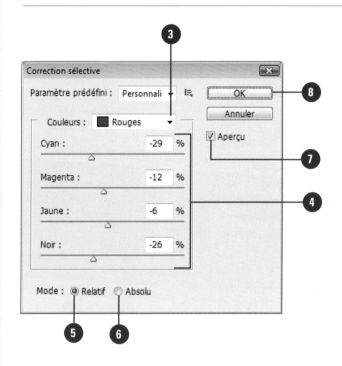

Utilisez le réglage Mélangeur de couches

 PS 2.1

Le réglage Mélangeur de couches est l'outil parfait pour régler les couches individuelles de couleurs ou convertir une image en noir et blanc. Il modifie la couche de sortie sélectionnée en la fusionnant avec un mélange des couches chromatiques existantes. Dans la mesure où les couches chromatiques enregistrent des nuances de gris, ce sont des données de gris qui sont ajoutées ou soustraites et non des informations chromatiques comme avec l'action du réglage Correction sélective. C'est pourquoi le réglage Mélangeur de couches est idéal pour convertir les images en niveaux de gris. Des paramètres prédéfinis en facilitent l'utilisation.

Utilisez le réglage Mélangeur de couches

1 Ouvrez une image.

2 Dans le menu **Image**, pointez **Réglages** et cliquez **Mélangeur de couches**.

3 Pour sélectionner des niveaux prédéfinis, cliquez la liste **Paramètre prédéfini** et faites votre choix.

4 Cliquez la flèche de la liste **Couche de sortie** et sélectionnez parmi les couches de sortie.

5 Déplacez les curseurs **Couches source** pour augmenter ou réduire les couleurs dans l'image active.

6 Déplacez le curseur **Constant** pour régler la sortie des niveaux de gris de l'image active.

Le déplacement vers la gauche ajoute du noir et vers la droite, du blanc.

7 Cochez la case **Monochrome** pour convertir les couleurs de l'image en nuances de gris.

8 Cochez la case **Aperçu** pour constater les changements dans l'image active.

9 Pour enregistrer les paramètres, cliquez le bouton **Options de paramètre prédéfini**, tapez un nom et cliquez **Enregistrer**.

10 Cliquez **OK**.

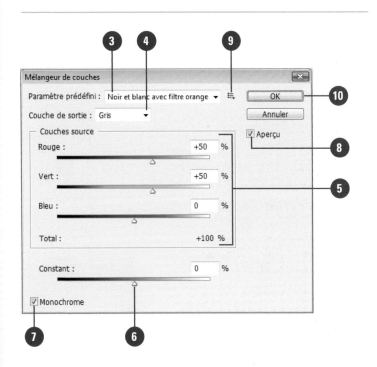

Utilisez le réglage Courbe de transfert de dégradé

 PS 2.1, 2.5

Le réglage Courbe de transfert de dégradé remplace les valeurs tonales de l'image par les couleurs fournies par un dégradé. Cet outil est très intéressant pour créer des effets spéciaux de couleur. En outre, la Courbe de transfert de dégradé ajuste les couleurs de l'image active à celles du dégradé sélectionné. Les tons foncés et les tons clairs de l'image prennent les couleurs des extrémités du dégradé. Vous pouvez aussi simuler et inverser le dégradé. Cochez la case Aperçu pour afficher les modifications dans la fenêtre du document.

Utilisez le réglage Courbe de transfert de dégradé

1. Ouvrez une image.

2. Dans le menu **Image**, pointez **Réglages** et cliquez **Courbe de transfert de dégradé**.

3. Ouvrez la liste **Dégradé utilisé pour la correspondance des niveaux de gris** afin de choisir un dégradé.

4. Cochez les cases **Simuler** ou **Inverser** dans les **Options de dégradé**.

5. Cochez la case **Aperçu** pour voir les changements dans l'image active.

6. Cliquez **OK**.

La Courbe de transfert de dégradé appliquée à une image

Utilisez le réglage Filtre photo

Le réglage Filtre photo applique un filtre ou une couleur spécifique à une image. Cela équivaut à placer un filtre coloré devant l'objectif de l'appareil photo. Les photographes utilisent les filtres pour corriger les problèmes de couleurs associés à certaines conditions de luminosité, comme la lumière du soleil levant ou un éclairage fluorescent. Le réglage Filtre photo permet d'obtenir le même résultat à l'aide d'options de couleur, de densité et de luminosité.

Utilisez le réglage Filtre photo

1. Ouvrez une image.

2. Dans le menu **Image**, pointez **Réglages** et cliquez **Filtre photo**.

3. Cliquez l'option **Filtre** puis ouvrez la liste **Filtre** et sélectionnez une option parmi les filtres proposés.

4. Cliquez l'option **Couleur** pour choisir vous-même une couleur.

5. Déplacez le curseur **Densité** pour régler l'intensité de l'effet du filtre sur l'image active.

   Le filtre a d'autant plus d'effet que la valeur est élevée.

6. Cochez la case **Conserver la luminosité** pour préserver la couleur des tons clairs de l'image.

7. Cochez la case **Aperçu** pour voir les changements dans l'image active.

8. Cliquez **OK**.

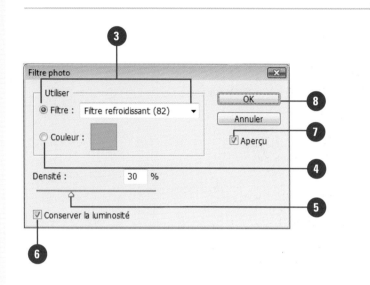

Filtre refroidissant appliqué à l'image

Utilisez le réglage Tons foncés/ Tons clairs

Le réglage Tons foncés/Tons clairs corrige rapidement les problèmes associés aux zones sur ou sous-exposées comme les ombres ou les éclats de lumière. Il permet, en outre, de corriger des images très sur ou sous-exposées en réglant les zones à problèmes sans modifier les tons moyens de l'image. Le réglage Tons foncés/Tons clairs ne fonctionne pas pour les images en mode Couleurs CMJN.

Utilisez le réglage Tons foncés/Tons clairs

1. Ouvrez une image.

2. Dans le menu **Image**, pointez **Réglages** et cliquez **Tons foncés/ Tons clairs**.

3. Si nécessaire, cochez la case **Afficher plus d'options** pour afficher toutes les options.

4. Pour régler les tons foncés, déplacez les curseurs **Facteur**, **Gamme de tons** et **Rayon** de la section **Tons foncés**.

5. Pour régler les tons clairs, déplacez les curseurs **Quantité**, **Gamme de tons** et **Rayon** de la section **Tons clairs**.

6. Pour modifier les valeurs de saturation, déplacez les curseurs **Correction colorimétrique** et **Contraste des tons moyens** de la section **Réglages**.

7. Tapez une valeur entre 0 et 50 % dans les zones **Écrêtage noir** et **Écrêtage blanc** pour indiquer la quantité de tons foncés et de tons clairs retirée de la nouvelle image. Des valeurs élevées accentuent le contraste.

8. Cochez la case **Aperçu** pour voir les changements dans l'image active.

9. Cliquez **OK**.

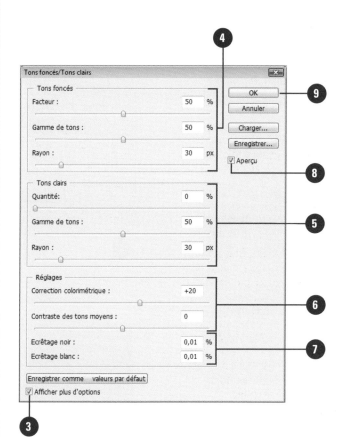

Utilisez le réglage Exposition

 PS 10.5

Le réglage Exposition de Photoshop est essentiellement destiné aux réglages tonaux des images HDR 32 bits (*High Dynamic Range*), mais fonctionne également avec les images 8 et 16 bits. Exposition modifie l'image en se servant d'un espace colorimétrique linéaire (gamma 1.0) et non celui de l'image en cours. Avec les images HDR, il permet de faire ressortir des détails indiscernables dans les tons foncés et les tons clairs.

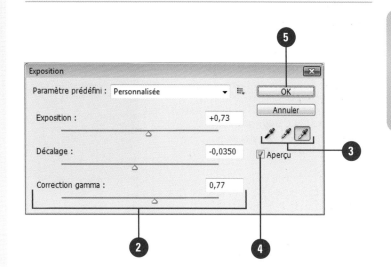

Utilisez le réglage Exposition

1. Dans le menu **Image**, pointez **Réglages** et cliquez **Exposition**.

2. Servez-vous des options suivantes :

   ◆ **Exposition**. Règle les tons clairs de l'échelle tonale de l'image avec un léger effet sur les tons foncés extrêmes.

   ◆ **Décalage**. Assombrit les tons foncés et les tons moyens avec un léger effet sur les tons clairs.

   ◆ **Correction gamma**. Règle le gamma d'une image avec une simple fonction de puissance. Cela revient à ajuster les points moyens de la luminosité.

3. Servez-vous des pipettes pour régler uniquement les valeurs de luminance et non toutes les couches comme vous le feriez avec Niveaux ou Courbes.

   ◆ **Noir**. Définit Décalage, en déplaçant le pixel cliqué sur noir pur.

   ◆ **Blanc**. Définit Exposition, en déplaçant le point cliqué sur blanc pur.

   ◆ **Gris**. Définit Exposition en déplaçant le point cliqué sur gris moyen.

4. Cochez la case **Aperçu** pour voir les changements dans l'image active.

5. Cliquez **OK**.

Utilisez les commandes Négatif et Égaliser

La commande Négatif inverse les couleurs et les valeurs tonales avec pour effet de créer un négatif. La commande Égaliser exagère le contraste de valeurs chromatiques similaires. Elle permet de localiser des pixels égarés dans une zone de couleur pleine ou de créer un effet spécial.

Utilisez la commande Négatif

1 Ouvrez une image.

2 Dans le menu **Image**, pointez **Réglages** et cliquez **Négatif**.

Les valeurs de luminosité de chaque couche sont inversées, créant une couleur négative ou une image en niveaux de gris.

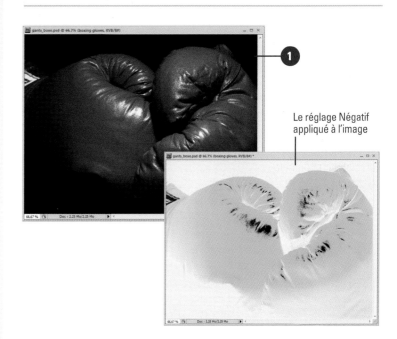

Le réglage Négatif appliqué à l'image

Utilisez la commande Égaliser

1 Ouvrez une image.

2 Dans le menu **Image**, pointez **Réglages** et cliquez **Égaliser**.

Les valeurs de luminosité des pixels sont réparties de manière à représenter plus précisément la gamme complète des niveaux de luminosité du blanc au noir.

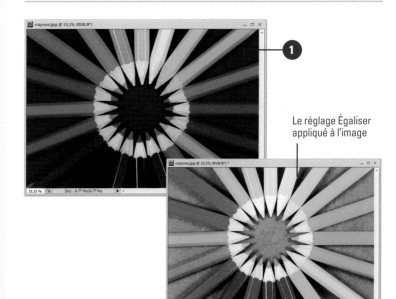

Le réglage Égaliser appliqué à l'image

Utilisez les réglages Seuil et Isohélie

Le réglage Seuil réduit une image au blanc et au noir, en fonction des niveaux de luminosité d'origine des pixels. Il permet de localiser les pixels les plus foncés et les plus clairs d'une image ou de créer des effets spéciaux noir et blanc. Le réglage Isohélie crée une image plus simple en réduisant le nombre de couleurs. Il permet de créer une image ayant l'aspect d'un clipart ou de réduire le nombre de couleurs pour un affichage web.

Utilisez le réglage Seuil

1. Ouvrez une image.

2. Dans le menu **Image**, pointez **Réglages** et cliquez **Seuil**.

3. Déplacez le curseur **Seuil** pour changer le point de séparation du blanc et du noir.

   Par exemple, en définissant le seuil à 75, tous les pixels dont la valeur de luminosité est inférieure ou égale à 75 sont noirs et ceux dont la valeur est supérieure ou égale à 76 sont blancs.

4. Cliquez **OK**.

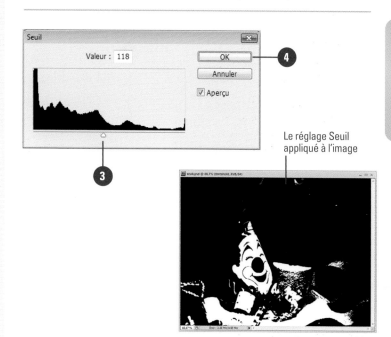

Le réglage Seuil appliqué à l'image

Utilisez le réglage Isohélie

1. Ouvrez une image.

2. Dans le menu **Image**, pointez **Réglages** et cliquez **Isohélie**.

3. Déplacez le curseur pour sélectionner la valeur **Niveaux** (entre 2 et 255) qui définira le nombre de couleurs employées.

   Des valeurs faibles réduisent le nombre de couleurs, mais augmentent le contraste visuel.

4. Cliquez **OK**.

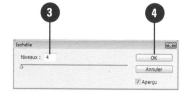

Le réglage Isohélie appliqué à l'image

Utilisez le réglage Noir et blanc

 PS 2.1, 4.7

Le réglage Noir et blanc convertit une image en couleurs en niveaux de gris. Pendant le processus, vous gérez la conversion des couleurs individuelles (rouge, jaune, vert, cyan, bleu et magenta). Vous pouvez également appliquer un coloris à l'image en niveaux de gris en ajustant les valeurs tonales de teinte et de saturation, comme avec le Mélangeur de couches. Si vous vous demandez par où commencer, utilisez le bouton Automatique qui définit les valeurs de niveaux de gris en maximisant la distribution des valeurs de gris.

Utilisez le réglage Noir et blanc

1. Ouvrez une image.

2. Dans le menu **Image**, pointez **Réglages** et cliquez **Noir et blanc**.

3. Pour sélectionner des niveaux prédéfinis, cliquez la liste **Paramètre prédéfini** et faites votre choix.

4. Pour choisir les réglages automatiques, cliquez **Automatique**.

5. Déplacez les curseurs **Rouges**, **Jaunes**, **Verts**, **Cyans**, **Bleus** et **Magentas** à votre convenance.

    ◆ Appuyez sur la touche **Alt** (Win) ou **Option** (Mac) et cliquez un carré de couleur pour réinitialiser un curseur.

6. Pour ajouter un coloris, cochez la case **Coloris**.

7. Si la case Coloris est cochée, ajustez **Teinte** et **Saturation**.

8. Cliquez **OK**.

Note

Enregistrez les niveaux Noir et blanc. Dans la boîte de dialogue Noir et blanc, réglez les niveaux, cliquez le bouton Options de paramètre prédéfini, puis Enregistrer le paramètre prédéfini, tapez un nom et cliquez Enregistrer.

Le réglage Noir et blanc appliqué à l'image

Apprenez à peindre, dessiner des formes et gommer

Adobe Photoshop fournit tous les types possibles d'outils de réglage et de manipulation. En plus de la retouche et de l'amélioration des images, il gère la création de manière efficace et complète. Avec sa vaste gamme d'outils, pinceaux, pointes et formes de dessin, vous produisez toutes les images, qu'elles soient améliorées ou créées à partir de zéro, dont vous avez besoin pour réaliser n'importe quel projet virtuel.

Les pinceaux sont disponibles en toutes tailles et formes et sont contrôlés via une souris ou une tablette graphique. Comme la forme de la pointe contrôle les coups de pinceaux, Photoshop donne accès à plusieurs groupes de pointes de pinceaux prédéfinies. Vous restez cependant libre de créer vos propres groupes. En matière de dessin de formes, Photoshop ne limite pas votre créativité au simple dessin de cercles et de carrés : il vous donne un accès immédiat à des douzaines de formes prédéfinies. Vous pouvez même créer et enregistrer vos propres formes personnalisées. Concernant les outils de dessin et de peinture de Photoshop, vos choix sont innombrables et dépendent uniquement de votre maîtrise des outils disponibles et de votre imagination ; plus vous en savez, plus vos possibilités se multiplient.

Et lorsque vous avez terminé avec tout ce qui touche au dessin, il faut nettoyer. Avec les outils Gomme de Photoshop, vous retouchez en un clin d'œil toutes les petites zones problématiques. Photoshop propose des gommes classiques, des gommes qui effacent jusqu'à un contour à préciser et même des gommes qui ciblent des valeurs chromatiques définies.

Il est également possible d'appliquer un dégradé simple comme du noir au blanc, ou plus complexe, comme celui qui contient les couleurs de l'arc-en-ciel. Vous l'appliquerez à une image en recouvrant complètement les données de l'image d'origine ou en sélectionnant une cible et en employant à votre guise les modes de fusion.

Maîtrisez les couleurs de premier plan et d'arrière-plan

PS 9.1

Photoshop emploie les couleurs de premier plan et d'arrière-plan, situées au bas de la boîte à outils, pour identifier votre couleur de peinture principale et celle associée au calque Arrière-plan. Si vous sélectionnez l'un des outils de peinture ou de dessin, la couleur appliquée au document est celle du premier plan. Aussi est-elle parfois appelée couleur active de Photoshop. La couleur d'arrière-plan a plusieurs fonctions, dont la principale est d'indiquer au logiciel comment effacer sur le calque Arrière-plan. Lorsque vous employez un outil gomme sur un calque Photoshop, les pixels sont par défaut convertis pour devenir transparents. Cependant, si vous utilisez une gomme sur l'Arrière-plan, l'effet est différent. Dans la mesure où l'Arrière-plan ne prend pas en charge la transparence, il remplace les pixels effacés par la couleur actuelle de l'arrière-plan.

Maîtrisez les couleurs de premier plan et d'arrière-plan

Servez-vous des méthodes suivantes pour changer les couleurs de premier plan et d'arrière-plan :

◆ Sélectionnez l'outil **Pipette** dans la boîte à outils, puis cliquez n'importe où dans le document pour sélectionner la couleur de premier plan.

Maintenez enfoncée la touche **Alt** (Win) ou **Option** (Mac), puis cliquez pour changer la couleur d'arrière-plan.

◆ Cliquez une nuance de couleur dans le panneau Nuancier pour en faire la couleur de premier plan.

Maintenez enfoncée la touche **Ctrl** (Win) ou **Option** (Mac), puis cliquez pour changer la couleur d'arrière-plan.

◆ Cliquez la vignette **Premier plan** ou **Arrière-plan** dans le panneau Couleur, puis définissez la couleur par ses valeurs ou avec les curseurs.

◆ Cliquez la case colorée **Premier plan** ou **Arrière-plan** dans la boîte à outils pour ouvrir la boîte de dialogue Sélecteur de couleurs, sélectionnez une couleur ou tapez des valeurs chromatiques, puis cliquez **OK**.

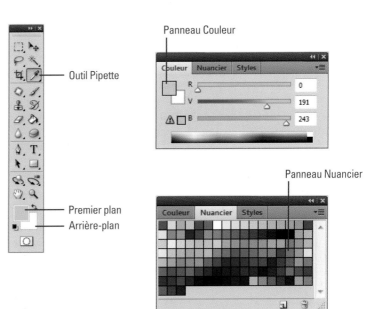

Panneau Couleur

Outil Pipette

Panneau Nuancier

Premier plan

Arrière-plan

Boîte de dialogue Sélecteur de couleurs

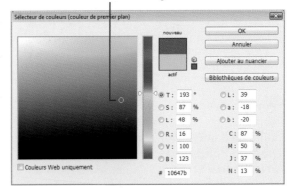

Réinitialisez et échangez les couleurs de premier plan et d'arrière-plan

1 Cliquez le bouton **Couleurs de premier plan et d'arrière-plan par défaut** pour rétablir les valeurs par défaut (noir et blanc).

2 Cliquez le bouton **Permuter les couleurs de premier plan et d'arrière-plan** pour échanger les couleurs actuelles.

RACCOURCI *Appuyez sur D pour rétablir les valeurs par défaut des couleurs de premier plan et d'arrière-plan (noir et blanc) et sur X pour permuter les couleurs actuelles.*

Note

Ajoutez des couleurs au panneau Nuancier avec le sélecteur de couleurs. Ouvrez la boîte de dialogue Sélecteur de couleurs, sélectionnez la couleur à ajouter au panneau Nuancier, cliquez Ajouter au nuancier, tapez le nom de la couleur et cliquez OK.

Bon à savoir

Choisissez des couleurs

Dans Windows, vous avez accès à la boîte de dialogue Couleurs, qui présente des cases de couleurs basiques et personnalisées ainsi qu'une matrice de couleurs avec toute la gamme de couleurs du spectre de couleurs, pour vous aider à en choisir une. Pour définir une couleur, tapez des valeurs de rouge, vert et bleu ou de teinte, de saturation et de luminosité. La teinte est la couleur créée en mélangeant les couleurs primaires (rouge, bleu et jaune). La saturation mesure la quantité de blanc mélangée à la couleur. Une couleur complètement saturée est très vive, alors qu'une couleur peu saturée semble délavée et pastel. La luminosité détermine la quantité de noir mélangée à la couleur. Une couleur très lumineuse contient peu ou pas de noir. La teinte peut être modifiée aussi en déplaçant le pointeur horizontalement dans la matrice de couleur, la saturation en le déplaçant verticalement et la luminosité en l'ajustant à droite de la matrice de couleurs. Sur Macintosh, vous cliquez l'un des modes colorimétriques et choisissez une couleur à l'aide de ses commandes. Pour sélectionner des valeurs RVB, vous avez trois options : sélectionner les curseurs de couleurs en haut de la boîte de dialogue, choisir Curseurs RVB dans le menu déroulant et faire glisser les curseurs Rouge, Vert et Bleu ou saisir des valeurs (numéros de couleurs) pour choisir une couleur. Pour sélectionner des valeurs de teinte, saturation et luminosité, choisissez Curseurs de couleur, Curseurs TSL, puis déplacez les curseurs ou saisissez des valeurs.

Découvrez le panneau Formes

 **PS 2.2**

Le panneau Formes de Photoshop (paru dans la version 7) a définitivement changé la manière d'employer les formes. Auparavant, vous aviez la possibilité de créer un pinceau de n'importe quelle forme et taille, puis de l'utiliser de façon traditionnelle. Toutefois, hormis le changement du pas de la forme, cela n'était rien d'autre qu'un pinceau amélioré. Le moteur actuel de peinture, avec ses options telles que Dynamique de forme, Diffusion, Texture, Forme double et Dynamique de la couleur, permet de contrôler les formes d'une façon qui n'était autrefois disponible que dans des programmes comme Corel Painter et Adobe Illustrator.

Aperçu du panneau Formes

Le panneau Formes Photoshop est par défaut situé dans la zone d'ancrage de la barre d'options. Pour y accéder, vous devez préalablement sélectionner un outil de peinture ou de forme ou un outil qui nécessite l'emploi d'une forme, comme l'outil Gomme, puis cliquer l'icône du panneau Formes à droite de la barre d'options. Vous pouvez aussi cliquer le menu Fenêtre, puis Formes. Dans cette version de Photoshop, le moteur de peinture a été amélioré en matière de rapidité de réponse (Ps), particulièrement avec une tablette graphique.

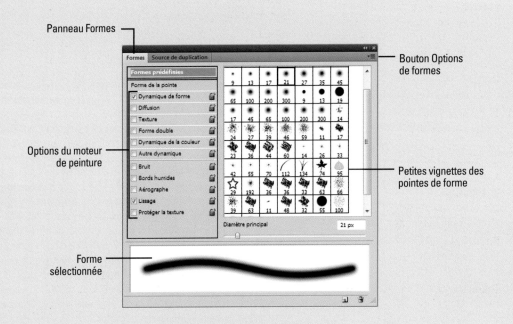

Modifiez le panneau Formes

PS 2.2

Modifiez le panneau Formes

1. Sélectionnez un outil de forme dans la boîte à outils, puis sélectionnez le panneau **Formes**.

2. Cliquez le bouton **Options de formes**, puis choisissez parmi les options d'affichage disponibles :

   ◆ **Affichage agrandi**. Accédez ainsi aux options du moteur de peinture : Forme de la pointe, Dynamique de forme, Diffusion, Texture, Forme double, Dynamique de la couleur et Autre dynamique.

   ◆ **Texte seul**. Affiche toutes les formes de pointe par leur nom.

   ◆ **Petite vignette**. Affiche toutes les formes de pointe à l'aide d'une petite vignette.

   ◆ **Grande vignette**. Affiche toutes les formes de pointe à l'aide d'une grande vignette.

   ◆ **Petite liste**. Affiche toutes les formes de pointe par leur nom et avec une petite vignette.

   ◆ **Grande liste**. Affiche toutes les formes de pointe par leur nom et avec une grande vignette.

   ◆ **Vignette du contour**. Affiche toutes les formes de pointe avec un contour. Cette option montre l'aspect de la forme à l'application. L'utilisation d'une tablette graphique avec stylet à pression permet d'obtenir un contour de largeur variable.

Le panneau Formes contient de nombreuses formes que vous visionnez sous forme de contours, de vignettes ou de descriptions textuelles. La forme prise par le panneau n'a d'effet que sur la présentation des pointes disponibles et non sur ses performances. Choisissez celle qui répond au mieux à vos besoins de conception, puis changez l'affichage si nécessaire. Lorsque vous sélectionnez une forme, elle se définit comme forme par défaut de cet outil uniquement. Vous pouvez ainsi choisir une forme par défaut pour chacun des outils faisant appel au panneau Formes.

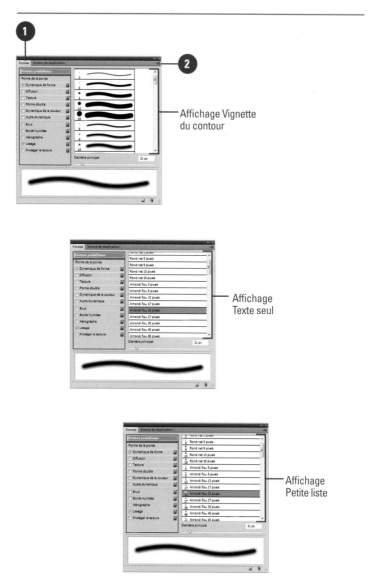

Affichage Vignette du contour

Affichage Texte seul

Affichage Petite liste

Sélectionnez des groupes de formes de pointe

 PS 2.2

Le panneau Formes comprend douze groupes prédéfinis qui organisent les formes de pointe spécifiques par nom. Comme l'outil Pinceau n'est pas seul à utiliser les formes de pointe, il est important d'avoir l'outil (la forme de pointe) approprié à la tâche à effectuer. Travailler avec le mauvais outil peut représenter une perte de temps considérable. Vous ne penseriez pas à peindre un portrait avec un pinceau servant à peindre une façade, donc ne choisissez pas l'outil qui ne correspond pas exactement à ce qu'il vous faut.

Sélectionnez des groupes de formes de pointe

1 Sélectionnez un outil de forme dans la boîte à outils, puis sélectionnez le panneau **Formes**.

2 Cliquez le bouton **Options de formes**.

3 Cliquez l'un des groupes de formes prédéfinis.

4 Cliquez **OK**.

Vous remplacez ainsi les formes de pointe en cours par celles du groupe sélectionné. Vous pouvez aussi cliquer **Ajouter** pour les ajouter au groupe en cours.

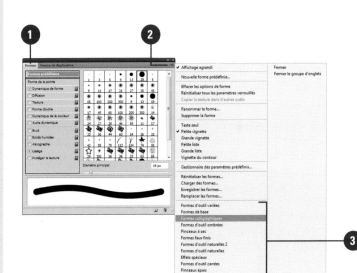

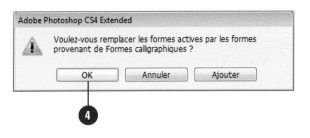

Note

Tracez des lignes droites à l'aide des outils de forme de Photoshop. Si vous maintenez la touche Maj enfoncée en faisant glisser, vous obligez la forme à rester droite. Pour tracer une ligne droite entre deux points, cliquez une fois dans la fenêtre du document, déplacez la souris, maintenez enfoncée la touche Maj, puis cliquez une seconde fois. Une ligne droite se trace entre les deux clics.

Créez des formes de pointe personnalisées

Photoshop propose de nombreuses formes de pointe. Tout graphiste digne de ce nom vous dira que quel que soit ce nombre, il n'y en a jamais assez. Par exemple, vous travaillez sur une photo très ancienne et il vous faut une forme spécifique pour ajouter des détails de cheveux aux zones effacées de l'image. Vous recherchez un type spécial de forme qui crée littéralement l'illusion d'une chevelure ondulée et vous voulez l'ajouter à votre collection de formes. Photoshop simplifie votre tâche et vous permet de créer vos propres formes de pointe personnalisées, puis de les enregistrer dans des groupes organisés.

Créez une nouvelle forme de pointe

1 Ouvrez une image, numérisez un dessin ou sélectionnez un outil de dessin et créez une forme pour une nouvelle pointe.

> **ATTENTION !** *Comme la couleur d'une forme est définie lorsque la forme de la pointe est sélectionnée, créez la forme de la pointe en noir ou en gris. Si elle est créée en couleur, elle sera traduite en niveaux de gris.*

2 Sélectionnez la forme de pointe avec un outil de sélection.

> **ATTENTION !** *Photoshop enregistrera tous les pixels non blancs de la zone sélectionnée et donnera à la nouvelle forme la taille de cette sélection comme diamètre principal. Vous pourrez modifier la taille de l'outil comme avec n'importe quelle forme.*

3 Dans le menu **Edition**, cliquez **Définir une forme prédéfinie**.

4 Donnez un nom à la forme prédéfinie.

5 Cliquez **OK**.

Ouvrez le panneau **Formes**, puis parcourez la liste pour retrouver votre forme.

Comme le bouton Définir une forme prédéfinie enregistre tous les pixels colorés des calques visibles au sein de la zone de sélection, il crée toujours la forme de la pointe sur un calque blanc.

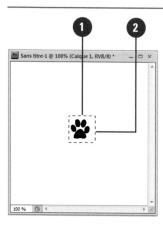

Calque avec la nouvelle forme

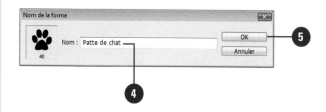

Enregistrez des formes de pointe personnalisées

 PS 2.3

Enregistrez une forme de pointe personnalisée

1. Sélectionnez un outil de forme dans la boîte à outils, puis sélectionnez le panneau **Formes**.

2. Créez dans le panneau un groupe de formes personnalisées.

3. Cliquez **Options de formes**, puis **Enregistrer les formes**.

4. Donnez un nom au groupe (avec l'extension .abr si elle n'est pas donnée par défaut) dans la boîte de dialogue Enregistrer.

5. Le groupe sera placé par défaut dans le dossier Brushes, sous-dossier de Presets. Pour l'enregistrer ailleurs, ouvrez la liste **Où** (Mac) ou **Enregistrer dans** (Win), puis choisissez où l'enregistrer.

6. Cliquez **Enregistrer**.

Note

Accédez directement à vos groupes personnalisés à partir du menu Options du panneau Formes. Lorsque vous enregistrez votre groupe de formes personnalisées, cliquez le dossier Brushes, situé dans le dossier Adobe Photoshop CS4/Presets. Les groupes de formes de ce dossier apparaissent dans le menu Options de formes avec les autres paramètres prédéfinis de Photoshop.

Une fois la forme de pointe créée, elle devient partie intégrante du groupe en cours. Cependant, la forme n'a pas encore été enregistrée définitivement dans Photoshop. Même si la nouvelle forme de pointe va réapparaître chaque fois que vous ouvrez le panneau Formes, si vous réinitialisez le panneau, vous perdrez la forme. Pour conserver vos formes, enregistrez-les dans des groupes personnalisés.

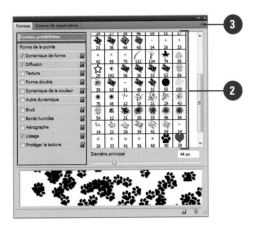

Travaillez avec les formes prédéfinies

La section Formes prédéfinies du panneau Formes comprend une série de caractéristiques qui définissent comment la pointe est appliquée à l'image active. Les paramètres, comme Diffusion et Dynamique de forme, personnalisent davantage vos formes de pointe et vous permettent de créer des formes spéciales pour répondre à tous vos besoins.

Travaillez avec les formes prédéfinies

1. Sélectionnez un outil de forme, puis le panneau **Formes**.

2. Cliquez le bouton **Options de formes**, puis **Affichage agrandi**.

3. Cliquez une pointe spécifique.

4. Choisissez parmi ces options :

   - **Forme de la pointe**. Modifie l'angle, l'arrondi et le pas de la pointe. En outre, vous pouvez changer l'orientation de la pointe sur son axe x ou y.

   - **Dynamique de forme**. Génère différents angles, tailles et arrondis de manière aléatoire au cours d'un tracé.

   - **Diffusion**. Diffuse la forme de manière aléatoire. Les options permettent de distribuer la forme (Diffusion) à mesure que vous dessinez, de choisir la quantité à employer (Nombre) et de changer le nombre de manière aléatoire (Variation numérique).

   - **Texture**. Pour sélectionner une texture prédéfinie ou personnalisée au lieu d'une couleur uniforme.

   - **Forme double**. Pour sélectionner une autre forme.

   - **Dynamique de la couleur**. Détermine les variations chromatiques de la peinture.

   - **Autres dynamiques**. Voir tableau ci-contre.

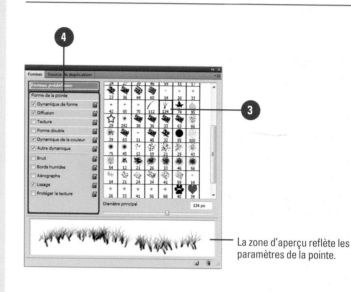

La zone d'aperçu reflète les paramètres de la pointe.

Autres dynamiques

Dynamique	Objectif
Bruit	Génère du bruit aléatoire dans la pointe à mesure que vous dessinez.
Bords humides	Estompe les bords de la forme dessinée, à l'instar d'une touche de peinture à l'eau sur une toile humide.
Aérographe	Change l'outil Pinceau en Aérographe.
Lissage	Lisse les formes dessinées pour les adoucir.
Protéger la texture	Préserve le motif de texture lors de l'application des paramètres prédéfinis de formes.

Exploitez les outils Pinceau et Aérographe

 PS 2.2

Les outils Pinceau et Aérographe ont pour objectif de reproduire l'effet visuel de l'application de peinture sur une toile. Vous maîtrisez totalement la forme de la pointe, la couleur, la taille, l'opacité et même le mode de fusion de la forme. Le contrôle de l'image est obtenu par des calques supplémentaires qui contiennent les contours des formes, mais attention, l'ajout de calques augmente la taille de fichier d'un document Photoshop. Comme les calques possèdent leurs propres options, telles l'opacité, le remplissage et les modes de fusion, vous contrôlez encore mieux le projet final et, une fois le contour à votre goût, vous pouvez toujours fusionner le calque du contour avec l'image pour réduire la taille du fichier.

Exploitez les outils Pinceau et Aérographe

1. Dans la boîte à outils, sélectionnez l'outil **Pinceau**.

2. Sélectionnez une pointe dans la barre d'options ou le panneau Formes.

3. Spécifiez les options du moteur de peinture dans le panneau Formes.

4. Choisissez parmi les options de forme suivantes dans la barre d'options :

   ◆ **Mode**. Déroulez la liste pour choisir parmi les modes de fusion disponibles. L'option du mode de fusion détermine la façon dont la couleur du pinceau se mélange avec les couleurs de l'image active.

   ◆ **Opacité**. Tapez un pourcentage d'opacité (1 à 100 %) ou cliquez la flèche, puis faites glisser le curseur.

   ◆ **Flux**. Tapez un pourcentage de flux (1 à 100 %) ou cliquez la flèche, puis faites glisser le curseur. Lorsque vous appliquez le pinceau, le flux détermine la quantité d'encre qui lui est fournie.

   ◆ **Aérographe**. Cliquez ce bouton pour alterner entre le Pinceau et l'Aérographe.

5. Faites glisser le pointeur dans l'image pour peindre.

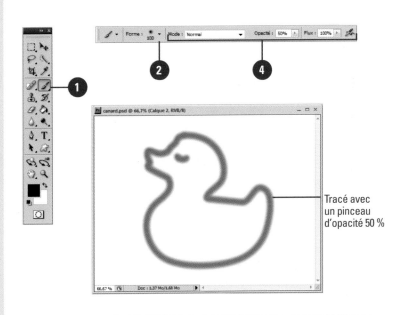

Tracé avec un pinceau d'opacité 50 %

Bon à savoir

Exploitez les outils Pinceau et Aérographe

Les outils Pinceau et Aérographe se ressemblent, mais ils fonctionnent différemment. Le Pinceau conserve une opacité spécifique ; si vous choisissez par exemple 50 % d'opacité, le Pinceau conserve cette opacité, quel que soit le nombre de fois que vous passez sur une zone sans relâcher le bouton. Mais si vous relâchez le bouton et faites de nouveau glisser le pinceau sur la même zone, il ajoute une autre application de 50 % d'encre à l'image. L'outil Aérographe fonctionne par accumulation : le faire glisser produit un contour fonction de l'opacité du pinceau et de la vitesse avec laquelle vous déplacez l'outil sur l'image. Si vous maintenez l'outil Aérographe à la même position, la quantité d'encre va lentement augmenter jusqu'à atteindre 100 %, exactement comme un véritable aérographe.

Exploitez l'outil Crayon

L'outil Crayon est comme son nom l'indique... un crayon. Il se limite aux pointes dures de toutes tailles et formes et crée des traits libres avec la couleur du premier plan en cours. En fait, la différence principale entre le Crayon et le Pinceau, c'est que le Crayon ne peut rien dessiner d'autre qu'un trait au contour net. Son unique paramétrage consiste en la capacité d'alterner entre les couleurs de premier plan et d'arrière-plan en cours, à l'aide de la fonctionnalité Inversion auto.

Exploitez l'outil Crayon

1. Dans la boîte à outils, sélectionnez l'outil **Crayon**.

2. Ouvrez le panneau **Sélecteur de forme prédéfinie**, puis cliquez une pointe.

3. Déroulez la liste **Mode** et choisissez un mode de fusion.

4. Donnez un pourcentage d'**Opacité** (1 à 100 %).

5. Faites glisser l'outil **Crayon** dans le document actif.

Note

Calligraphiez avec l'outil Crayon.
Sélectionnez l'outil Crayon, choisissez le noir comme couleur de dessin et cliquez l'un des outils de forme allongée de la barre d'options. Si vous possédez une tablette graphique, utilisez-la avec l'outil Crayon pour créer de belles lettres calligraphiées.

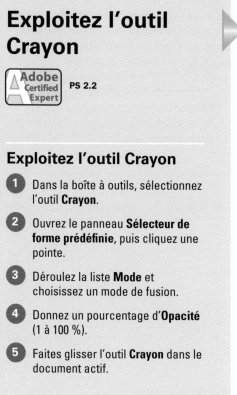

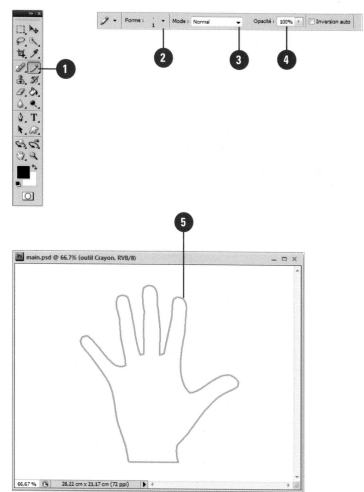

Exploitez l'inversion automatique

Le paramètre Inversion auto change automatiquement la couleur de dessin de l'outil Crayon en s'appuyant sur les couleurs de premier plan et d'arrière-plan en cours. Tout dépend de l'endroit où vous commencez à tracer le trait. Si vous commencez à faire glisser la pointe à un nouvel endroit du document, l'outil Crayon crée un trait de la couleur active du premier plan. Si vous placez ensuite la pointe sur un trait déjà dessiné et que vous la faites glisser, l'outil crée un nouveau trait de la couleur actuelle d'arrière-plan. Comme la fonctionnalité Inversion auto n'efface rien, elle va fonctionner sur un calque transparent exactement comme sur le calque d'arrière-plan.

Exploitez l'inversion automatique

1. Dans la boîte à outils, sélectionnez l'outil **Crayon**.

2. Dans la barre d'options, cochez la case **Inversion auto**.

3. Faites glisser l'outil **Crayon** dans le document actif pour créer un trait de la couleur de premier plan.

4. Cliquez n'importe où dans l'arrière-plan ; l'outil Crayon va employer la couleur de premier plan.

5. Placez la pointe du crayon sur l'un des traits précédents, puis faites-la glisser pour créer un trait de la couleur d'arrière-plan active.

Note

Dessinez des lignes droites avec l'outil Crayon. Cliquez une fois dans le document pour créer un point noir, déplacez le pointeur, enfoncez et maintenez la touche Maj, puis cliquez de nouveau. De la sorte, l'outil Crayon crée une ligne droite entre les deux positions.

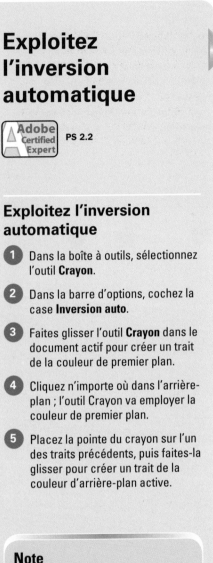

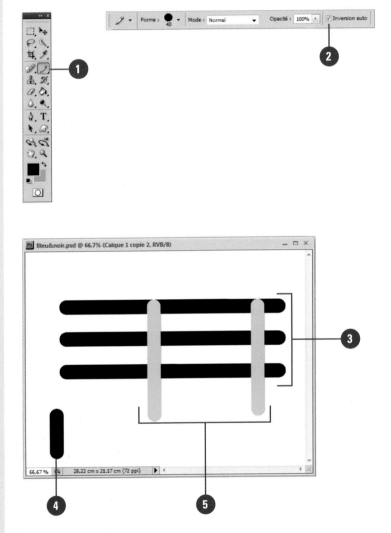

Exploitez l'outil Trait

Avec l'outil Trait, vous dessinez des lignes en cliquant un point du document actif et en relâchant la souris à un autre endroit. Pour dessiner avec un angle précis de 45 ou 90 degrés, maintenez enfoncée la touche Maj pendant le déplacement. Sélectionnez l'outil Trait ou, si vous avez sélectionné un autre outil de dessin, choisissez l'outil Trait dans la barre d'options. Configurez ensuite l'outil avec la barre d'options. Il est judicieux de dessiner les traits sur un calque séparé. Ainsi, une fois le trait dessiné, vous sélectionnez l'outil Déplacement et vous repositionnez le trait à votre guise.

Exploitez l'outil Trait

1 Dans la boîte à outils, sélectionnez l'outil **Trait**.

2 Cliquez le bouton **Pixels de remplissage** pour créer des formes pixellisées de la couleur de premier plan en cours.

3 Dans la liste **Options de géométrie**, choisissez parmi les options disponibles :

- ◆ **Flèches**. Cochez les cases **Début** et/ou **Fin** pour ajouter des pointes de flèche au trait.

- ◆ **Épaisseur**. Tapez un pourcentage (10 à 1 000) pour définir l'épaisseur de la pointe de flèche par rapport à l'épaisseur du trait.

- ◆ **Taille**. Tapez un pourcentage (10 à 5 000) pour définir la longueur de la pointe de flèche.

- ◆ **Concavité**. Tapez un pourcentage (–50 à +50) pour définir la concavité de la pointe de flèche.

4 Tapez une valeur (1 à 1 000 pixels) pour définir l'épaisseur du trait.

5 Déroulez la liste **Mode** et choisissez un mode de fusion.

6 Tapez un pourcentage d'**Opacité** (1 à 100 %).

7 Cochez la case **Lissage** pour adoucir visuellement le trait.

8 Faites glisser la souris pour tracer la ligne.

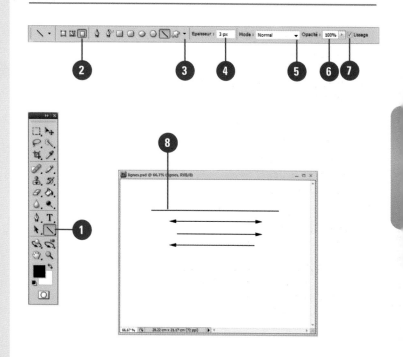

Bon à savoir

Travaillez avec l'outil Trait

L'outil Trait peut créer des repères personnalisés pour les projets qui nécessitent des repères autres que verticaux ou horizontaux. Il suffit de créer un nouveau calque et de sélectionner l'outil Trait. Choisissez une épaisseur de trait d'un ou deux pixels, puis une couleur contrastant avec l'image et tracez les repères appropriés. Une fois que vous avez terminé, verrouillez le calque et servez-vous des repères visuels pour achever votre projet. Masquez le calque quand il n'est pas nécessaire, puis supprimez-le une fois le projet terminé. N'oubliez pas de désactiver les options de flèche.

Exploitez l'outil de forme

Adobe Certified Expert PS 4.5

La création d'une forme régulière, comme un polygone ou un rectangle aux coins arrondis, était autrefois assez ardue. Enfin, jusqu'à ce que Photoshop propose ses outils de dessins de formes. Désormais, il suffit de sélectionner l'outil adéquat, de choisir une couleur et de dessiner la forme. Comme c'est le cas avec toutes les fonctions de dessin de Photoshop, on garde le contrôle en travaillant sur un calque. Photoshop propose une série de formes de base : rectangles, rectangles arrondis, ellipses, polygones ; chacun des outils de forme s'accompagne d'options qui déterminent l'apparence exacte de la forme dessinée.

Exploitez l'outil de forme

1 Dans la boîte à outils, sélectionnez l'outil **Rectangle**.

2 Cliquez le bouton **Pixels de remplissage** pour créer des formes pixellisées de la couleur de premier plan.

3 Cliquez un bouton parmi les outils **Rectangle**, **Rectangle arrondi**, **Ellipse** ou **Polygone**.

4 Dans la liste **Options de géométrie**, cochez ou choisissez parmi les options de dessin suivantes :

◆ **Libre** (Rectangle, Rectangle arrondi, Ellipse)

◆ **Carré** (Rectangle, Rectangle arrondi)

◆ **Cercle** (Ellipse)

◆ **Taille fixe** (Rectangle, Rectangle arrondi, Ellipse)

◆ **Proportionnel** (Rectangle, Rectangle arrondi, Ellipse)

◆ **À partir du centre** (Rectangle, Rectangle arrondi, Ellipse)

◆ **Magnétisme des pixels** (Rectangle, Rectangle arrondi)

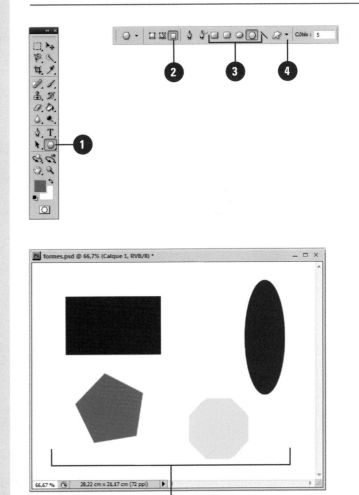

Différentes formes régulières

- ◆ **Rayon** (Polygone)
- ◆ **Angles arrondis** (Polygone)
- ◆ **Étoile** (Polygone)
- ◆ **Côtés indentés de** (Polygone)
- ◆ **Branches arrondies** (Polygone)

5 Dans la liste **Mode**, choisissez un mode de fusion.

6 Donnez un pourcentage d'**Opacité** (1 à 100 %).

7 Cochez la case **Lissage** pour créer une image visuellement adoucie.

Cette option est utile dans les dessins de formes dont les bords sont incurvés.

8 Faites glisser la souris pour créer la forme.

ATTENTION ! *Gardez le contrôle sur votre projet en dessinant les formes sur des calques séparés.*

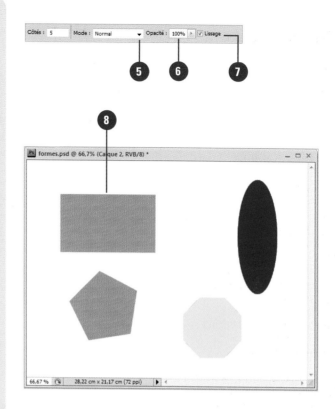

Bon à savoir

Exploitez l'outil de forme

Une fois que la forme est créée, vous êtes libre d'utiliser les options d'effets de calques de Photoshop pour la colorer, lui ajouter une ombre portée ou un biseau et même lui appliquer un dégradé ou un motif. N'oubliez pas que pour appliquer des effets de calque à la forme, celle-ci doit être isolée sur son propre calque.

Exploitez l'outil Forme personnalisée

La possibilité de dessiner un polygone régulier ou un rectangle à angles arrondis est certes utile, mais Photoshop l'a optimisée en introduisant l'outil Forme personnalisée. Il fournit désormais des douzaines de formes prédéfinies et propose également de créer les vôtres. Tous les objets vectorisés peuvent devenir des formes définies par l'utilisateur, par exemple un logo de société. De nombreuses applications de formes personnalisées font gagner du temps. Comme nous l'avons mentionné précédemment, un logo de société, s'il est fréquemment employé, devient disponible d'un simple clic. Tout contour vectorisé, forme ou figure, utilisé régulièrement, peut être converti en forme personnalisée et enregistré pour un usage ultérieur. Sélectionnez l'outil Forme personnalisée ou, si vous avez déjà sélectionné un outil de dessin de forme, cliquez le bouton Forme personnalisée dans la barre d'options, puis configurez la forme à l'aide des options de la barre d'options.

Exploitez l'outil Forme personnalisée

1. Sélectionnez l'outil **Forme personnalisée** dans la boîte à outils.

2. Cliquez le bouton **Pixels de remplissage** pour créer des formes pixellisées avec la couleur de premier plan.

3. Dans la liste **Options de géométrie**, choisissez entre **Libre**, **Proportions définies**, **Taille définie**, **Taille fixe** et **À partir du centre**.

4. Cliquez la flèche de **Forme**, puis choisissez une forme.

5. Cliquez la flèche de la liste **Mode** et choisissez un mode de fusion.

6. Donnez un pourcentage d'**Opacité** (1 à 100 %).

7. Cochez la case **Lissage** pour créer un contour visuellement adouci.

8. Faites glisser la souris pour créer la forme personnalisée.

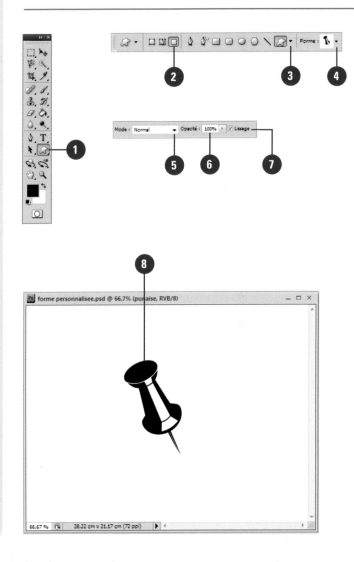

Créez une forme personnalisée

Créez une forme personnalisée à partir de n'importe quoi ; le processus est simple et rapide. Vous créez la forme, vous la sélectionnez et vous la nommez. Comme les formes sont des images vectorisées, elles sont indépendantes de la résolution, ce qui signifie que vous pouvez les dessiner de n'importe quelle taille sans nuire à la qualité de l'image. Une fois la forme personnalisée enregistrée, vous y accédez en ouvrant un document, en sélectionnant l'outil Forme et en choisissant votre nouvelle forme dans le panneau Formes personnalisées.

Créez une forme personnalisée

① Ouvrez un document qui contient l'image vectorisée à convertir en forme ou créez une forme au moyen de l'un des outils de dessin vectoriel de Photoshop.

② Dans le menu **Edition**, cliquez **Créer une forme personnalisée**.

③ Donnez un nom à la nouvelle forme.

④ Cliquez **OK**.

La forme apparaît en vignette au bas du groupe actuel des formes personnalisées.

Note

Utilisez les formes Photoshop dans d'autres programmes vectoriels, comme Illustrator, FreeHand, voire Flash. Dans le menu Fichier, pointez Exportation, puis cliquez Tracés vers Illustrator. Nommez le nouveau document, puis cliquez Enregistrer.

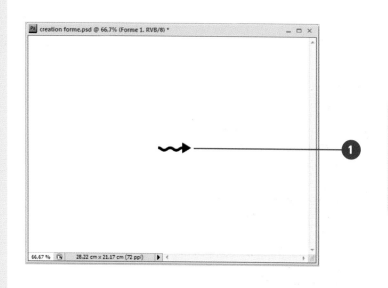

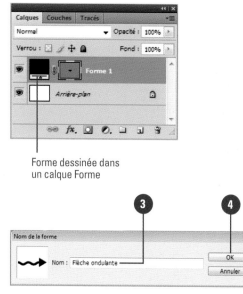

Forme dessinée dans un calque Forme

Enregistrez des groupes de formes personnalisées

La création de groupes de formes personnalisées est une excellente manière de s'organiser. Pour exploiter ensuite une forme spécifique, il suffit de la sélectionner dans son groupe. Outre le gain de temps, l'organisation apporte de la cohérence à vos projets. L'emploi à répétition de formes personnalisées permet de lier les éléments d'un projet et, avec les groupes de formes personnalisées, Photoshop vous offre la méthode parfaite pour maintenir cette cohérence.

Enregistrez des groupes de formes personnalisées

① Cliquez **Forme personnalisée**.

② Cliquez la flèche de **Forme** pour afficher le sélecteur de forme personnalisée.

③ Créez de nouvelles formes, puis ajoutez-les à la liste.

> **ATTENTION !** *Si vous n'êtes pas satisfait d'une forme créée, supprimez-la. Cliquez-la avec le bouton droit, puis cliquez Supprimer la forme.*

④ Pour ajouter des formes existantes, cliquez le bouton **Options** du sélecteur de forme, et choisissez dans la liste un groupe de formes prédéfinies disponibles ou cliquez **Charger les formes** pour charger un groupe personnalisé existant.

⑤ Cliquez **Options ➜ Enregistrer les formes**.

⑥ Donnez un nom au nouveau groupe dans la zone **Enregistrer sous** (Mac) ou **Nom du fichier** (Win).

⑦ Enregistrez le groupe dans le dossier par défaut ou déroulez la liste **Où** (Mac) ou **Enregistrer dans** (Win), puis choisissez l'emplacement du nouveau groupe.

> **ATTENTION !** *Si vous enregistrez le nouveau groupe dans le dossier par défaut Custom Shapes, sous-dossier de Presets\ Adobe Photoshop CS4, il apparaîtra comme un groupe prédéfini dans la liste du bouton Options du sélecteur de forme.*

⑧ Cliquez **Enregistrer**.

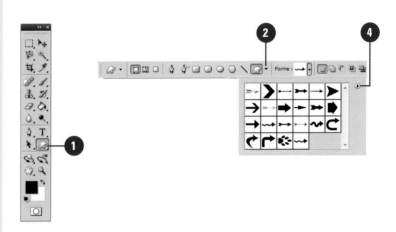

222

Exploitez l'outil Pot de peinture

 PS 2.2

Exploitez l'outil Pot de peinture

1. Dans la boîte à outils, sélectionnez l'outil **Pot de peinture**.

2. Ouvrez la liste **Source** de la zone de remplissage et choisissez une option.

   ◆ **Premier plan**. Remplit une zone sélectionnée avec la couleur de premier plan en cours.

   ◆ **Motif**. Remplit une zone sélectionnée avec un motif.

3. Si vous avez choisi **Motif**, cliquez la flèche du sélecteur de motif, puis choisissez un motif de remplissage prédéfini.

4. Ouvrez la liste **Mode** et choisissez un mode de fusion.

5. Donnez un pourcentage d'**Opacité**.

6. Sélectionnez une valeur de **Tolérance** (0 à 255). La tolérance influence l'étendue de la zone détectée par ses teintes qui sera remplie par le Pot de peinture.

7. Cochez **Lissage** pour lisser la transition des contours.

8. Cochez **Pixels contigus** pour restreindre la sélection de la zone de remplissage à une zone de pixels contigus.

9. Cochez **Tous les calques** si vous voulez utiliser les couleurs de tous les calques pour détecter la zone de remplissage.

10. Cliquez le pointeur de l'outil **Pot de peinture** dans la zone à remplir.

L'outil Pot de peinture n'est pas nouveau, il accompagne Photoshop depuis ses débuts. Sa fonction principale est de remplir une zone avec la couleur de premier plan, mais ses capacités ne se limitent pas à cela. Il peut remplir des zones avec un motif sélectionné et, tout comme l'outil Baguette magique sélectionne des informations d'image, il détermine les zones de remplissage par le changement de luminosité des pixels. Combinez ces possibilités avec la capacité de changer le mode de fusion et l'opacité du pot de peinture : vous obtenez un outil vraiment efficace.

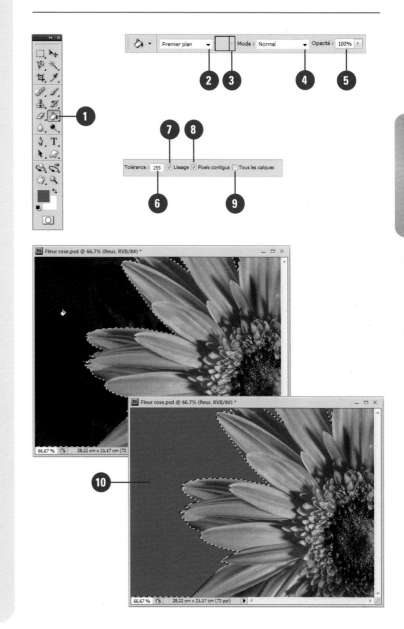

Travaillez avec les outils Gomme

L'outil Gomme de base fonctionne en fait comme un pinceau qui utilise la couleur d'arrière-plan. Si sa fonction principale n'a pas changé depuis les premiers temps de Photoshop, il a tout de même été grandement amélioré. Il peut par exemple supprimer une couleur spécifique ou effacer le long du contour d'un objet. Vous pouvez lui indiquer de supprimer une couleur précise tout en conservant une autre couleur en augmentant ou diminuant la tolérance de l'outil, c'est-à-dire sa plage de sélection. Si vous utilisez l'outil Gomme d'arrière-plan sur un document multicalque, il applique de la transparence. Sur un document aplati (sans prise en charge de la transparence), il convertit l'arrière-plan en calque normal. Vous constatez donc que les outils de gomme ne se limitent pas à effacer aveuglément des données d'image. Exercez-vous à employer ces outils et tout ce qui touche l'effacement vous semblera de plus en plus facile.

Exploitez l'outil Gomme de base

1 Dans la boîte à outils, sélectionnez l'outil **Gomme**.

2 Cliquez la flèche du sélecteur de forme et sélectionnez une pointe.

3 Ouvrez la liste **Mode** et choisissez un mode de fusion.

4 Donnez un pourcentage d'**Opacité** (1 à 100 %) pour déterminer la proportion de l'image supprimée par la gomme.

5 Donnez un pourcentage de **Flux** (1 à 100 %) pour définir la longueur d'un coup de gomme.

6 Cliquez le bouton **Aérographe** pour changer le contour défini de la gomme en contour d'aérographe.

7 Cochez la case **Effacer de l'historique** pour changer temporairement la Gomme en Forme d'historique.

8 Faites glisser la Gomme sur un calque d'image pour rendre transparents les pixels de l'image.

Exploitez l'outil Gomme d'arrière-plan

1 Dans la boîte à outils, sélectionnez l'outil **Gomme d'arrière-plan**.

2 Cliquez la flèche du sélecteur de forme et sélectionnez une pointe.

3 Cliquez l'un des boutons **Échantillonnage** (mode de sélection de la gamme de couleurs) :

◆ **Continu**. Échantillonne les couleurs en continu à mesure que vous faites glisser l'outil Gomme sur l'image.

◆ **Une fois**. Sélectionne la couleur au premier clic.

◆ **Nuance de fond**. Efface uniquement la couleur d'arrière-plan en cours.

4 Ouvrez la liste **Limites**, puis choisissez jusqu'où étendre l'effet de la gomme :

◆ **Discontiguës**. Efface la couleur sélectionnée dès qu'elle apparaît sous le pinceau.

◆ **Contiguës**. Efface les zones contenant la couleur échantillonnée et connectées entre elles.

◆ **Aux contours**. Recherche un changement dans la gamme de couleurs et tente de préserver la netteté des contours de la forme.

5 Sélectionnez un pourcentage de **Tolérance** (1 à 100 %). Plus la tolérance est élevée, plus la gamme sélectionnée est étendue.

6 Cochez la case **Protéger couleur 1er plan** pour empêcher cette couleur d'être effacée.

7 Faites glisser l'outil dans l'image à effacer.

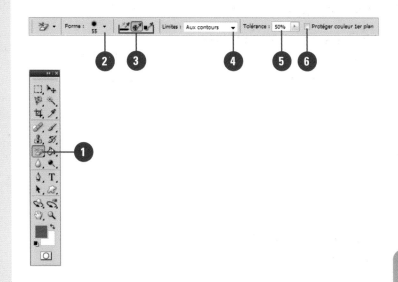

Bon à savoir

Exploitez l'outil Gomme d'arrière-plan

L'outil Gomme d'arrière-plan efface une image en rendant ses pixels transparents. Si vous essayez de l'appliquer sur une image aplatie, il va automatiquement convertir l'arrière-plan aplati en calque normal. En réalité, Photoshop suppose que si vous employez cet outil, votre image doit naturellement se trouver sur un calque et non sur l'arrière-plan.

Employez l'outil Gomme magique

L'outil Gomme magique fonctionne exactement comme la Baguette magique, sauf qu'il efface une zone au lieu de la sélectionner. Il s'applique sur n'importe quel calque Photoshop, y compris l'Arrière-plan. Si vous cliquez avec cet outil, les pixels de l'image deviennent des pixels transparents. Comme le calque Arrière-plan ne prend pas en charge la transparence, l'emploi de la Gomme magique impose à Photoshop de le convertir en calque classique.

Employez l'outil Gomme magique

1. Dans la boîte à outils, sélectionnez l'outil **Gomme magique**.

2. Donnez un pourcentage de **Tolérance** (0 à 255 %). Plus la valeur est élevée, plus la gamme de teintes effacées par la Gomme magique est étendue.

3. Cochez la case **Lissage** pour lisser les contours. Cette option est pratique en cas de sélections fortement courbées ou arrondies.

4. Cochez la case **Contigu** pour sélectionner les pixels contigus dans le document actif.

5. Cochez la case **Échantillonner tous les calques** pour échantillonner les informations d'image de tous les calques (Photoshop traite l'image visuelle comme un composite).

6. Cliquez dans le document actif.

   L'outil Gomme magique, selon vos options, échantillonne le pixel cliqué par l'outil et l'emploie pour définir la zone où effacer les données d'image.

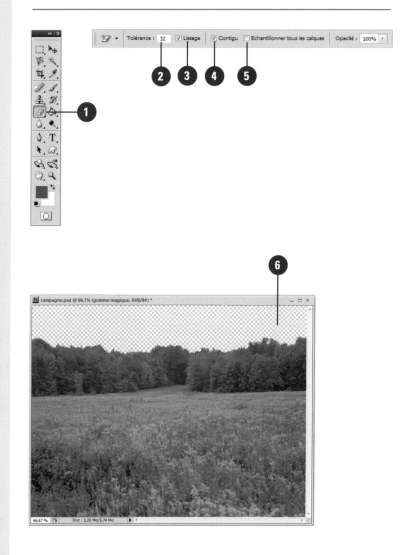

Créez et appliquez des dégradés

PS 2.5

Si la plupart des outils de dessin et de peinture de Photoshop sélectionnent et peignent avec une couleur unique, l'outil Dégradé peint avec un véritable arc-en-ciel de couleurs. Il s'accompagne de plusieurs groupes de dégradés prédéfinis, mais vous êtes libre de créer et d'enregistrer vos propres jeux de dégradés personnalisés. Il est très simple d'appliquer un dégradé : sélectionnez un dégradé ainsi qu'un type spécifique (linéaire, radial, etc.), puis faites glisser l'outil dans le document. La longueur et l'angle du déplacement déterminent la façon dont le dégradé sera appliqué. Comme, par défaut, un dégradé remplace l'image, il est judicieux de l'appliquer sur un calque séparé.

Créez un dégradé standard

1 Dans la boîte à outils, sélectionnez l'outil **Dégradé**.

2 Cliquez la flèche du sélecteur de dégradé, puis choisissez l'un des dégradés disponibles.

3 Cliquez l'un des boutons de styles de dégradés disponibles :

◆ **Linéaire**, **Radial**, **Incliné**, **Réfléchi** ou **En losange**.

4 Ouvrez la liste **Mode** et choisissez un mode de fusion.

5 Donnez un pourcentage d'**Opacité** (1 à 100 %).

6 Cochez la case **Inverser** pour inverser l'ordre des couleurs du dégradé sélectionné.

7 Cochez la case **Simuler** pour adoucir visuellement la transition entre les couleurs du dégradé.

8 Cochez la case **Transparence** pour créer des dégradés à l'aide d'un masque de dégradé (permet la transparence dans le dégradé).

9 Faites glisser l'outil dans l'image pour créer le dégradé.

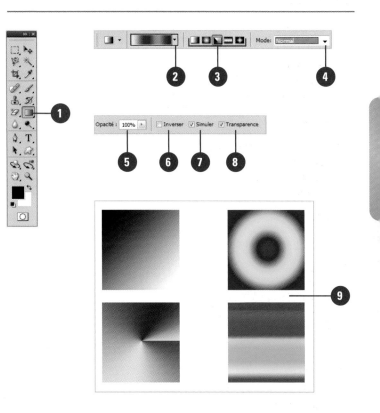

Bon à savoir

Ajoutez des dégradés prédéfinis

Pour ajouter un dégradé prédéfini, sélectionnez au préalable l'outil Dégradé. Cliquez la flèche du sélecteur de dégradé dans la barre d'options, puis cliquez la flèche du bouton Options. Dans la liste au bas du menu, cliquez le nom d'un jeu de dégradés prédéfinis. Choisissez d'ajouter les nouveaux dégradés à la liste existante ou cliquez OK pour remplacer les dégradés existants par le nouveau groupe.

Créez et enregistrez des dégradés personnalisés

Les dégradés personnalisés sont simples à créer et essentiels lorsque les groupes prédéfinis de Photoshop ne vous suffisent pas. Peu importe le nombre de dégradés fournis par Photoshop, vous rencontrerez toujours des situations où ils ne conviennent pas à votre projet. Quelques clics suffisent heureusement à créer vos propres dégradés. Vous pouvez commencer par l'un des dégradés de Photoshop, puis le modifier à votre convenance. Sinon, créez-le complètement. Vous pourrez ensuite réutiliser à volonté votre création dans vos projets actuels et futurs.

Créez et enregistrez un dégradé personnalisé

1 Dans la boîte à outils, sélectionnez l'outil **Dégradé**.

2 Dans la barre d'options, cliquez la vignette du dégradé en cours pour ouvrir la boîte de dialogue **Éditeur de dégradé**.

3 Choisissez un dégradé qui se rapproche de celui que vous voulez créer.

4 Donnez un nom au nouveau dégradé.

5 Cliquez **Nouveau**.

Une vignette (copie du dégradé sélectionné) apparaît au bas de la liste.

6 Ouvrez la liste **Type de dégradé** et choisissez une option :

◆ **Uniforme**. Emploie des couleurs unies dans le dégradé.

◆ **Bruit**. Emploie le bruit pour répartir les couleurs.

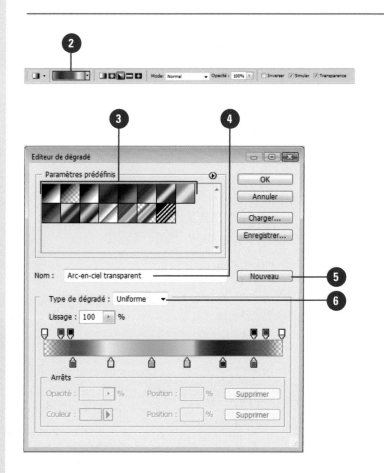

7 Réglez l'option :

◆ **Lissage**. Pourcentage (0 à 100 %) qui détermine le lissage du mélange des couleurs du dégradé (disponible si l'option Uniforme est sélectionnée).

◆ **Cassure**. Pourcentage (0 à 100 %) qui détermine la quantité de bruit à introduire dans les couleurs du dégradé (disponible si l'option Bruit est sélectionnée).

8 Pour ajouter une étape d'opacité, cliquez au-dessus de la ligne du dégradé. Pour en supprimer une, faites glisser l'arrêt hors de la ligne.

9 Pour ajouter une étape de dégradé (couleur), cliquez sous la ligne du dégradé. Pour en supprimer une, faites glisser l'arrêt hors de la ligne.

10 Cliquez un arrêt d'opacité, puis donnez un pourcentage d'**Opacité** (0 à 100 %) et de **Position** (0 à 100 %) pour cet arrêt.

11 Cliquez un arrêt de dégradé, puis choisissez une couleur et un pourcentage de **Position** (0 à 100 %) pour l'arrêt de couleur.

12 Cliquez **Supprimer** pour supprimer l'arrêt d'opacité ou de couleur sélectionné.

13 Cliquez **Enregistrer** pour enregistrer le nouveau jeu de dégradés.

Le jeu va inclure les nouveaux dégradés et tous ceux qui apparaissent dans le volet Paramètres prédéfinis.

14 Cliquez **OK**.

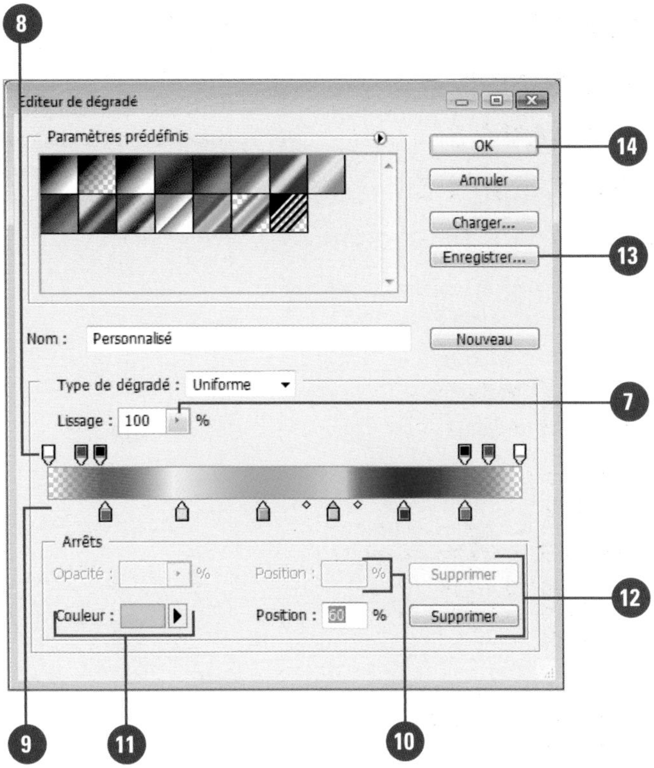

Éditeur de dégradé

Paramètres prédéfinis

Nom : Personnalisé

Type de dégradé : Uniforme

Lissage : 100 %

Arrêts

Opacité : % Position : % Supprimer

Couleur : Position : 50 % Supprimer

OK — **14**
Annuler
Charger...
Enregistrer... — **13**
Nouveau

8
7
12
9
11
10

Exploitez l'outil Remplacement de couleur

L'outil Remplacement de couleur remplace une couleur spécifique de l'image. On obtient de meilleurs résultats en utilisant cet outil avec des formes douces pour mieux mélanger les couleurs dans l'image d'origine. Peut-être avez-vous déjà pris une photo magnifique d'un proche et constaté qu'il avait les yeux rouges ? Ou bien la couleur d'une partie de votre image attire trop l'attention au détriment du sujet principal. Dans tous les cas, l'outil Remplacement de couleur est idéal pour contrôler le résultat final de l'image.

Exploitez l'outil Remplacement de couleur

1. Dans la boîte à outils, sélectionnez l'outil **Remplacement de couleur**.

2. Dans la barre d'options, sélectionnez une forme.

3. Choisissez une option **Échantillonnage** :

   ◆ **Continu**. Échantillonne les couleurs en continu à mesure que vous faites glisser.

   ◆ **Une fois**. Remplace la couleur cible uniquement dans les zones où vous cliquez.

   ◆ **Nuance de fond**. Efface les zones qui correspondent à l'arrière-plan.

4. Choisissez une option **Limites** :

   ◆ **Discontiguës**. Remplace la couleur échantillonnée sous le pointeur.

   ◆ **Contiguës**. Remplace les zones reliées contenant la couleur d'échantillonnage et préserve la précision des bords très distincts.

   ◆ **Aux contours**. Recherche un changement dans la gamme de couleurs et limite le remplacement de couleur au contour visuel de l'objet.

5. Donnez un pourcentage de **Tolérance** (0 à 255 %).

6. Cochez la case **Lissage** pour adoucir le bord des zones corrigées.

7. Sélectionnez une couleur de premier plan.

8. Faites glisser l'outil sur la couleur à remplacer.

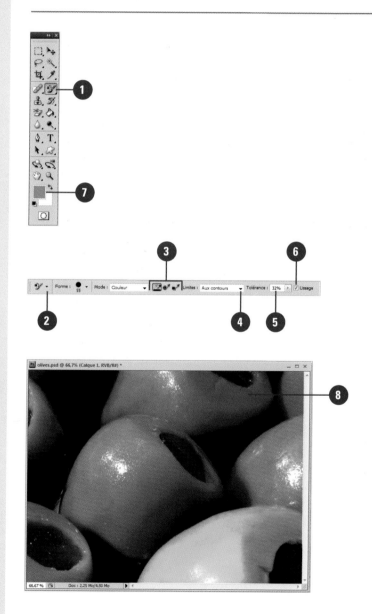

Créez des masques de couche et de calque

10

Adobe Photoshop a pour objectif de rendre votre expérience aussi proche de la réalité que possible. Lorsque vous sélectionnez l'outil Pinceau et le faites glisser sur le document, vous obtenez un trait de couleur correspondant à la taille et au type de pinceau choisi. De fait, vous réalisez dans Photoshop ce que vous auriez obtenu avec un pinceau sur une toile. Le réalisme est le fondement même de Photoshop mais, aussi réaliste que soit l'expérience, certains éléments de la conception numérique dépassent le monde réel, comme la possibilité d'annuler une action. Les masques de fusion permettent de supprimer des éléments d'un calque sans effacer les pixels de l'image. Les masques de calque vous donnent un contrôle absolu en permettant de déterminer quels éléments d'une image sont visibles et de modifier celle-ci sans rien détruire. En outre, les masques de fusion sont modifiables, ce qui signifie que l'on peut changer d'avis à tout moment, pendant le processus de création.

Imaginez que vous avez créé une sélection compliquée. Les sélections classiques sont temporaires et elles demeurent tant que le document est ouvert. Comment faire pour enregistrer une sélection afin de l'utiliser ultérieurement ? Il vous faut un masque de couche. En effet, celui-ci conserve les sélections et les enregistre avec le document. On le crée à partir de rien ou d'une sélection existante en peignant le masque avec du noir, du blanc ou des nuances de gris. Le processus de création d'un masque de couche est simple, mais le résultat est puissant.

Le rôle des masques de fusion

PS 5.1, 5.4

Les masques de fusion ne sont pas une nouveauté. Les concepteurs de Photoshop découvrent cependant quotidiennement de nouvelles manières de les exploiter. Le masque de fusion est associé à un calque et en définit les éléments visibles. Chaque type de calque, à l'exception de l'arrière-plan, peut accueillir un masque de fusion. Imaginez une feuille de papier placée directement sur l'image dans laquelle on découpe des trous. Ces derniers représentent les éléments visibles de l'image, alors que les autres zones deviennent masquées. Chaque calque d'un document multicalque peut contenir son propre masque, dont l'effet porte uniquement sur les éléments du calque auquel il est associé. Une fois le masque créé, il peut être modifié avec tous les outils de peinture ou de dessin de Photoshop. Le noir représente les éléments transparents (masqués) et le blanc les éléments visibles. En peignant dans des nuances de gris, on introduit un niveau de transparence variable. Par exemple, en peignant avec 50 % de gris, les pixels de l'image sont transparents à 50 %.

Créez un masque de fusion

PS 5.2

Créez un masque de fusion

Pour créer un masque de fusion, il suffit d'un document et de n'importe quel type de calque Photoshop à l'exception de l'arrière-plan. Lorsque vous ajoutez un masque de fusion, vous travaillez avec deux éléments de calque : l'image et le masque. Il est important de savoir sur quel élément vous travaillez, sans quoi vous pourriez peindre l'image au lieu du masque. Si cela se produit, rappelez-vous le bouton Annuler. Une fois le masque créé, vous contrôlez sélectivement, sans effacer, les parties visibles de l'image.

1. Ouvrez un document.

2. Cliquez le panneau **Calques**.

3. Cliquez le calque qui contiendra le masque.

4. Cliquez le bouton **Ajouter un masque vectoriel**.

5. Cliquez la vignette de l'image pour modifier ou régler l'image.

   Le pointeur actif prend la forme d'une main au doigt tendu.

6. Cliquez la vignette du masque pour modifier ou peindre le masque.

7. Cliquez l'icône de lien pour séparer le masque de l'image. Contrôlez l'opacité (la densité) du masque avec les curseurs du panneau Masques (Ps). Ce panneau donne accès à la commande Plage de couleurs et permet d'inverser le masque ou de récupérer la sélection du masque.

8. Cliquez de nouveau l'icône de lien pour rétablir le lien entre le masque et l'image.

9. Appuyez sur la touche **Maj** et cliquez la vignette du masque pour le désactiver ou l'activer temporairement ou cliquez le bouton **Activer/Désactiver le masque** du panneau Masques (Ps).

10. Appuyez sur la touche **Alt** (Win) ou la touche **Option** (Mac) et cliquez pour activer ou désactiver le masque dans la fenêtre du document.

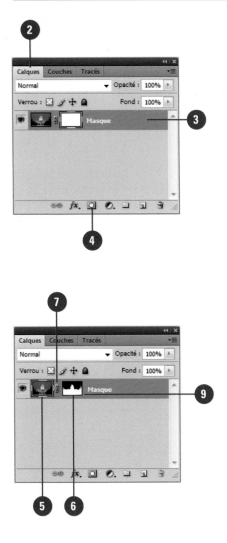

Exploitez les outils de peinture

PS 5.2

À moins d'être créé à partir d'une sélection, un masque de fusion est entièrement blanc au départ. Aucun effet n'est visible sur l'image puisque la couleur blanche désigne les zones visibles de l'image. Ce n'est que lorsque l'on commence à peindre sur le masque que l'image est affectée. Vous modifiez la transparence en peignant des nuances de gris. Plus la nuance est foncée, plus l'image est transparente. En peignant le masque avec du noir pur, on obtient une image à 100 % transparente, c'est-à-dire invisible. Pour créer un masque, tous les outils de dessin ou de peinture fonctionnent. En fait, vous pourriez même employer une forme personnalisée pour créer un masque en forme de canard en caoutchouc. Toute l'astuce consiste à employer les bons outils pour obtenir l'effet souhaité. Par exemple, en se servant d'un pinceau dur, on crée une image avec des contours nets et, avec un pinceau doux, les contours de l'image se fondent graduellement avec les éléments transparents.

Exploitez les outils de peinture

1. Ouvrez un document.

2. Créez un masque de fusion sur l'un des calques actifs.

3. Cliquez la vignette du masque de fusion.

4. Sélectionnez l'outil **Pinceau** et une forme.

5. Dans la fenêtre du document, utilisez du noir pour créer de la transparence.

6. Utilisez du blanc pour retoucher l'image.

7. Utilisez des nuances de gris pour créer une transparence partielle.

Voir aussi

Pour de plus amples informations sur l'outil Pinceau, reportez-vous à la section « Exploitez les outils Pinceau et Aérographe », page 214.

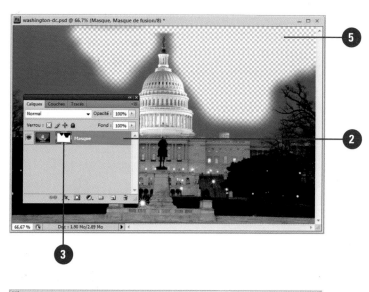

Générez des masques de fusion complexes avec les sélections

Générez un masque avec une sélection

1 Ouvrez un document.

2 Sélectionnez les zones à conserver.

3 Cliquez le bouton **Ajouter un masque de fusion**.

Photoshop génère un masque de fusion fondé sur la sélection.

Note

Appliquez des styles de calque à une image masquée. Créez le masque et cliquez le bouton Ajouter un style de calque, dans la partie inférieure du panneau Calques. Utilisez ensuite l'un des styles de calque, comme Ombre portée ou Biseautage et estampage. Le style de calque est uniquement appliqué à la partie visible de l'image.

Voir aussi

Pour de plus amples informations sur la sélection de zones d'image et les outils afférents, reportez-vous au chapitre 4, « Maîtrisez l'art de la sélection », page 77.

Il est simple de créer un masque de fusion : sélectionnez un calque et cliquez le bouton Ajouter un masque de fusion. Malheureusement, lorsque vous créez un masque de cette façon, il vous revient de définir les zones transparentes avec les outils de dessin. L'autre moyen de générer un masque fait appel à la sélection. Lorsque vous cliquez le bouton Ajouter un masque de fusion, Photoshop recherche les zones sélectionnées dans le document. S'il n'en trouve pas, il crée un masque vide (blanc). Si vous commencez par sélectionner une ou plusieurs zones, Photoshop en déduit que ces zones doivent rester visibles.

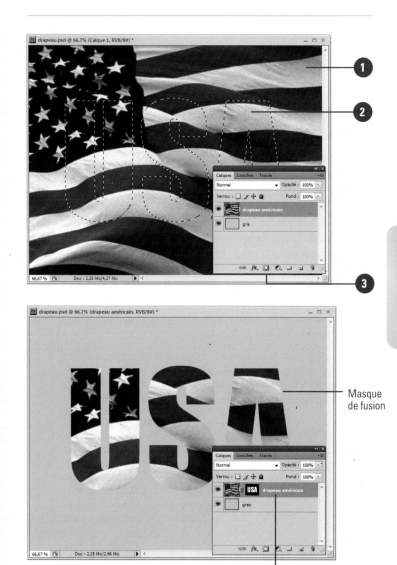

Masque de fusion

Masque de fusion dans le panneau

Générez une transparence douce avec un masque de fusion

Adobe Certified Expert
PS 5.2

Lorsque vous créez une sélection avec les outils de sélection et les options de base, les contours de la sélection sont tranchés. Si vous créez ensuite un masque de fusion, son contour est aussi net que celui de la sélection. Pour adoucir le contour de la sélection, vous pouvez utiliser la boîte de dialogue Améliorer le contour qui peut aussi être ouverte par le bouton Contour du masque du panneau Masques (Ps). Déplacez le curseur Contour progressif pour en voir le résultat dans la fenêtre du document grâce à l'aperçu. Lorsque vous créez le masque correspondant, son contour est adouci.

Utilisez les masques de fusion pour la transparence

1. Ouvrez un document.

2. Créez une sélection autour de la zone à conserver.

3. Dans le menu **Sélection**, cliquez **Améliorer le contour**.

4. Déplacez le curseur pour sélectionner une valeur de Contour progressif (entre 1 et 250). Le rendu du contour progressif a d'autant plus d'effet que la valeur est élevée.

5. Cliquez **OK**.

6. Cliquez le bouton **Ajouter un masque de fusion**.

   Le masque de fusion utilise l'option Contour progressif pour adoucir la transition entre l'image et le masque.

Note

Utilisez aussi un flou gaussien pour créer une transparence douce. Vous pouvez aussi adoucir le contour en créant une sélection au contour tranché, puis en créant visuellement un masque plus doux à l'aide du filtre nommé Flou gaussien.

Effet de contour progressif

Voir aussi

Pour de plus amples informations sur l'utilisation des filtres, reportez-vous au chapitre 14, « Appliquez des filtres aux images ».

Combinez des images avec les masques de fusion

Les masques de fusion représentent des zones de l'image qui, peintes en noir, deviennent transparentes et réapparaissent si on les peint en blanc. Certaines applications des masques de fusion sont évidentes : modifier le ciel, supprimer un arbre, voire une personne sur une photo. On peut, par exemple, créer un effet de conversion d'un dessin au trait en photographie normale. Pour y parvenir, il suffit d'une copie de l'image sur un calque séparé, d'un masque de fusion et de l'outil Dégradé linéaire.

Combinez des images avec les masques de fusion

1. Ouvrez un document.

2. Sélectionnez le calque à utiliser dans le panneau **Calques**. Si le document compte plusieurs calques, celui-ci doit se trouver en tête de la pile des calques.

3. Faites glisser le calque sur le bouton **Créer un calque** pour en faire une copie.

   RACCOURCI *Pour créer rapidement une copie de calque, appuyez sur Ctrl + J (Win) ou ⌘ + J (Mac).*

4. Cliquez le bouton **Ajouter un masque de fusion** pour ajouter un masque de fusion à la copie.

5. Servez-vous des effets de réglage ou de filtre pour modifier la copie.

6. Sélectionnez noir et blanc comme couleurs de premier plan et d'arrière-plan par défaut.

7. Sélectionnez l'outil **Dégradé** puis choisissez un dégradé linéaire en utilisant l'option premier plan vers arrière-plan.

8. Cliquez la vignette du masque de fusion dans la copie.

9. Faites glisser l'outil **Dégradé**, de gauche à droite, sur tout le document.

   L'image devient transparente de gauche à droite, révélant l'image d'origine.

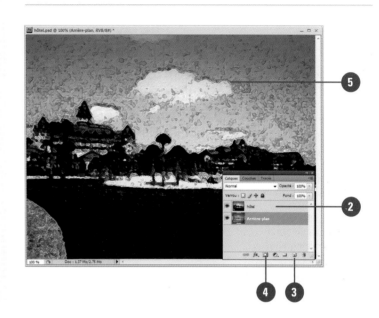

Créez une vignette avec un masque de fusion

Lorsqu'un document est ouvert dans Photoshop, le format de l'image est standard : un carré ou un rectangle avec des angles à 90°. Voilà qui est parfait si l'on a besoin d'un cadre carré ou rectangulaire. Soyons honnêtes, ces cadres sont parfois ennuyeux, en particulier si l'on souhaite agrémenter l'image d'une jolie vignette au contour progressif. Pour créer une telle vignette, il vous faut quatre éléments : une image, une sélection, un masque de fusion et le filtre Flou gaussien.

Créez une vignette

① Ouvrez un document.

② Sélectionnez l'outil **Ellipse de sélection** et créez un ovale de sélection. L'ellipse doit contenir la zone à préserver.

③ Dans le panneau **Calques**, cliquez le bouton **Ajouter un masque de fusion**.

④ Cliquez la vignette du masque de fusion.

⑤ Dans le menu **Filtre**, pointez sur **Atténuation** et cliquez **Flou gaussien**.

⑥ Déplacez le curseur **Rayon** pour réduire ou augmenter la quantité de flou appliquée à l'image.

⑦ Cochez la case **Aperçu** et examinez l'image jusqu'à obtenir le flou désiré dans le masque de fusion.

⑧ Cliquez **OK**.

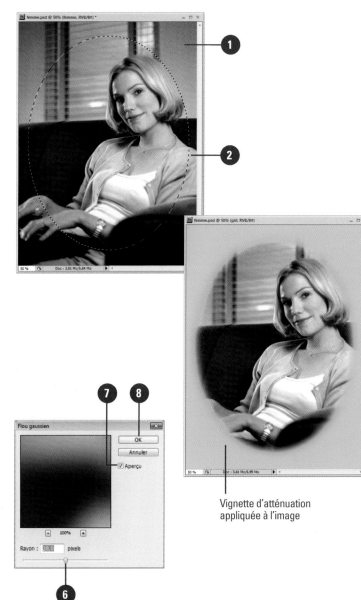

Vignette d'atténuation appliquée à l'image

238

Créez un contour unique de masque de fusion

Les masques de fusion peuvent générer bien plus que de simples vignettes autour d'une image. En fait, avec les filtres appropriés, il est possible de créer des contours très attractifs et amusants. En effet, quel que soit l'outil de sélection employé (rectangle, ellipse ou lasso), le contour de la sélection reste tranchant et définissable. Le secret consiste à créer une sélection générale autour de la partie de l'image à conserver, à créer un masque de fusion puis à faire appel à des effets de filtres créatifs, comme les filtres Artistiques ou Déformation. On obtient ainsi des contours attrayants avec un simple filtre.

Créez un contour de masque de fusion

1. Ouvrez un document.

2. Dans le panneau **Calques**, cliquez le calque auquel appliquer un contour.

3. Créez une sélection rectangulaire autour d'une partie de l'image.

4. Cliquez le bouton **Ajouter un masque de fusion**.

5. Cliquez la vignette du masque de fusion.

6. Dans le menu **Filtre**, pointez **Contours** et cliquez le filtre **Aérographe**.

7. Réglez les options du filtre pour modifier le contour du masque de fusion.

8. Cliquez **OK**.

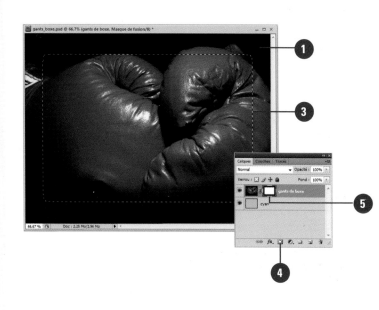

Note

Appliquez plusieurs filtres à un contour de masque de fusion. Le filtre Barbouillage crée un contour déchiqueté. En appliquant un peu de Flou gaussien au masque, on adoucit l'effet en créant une transition visuelle plus agréable entre le masque et l'arrière-plan.

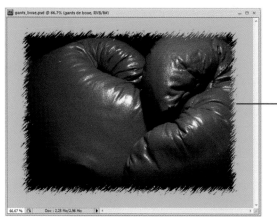

Le filtre Aérographe appliqué au masque de fusion

À propos des masques de couche

Le panneau Couches remplit trois objectifs : conserver les informations chromatiques, les informations de ton direct et les sélections (masques de couche). Pour créer un masque de couche, il suffit de cliquer le bouton Créer une couche et d'employer l'un des outils de dessin ou de peinture pour créer le masque, ou de faire une sélection et de la convertir en masque en cliquant le bouton Mémoriser la sélection sur une couche. Lorsque vous peignez le masque de couche, par défaut, les zones noires sont masquées, les zones blanches sélectionnées, les zones en nuances de gris sont partiellement sélectionnées.

Utilisez les masques de couche

1. Ouvrez une image et créez une sélection.

2. Sélectionnez le panneau **Couches**.

3. Cliquez le bouton **Créer une couche**.

4. Sélectionnez la nouvelle couche.

5. Dans la boîte à outils, sélectionnez l'outil **Pinceau** et sélectionnez une forme dans la barre d'options.

6. Peignez les zones du masque en blanc pour créer la sélection.

7. Peignez les zones du masque en noir pour masquer l'image.

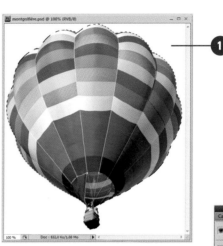

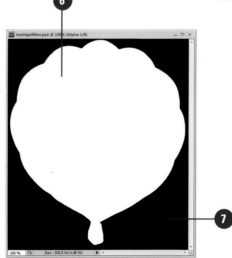

Note

Convertissez rapidement un masque de couche en sélection. Pour afficher un masque de couche comme sélection, ouvrez le panneau Couches, appuyez sur la touche Ctrl (Win) ou ⌘ (Mac) et cliquez la couche. Photoshop convertit les zones blanches, noires et grises du masque en sélection visible dans la fenêtre du document.

Créez un masque de couche à partir de rien

PS 5.3

Il est simple de créer des masques de couche et tout aussi simple de les modifier. Il suffit d'ouvrir un document et d'accéder au panneau Couches. Sélectionnez un outil de peinture ou de dessin puis peignez le masque pour définir la zone de sélection. Le problème est que vous ne voyez pas l'image, mais seulement le masque. Vous avez besoin de voir simultanément le masque et l'image, comme si vous utilisiez un papier calque, pendant que vous peignez avec les outils de dessin les parties de l'image à sélectionner. Pour voir l'image à mesure que vous créez le masque, activez ou affichez temporairement la couche composite. En fait, cette dernière fait office d'interrupteur. Lorsqu'elle est affichée, vous voyez l'image et le masque comme sur une feuille de papier calque, et lorsqu'elle est masquée, vous ne voyez que le masque.

Créez un masque de couche

1. Ouvrez une image.

2. Sélectionnez le panneau **Couches**.

3. Cliquez le bouton **Créer une couche**.

4. Cliquez le bouton **Afficher/Masquer** de la couche composite. L'image apparaît dans la fenêtre du document (la nouvelle couche Alpha doit rester sélectionnée). L'image va servir de guide pour la création du masque.

5. Dans la boîte à outils, sélectionnez l'outil **Pinceau**.

6. Peignez en blanc les zones de l'image pour créer une sélection (la peinture blanche révèle l'image d'origine).

7. Peignez en noir les zones de l'image à masquer (la peinture noire masque l'image avec la couleur rouge par défaut).

8. Cliquez le bouton **Afficher/Masquer** de la couche composite. L'image est cachée et seul le masque est visible.

9. Répétez les étapes **6** à **8** jusqu'à terminer le masque.

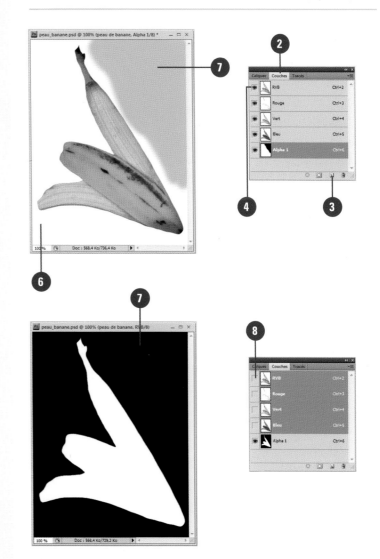

Modifiez les options du masque de couche

Les options du masque de couche contrôlent son apparence et ses fonctions. Photoshop permet de modifier les options par défaut d'un masque de couche. Il est, par exemple, possible de remplacer la couleur rouge par défaut par du bleu ou de modifier son fonctionnement de Zones sélectionnées en Ton direct. Ces options renforcent votre maîtrise sur le résultat final.

Modifiez les options du masque de couche

1 Ouvrez un document.

2 Sélectionnez le panneau **Couches**.

3 Cliquez le bouton **Options** du panneau, puis **Nouvelle couche**.

4 Saisissez un nom pour la nouvelle couche.

5 Choisissez l'option qui définit l'utilisation de la couleur du masque : **Zones masquées, Zones sélectionnées** ou **Ton direct**.

6 Cliquez la case **Couleur** et sélectionnez une couleur avec le Sélecteur de couleurs.

7 Saisissez un pourcentage d'**Opacité** de la couleur (entre 1 et 100).

8 Cliquez **OK**.

Note

Modifiez les options d'une couche existante. Double-cliquez la couche : Photoshop ouvre la boîte de dialogue Option de couche.

Définissez les options pour chaque couche. Tout changement apporté aux options n'a d'effet que sur la couche concernée. Chaque couche peut bénéficier de paramètres individuels.

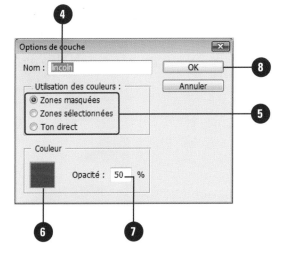

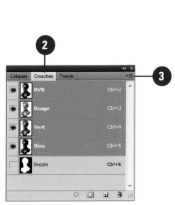

Créez un masque de couche à partir d'une sélection

 PS 3.2, 5.3, 5.6

Créer un masque de couche à partir de rien (avec les outils de peinture et de dessin) permet de générer un masque de taille et de forme appropriées. Il est cependant parfois plus simple de définir d'abord les zones à conserver, puis de créer le masque. Lorsqu'un masque de couche est créé à partir d'une sélection existante, Photoshop utilise les zones sélectionnées pour créer le masque. Par exemple, dans l'image d'une femme portant une robe rouge, vous souhaitez colorer la robe en vert. Pour commencer, sélectionnez la robe rouge. Au lieu de créer un nouveau masque et de peindre la robe, il est plus simple d'utiliser d'abord un outil comme la Baguette magique, de sélectionner la robe et de convertir ensuite la zone sélectionnée (la robe) en masque de couche. Une fois le masque créé, vous le raffinez à l'aide des outils de peinture, puis vous changez la couleur de la robe. Le choix entre une création à partir de rien ou *via* une sélection prédéfinie dépend de l'image et du résultat souhaité.

Créez un masque de couche à partir d'une sélection

1. Ouvrez un document.

2. Créez une sélection à l'aide de l'un des outils de sélection Photoshop.

3. Sélectionnez le panneau **Couches**.

4. Cliquez le bouton **Mémoriser la sélection sur une couche**.

   Photoshop crée un nouveau masque de couche à partir des zones sélectionnées.

La sélection est convertie en masque Alpha

Créez un masque de couche à partir de couches chromatiques natives

Le processus de création d'un masque de couche à partir d'une couche chromatique native se fait en plusieurs étapes, mais l'effort en vaut la peine. L'astuce pour créer un tel masque consiste à employer les décalages de gris d'une couche chromatique spécifique pour créer les zones blanches et noires caractéristiques d'un masque de couche classique. Supposons, par exemple, que vous disposiez d'une photo d'un mannequin et que vous souhaitiez isoler celui-ci de l'arrière-plan. Vous devrez malheureusement effectuer une difficile sélection autour des cheveux du mannequin. Pour créer le masque de couche, ouvrez le panneau Couches et examinez une à une les couches chromatiques natives. Recherchez la couche chromatique qui présente le meilleur contraste entre les cheveux du modèle et l'arrière-plan. Dans une image RVB, si vous cliquez la couche rouge, les cheveux apparaissent gris foncé et l'arrière-plan gris clair. La différence est suffisamment prononcée pour vous permettre de voir les mèches de cheveux ressortir de l'arrière-plan. Si vous découvrez un tel contraste, vous pourrez rapidement créer un masque de couche.

Créez un masque de couche à partir de couches chromatiques natives

① Ouvrez un document.

② Sélectionnez le panneau **Couches**.

③ Cliquez et visualisez les couches chromatiques natives une à une.

④ Cliquez la couche qui représente au mieux la différence visuelle entre ce que vous voulez sélectionner et masquer.

⑤ Faites glisser la couche sélectionnée sur le bouton **Créer une couche**.

Photoshop crée une copie de la couche chromatique native sélectionnée.

⑥ Cliquez la copie de la couche chromatique native.

7 Dans le menu **Image**, pointez **Réglages** et cliquez **Seuil**.

8 Déplacez le curseur **Seuil** jusqu'à obtenir une image noir et blanc nette, où le noir et le blanc représentent les zones sélectionnées et masquées de l'image.

9 Cliquez **OK**.

10 Servez-vous des outils de peinture en blanc et noir pour retoucher le nouveau masque.

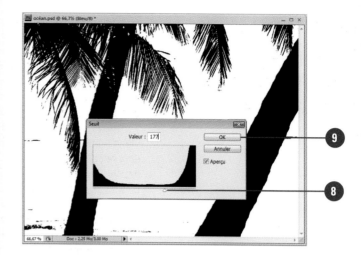

Note

Utilisez les masques de couches chromatiques natives pour corriger l'image. Les masques de couche créés à partir de couches chromatiques natives peuvent servir à d'autres fins, comme dans une photo où les parties sombres de l'image sont trop foncées. Pour corriger le problème, créez un masque de couche qui sélectionne uniquement les zones les plus foncées, puis servez-vous des réglages Niveaux et Courbes pour éclaircir les zones sous-exposées de l'image.

Récupérez des masques de couche

PS 3.2, 5.3

Une fois que vous avez créé un masque de couche, et vous pouvez ajouter jusqu'à 28 masques distincts dans un document, il est temps de l'exploiter. Pour enregistrer un masque de couche, il suffit d'enregistrer le document dans un format qui prend en charge les couches, comme le format Photoshop natif PSD ou le format TIFF. À la prochaine ouverture du document, vous retrouverez vos masques de couche. Pour supprimer un masque de couche, faites-le glisser sur le bouton Supprimer qui se trouve au bas du panneau Couches, ou sélectionnez le masque de couche à supprimer et cliquez le bouton Supprimer. Mais tôt ou tard, vous voudrez utiliser le masque de couche, ce qui implique de le convertir en sélection. Le processus est simple mais indispensable.

Récupérez un masque de couche

1. Ouvrez un document qui contient un masque de couche ou créez un nouveau masque.

2. Dans le menu **Sélection**, cliquez **Récupérer la sélection**.

3. Si plusieurs documents sont ouverts, ouvrez la liste **Document** et sélectionnez le document à utiliser.

4. Ouvrez la liste **Couche** puis cliquez la couche à convertir en sélection (les couches chromatiques natives n'apparaissent pas dans la liste).

5. Cochez la case **Inverser** pour demander à Photoshop d'utiliser les zones noires du masque (au lieu des zones blanches) pour la sélection.

6 Sélectionnez l'option de **Résultat** à effectuer :

◆ **Nouvelle sélection**. Crée une nouvelle sélection.

◆ **Ajouter à la sélection**. Ajoute le masque de couche à une sélection existante.

◆ **Soustraire de la sélection**. Soustrait le masque de couche d'une sélection existante.

◆ **Intersection avec la sélection**. Sélectionne les zones communes du masque de couche et de la sélection existante.

7 Cliquez **OK**.

Bon à savoir

Exploitez les masques de couche

Les masques de couche correspondent aux zones sélectionnées d'une image. Par défaut, les zones blanches du masque représentent les zones sélectionnées et les zones noires, les zones masquées. Lorsqu'un masque est appliqué à une image, la transition nette entre le noir et le blanc du masque crée une sélection très tranchée. Pour adoucir cette transition, cliquez le menu Filtre, pointez Atténuation, puis Flou gaussien. Appliquez un léger flou (un ou deux pixels). Lorsque le masque est appliqué à l'image, le Flou gaussien adoucit les effets de la sélection et crée une transition visuelle plus agréable.

Déplacez les masques de couche entre documents

Après avoir créé un masque de couche dans un document, il est possible de le déplacer vers un autre document. Certains masques de couche sont spécifiques à un document particulier et ne peuvent pas s'appliquer à d'autres, par exemple, si le masque découpe un arbre sur un ciel bleu. En revanche, d'autres peuvent aisément être employés à l'envi, comme des masques créant des contours autour de l'image. Si vous avez passé du temps à créer des contours et souhaitez appliquer ces sélections à d'autres images, enregistrez-les comme masques de couche et déplacez-les d'un document à un autre. Vous économiserez du temps et gagnerez en harmonie dans vos projets.

Déplacez les masques de couche entre documents

1. Ouvrez un document qui contient un masque de couche.

2. Ouvrez un deuxième document (celui dans lequel importer le masque).

3. Positionnez les deux fenêtres côte à côte.

4. Cliquez le document qui contient le masque de couche.

5. Sélectionnez le panneau **Couches**.

6. Faites glisser le masque de couche du panneau Calques vers la fenêtre du deuxième document.

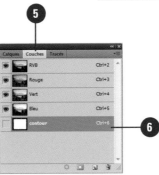

Combinez des masques de couche

Les masques de couche ne sont autres que des sélections, définies par du blanc, du noir et des nuances de gris. Une fois le masque de couche placé dans le panneau Couches, vous pouvez exploiter la vaste gamme d'outils de dessin et de peinture ainsi que les filtres. Par exemple, le filtre Flou gaussien peut améliorer un masque de couche. Il est même possible de combiner les éléments de sélection de plusieurs masques et de créer ainsi un masque plus complexe.

Combinez des masques de couche

1. Ouvrez un document qui contient plusieurs masques de couche.

2. Sélectionnez le panneau **Couches**.

3. Appuyez sur la touche **Ctrl** (Win) ou ⌘ (Mac) et cliquez l'un des masques de couche.

   Les zones blanches de la couche deviennent une sélection.

4. Appuyez sur **Maj** + **Ctrl** (Win) ou **Maj** + ⌘ (Mac) et cliquez un deuxième masque de couche.

   Les zones blanches du deuxième masque de couche s'ajoutent à la précédente sélection.

5. Cliquez le bouton **Récupérer la couche comme sélection**.

   Photoshop combine les zones des deux masques pour créer un nouveau masque de couche.

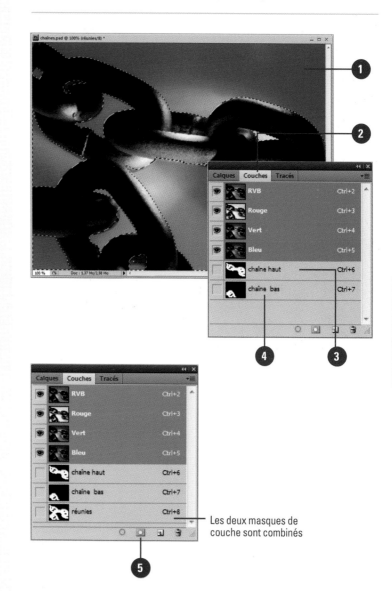

Les deux masques de couche sont combinés

Utilisez le mode Masque temporaire

PS 5.6

Utilisez le mode Masque temporaire

① Ouvrez un document.

② Créez une sélection à l'aide de l'un des outils de sélection Photoshop.

③ Cliquez le bouton **Mode Masque** pour convertir la sélection en masque temporaire recouvrant le rouge (le nom du bouton devient Mode Standard).

④ Sélectionnez l'outil **Pinceau**.

⑤ Peignez en blanc pour agrandir la sélection de l'image.

⑥ Peignez en noir pour masquer l'image. Le masque s'affiche en rouge par défaut.

⑦ Cliquez le bouton **Mode standard** pour revenir à la sélection standard (le nom du bouton devient Mode Masque).

⑧ Basculez entre Mode Masque et Mode standard jusqu'à créer la sélection parfaite.

Note

Convertissez un masque temporaire en masque de couche permanent.
Créez le masque temporaire, sélectionnez le panneau Couches et cliquez le bouton Mémoriser la sélection sur une couche.

Le mode Masque temporaire permet de créer une sélection en se servant des outils de peinture et de dessin, sans créer de masque de couche. Supposons, par exemple, que vous ayez créé une sélection avec les outils de sélection classiques, mais qu'une partie de l'image est difficile à sélectionner. Comme il s'agit d'une sélection qui ne sera pas réutilisée, vous ne voulez pas créer de masque de couche. La solution consiste à utiliser le mode Masque temporaire. Celui-ci bascule entre une sélection et un masque temporaire. En mode Masque temporaire, toutes les sélections existantes sont converties en masque rouge et vous modifiez le masque avec les outils de peinture. Lorsque vous revenez au mode standard, les zones masquées (peintes) sont converties en sélection. Contrairement aux masques de couche, les masques rapides sont temporaires. Ils permettent de créer rapidement une sélection à usage unique.

Exploitez les options des masques temporaires

Exploitez les options des masques temporaires

① Double-cliquez le bouton **Mode Masque** ou **Mode standard** (c'est un bouton interrupteur).

② Cliquez l'option **Zones masquées** ou **Zones sélectionnées** pour demander à Photoshop de créer un masque ou une sélection à partir des zones colorées.

③ Cliquez la case **Couleur** et sélectionnez une couleur dans le Sélecteur de couleurs.

④ Saisissez un pourcentage d'**Opacité** (entre 0 et 100).

⑤ Cliquez **OK**.

ATTENTION ! *Les options du masque temporaire sont spécifiques au programme et non au document. Tout changement reste en application jusqu'à ce que vous le modifiiez à nouveau.*

En mode Masque temporaire, le masque est rouge, son opacité est de 50 % et il représente les zones masquées du document. Photoshop définit les options par défaut du masque temporaire, mais vous êtes libre de les modifier. Il est, par exemple, difficile d'employer un masque rouge si l'on travaille sur une image principalement rouge, ou il peut être utile de réduire ou d'augmenter l'opacité du masque.

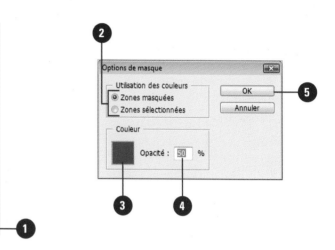

Bon à savoir

Utilisez les masques temporaires

Les masques temporaires vous permettent d'appliquer des filtres directement sur le masque. Créez une sélection en Mode Masque et, dans le menu Filtre, choisissez l'un des filtres Photoshop, comme Contours, Atténuation ou Déformation. Lorsque vous cliquez OK, le filtre s'applique directement sur le masque temporaire. Si vous revenez ensuite en Mode standard, l'effet du filtre s'applique à la sélection. Cette solution permet d'obtenir des masques d'une grande complexité, sans même employer le panneau Couches.

Modifiez les sélections avec le mode Masque temporaire

 PS 5.6

Photoshop affiche une sélection à l'écran avec un contour animé d'un pixel de large. La zone cernée représente la zone de travail dans le document. Malheureusement, lorsque les sélections deviennent complexes, les contours de sélection se chevauchent à l'écran. Si ce type de sélection fait partie intégrante de la vie d'un concepteur Photoshop, elles ne doivent pas être compliquées à visualiser ou à modifier, d'où l'intérêt du mode Masque temporaire. Dans ce mode, Photoshop affiche les zones sélectionnées dans une couleur définie par l'utilisateur et avec l'opacité de son choix. Ensuite, avec les outils de peinture, il suffit de modifier la sélection.

Modifiez les sélections avec le mode Masque temporaire

① Créez une sélection à l'aide de l'un des outils de sélection Photoshop.

② Cliquez le bouton **Couleurs de premier plan et d'arrière-plan par défaut** pour revenir au noir et au blanc.

③ Cliquez le bouton **Mode Masque**.

Par défaut, la zone sélectionnée reste visible et la zone non sélectionnée est masquée par du rouge avec une opacité de 50 %.

④ Sélectionnez l'outil **Pinceau**.

⑤ Ajoutez du noir à la sélection en peignant le masque temporaire. En Mode Masque, peindre en noir produit du rouge semi-transparent et peindre en blanc révèle l'image d'origine.

⑥ Cliquez le bouton **Mode standard** pour revenir à la sélection normale.

⑦ Continuez à utiliser le bouton Mode Masque/Mode standard pour terminer la sélection.

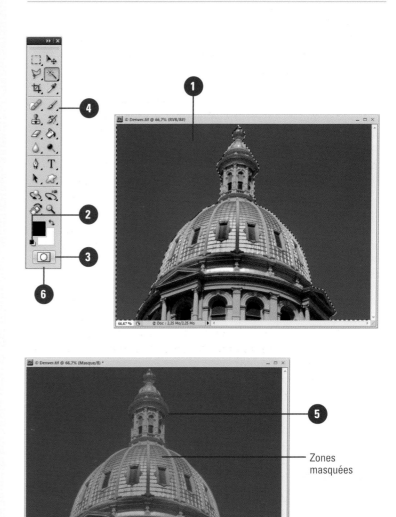

Zones masquées

Exploitez le panneau Tracés

Adobe Photoshop est une application hybride qui sait à la fois gérer les données de tramage (pixels) et les données de tracé (vecteur). Les premières sont stockées dans le panneau Calques et les deuxièmes dans le panneau Tracés. Lorsque vous faites appel au dessin vectoriel de Photoshop, c'est-à-dire aux outils Plume, Photoshop crée un tracé dans le panneau Tracés pour stocker les informations. Il est en outre possible de créer une sélection avec les outils de sélection Photoshop classiques et de convertir la sélection en tracé. Des points d'ancrage et des segments définissent mathématiquement les tracés. Une fois créé, un tracé peut être modifié précisément pour être adapté à n'importe quelle situation. Sous bien des aspects, la fonction des tracés est analogue à celle des masques de couche : ils définissent des sélections, mais étant des vecteurs et non des trames, ils sont bien plus précis. En outre, une fois enregistrés, ils occupent beaucoup moins de place que les couches.

L'utilisation des outils Plume permet de créer des tracés précis ou des sélections complexes autour de presque n'importe quelle forme. Il suffit de soustraire, d'ajouter ou de modifier les points d'ancrage pour produire des tracés complexes. Il est même possible de convertir des segments droits (la ligne visible connectant deux points d'ancrage) en segments courbes ou de supprimer la courbe d'un simple clic. Un tracé peut guider avec précision un coup de pinceau et un contour peut être rempli par de la couleur, un motif ou un dégradé de votre choix grâce aux commandes Contour et Fond. Un tracé peut aussi servir à créer un masque d'image. Lorsqu'une image est déplacée vers un programme de mise en page, comme InDesign, le masque d'image définit certaines zones de l'image comme transparentes. Il est également possible d'exporter un tracé vers Adobe Illustrator. Les tracés contrôlent de manière précise et mathématique la création de formes, de sélections, voire de transparences complexes.

À propos des images vectorielles et tramées

Photoshop est une application hybride qui permet de gérer les images photographiques (tramées) en les combinant à l'élégance des formes artistiques (vectorielles). Lorsque l'on exploite le côté trame de Photoshop, l'image est un mur de briques visuel où chaque brique (ou pixel) représente une information chromatique. Les images tramées sont dépendantes de la résolution, puisqu'une fois l'image créée ou scannée, tout grossissement oblige Photoshop à agrandir les pixels et à faire la moyenne des informations chromatiques existantes.

Ce processus, appelé **interpolation**, rend les images tramées floues ou pixellisées. Les images vectorielles sont quant à elles créées à partir de formes mathématiques et non de pixels, d'où leur indépendance de la résolution. Par exemple, si une image vectorielle est grossie 100 fois, Photoshop modifie simplement les formules mathématiques pour s'accorder à la nouvelle taille. En outre, les formes vectorielles étant faites de données mathématiques et non de pixels, les tailles de fichier sont extrêmement petites.

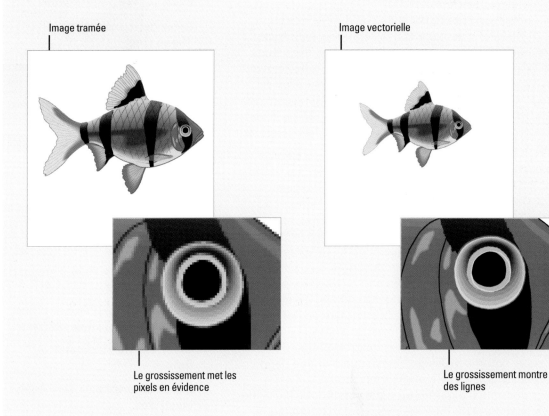

Image tramée

Image vectorielle

Le grossissement met les pixels en évidence

Le grossissement montre des lignes

Convertissez une sélection en tracé

Photoshop identifie les zones de travail du document actif grâce aux sélections. Ces dernières étant créées au format tramé, leur précision dépend de la résolution de l'image active. Cela peut devenir un problème avec des images en basse résolution comme les illustrations de présentations et du Web. Si une sélection est convertie en tracé, il devient possible de la remodeler à l'aide des outils vectoriels de Photoshop et de mieux maîtriser le résultat final.

Convertissez une sélection en tracé

1 Ouvrez un document.

2 Sélectionnez une zone de l'image avec l'un des outils de sélection classiques.

3 Sélectionnez le panneau **Tracés**.

4 Maintenez enfoncée la touche **Alt** (Win) ou **Option** (Mac) et cliquez le bouton **Convertir une sélection en tracé**.

5 Saisissez une valeur de **Tolérance** (entre 0,5 et 10).

Les valeurs de tolérance faibles créent un tracé avec beaucoup de points d'ancrage et le tracé se conforme précisément à la sélection, mais elles peuvent engendrer des erreurs d'impression (trop d'informations). Les valeurs élevées créent moins de points d'ancrage et un tracé plus lisse.

6 Cliquez **OK**.

Exploitez les outils Plume

PS 6.1, 6.3

Les outils Plume de Photoshop créent un tracé sans avoir besoin de convertir une sélection (trame) en tracé. Les tracés vectoriels sont mathématiques et ne sont donc pas soumis aux problèmes de résolution. Par exemple, un tracé créé dans une image basse résolution (72 ppp) fonctionne de la même manière que s'il avait été créé en haute résolution (300 ppp). L'autre avantage des tracés est qu'ils occupent moins de place que les sélections enregistrées comme masques de couche. Tout tracé réalisé avec les outils Plume devient automatiquement un tracé dans le panneau Tracés. Si un tracé existant est sélectionné, Photoshop lui adjoint le nouveau tracé.

Exploitez les outils Plume

1. Ouvrez un document.

2. Dans la boîte à outils, sélectionnez l'outil **Plume** standard.

3. Dans la barre d'options, cliquez le bouton **Tracés**.

   ATTENTION ! *Pour voir les segments à mesure que vous tracez, cliquez la flèche Options de géométrie dans la barre d'options Plume et cochez la case Afficher le déplacement.*

4. Créez un point d'ancrage (ou nœud) en cliquant une fois dans le document.

5. Pour créer un segment droit (deux points d'ancrage connectés par une ligne), déplacez le pointeur et cliquez de nouveau.

6. Pour créer un segment courbé (deux points d'ancrage connectés par une ligne courbe), déplacez et faites glisser le pointeur.

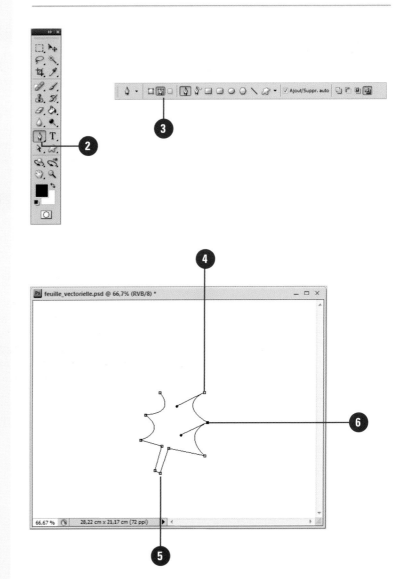

7 Poursuivez votre déplacement en cliquant et en faisant glisser le pointeur jusqu'à compléter la forme.

8 Pour fermer le tracé, placez l'outil Plume sur le point d'ancrage d'origine et cliquez lorsque vous voyez un petit cercle en regard de l'outil Plume.

ATTENTION ! *À l'instar de tout outil, la précision vient avec la pratique. Servez-vous de l'outil Plume jusqu'à réussir à tracer n'importe quelle forme. Plus vous pratiquez, plus vos tracés seront précis.*

Note

Créez une forme ouverte. Éloignez-vous du dernier point d'ancrage et appuyez sur la touche Ctrl (Win) ou ⌘ (Mac) et cliquez.

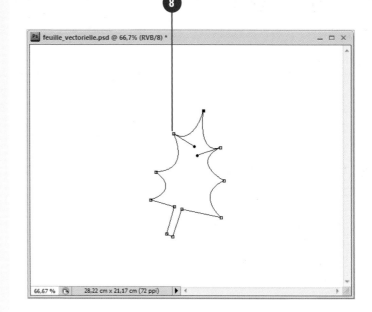

Bon à savoir

Utilisez les outils Plume

Les outils Plume de Photoshop fonctionnent comme dans toute application vectorielle, comme Adobe Illustrator. Si vous connaissez les applications vectorielles, vous ne devriez pas rencontrer de difficulté à exploiter les outils vectoriels de Photoshop. De fait, il est possible de déplacer des documents entre Adobe Illustrator et Adobe Photoshop lorsque les deux applications sont ouvertes.

Créez des tracés avec l'outil Plume libre

PS 6.1, 6.3

Utilisez l'outil Plume libre

1 Ouvrez un document.

2 Dans la boîte à outils, sélectionnez l'outil **Plume libre**.

3 Dans la barre d'options, cliquez le bouton **Tracés**.

4 Avec la souris ou la tablette graphique, tracez une forme dans la fenêtre du document.

5 Fermez la forme en plaçant l'outil Plume libre sur le point de départ de la forme et en relâchant lorsqu'un cercle noir apparaît sous l'outil.

6 Pour créer une forme ouverte, faites glisser et relâchez le pointeur ailleurs qu'au-dessus du point de départ.

Note

Contrôlez la complexité du tracé.
Dans la barre d'options, cliquez le bouton Options de géométrie et saisissez une valeur d'Adaptation des courbes entre 0,5 et 10. Plus la valeur est élevée, moins le tracé est complexe (moins de points d'ancrage) et inversement.

Si avec l'outil Plume il faut cliquer et déplacer la souris, avec l'outil Plume libre, il suffit de se déplacer à l'écran pour créer un tracé : Photoshop ajoute automatiquement des points d'ancrage sur la ligne à intervalles prédéfinis. La distance entre les points d'ancrage est déterminée par la valeur Adaptation des courbes. Plus le tracé est complexe, plus l'outil Plume libre crée de points d'ancrage pour gérer le tracé. Après avoir créé le tracé, vous pouvez le modifier et lui ajouter des points d'ancrage ou en supprimer.

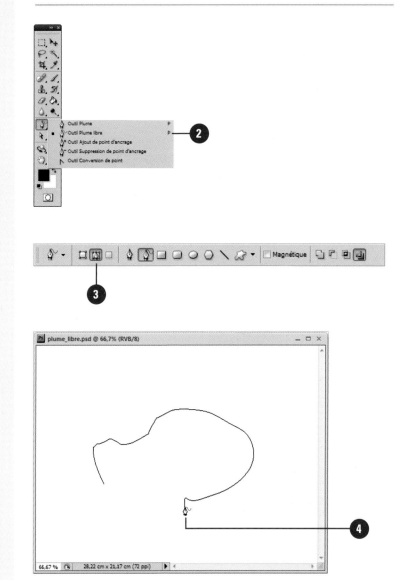

Utilisez l'option Magnétique avec l'outil Plume libre

 PS 6.1

L'option Magnétique remplace l'outil Plume libre par un outil de dessin vectoriel magnétique. Elle oblige, par exemple, l'outil à suivre le contour visible d'un objet dans la fenêtre du document. Avec cette option, l'outil Plume libre se verrouille sur la différence de luminosité entre un objet et son arrière-plan, pratique pour créer un tracé difficile. Après avoir cliqué pour définir le point de départ, il n'est plus nécessaire de maintenir enfoncé le bouton de la souris ; il suffit de se déplacer le long du contour visible de l'image. Si la plume magnétique refuse de s'ancrer sur un point délicat, cliquez pour ajouter un point d'ancrage défini par l'utilisateur.

Utilisez l'option Magnétique avec l'outil Plume libre

1 Ouvrez un document.

2 Dans la boîte à outils, sélectionnez l'outil **Plume libre**.

3 Dans la barre d'options, cochez la case **Magnétique**.

ATTENTION ! *L'option Magnétique combinée à l'outil Plume libre ne permet pas de créer une forme ouverte.*

4 Cliquez le bouton **Calques de forme** ou **Tracés**.

5 Positionnez l'outil **Plume libre** au-dessus du contour d'une forme, cliquez et relâchez la souris.

6 Avec la souris ou la tablette graphique, suivez le contour d'un objet.

L'option Magnétique permet de rester sur le contour.

7 Fermez la forme en plaçant l'outil **Plume libre** (magnétique) sur le point de départ de la forme et en relâchant lorsqu'un cercle noir apparaît sous l'outil ou en double-cliquant.

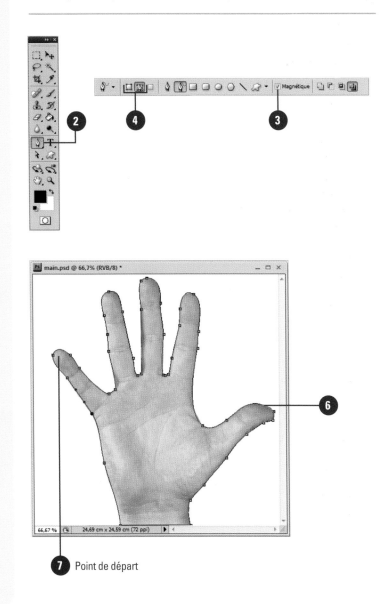

7 Point de départ

Ajoutez et supprimez des points d'ancrage

Votre tâche ne s'arrête pas une fois le tracé terminé. En fait, il existe bien des manières de le modifier. Vous pouvez, par exemple, ajouter, soustraire ou supprimer des points d'ancrage d'un tracé existant. Il est également possible de modifier ces points pour leur faire suivre une forme ou changer les segments qui les connectent. À l'instar des autres éléments de Photoshop, les tracés s'adaptent à vos exigences.

Ajoutez des points d'ancrage

1 Ouvrez un document qui contient un tracé ou créez un nouveau tracé.

2 Sélectionnez le panneau **Tracés**.

3 Sélectionnez un tracé.

4 Dans la boîte à outils, sélectionnez l'outil **Ajout de point d'ancrage**.

5 Cliquez une fois le tracé pour ajouter, et non modifier, un nouveau point d'ancrage.

6 Cliquez le tracé et faites glisser pour ajouter un point et modifier le segment.

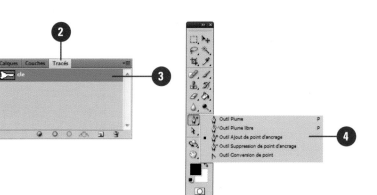

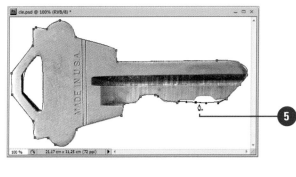

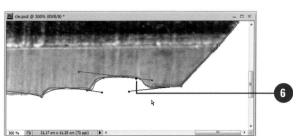

Note

Déplacez les points d'ancrage avec le clavier. Sélectionnez l'outil Sélection directe et cliquez un point d'ancrage. Cliquez les flèches de direction pour déplacer le point d'un pixel à la fois. Pour des déplacements de 10 pixels à la fois, appuyez sur Maj en vous servant des flèches.

Supprimez des points d'ancrage

① Ouvrez un document qui contient un tracé ou créez un nouveau tracé.

② Sélectionnez le panneau **Tracés**.

③ Sélectionnez un tracé.

④ Dans la boîte à outils, sélectionnez l'outil **Suppression de point d'ancrage**.

Cet outil ne propose pas d'autre option.

⑤ Cliquez sur un point d'ancrage existant pour le supprimer du tracé.

Les points d'ancrage de part et d'autre du point supprimé définissent alors le segment.

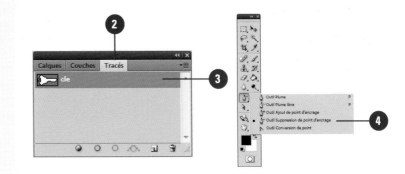

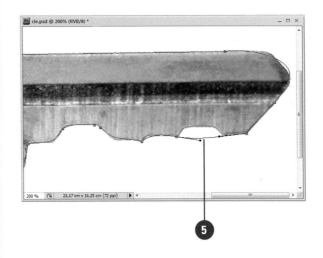

Modifiez les points d'ancrage

PS 6.1, 6.3

Les points d'ancrage peuvent être ajoutés, supprimés et modifiés. Ils définissent la longueur et la courbure des segments, c'est-à-dire des lignes qui connectent les points. Imaginez un fermier ayant besoin d'une barrière pour protéger son troupeau. Il placerait des poteaux en terre et fixerait du fil de fer entre les poteaux. Plus il emploie de poteaux, plus le tracé du fil de fer est complexe. Dans Photoshop, les poteaux sont les points d'ancrage et le fil de fer, les segments, avec un avantage sur le fermier : celui de pouvoir courber le segment de ligne entre deux points d'ancrage.

Modifiez les points d'ancrage

1. Ouvrez un document qui contient un tracé ou créez un nouveau tracé.

2. Sélectionnez le panneau **Tracés**.

3. Sélectionnez le tracé à modifier.

4. Dans la boîte à outils, sélectionnez l'outil **Sélection de tracé**.

5. Cliquez le tracé pour le déplacer sans le modifier.

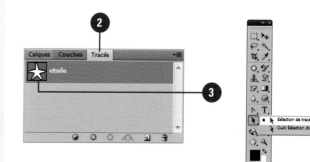

Note

Déplacez le tracé avec le clavier.
Cliquez le tracé et servez-vous des flèches de direction.

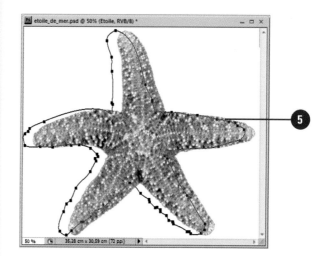

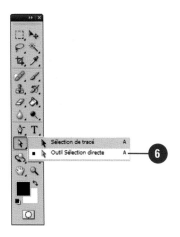

6 Dans la boîte à outils, sélectionnez l'outil **Sélection directe**.

7 Faites glisser un point d'ancrage pour le déplacer.

Note

Agissez sur un seul point d'ancrage. Pour n'agir que sur un seul point d'ancrage, il faut que les points ne soient pas sélectionnés, c'est-à-dire qu'ils doivent être représentés par des petits carrés vides. Si les points sont affichés comme des carrés noirs pleins, cliquez à l'extérieur du tracé pour le désélectionner, puis cliquez le point voulu avec l'outil Sélection directe.

Note

Ajoutez ou supprimez les points avec un seul outil. Appuyez sur la touche Alt (Win) ou Option (Mac) pendant l'utilisation des outils Ajout ou Suppression de point d'ancrage. Ceux-ci s'inversent : l'outil Ajout devient l'outil Suppression.

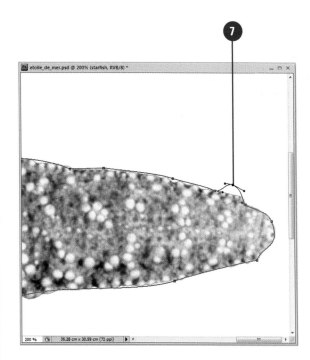

Modifiez les lignes directrices existantes

PS 6.1, 6.3

Chaque point d'ancrage se compose de deux éléments : le point d'ancrage lui-même et les lignes directrices, terminées par des points directeurs. Le premier représente le piquet de clôture qui connecte les segments. Les lignes directrices gèrent la courbure appliquée au segment. Plus un point directeur est éloigné du point d'ancrage, c'est-à-dire plus la ligne directrice est longue, plus la courbure est forte. À l'inverse, plus les lignes directrices sont courtes, moins le segment est courbé. Si le point d'ancrage ne possède pas de lignes directrices, il est appelé point d'ancrage droit. Si les deux lignes directrices sont liées, le point d'ancrage est un point d'inflexion. Si les deux lignes directrices sont indépendantes, le point est un sommet.

Modifiez les lignes directrices existantes

1 Ouvrez un document qui contient un tracé ou créez un nouveau tracé.

2 Sélectionnez le panneau **Tracés**, puis le tracé à modifier.

3 Dans la boîte à outils, sélectionnez l'outil **Sélection directe**.

Cet outil ne propose pas d'autre option.

4 Cliquez l'extrémité de la ligne directrice et faites-la glisser pour modifier la courbure du segment.

5 Maintenez enfoncée la touche **Alt** (Win) ou **Option** (Mac) et cliquez l'extrémité de la ligne directrice pour rompre la liaison entre les deux lignes directrices au point d'ancrage.

Le point devient alors un sommet et les courbures des deux segments adjacents peuvent se définir indépendamment l'une de l'autre en déplaçant chaque point directeur.

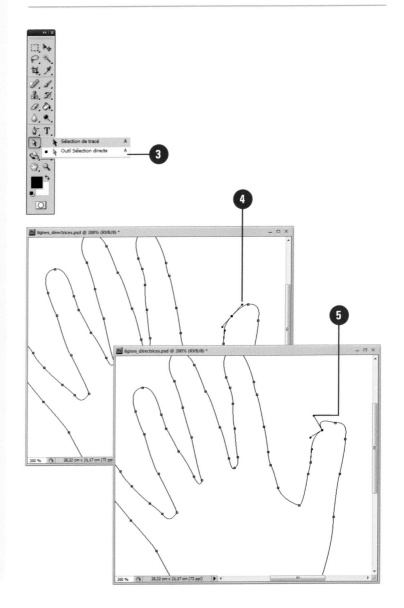

Convertissez des points droits et des points d'inflexion

 PS 6.1, 6.3

Tôt ou tard, vous voudrez convertir un point d'inflexion en point d'ancrage droit ou inversement. Au lieu de réduire les lignes directrices dans le point d'ancrage (une tâche difficile) ou de tenter de déplacer les lignes directrices inexistantes d'un point d'ancrage droit, servez-vous de l'outil Conversion de point. Il permet de convertir les points existants d'un tracé. Par exemple, pour convertir un point d'inflexion en point droit, cliquez-le une fois : il est immédiatement converti en sommet droit. Pour convertir un point droit en courbe, faites simplement glisser le point d'ancrage.

Convertissez des points

1. Ouvrez un document qui contient un tracé ou créez un nouveau tracé.

2. Sélectionnez le panneau **Tracés**, puis le tracé à modifier.

3. Dans la boîte à outils, sélectionnez l'outil **Conversion de point**.

4. Cliquez un point d'inflexion pour le convertir en sommet.

5. Cliquez et faites glisser un sommet pour le convertir en point d'inflexion.

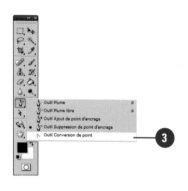

Note

Modifiez la courbure d'un segment en cliquant et glissant. Cliquez l'outil Sélection directe et déplacez directement la ligne et non le point d'ancrage.

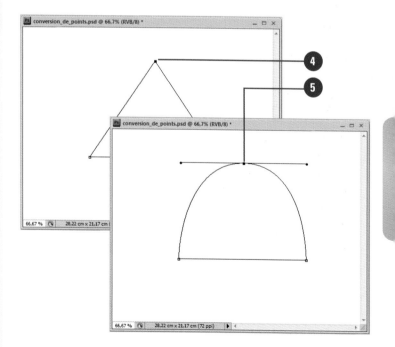

Exploitez les masques d'image

PS 6.1, 6.3

Les masques d'image isolent une partie de l'image et rendent transparent tout le reste de l'arrière-plan, comme la zone blanche qui entoure l'image, lorsque l'image est imprimée ou déplacée vers une autre application, tels Adobe InDesign, Quark XPress ou Adobe Illustrator. Pour créer un masque d'image, créez un tracé bien défini autour de la partie de l'image à conserver, convertissez le tracé en masque d'image sur un arrière-plan transparent puis enregistrez-le et exploitez-le dans d'autres applications. Les masques d'image créent une zone transparente sans supprimer l'image réelle.

Exploitez les masques d'image

1. Ouvrez un document.

2. Dans la boîte à outils, sélectionnez l'outil **Plume** ou **Plume libre**.

3. Dans la barre d'options, cliquez le bouton **Tracés**.

4. Créez un tracé autour de la partie de l'image à conserver.

   ATTENTION ! *Les contours des masques d'image sont vectoriels (bords tranchés) et semblent donc coupés aux ciseaux, ce qui complique la sélection d'objets aux contours progressifs.*

5. Sélectionnez le panneau **Tracés**.

6. Double-cliquez le nouveau tracé de travail, saisissez un nom et cliquez **OK**.

7. Cliquez le bouton **Options** du panneau, puis **Masque**.

Note

Restaurez l'image originale avec transparence. Ouvrez le panneau Tracés et supprimez le masque d'image.

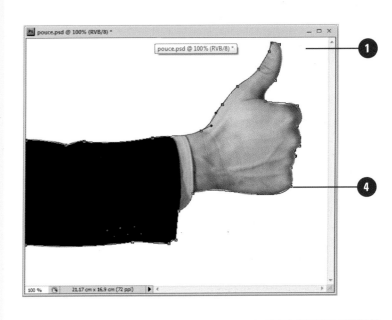

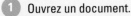

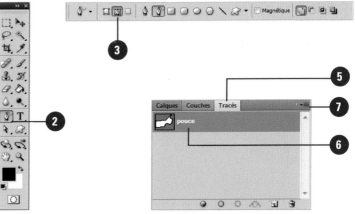

8 Déroulez la liste **Tracé** et sélectionnez le nouveau tracé.

9 Saisissez une valeur **Flèche** (entre 0 et 100) ou laissez la zone vide pour utiliser les paramètres par défaut de l'imprimante (recommandé).

Pour une impression haute résolution (1 200 à 2 400 ppp) utilisez 8 à 10 et pour une impression basse résolution (300 à 600 ppp), utilisez 1 à 3. Plus la valeur est faible, plus le nombre de lignes employées pour tracer la courbe est important et plus précise est la courbe.

10 Cliquez **OK**.

11 Si vous imprimez le fichier en quadrichromie, convertissez-le en mode CMJN.

12 Dans le menu **Fichier**, cliquez **Enregistrer sous**.

13 Ouvrez la liste **Format** et sélectionnez le format Photoshop EPS.

Pour exporter vers Adobe InDesign ou Adobe PageMaker 5.0 et ultérieur, enregistrez au format TIFF.

14 Cliquez **Enregistrer**.

15 Dans la boîte de dialogue Options EPS ou Options TIFF, modifiez les options suivantes :

◆ **Pour TIFF.** Réglez **Compression de l'image** sur Aucune.

◆ **Pour EPS.** Dans la liste **Prévisualisation**, choisissez **TIFF (8 bits/pixel)** (Windows) ou **Mac (8 bits/pixel)** (Mac) ; et dans la liste **Codage**, choisissez **ASCII85**.

Dans un programme de mise en pages, l'image apparaît avec un arrière-plan transparent.

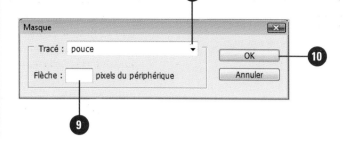

Bon à savoir

Exportez un masque d'image vers Adobe Illustrator

Dessinez et enregistrez le tracé. Dans le menu Fichier, pointez Exportation et cliquez Tracés vers Illustrator. Choisissez l'emplacement et le nom du fichier. Incluez le Tracé de travail pour l'exporter, cliquez Enregistrer et ouvrez le fichier dans Adobe Illustrator.

Remplissez une zone d'image à l'aide de tracés

Adobe Certified Expert PS 6.3

Les tracés sont simples à créer et à exploiter. Une fois créés, ils se prêtent à de nombreuses applications. Vous pouvez les convertir en masque d'image ou en sélection standard puis les utiliser pour définir une zone de travail. Ils permettent également de définir une zone de remplissage, sans compter qu'il est possible d'utiliser la commande Contour pour contrôler n'importe quel outil de dessin Photoshop.

Remplissez une zone d'image à l'aide de tracés

① Ouvrez un document qui contient un tracé ou créez un nouveau tracé.

② Sélectionnez le panneau **Tracés** puis l'un des tracés.

ATTENTION ! *Lorsque vous sélectionnez un tracé dans le panneau Tracés, le tracé devient visible dans la fenêtre du document.*

③ Cliquez le bouton **Options** du panneau, puis **Fond du tracé**.

④ Déroulez la liste **Avec** et sélectionnez parmi les options disponibles.

⑤ Déroulez la liste **Mode** et sélectionnez un mode de fusion.

⑥ Saisissez un pourcentage d'**Opacité** (entre 0 et 100 %) du mode de fusion.

⑦ Cochez la case **Conserver les zones transparentes** pour les protéger dans l'image active.

⑧ Saisissez une valeur de **Rayon** (entre 0 et 250) pour créer un contour progressif.

⑨ Cochez la case **Lissage** pour adoucir visuellement le remplissage.

⑩ Cliquez **OK**.

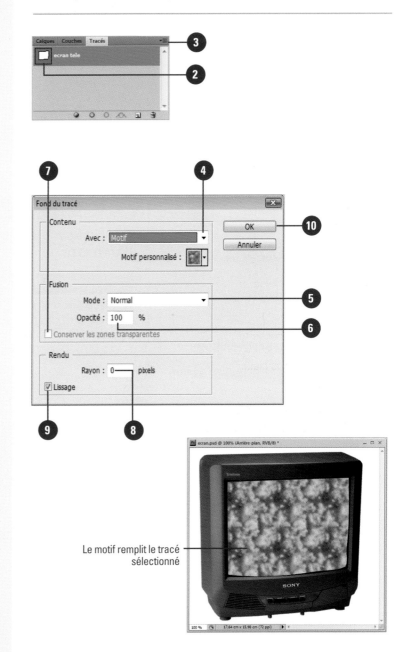

Le motif remplit le tracé sélectionné

Créez un contour autour d'une zone d'image à l'aide de tracés

 PS 6.3

L'option Contour du tracé est un excellent moyen d'ajouter un élément de design à tous les outils d'édition d'image de Photoshop. Lorsque vous sélectionnez les options Contour du tracé, Photoshop utilise le tracé existant pour gérer la forme du contour. Il est important de se rappeler que l'outil sélectionné pour l'option Contour du tracé fonctionne tel qu'il a été défini lors de sa dernière utilisation. Par exemple, si la dernière fois que vous avez employé l'outil Pinceau, vous avez sélectionné un pinceau de 40 pixels en forme d'étoile, son utilisation comme outil Contour créera un contour composé d'étoiles de 40 pixels.

Créez un contour autour d'une zone d'image à l'aide de tracés

① Ouvrez un document qui contient un tracé ou créez un nouveau tracé.

② Sélectionnez le panneau **Tracés** puis l'un des tracés.

③ Cliquez le bouton **Options** du panneau, puis **Contour du tracé**.

④ Déroulez la liste d'outils et sélectionnez parmi les outils disponibles.

⑤ Cochez la case **Simuler la pression** pour reproduire l'effet de contours peints à la main.

⑥ Cliquez **OK**.

La commande Contour du tracé applique un contour en suivant le tracé.

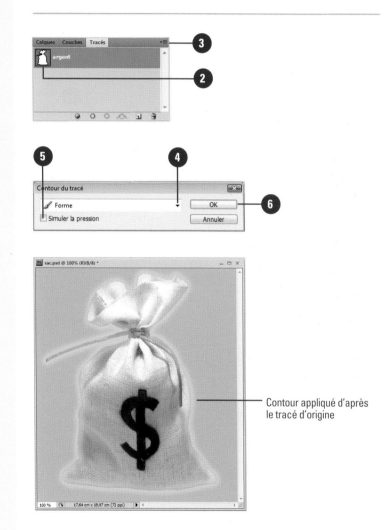

Contour appliqué d'après le tracé d'origine

Créez des tracés à partir de formes

PS 6.3

Créez des tracés à partir de formes

1 Ouvrez un document.

2 Dans la boîte à outils, sélectionnez l'outil **Forme personnalisée** (ou l'un des outils de dessin).

3 Cliquez le bouton **Calques de forme**.

4 Cliquez la flèche de **Forme** et sélectionnez une forme prédéfinie.

5 Sélectionnez le panneau **Tracés**.

6 Dessinez la forme dans la fenêtre du document.

Photoshop crée un tracé de travail contenant la forme personnalisée.

Note

Pour voir uniquement le tracé, désactivez la visibilité du calque de forme dans le panneau Calques et cliquez la vignette de masque vectoriel.

Voir aussi

Pour de plus amples informations sur le remodelage d'une forme, reportez-vous à la section « Modifiez les points d'ancrage », page 262.

Pour créer un tracé unique, faites appel aux outils de forme de Photoshop. Par exemple, vous voulez créer un contour unique autour d'une image et vous trouvez la forme parfaite dans le panneau des formes personnalisées de Photoshop. Au lieu de recréer la forme, sélectionnez-la et convertissez-la en tracé. Photoshop permet de dessiner n'importe quelle forme et de la placer directement dans le panneau Tracés. Cela fait, vous pouvez la modifier, à l'instar de n'importe quel tracé.

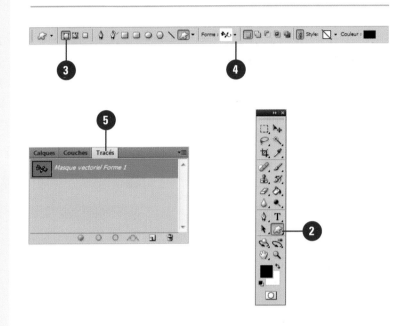

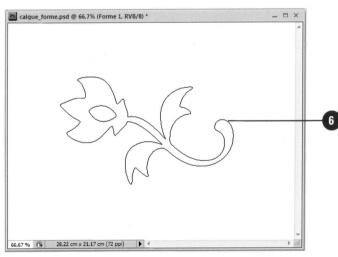

Exportez des tracés vers Adobe Illustrator

Les tracés sont des formes vectorielles et les programmes comme Adobe Illustrator prennent en charge les tracés créés dans Photoshop. Vous pouvez alors vous servir des contrôles vectoriels créatifs d'Illustrator pour améliorer davantage l'image. Dans ce cas, Photoshop propose plusieurs manières de déplacer l'image de Photoshop vers Illustrator. Rappelez-vous que si vous exportez un tracé dans Adobe Illustrator, vous ne déplacez pas une image, mais un contour et des données vectorielles de remplissage.

Exportez des tracés Photoshop avec la méthode Enregistrer sous

1. Ouvrez un document qui contient un tracé ou créez un nouveau tracé.

2. Dans le menu **Fichier**, cliquez **Enregistrer sous**.

3. Saisissez un nom de fichier.

4. Déroulez la liste **Format** et sélectionnez le format Photoshop EPS.

5. Cliquez la flèche **Où** (Mac) ou **Enregistrer dans** (Win) et choisissez l'emplacement où stocker le fichier.

6. Cliquez **Enregistrer** pour ouvrir la boîte de dialogue Options EPS.

7. Cliquez **OK**.

8. Ouvrez l'image dans Adobe Illustrator.

   Illustrator permet d'accéder intégralement au tracé, ainsi que de manipuler, d'ajouter et de supprimer des points d'ancrage.

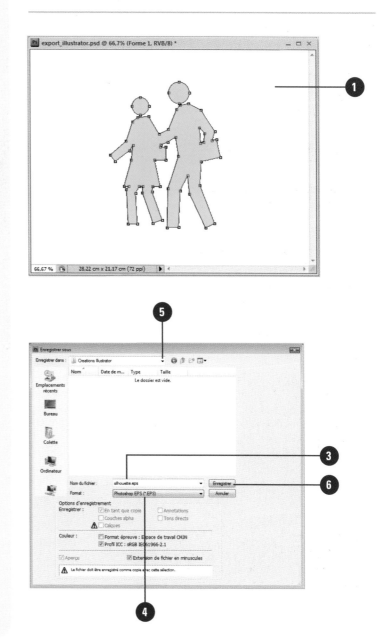

Exportez les tracés avec la méthode Exportation

La commande Tracés vers Illustrator permet d'exporter rapidement un tracé Photoshop dans un format acceptable par Adobe Illustrator. L'utilisation conjointe de Photoshop et d'Illustrator est ainsi grandement optimisée. Vous pouvez, par exemple, créer un tracé dans Photoshop puis l'exporter vers Illustrator pour l'employer dans un autre document. En outre, les tracés Photoshop exportés peuvent servir à aligner des éléments d'un document Illustrator. Il est ensuite possible de combiner les documents pour produire une illustration unique. En résultat, vous obtenez deux illustrations, créées dans deux applications distinctes, combinées précisément grâce à un tracé exporté.

Exportez des tracés Photoshop avec la méthode Exportation

1. Ouvrez un document qui contient un tracé ou créez un nouveau tracé.

2. Dans le menu **Fichier**, pointez **Exportation** et cliquez **Tracés vers Illustrator**.

3. Saisissez un nom de fichier.

   L'extension de fichier est .ai (Adobe Illustrator).

4. Cliquez la flèche **Où** (Mac) ou **Enregistrer dans** (Win) et choisissez l'emplacement où stocker le fichier.

5. Déroulez la liste **Tracés** (Win) ou **Écrire** (Mac) et choisissez le ou les tracés à exporter.

6. Cliquez **Enregistrer**.

   Photoshop crée un document Adobe Illustrator contenant uniquement les tracés (et non les pixels).

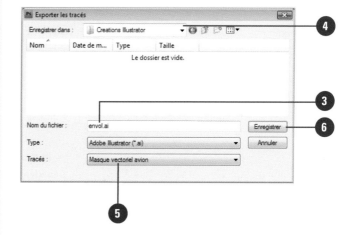

272

Exploitez les styles de calques

Dans Photoshop, créativité et contrôle se définissent réellement par les styles de calques. Avec les styles, tels que Biseautage et estampage ou Ombre portée, vous passez du monde bidimensionnel à l'univers 3-D. Grâce aux styles Incrustation en dégradé, Incrustation couleur et Incrustation de motif, vous changez l'apparence d'un document sans jamais toucher à l'image d'origine. Cela signifie qu'après avoir appliqué un style à une image, vous pouvez à tout moment changer d'avis. Ce niveau de contrôle permet de mener vos projets aux limites de la créativité.

Lorsque vous créez un style de calque personnalisé, vous pouvez le déplacer sur un autre calque, enregistrer le style dans le panneau Styles et même le faire voyager entre deux documents ouverts. Cette souplesse donne la possibilité d'assurer aisément l'harmonie des projets et, puisque les styles de calques ne modifient pas l'image d'origine, vous êtes libre de modifier ou de supprimer le style à tout moment. Non seulement les styles de calques donnent accès à des effets spéciaux, mais ils permettent aussi de faire des tests sur l'image jusqu'à obtenir exactement ce que vous souhaitez.

Découvrez les styles de calques

Un style de calque s'applique à un calque du document actif. Le résultat d'un style ajouté à un calque n'apparaît que dans ce calque. Chaque calque peut avoir son propre style et même en recevoir plusieurs. Les styles de calques peuvent être appliqués à n'importe quel calque, sauf à l'arrière-plan.

Seuls les styles de calques Ombre portée et Lueur externe nécessitent des éléments de calque transparent et non transparent. Par exemple, pour appliquer une Ombre portée à un calque, l'image doit posséder une zone transparente pour contenir l'ombre.

Styles de calques

Incrustation en dégradé

Incrustation couleur

Ombre interne

Ombre portée

Lueur externe

Lueur interne

Incrustation de motif

Biseautage et estampage

Contour

Satin

Ajoutez un style de calque

Pour ajouter un style de calque au calque actif, sélectionnez le calque, cliquez le bouton Ajouter un style de calque et choisissez un ou plusieurs styles. Une fois appliqué, le style apparaît comme sous-élément du calque actif. Après leur application, les styles de calques se modifient aisément. Chacun des styles de calques de Photoshop comprend des options qui déterminent son apparence dans le document actif. Pour modifier un style, il suffit de rouvrir la boîte de dialogue Style de calque et d'effectuer les modifications. En outre, chaque style possède son propre bouton Afficher/Masquer. Il s'agit d'une sorte d'interrupteur qui masque temporairement le style appliqué au calque dans le document.

Ajoutez un style de calque

1 Sélectionnez le panneau **Calques**.

2 Sélectionnez un calque.

3 Cliquez le bouton **Ajouter un style de calque**, puis choisissez un style.

4 Dans la boîte de dialogue, définissez vos options, lesquelles dépendent du style choisi.

5 Cliquez **OK**.

Le style de calque sélectionné apparaît comme un sous-élément du calque actif.

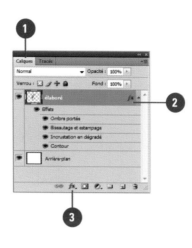

Modifiez un style de calque existant

1 Sélectionnez le panneau **Calques**.

2 Double-cliquez le nom du style de calque.

3 Modifiez les options à votre guise, lesquelles dépendent du style choisi.

4 Cliquez **OK**.

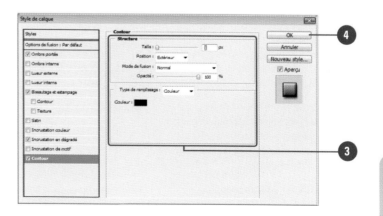

Créez et modifiez une ombre portée

PS 4.5, 4.6

Le style Ombre portée est probablement le plus employé (avant Biseautage et estampage). Photoshop ayant besoin d'une zone où appliquer l'ombre portée, le calque doit contenir un sujet entouré d'un arrière-plan transparent. Vous pouvez par exemple créer un calque de texte ou faire appel aux outils de dessin de formes pour créer un objet unique, ajouter une ombre portée d'un clic, puis vous servir des options du style de calque pour contrôler la couleur, la forme et la direction de l'ombre. Une fois l'ombre créée, vous pouvez la transférer vers d'autres sujets sur d'autres calques et ainsi simplifier le processus tout en conservant l'harmonie du projet.

Utilisez une ombre portée

① Sélectionnez le panneau **Calques**.

② Cliquez le calque auquel appliquer le style Ombre portée.

③ Cliquez le bouton **Ajouter un style de calque**, puis **Ombre portée**.

④ Choisissez parmi les options d'ombre portée suivantes :

- ◆ **Mode de fusion**. Ouvrez la liste, puis choisissez comment mélanger la couleur de l'ombre aux calques sous-jacents (par défaut : Produit).

- ◆ **Couleur**. Cliquez la zone **Couleur** et choisissez dans le nuancier la couleur de l'ombre (par défaut : Noir).

- ◆ **Opacité**. Donnez le pourcentage d'opacité de l'ombre ou déplacez le curseur vers la gauche ou la droite (par défaut : 75 %).

- ◆ **Angle**. Donnez une valeur comprise entre 0 et 360 degrés ou déplacez le rayon du cercle pour définir l'angle de l'ombre (par défaut : 30).

- ◆ **Utiliser l'éclairage global**. Cochez la case pour harmoniser l'angle de la source lumineuse de l'ombre portée à celui de tous les autres effets appliqués aux autres calques.

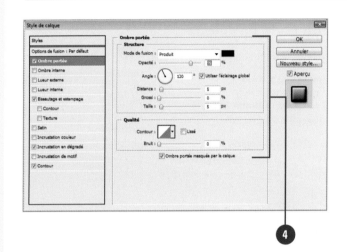

④

Bon à savoir

Utilisez l'éclairage global et les angles d'ombre

Il est possible de définir la direction d'une source de lumière sur plusieurs calques. L'option d'éclairage global est essentielle car elle relie les sources de lumière des différents calques. Si vous créez par exemple plusieurs calques avec des ombres portées et que vous changez la direction de l'ombre dans l'un des calques, l'option de l'éclairage global va garantir cette même direction dans tous les calques. L'angle d'ombre le plus courant est 125 degrés ; il est appelé angle confortable et dirige l'ombre vers le bas et la droite. Des études montrent que dans la plupart des cas, on place mentalement la source de lumière dans l'angle supérieur gauche de l'image.

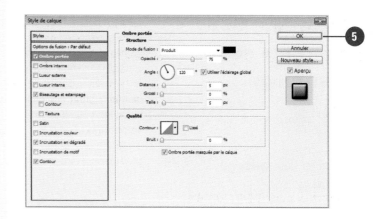

- ◆ **Distance**. Donnez une valeur comprise entre 0 et 30 000 pixels ou déplacez le curseur. La distance détermine le décalage entre l'ombre et l'image d'origine (par défaut : 5).

- ◆ **Grossi**. Donnez une valeur comprise entre 0 et 100 % ou déplacez le curseur. Cette option détermine l'augmentation des limites du cache de l'ombre avant l'application du flou (par défaut : 0).

- ◆ **Taille**. Donnez une valeur comprise entre 0 et 250 pixels ou déplacez le curseur. Cette option détermine la taille de l'ombre (par défaut : 5).

- ◆ **Contour**. Ouvrez la liste et choisissez parmi les options disponibles. Les contours sont des courbes mathématiques qui déterminent la luminosité de l'ombre à différents niveaux (par défaut : Linéaire).

- ◆ **Lissé**. Cochez cette case pour adoucir visuellement l'ombre portée.

- ◆ **Bruit**. Donnez une valeur comprise entre 0 et 100 % ou déplacez le curseur. L'option Bruit change de manière aléatoire les couleurs de l'ombre portée.

- ◆ **Ombre portée masquée par le calque**. Définit la visibilité de l'ombre portée dans un calque semi-transparent.

5 Cliquez **OK**.

Application du style Ombre portée

Utilisez le biseautage et l'estampage

 PS 4.5, 4.6

Utilisez le biseautage et l'estampage

1. Sélectionnez le panneau **Calques**.

2. Sélectionnez le calque auquel appliquer le style Biseautage et estampage.

3. Cliquez **Ajouter un style de calque → Biseautage et estampage**.

4. Choisissez parmi les options de Biseautage et estampage disponibles :

   ◆ **Style**. Ouvrez la liste et sélectionnez **Biseau externe**, **Biseau interne** (par défaut), **Estampage**, **Estampage oreiller** ou **Contour de l'estampage**.

   ◆ **Technique**. Ouvrez la liste et sélectionnez **Lisse** (par défaut), **Ciselage marqué** ou **Ciselage léger**.

   ◆ **Profondeur**. Donnez un pourcentage de 0 à 1 000. Une valeur élevée augmente l'intensité du biseau ou de l'estampage.

   ◆ **Direction**. Cliquez l'option **Haut** ou **Bas** pour inverser les tons clairs et les ombres du biseautage ou de l'estampage.

   ◆ **Taille**. Donnez une valeur entre 0 et 250 pixels ou déplacez le curseur. La taille détermine la dimension du Biseautage/Estampage.

   ◆ **Flou**. Tapez une valeur de 0 à 16 pixels. Plus elle est élevée, plus le bord du biseau est doux.

Le style Biseautage et estampage, deuxième en popularité après Ombre portée, apporte une illusion d'arrondi en 3-D à une surface plane. Appliqué à du texte, il donne l'impression d'un texte en 3-D. Si le calque auquel vous appliquez ce style ne possède pas de zones transparentes, le style est appliqué au bord extérieur de l'image. Si vous souhaitez aller plus loin que le biseautage arrondi standard, vous pouvez faire appel à la technique Ciselage marqué pour donner l'impression que le texte a été gravé dans la pierre.

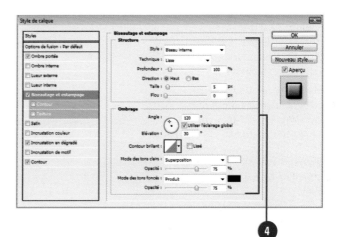

- **Angle**. Donnez une valeur entre 0 et 360 degrés qui déterminera l'angle de la source de lumière par rapport au biseautage/estampage (par défaut : 120).

- **Utiliser l'éclairage global**. Cochez cette case pour harmoniser l'angle de la source lumineuse du biseau et de l'estampage à celui de tous les autres styles appliqués aux autres calques.

- **Élévation**. Saisissez une valeur entre 0 et 90 degrés. L'élévation détermine la hauteur de la source de lumière par rapport à l'image.

- **Contour brillant**. Ouvrez la liste et sélectionnez une des options disponibles. Les contours brillants sont des courbes mathématiques qui déterminent la luminosité du biseau/estampage à différents niveaux et créent un aspect métallique et brillant.

- **Mode des tons clairs**. Ouvrez la liste, choisissez le mode de fusion, cliquez la zone **Couleur** et sélectionnez la couleur des tons clairs (par défaut : Superposition, Blanc).

- **Opacité du mode des tons clairs**. Saisissez une valeur entre 0 et 100 %. L'opacité détermine la transparence globale des tons clairs. Des valeurs élevées rendent les tons clairs plus agressifs.

- **Mode des tons foncés**. Ouvrez la liste, choisissez le mode de fusion, cliquez la zone **Couleur** et sélectionnez la couleur des tons foncés (par défaut : Produit, Noir).

- **Opacité du mode des tons foncés**. Saisissez une valeur entre 0 et 100 %. L'opacité détermine la transparence globale des tons foncés. Des valeurs élevées rendent les tons foncés plus agressifs.

⑤ Cliquez **OK**.

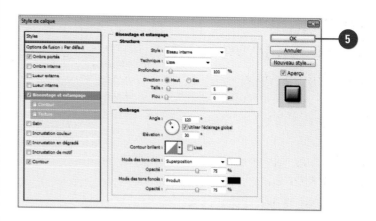

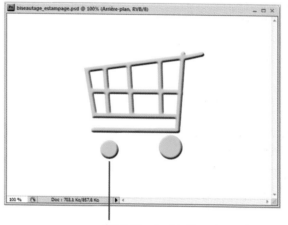

Application du style Biseautage et estampage

Bon à savoir

À propos de l'option Contour

L'option Contour redistribue les niveaux de luminosité de l'ombre et éclaircit des parties du style de calque Biseautage et estampage. En utilisant un autre contour, vous pouvez améliorer le réalisme d'un biseautage ou créer un estampage surréaliste.

Exploitez le contour et la texture

PS 4.5, 4.6

Le style de calque Biseautage et estampage possède deux options puissantes : la capacité d'ajouter un contour ou une texture au biseautage ou à l'estampage. Vous donnez ainsi à vos éléments créatifs une texture plus réaliste. Lorsque vous appliquez les options Contour et Texture, l'image adopte une texture 3-D, fondée sur un motif sélectionné. Une fois la texture appliquée, vous jouez sur sa profondeur et son intensité relatives avec précision pour créer des surfaces comparables à de la pierre ou à du métal. De plus, l'option Contour permet de contrôler l'apparence des zones d'ombre du style de texture, ce qui rend les textures encore plus réalistes.

Exploitez le contour et la texture

1 Sélectionnez le panneau **Calques**.

2 Sélectionnez le calque auquel appliquer le style Biseautage et estampage.

3 Cliquez le bouton **Ajouter un style de calque**, puis **Biseautage et estampage**.

4 Sélectionnez le biseautage ou estampage approprié.

5 Cliquez **Contour** et choisissez parmi les options disponibles :

- ◆ **Contour**. Ouvrez la liste et choisissez une des options disponibles. Les contours sont des courbes mathématiques qui déterminent la luminosité du biseau ou de l'estampage à différents niveaux (par défaut : Linéaire).

- ◆ **Lissé**. Cochez la case pour adoucir visuellement le biseautage ou l'estampage.

- ◆ **Étendue**. Donnez une valeur entre 1 et 100 % ou déplacez le curseur. L'étendue détermine l'étendue du contour tel qu'appliqué à l'image (par défaut : 50 %).

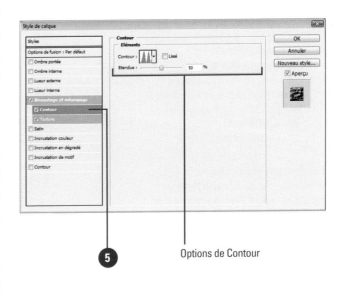

Options de Contour

Voir aussi

L'option Contour est détaillée à la section « Utilisez le biseautage et l'estampage », page 278.

6 Cliquez **Texture** et choisissez parmi les options disponibles :

◆ **Motif**. Ouvrez la liste et choisissez un motif. Pour ajouter des motifs de la bibliothèque de motifs Photoshop, cliquez le bouton **Options de motifs**, situé dans l'angle supérieur droit de la boîte de dialogue Motifs, puis choisissez un motif.

◆ **Créer un nouveau motif prédéfini d'après le motif actuel**. Cliquez ce bouton pour ajouter le motif en cours à la liste des motifs prédéfinis de Photoshop.

◆ **Magnétisme de l'origine**. Cliquez ce bouton pour que le motif parte de l'angle supérieur gauche du calque ou du document.

◆ **Échelle**. Saisissez une valeur entre 1 et 1 000 %. L'échelle détermine la taille du motif tel qu'appliqué à l'image active (par défaut : 100 %).

◆ **Relief**. Saisissez une valeur entre -1 000 et 1 000 %. Le relief détermine l'intensité des zones de tons clairs et foncés de la texture. Les nombres négatifs inversent les tons clairs et foncés (par défaut : 100 %).

◆ **Inverser**. Cochez cette case pour inverser le groupe de couleurs du motif.

◆ **Lier au calque**. Cochez cette case pour lier physiquement le motif en cours au calque actif (par défaut : cochée).

7 Cliquez **OK**.

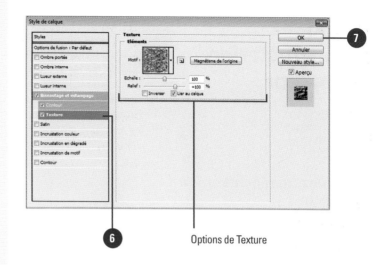

Options de Texture

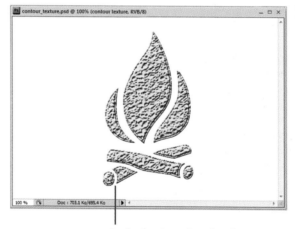

Application des options de style
Contour et Texture

Appliquez une incrustation de couleur

Le style Incrustation couleur couvre les éléments d'un calque avec une couleur de votre choix. Par exemple, vous souhaitez voir comment du texte en noir ressortirait avec une autre couleur, sans changer sa couleur d'origine. Il est aussi possible d'appliquer l'option Mode de fusion pour voir comment une couleur spécifique se mélange à l'image. Quelle que soit la situation, Incrustation couleur masque temporairement l'image avec la couleur de votre choix. En outre, vous pouvez employer ce style avec d'autres styles de calques pour produire des centaines, voire des milliers, de combinaisons de styles.

Appliquez une incrustation de couleur

1 Sélectionnez le panneau **Calques**.

2 Cliquez le calque auquel appliquer le style Incrustation couleur.

3 Cliquez le bouton **Ajouter un style de calque**, puis **Incrustation couleur**.

4 Choisissez l'une des options disponibles :

◆ **Mode de fusion**. Ouvrez la liste et choisissez parmi les options disponibles. L'option Mode de fusion indique à Photoshop comment mélanger la couleur de l'incrustation avec les couleurs de l'image active (par défaut : Normal).

◆ **Couleur**. Cliquez la zone **Couleur** et choisissez une couleur dans le Sélecteur de couleurs (par défaut : Rouge).

◆ **Opacité**. Saisissez une valeur entre 0 et 100 %. L'opacité détermine comment le calque Incrustation couleur masque les pixels de l'image d'origine (par défaut : 100 %).

5 Cliquez **OK**.

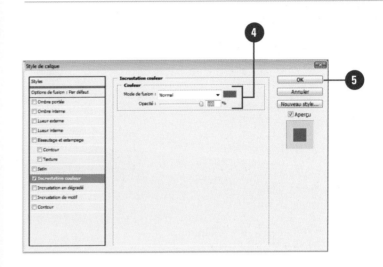

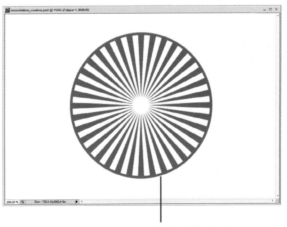

Application du style
Incrustation couleur

Utilisez le style de calque Contour

PS 4.5, 4.6

Le style de calque Contour permet d'appliquer un contour autour de n'importe quel objet de calque. Comme le contour va s'appliquer au bord de l'objet, celui-ci doit être entouré de pixels transparents. Vous pouvez par exemple exploiter l'option de contour pour appliquer une couleur uniforme au contour d'un texte ou appliquer un contour à une image. Les contours ne se limitent pas aux couleurs uniformes : ils permettent les dégradés et même les motifs. Le style Contour peut vous offrir de nombreux autres styles intéressants.

Employez le style de calque Contour

1. Sélectionnez le panneau **Calques**.
2. Cliquez le calque auquel appliquer le style de calque Contour.
3. Cliquez le bouton **Ajouter un style de calque**, puis **Contour**.
4. Choisissez parmi les options de Contour :
   - **Taille**. Donnez une valeur de 1 à 250 pixels pour définir l'épaisseur du contour.
   - **Position**. Ouvrez la liste et choisissez de placer le contour à l'**Extérieur**, à l'**Intérieur** ou au **Centre** de l'objet.
   - **Mode de fusion**. Ouvrez la liste et choisissez parmi les options disponibles. L'option Mode de fusion indique à Photoshop comment mélanger la couleur de contour sélectionnée et celles de l'image active.
   - **Opacité**. Donnez une valeur de 0 à 100 % ou déplacez le curseur. L'opacité détermine comment le Contour masque les pixels de l'image d'origine (par défaut : 100 %).
   - **Type de remplissage**. Ouvrez la liste et choisissez de créer un contour avec une couleur uniforme, un dégradé ou un motif.
   - **Couleur**. Cliquez la zone **Couleur** et choisissez une couleur.
5. Cliquez **OK**.

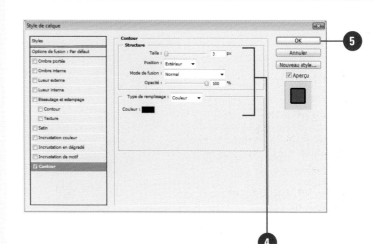

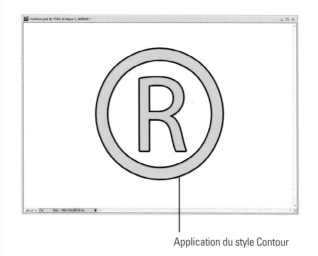

Application du style Contour

Appliquez des incrustations de motifs

 PS 4.5, 4.6

Exploitez les incrustations de motifs

1. Sélectionnez le panneau **Calques**.

ATTENTION ! *Les incrustations de motifs, comme tous les styles de calques de Photoshop, s'appliquent à tous les pixels non transparents de l'image. Il est impossible de sélectionner les zones de l'image qui doivent être affectées par le style de calque.*

2. Cliquez le calque auquel appliquer le style Incrustation de motif.

3. Cliquez le bouton **Ajouter un style de calque**, puis **Incrustation de motif**.

4. Choisissez l'une des options disponibles :

- ◆ **Mode de fusion**. Ouvrez la liste et choisissez parmi les options disponibles. L'option Mode de fusion indique à Photoshop comment fondre le motif avec les couleurs de l'image active (par défaut : Normal).

- ◆ **Opacité**. Saisissez une valeur entre 0 et 100 %. L'opacité détermine comment l'effet masque les pixels de l'image d'origine (par défaut : 100 %). Par exemple, une opacité de 50 % mélange 50 % des couleurs de l'image d'origine avec l'incrustation de motif.

Les incrustations de motifs remplacent les pixels du calque actif par un motif particulier. Photoshop propose des dizaines de motifs prédéfinis, mais vous êtes libre de créer et d'enregistrer les vôtres. Les motifs servent à pimenter une zone terne, tout comme on colle du papier peint décoratif sur des murs de couleurs uniformes. Lorsque vous appliquez un motif, l'image d'origine est recouverte du motif sélectionné. Ensuite, vous pouvez exploiter les modes de fusion et l'opacité pour contrôler l'effet du motif sur l'image d'origine.

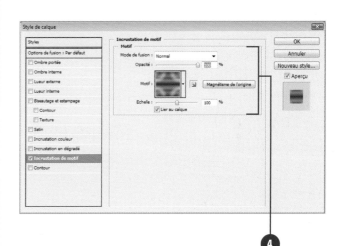

④

Bon à savoir

Utilisez les incrustations de motifs

L'incrustation de motif s'applique aux photographies. Généralement, un motif recouvre complètement l'image d'origine, mais si vous exploitez l'option Mode de fusion en appliquant le motif, vous pouvez obtenir des résultats intéressants. Faites des tests avec des photos et des motifs en vous servant des modes de fusion Produit, Superposition et Incrustation pour commencer. Le résultat est une combinaison du motif fusionné avec la photographie.

◆ **Motif**. Ouvrez la liste et choisissez un motif. Pour ajouter des motifs depuis la bibliothèque de Photoshop, cliquez le bouton **Options de motifs**, situé dans l'angle supérieur droit de la boîte de dialogue Motifs, puis choisissez une des options.

◆ **Créer un nouveau motif prédéfini d'après le motif actuel**. Cliquez ce bouton pour ajouter le motif en cours à la liste des motifs prédéfinis.

◆ **Magnétisme de l'origine**. Cliquez ce bouton pour que l'application du motif commence à l'angle supérieur gauche du calque du document.

◆ **Échelle**. Saisissez une valeur entre 1 et 1 000 %. L'échelle détermine la taille du motif tel qu'appliqué à l'image active (par défaut : 100 %).

◆ **Lier au calque**. Cochez cette case pour lier physiquement le motif en cours au calque actif (par défaut : cochée).

5 Cliquez **OK**.

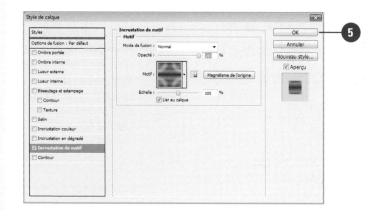

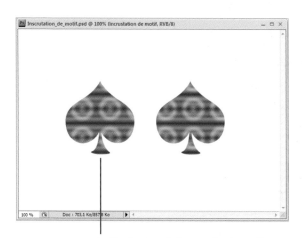

Application du style Incrustation de motif

Note

Repositionnez n'importe quelle incrustation de motif. Ouvrez la boîte de dialogue Style de calque et sélectionnez n'importe quel motif dans la bibliothèque de motifs. Toutefois, avant de cliquer OK, accédez à la fenêtre du document, cliquez et faites glisser. Le motif se repositionne à mesure que vous faites glisser. Cliquez le bouton Magnétisme de l'origine pour rétablir la position par défaut du motif.

Appliquez une lueur externe et une ombre interne

 PS 4.5, 4.6

Appliquez les styles Lueur externe et Ombre interne

① Sélectionnez le panneau **Calques**.

② Cliquez le calque auquel appliquer le style Lueur externe.

③ Cliquez le bouton **Ajouter un style de calque**, puis **Lueur externe**.

④ Choisissez une option de lueur externe :

◆ **Structure**. Permet de modifier le mode de fusion et l'opacité (qui détermine comment la lueur externe masque les pixels de l'image d'origine), d'ajouter un peu de bruit (change de manière aléatoire les couleurs de la lueur externe) et même de modifier la couleur ou d'appliquer un dégradé à la lueur.

Par exemple, une opacité de 50 % mélange 50 % des couleurs de l'image d'origine avec la lueur externe.

◆ **Éléments**. Permet de changer la technique employée (lueur plus tamisée ou précise) ainsi que l'étendue et la taille de la lueur. L'option Précise crée une lueur externe réaliste mais plus complexe. L'option Grossi détermine l'étendue de la lueur.

Le style Lueur externe applique une lueur de n'importe quelle couleur à tous les objets du calque actif. Comme ce style a besoin d'une zone pour s'appliquer, les objets doivent être entourés de pixels transparents. Le style Lueur externe est excellent pour donner un effet néon à du texte. Le style Ombre interne applique une ombre à l'intérieur d'un objet. Comme il s'applique directement à l'image, il n'impose pas que l'objet soit entouré de pixels transparents. Lorsque vous l'appliquez, l'effet d'ombre apparaît sur les bords intérieurs de l'image, à l'instar d'une ombre portée inversée.

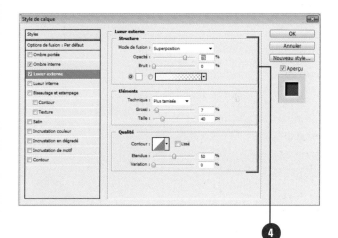

④

Créez un effet de néon

On crée un effet de néon très réaliste avec le style Lueur externe et du texte. Il suffit de créer un calque de texte avec une police arrondie, comme Arial Rounded et de choisir une couleur de néon pour la police, comme le rouge ou le jaune. Appliquez une lueur externe en utilisant un jaune clair comme couleur de la lueur. Placez le texte sur un calque d'arrière-plan noir (pour l'effet) et manipulez les options de lueur jusqu'à voir apparaître une lueur réaliste autour du texte. Ajoutez un style Biseautage et estampage au texte pour compléter l'effet d'un néon rayonnant.

◆ **Qualité**. Donne accès au contour de la lueur pour créer des effets spéciaux intéressants. Cochez la case Lissé pour adoucir visuellement la lueur et modifiez l'étendue du contour et la variation (valeur aléatoire des dégradés) de la lueur.

Les contours sont des courbes mathématiques qui déterminent la luminosité de la lueur à différents niveaux.

⑤ Dans les styles disponibles, cliquez **Ombre interne**.

⑥ Choisissez une option d'Ombre interne :

◆ **Structure**. Permet de changer le mode de fusion et l'opacité, ainsi que l'angle de l'ombre. En outre, vous pouvez définir les options Distance, Maigri et Taille de l'ombre.

◆ **Qualité**. Donne accès au contour de l'ombre pour créer des effets spéciaux intéressants. Cochez la case **Lissé** pour adoucir visuellement l'ombre et ajouter un peu de bruit au produit final.

⑦ Cliquez **OK**.

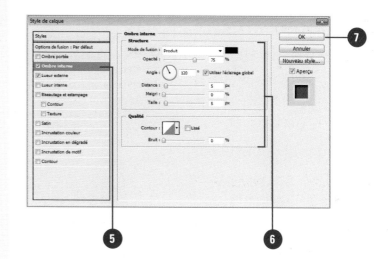

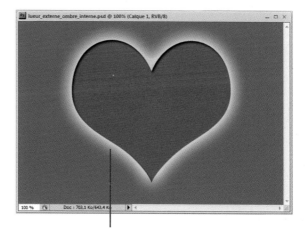

Application des styles Lueur externe et Ombre interne

Appliquez un style Lueur interne

PS 4.5, 4.6

Appliquez un style Lueur interne

① Sélectionnez le panneau **Calques**.

② Cliquez le calque auquel appliquer le style Lueur interne.

③ Cliquez le bouton **Ajouter un style de calque**, puis **Lueur interne**.

④ Choisissez une option de Lueur interne :

◆ **Mode de fusion**. Ouvrez la liste et choisissez parmi les options disponibles. L'option Mode de fusion indique à Photoshop comment mélanger la lueur interne sélectionnée avec les couleurs de l'image active (par défaut : Normal).

◆ **Opacité**. Donnez une valeur comprise entre 0 et 100 % ou déplacez le curseur. L'opacité détermine comment la lueur interne masque les pixels de l'image d'origine (par défaut : 100 %).

◆ **Bruit**. Donnez une valeur comprise entre 0 et 100 % ou déplacez le curseur. L'option Bruit introduit de manière aléatoire des éléments dans les couleurs de la lueur interne (par défaut : 0 %).

◆ **Couleur uniforme**. Cliquez la zone **Couleur** et choisissez une couleur dans le Sélecteur de couleurs (par défaut : Noir).

Le style Lueur interne donne l'apparence d'une lueur à l'intérieur d'un objet du calque. Par exemple, en appliquant une lueur interne à un texte noir, vous modifiez l'objet en éclairant les bords du texte. Une fois que vous avez appliqué la lueur interne, vous déterminez sa taille et son intensité pour créer l'effet spécial précis recherché. Vous pouvez également appliquer le style Lueur externe à l'image pour répandre l'effet de lueur dans les zones transparentes environnantes du calque.

④

Bon à savoir

Créez du texte ciselé avec une lueur interne

Le style Lueur interne permet de créer un texte ciselé réaliste. Il suffit de créer un texte blanc et d'appliquer une lueur interne avec une couleur de lueur gris foncé. Ajoutez un calque d'arrière-plan noir et le texte va apparaître ciselé dans l'arrière-plan.

- **Dégradé**. Ouvrez la liste Dégradé et choisissez un dégradé (par opposition à la couleur uniforme) pour la lueur interne.

- **Technique**. Ouvrez la liste et choisissez entre une lueur plus tamisée ou précise. L'option Précise crée une lueur externe réaliste mais plus complexe.

- **Source**. Cliquez l'option **Centre** pour que la lueur brille depuis le centre, et l'option **Contour** pour qu'elle illumine à partir du contour.

- **Maigri**. Donnez une valeur comprise entre 0 et 100 % ou déplacez le curseur. L'option Maigri réduit le masque de fusion avant d'appliquer le flou (par défaut : 0 %).

- **Taille**. Donnez une valeur comprise entre 0 et 250 pixels ou déplacez le curseur. La taille détermine la taille de la lueur (par défaut : 38).

- **Contour**. Ouvrez la liste et choisissez parmi les options disponibles.

- **Lissé**. Cochez cette case pour adoucir visuellement la lueur interne.

- **Étendue**. Donnez une valeur entre 1 et 100 % ou déplacez le curseur. Ce paramètre détermine l'étendue du contour tel qu'appliqué à l'image (par défaut : 50).

- **Variation**. Donnez une valeur entre 1 et 100 % ou déplacez le curseur. La variation augmente ou diminue la valeur aléatoire des dégradés appliqués à la lueur interne (par défaut : 0 %).

 Cliquez **OK**.

Sélecteur de dégradé

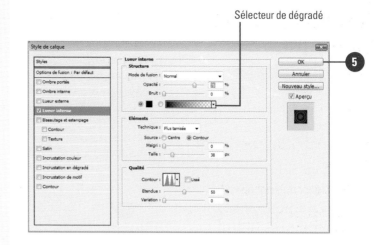

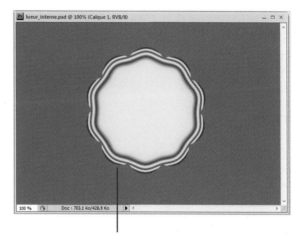

Application du style Lueur interne

Créez des styles de calques personnalisés

 PS 4.5, 4.6

Les styles de calques s'emploient individuellement ou en combinaison. Par exemple, vous pourriez créer un style de calque avec un contour, un biseautage interne et une incrustation de motif, que vous voudriez utiliser à nouveau ultérieurement. Dans ce but, Photoshop permet de créer un style de calque directement à partir de la boîte de dialogue Style de calque ou du panneau Styles. La création de styles personnalisés est une fonctionnalité qui économise beaucoup de temps et qui non seulement accélère l'application d'un style à un calque, mais garantit également que cette application est semblable. Vos projets y gagneront en cohérence.

Créez des styles de calques personnalisés

① Sélectionnez le panneau **Calques**.

② Cliquez le calque auquel appliquer un style.

③ Cliquez le bouton **Ajouter un style de calque**, puis choisissez un style.

④ Pour ajouter un style à un style existant, sélectionnez-le dans la liste.

⑤ Pour modifier un style existant, choisissez parmi les différentes options de style.

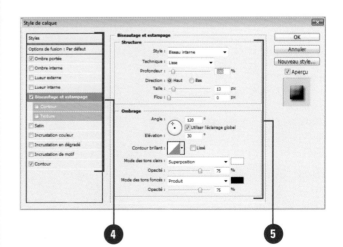

Note

Combinez des éléments de plusieurs styles de calques. Faites glisser un style de calque sur un autre calque. Si vous possédez deux calques, contenant tous deux des styles, et que vous voulez ajouter l'ombre portée d'un style à l'autre calque, faites glisser le style d'ombre portée sur l'autre calque, pour créer une copie de l'ombre portée. Vous pouvez aussi faire glisser des styles de calques entre deux documents ouverts.

6 Cliquez **Nouveau style** et choisissez parmi les options disponibles :

◆ **Nom**. Donnez un nom au nouveau style de calque.

◆ **Inclure les effets de calque**. Cochez cette case pour inclure tous les effets de calque au style.

◆ **Inclure les options de fusion de calque**. Cochez cette case pour inclure toutes les options du mode de fusion au style.

7 Cliquez **OK**.

8 Cliquez **OK**.

Dans le panneau Styles, le nouveau style figure au bas de la liste.

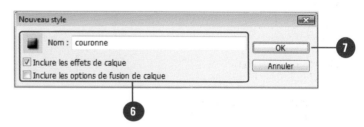

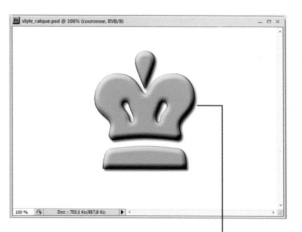

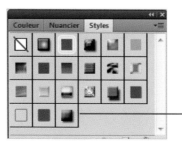

Le style créé a été appliqué

Nouveau style ajouté au panneau

Créez des styles personnalisés avec le panneau Styles

 PS 4.5, 4.6

Pour créer des styles personnalisés à l'aide du panneau Styles, il suffit d'appliquer un style à un calque et d'enregistrer le style à conserver en cliquant un bouton. Lorsque vous créez un style de calque, celui-ci apparaît comme sous-élément du calque. Par exemple, si vous créez un style de calque avec ombre portée et lueur interne, vous insérez deux sous-éléments directement sous le calque auquel les styles sont associés, un pour l'ombre portée et l'autre pour la lueur interne. Pour enregistrer un style personnalisé, sélectionnez le calque et non un style individuel et enregistrez tous les sous-éléments de ce calque. Pour enregistrer le style personnalisé avec la lueur interne uniquement, vous devez préalablement faire glisser l'ombre portée vers le bouton Supprimer le calque.

Créez des styles personnalisés

1. Sélectionnez le panneau **Calques**.

2. Sélectionnez un calque contenant un style de calque.

3. Sélectionnez le panneau **Styles**.

4. Déplacez le pointeur au bas du panneau Styles et cliquez lorsque le pointeur se transforme en pot de peinture.

Note

Téléchargez des styles Adobe supplémentaires. Dans votre navigateur, tapez www.adobe.com/fr/ et recherchez Adobe Studio Exchange pour obtenir d'autres styles.

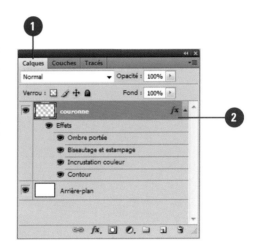

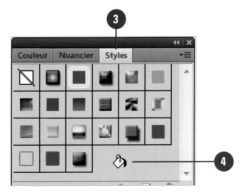

⑤ Sélectionnez les options
suivantes :

◆ **Nom**. Donnez un nom au
nouveau style de calque.

◆ **Inclure les effets de calque**.
Cochez cette case pour inclure
tous les effets de calque au
style.

◆ **Inclure les options de fusion de
calque**. Cochez cette case pour
inclure toutes les options du
mode de fusion au style.

⑥ Cliquez **OK**.

Si vous ouvrez le panneau Styles,
le nouveau style va apparaître au
bas de la liste.

Note

*Partagez vos styles avec d'autres
utilisateurs de Photoshop.* Cliquez
le bouton Options de styles, puis
Enregistrer les styles. Les styles
se trouvent maintenant dans un
fichier qui peut être envoyé par
courrier électronique. Il suffit alors
à l'utilisateur de cliquer le bouton
Options des styles, puis l'option
Charger les styles pour récupérer et
exploiter les nouveaux styles.

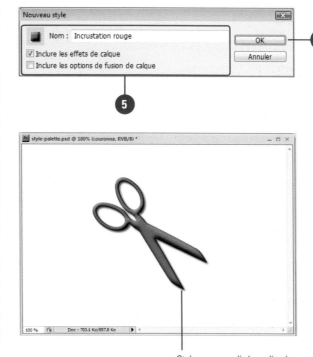

Style personnalisé appliqué

Déplacez des styles de calques existants

Une fois un style appliqué à un calque, il peut être utilisé dans d'autres calques et d'autres documents. La grande souplesse de ce procédé permet de créer des styles de calques spécifiques qui seront appliqués sans effort à d'autres calques ou à d'autres documents. Dans la plupart des cas, il est judicieux d'enregistrer le style dans le panneau Styles. Cependant, il arrive qu'un style ne soit utile qu'une ou deux fois. Dans ce cas, un simple glisser-déposer est la méthode la plus simple.

Déplacez des styles de calques existants

1. Sélectionnez le panneau **Calques**.

2. Cliquez un calque contenant un style de calque.

3. Cliquez le triangle pour développer les styles de calques groupés.

4. Appuyez sur la touche **Alt** (Win) ou **Option** (Mac) et faites glisser le calque groupé sur un autre calque.

   Photoshop réalise une copie de tous les styles et les applique au nouveau calque.

Note

Copiez des styles individuels entre des calques. Cliquez le nom du style et non le groupe Effets et faites-le glisser pour déplacer un seul style de calque et non le groupe entier. Lorsque vous relâchez la souris, le style de calque est copié et appliqué à la nouvelle image.

Soyez créatif avec le texte

13

Dans Adobe Photoshop, l'outil Texte a terriblement évolué depuis ses humbles débuts. Lors de sa première apparition, tout ce que l'on pouvait espérer de l'outil Texte était de saisir du texte. Il est maintenant devenu un outil puissant et créatif. Non seulement il est possible de placer du texte dans n'importe quelle image ouverte, mais également de l'employer comme masque ou comme tracé, ou de déformer le texte suivant la forme de votre choix. En outre, Photoshop conserve le texte sans pixellisation. Autrement dit, le texte créé s'imprime aussi bien que s'il était créé dans Adobe Illustrator ou InDesign, quelle que soit la résolution. Dans Photoshop, le texte est aussi créatif que tout autre élément de conception disponible.

Le panneau Caractère permet de sélectionner une police, un style et une taille spécifiques, d'étendre ou de réduire l'espace entre les lettres et les mots avec l'interlignage et le crénage et d'augmenter ou de réduire la largeur physique du texte. Le décalage par rapport à la ligne de base fait monter et abaisser le texte. En outre, avec le panneau Paragraphe, vous créez des paragraphes et alignez les lignes à gauche, à droite ou au centre.

Quand vous travaillez avec de plus longs textes, la commande Orthographe permet d'identifier et de corriger les erreurs de saisie et les fautes d'orthographe. Avec la fonctionnalité Rechercher et remplacer, vous identifiez et remplacez rapidement les mots ou les formats. Servez-vous d'un masque de texte pour isoler des pixels et créer des mots à partir des images. Par exemple, vous tapez la phrase Voilà l'automne avec une image de feuilles et, à l'aide du masque de texte, les mots sembleront découpés dans une cascade de feuilles colorées. Vous pouvez également utiliser un masque de texte avec les styles de calque pour créer un texte qui semble jaillir de la page. Dans Photoshop, le travail avec le texte ne se limite pas au placement de quelques mots sur une image ; c'est un processus aussi créatif que le travail sur les images elles-mêmes.

295

Utilisez les outils Texte classiques

 PS 6.4

Les outils de saisie classiques de Photoshop fonctionnent de manière analogue aux outils de saisie des programmes de traitement de texte. Toutefois, les possibilités créatives dépassent de beaucoup celles de ce type de programme. Avec les outils texte, vous saisissez le texte puis vous le gérez par le biais de la boîte à outils et de la barre d'options. Photoshop en simplifie la gestion en plaçant automatiquement le texte dans un calque séparé.

Utilisez les outils Texte classiques

1 Dans la boîte à outils, cliquez l'outil **Texte**, puis sélectionnez l'outil **Texte horizontal**.

2 Cliquez dans la fenêtre du document et tapez votre texte.

Photoshop crée un calque de texte et y place le texte.

ATTENTION ! *Avec les outils Texte, les fonctions de raccourci classiques du clavier ne fonctionnent pas. Par exemple, en appuyant sur la barre d'espace, vous n'accédez pas à l'outil Main, mais vous ajoutez une espace au point d'insertion.*

3 Éloignez le pointeur du texte et faites-le glisser pour déplacer le texte.

Note

Créez du texte sur un tracé. Créez un tracé avec l'outil Plume, sélectionnez l'outil Texte et cliquez le tracé. Photoshop place le point d'insertion sur le tracé et lorsque vous saisissez le texte, il suit ce tracé.

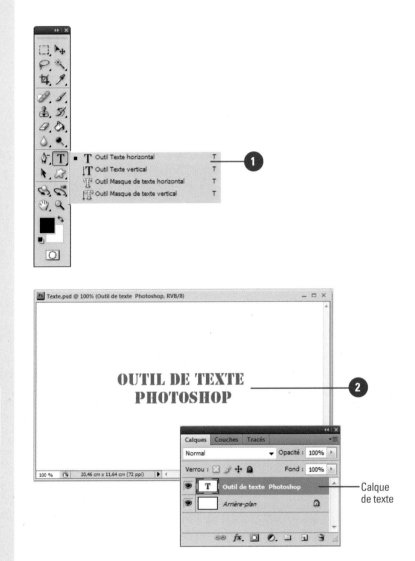

Calque de texte

4 Double-cliquez pour sélectionner un mot ou faites glisser le pointeur sur le texte pour sélectionner plusieurs mots.

5 Pour modifier la couleur du texte, dans la barre d'options, cliquez l'échantillon de couleur et choisissez une autre couleur dans le Sélecteur de couleurs ou servez-vous des panneaux Couleur ou Nuancier.

6 Pour effacer une lettre à la fois, cliquez dans le texte et appuyez sur la touche **Retour arrière**. Pour supprimer un groupe de mots, sélectionnez-le et appuyez sur **Suppr**.

7 Pour insérer du texte, cliquez dans le texte pour placer le point d'insertion et tapez.

Note

Modifiez du texte sur un tracé. Pour modifier le texte à tout moment, double-cliquez la vignette du calque de texte ou sélectionnez l'outil Texte et cliquez le texte.

Voir aussi

Pour de plus amples informations sur la création de calques, reportez-vous à la section « Créez un nouveau calque », page 100.

Bon à savoir

Préservez le texte à imprimer

Photoshop permet de préserver le texte à imprimer. Il propose des options de contrôle du texte identiques à celles des programmes de traitement de texte de pointe qui permettent même d'enregistrer la nature vectorielle du texte. Il est ainsi possible d'imprimer des images Photoshop avec un texte indépendant de la résolution du document.

Pour enregistrer un document Photoshop et préserver le texte, pointez Enregistrer sous dans le menu Fichier et choisissez le format EPS. Cochez la case Inclure les données vectorielles et enregistrez le fichier. Le document EPS contient les informations de texte et peut être imprimé à partir de n'importe quel programme, y compris les programmes de mise en pages comme InDesign et Quark Xpress.

Exploitez les options de texte

PS 6.4

Dans Photoshop, vous contrôlez le texte par l'entremise des options de la barre d'options. Pour y accéder, l'un des outils Texte doit être sélectionné. Il n'est pas nécessaire de commencer par la saisie. Si vous savez comment vous voulez que le texte se présente, définissez les options et commencez la saisie. Toutefois, si vous souhaitez modifier un texte déjà saisi, Photoshop propose un panel d'options comme la famille, la taille ou la couleur de la police, la justification, l'interlignage et le crénage. Les familles et les styles de polices sont directement accessibles dans le menu Polices. Les noms des polices y apparaissent dans la police système standard et le mot *Sample* apparaît en regard du nom, dans la police elle-même.

Exploitez les options de texte

1 Ouvrez un document.

2 Dans la boîte à outils, sélectionnez l'outil **Texte**.

3 Pour basculer entre le texte horizontal et vertical, cliquez le bouton **Modifier l'orientation du texte** de la barre d'options.

Si cette option est sélectionnée sur un calque de texte existant, le texte bascule entre horizontal et vertical.

4 Ouvrez la liste **Famille de polices**, puis choisissez parmi les polices disponibles sur votre ordinateur.

5 Ouvrez la liste **Style de la police**, puis choisissez parmi les styles disponibles sur votre ordinateur.

6 Ouvrez la liste **Corps de la police** et choisissez l'une des tailles prédéfinies, mesurées en points (de 6 à 72).

Photoshop utilise un système de mesure PostScript standard de 72 points par pouce.

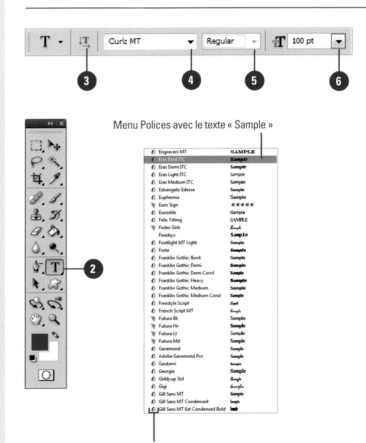

Menu Polices avec le texte « Sample »

Indique le type de police

7. Ouvrez la liste **Méthode de lissage** et choisissez parmi les options disponibles.

   Le lissage produit du texte aux contours lisses.

8. Cliquez l'un des boutons **Texte aligné à gauche**, **Centrer** ou **Texte aligné à droite**.

   La justification équilibre le texte créé sur plusieurs lignes horizontales ou verticales.

9. Cliquez la case **Définir la couleur du texte** et sélectionnez une couleur dans le Sélecteur de couleurs.

10. Cliquez le bouton **Créer un texte déformé** pour appliquer des effets d'habillage.

11. Cliquez le bouton **Activer/ Désactiver les panneaux Caractère et Paragraphe** pour afficher ou masquer ces panneaux.

Note

Utilisez des tailles de police non prédéfinies à partir de la barre d'options. Dans la barre d'options, sélectionnez la taille actuelle, tapez une taille et appuyez sur Entrée (Win) ou Retour (Mac).

Modifiez les attributs de police avec le panneau Caractère. Cliquez le panneau Caractère, sélectionnez le texte à modifier et servez-vous des options du panneau.

Voir aussi

Pour de plus amples informations sur l'habillage du texte, reportez-vous à la section « Utilisez l'option Texte déformé », page 304.

Questions fréquentes

Quelle est la différence entre les polices ?

Tout ce que vous tapez apparaît dans une **police**, correspondant à un dessin et une configuration particulière des caractères. Il existe généralement quatre variantes dans une police, comme Times New Roman : normal, gras, italique et gras italique. Il existe essentiellement deux sortes de polices : les polices redimensionnables et celles en mode point (ou bitmap). Une **police redimensionnable** (ou police vectorielle) se fonde sur une équation mathématique qui crée le contour de la police pour former les lettres et les nombres de n'importe quelle taille. Les principaux types de polices redimensionnables sont le type PostScript Type 1 d'Adobe et le type TrueType ou OpenType d'Apple/Microsoft. Les polices redimensionnables sont générées à la volée dans n'importe quelle taille et ne demandent que quatre variantes par police. Une **police en mode point** ou **bitmap** se compose d'un jeu de motifs en points pour chaque lettre d'un type de caractère en une taille spécifique. Les polices bitmap sont créées en amont et nécessitent quatre variantes pour chaque taille de point employée par chaque caractère. Bien qu'une police bitmap conçue pour une taille de police spécifique ait toujours le meilleur aspect, les polices vectorielles évitent le stockage de centaines de tailles de polices différentes sur un disque.

Exploitez le panneau Caractère

Chaque version de Photoshop se rapproche davantage d'une vraie application de traitement de texte avec la possibilité de conserver les calques de texte et d'exploiter des commandes évoluées de typographie. Il est désormais possible d'exploiter les options du panneau Caractère sans calque de texte actif. Cependant, si du texte est sélectionné dans un calque de texte, les modifications apportées auront uniquement un effet sur le texte sélectionné dans ce calque, sans affecter les autres calques de texte.

Exploitez le panneau Caractère

1. Ouvrez un document.

2. Dans la boîte à outils, sélectionnez l'outil **Texte**.

3. Dans la barre d'options, cliquez le bouton **Activer/Désactiver les panneaux Caractère et Paragraphe**.

4. Sélectionnez le panneau **Caractère**.

5. Servez-vous des options suivantes :

   ◆ **Famille de polices**. Ouvrez la liste, puis choisissez parmi les polices disponibles sur votre ordinateur.

   ◆ **Style de la police**. Ouvrez la liste et choisissez un style de police, comme **Regular**, **Bold**, **Oblique** et **Italic**. Cette zone est grisée si la police choisie ne propose pas de style.

   ◆ **Corps de la police**. Ouvrez la liste et choisissez l'une des tailles prédéfinies, mesurées en points (de 6 à 72). Photoshop utilise un système de mesure PostScript standard de 72 points par pouce.

   ◆ **Crénage**. Ouvrez la liste et sélectionnez l'une des valeurs de crénage prédéfinies. Le crénage écarte ou rapproche deux caractères.

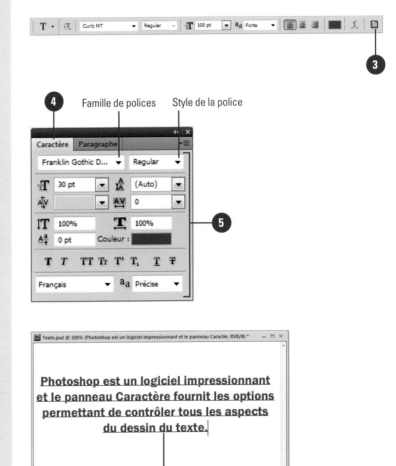

Famille de polices   Style de la police

Police modifiée

- ◆ **Interligne**. Ouvrez la liste et sélectionnez l'une des valeurs d'interlignage prédéfinies. L'interlignage écarte ou rapproche verticalement les lignes de texte.

- ◆ **Approche**. Ouvrez la liste et sélectionnez l'une des valeurs prédéfinies d'approche des caractères. L'approche écarte ou rapproche les mots.

- ◆ **Échelle verticale**. Saisissez une valeur pour changer l'échelle verticale. Cette valeur augmente ou réduit la hauteur du texte.

- ◆ **Décalage vertical**. Saisissez une valeur pour définir le décalage vertical. Cette valeur fait monter ou descendre le texte sélectionné par rapport à la ligne de base.

- ◆ **Échelle horizontale**. Saisissez une valeur pour changer l'échelle horizontale. Cette valeur augmente ou réduit la largeur de chaque caractère.

- ◆ **Couleur de texte**. Cliquez la case de couleur et sélectionnez une couleur dans le Sélecteur de couleurs.

- ◆ **Attributs**. Cliquez les boutons pour choisir d'autres attributs de police comme Souligné ou Barré.

- ◆ **Césure et orthographe**. Ouvrez la liste et sélectionnez la langue de référence pour la césure et l'orthographe.

- ◆ **Lissage**. Ouvrez la liste et sélectionnez parmi les options disponibles. Le lissage améliore l'aspect visuel du contour des caractères.

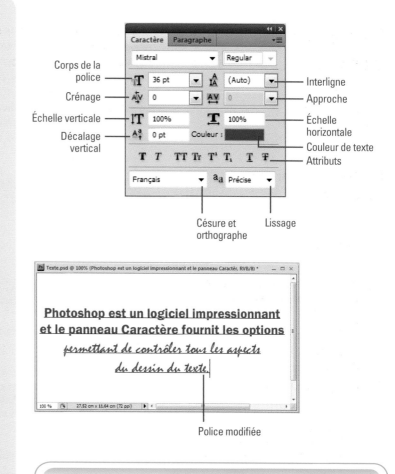

Corps de la police · Crénage · Échelle verticale · Décalage vertical · Interligne · Approche · Échelle horizontale · Couleur de texte · Attributs · Césure et orthographe · Lissage

Police modifiée

Bon à savoir

Exploitez le panneau Paragraphe

Le panneau Paragraphe a pour fonction de proposer un contrôle précis des éléments d'un paragraphe. Contrairement au panneau Caractère, il n'est pas nécessaire de sélectionner le paragraphe pour le modifier. Il suffit de placer le point d'insertion dans le paragraphe à modifier. Photoshop, ainsi que d'autres programmes de saisie et de mise en pages, définit un paragraphe au moment où l'on appuie sur la touche Entrée (Win) ou Retour (Mac). Par exemple, si vous appuyez sur la touche Entrée et tapez plusieurs phrases, lorsque vous appuyez de nouveau sur la touche Entrée, le point d'insertion passe à la ligne suivante et vous poursuivez la saisie. Appuyer sur Entrée (Win) ou Retour (Mac) définit la fin du paragraphe et le début d'un autre.

Exploitez le panneau Paragraphe

Chaque version de Photoshop se rapproche davantage des possibilités d'une vraie application de traitement de texte avec la possibilité de conserver les calques de texte et d'exploiter des commandes évoluées. Il est désormais possible d'exploiter les options paragraphe sans activer un calque de texte. Cependant, comme les styles de paragraphes s'appliquent à des paragraphes et non à des lettres ou des mots, si vous utilisez le panneau Paragraphe, les modifications apportées s'appliquent au texte du calque, sans qu'il soit nécessaire d'effectuer une sélection.

Exploitez le panneau Paragraphe

① Ouvrez un document.

② Sélectionnez l'outil **Texte**.

③ Dans la barre d'options, cliquez le bouton **Activer/Désactiver les panneaux Caractère et Paragraphe**.

④ Sélectionnez le panneau **Paragraphe** puis servez-vous de ces options :

- ◆ **Justification**. Cliquez pour choisir une méthode de justification.
- ◆ **Retrait de la marge de gauche**. Tapez une valeur pour insérer un retrait de la marge de gauche (entre −1296 et 1296).
- ◆ **Retrait de première ligne**. Tapez une valeur pour ajouter un retrait à la première ligne du paragraphe (entre −1296 et 1296).
- ◆ **Retrait de la marge de droite**. Tapez une valeur pour insérer un retrait de la marge de droite (entre −1296 et 1296).
- ◆ **Espace avant le paragraphe**. Tapez une valeur pour augmenter ou réduire l'espace avant chaque nouveau paragraphe (entre −1296 et 1296).
- ◆ **Espace après le paragraphe**. Tapez une valeur pour augmenter ou réduire l'espace après chaque paragraphe (entre −1296 et 1296).
- ◆ **Césure**. Cochez la case pour couper les mots longs à la fin des lignes de texte.

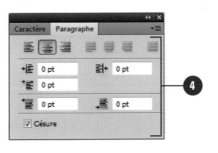

Texte centré

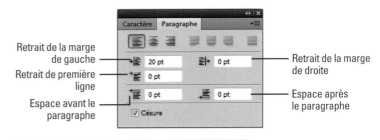

Retrait de la marge de gauche

Retrait de première ligne

Espace avant le paragraphe

Retrait de la marge de droite

Espace après le paragraphe

Aligné à gauche

Définissez les options de lissage

L'option Lissage fait apparaître le texte plus lisse en arrondissant les contours avec des couleurs semi-transparentes. Lorsque le texte est affiché sur un moniteur, il est formé de pixels ayant une forme carrée, d'où un aspect « en escalier » des courbes. En peignant les contours avec des pixels semi-transparents, le caractère se fond avec l'arrière-plan, créant un aspect plus lisse. Sauf si vous appliquez un dégradé ou un masque, le texte est d'une seule couleur. Il faut savoir que l'activation du lissage augmente le nombre de couleurs de l'image, ce qui peut être un inconvénient. Si l'effet rend le texte plus lisse, il rend aussi les caractères de petite taille (moins de 12 points) plus difficiles à lire. La solution consiste à tester les diverses options de lissage pour déterminer la plus adaptée, qui est parfois la désactivation complète.

Définissez les options de lissage

1. Ouvrez un document qui contient un calque de texte.

2. Dans la boîte à outils, sélectionnez l'outil **Texte**.

3. Dans le panneau **Calques**, sélectionnez le calque qui contient le texte.

4. Dans la barre d'options, ouvrez la liste **Lissage** et choisissez l'une des options suivantes :

   ◆ **Sans**. Désactive le lissage.

   ◆ **Nette**. Crée un caractère visuellement plus net.

   ◆ **Précise**. Crée un caractère précis (pas aussi net que l'option Net).

   ◆ **Forte**. Crée un caractère plus épais (gras).

   ◆ **Légère**. Crée un caractère d'apparence lisse.

   ATTENTION ! *L'option Lissage ne s'applique qu'aux caractères du calque de texte actif.*

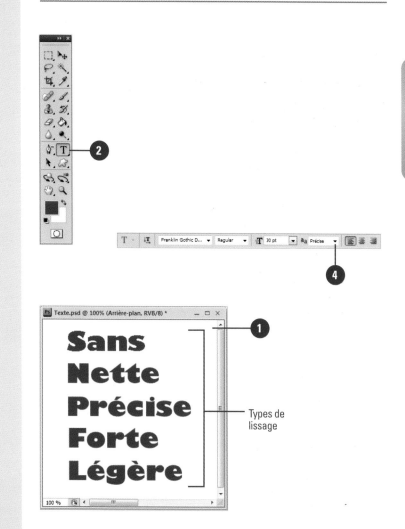

Types de lissage

Utilisez l'option Texte déformé

L'option Texte déformé contrôle le côté créatif de l'apparence du texte. Vous n'êtes plus limité à du texte droit horizontal ou vertical. Dans Photoshop, le texte peut prendre presque n'importe quelles taille et forme. De surcroît, le texte déformé n'exige pas sa conversion en trame. Ainsi, vous pouvez toujours accéder ultérieurement au texte et modifier sa police, sa taille ou sa couleur.

Utilisez l'option Texte déformé

1 Ouvrez un document.

2 Dans la boîte à outils, sélectionnez l'outil **Texte**, puis activez un calque de texte dans le panneau **Calques** ou créez un nouveau texte.

3 Cliquez le bouton **Créer un texte déformé**.

4 Ouvrez la liste **Style** et sélectionnez parmi les options disponibles :

- ◆ Arc
- ◆ Arc inférieur
- ◆ Arc supérieur
- ◆ Arche
- ◆ Renflement
- ◆ Coquille vers le bas
- ◆ Coquille vers le haut
- ◆ Drapeau
- ◆ Onde
- ◆ Poisson
- ◆ Montée
- ◆ Objectif 180°
- ◆ Dilatation
- ◆ Compression
- ◆ Torsion

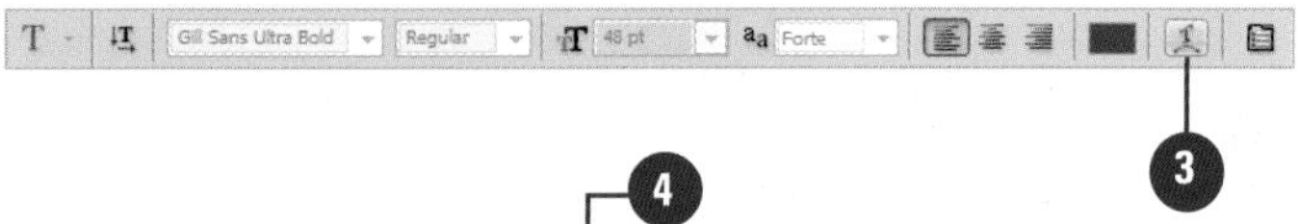

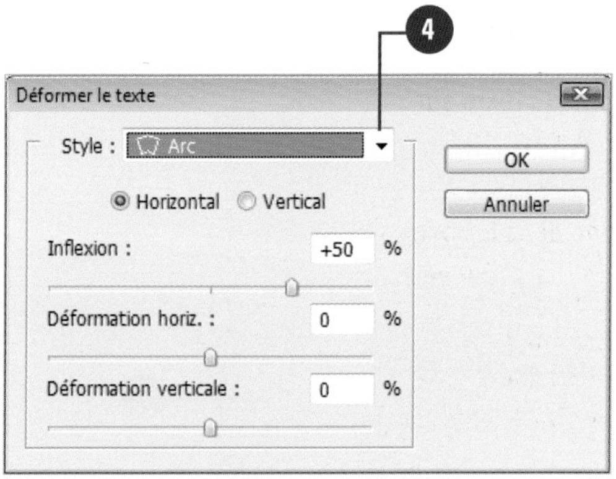

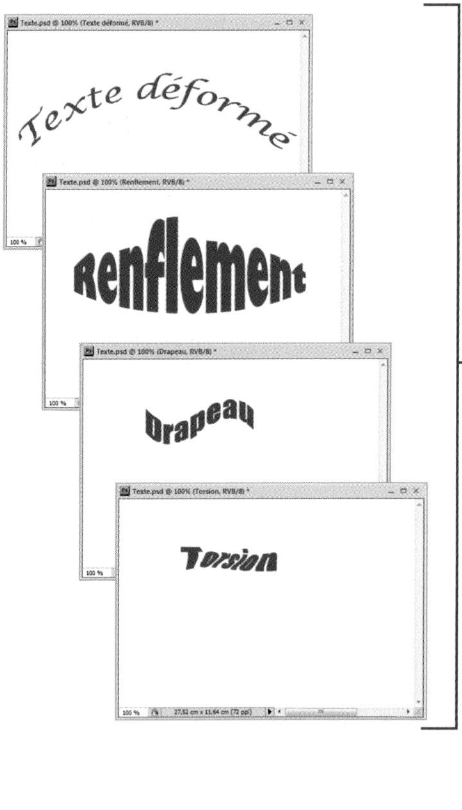

Exemples de textes déformés

⑤ Cliquez l'option **Horizontal** ou **Vertical** pour déformer le texte dans le sens choisi.

⑥ Tapez un pourcentage dans la zone **Inflexion** ou déplacez le curseur (−100 à 100 %). L'inflexion contrôle la quantité physique de flexion appliquée au texte en fonction du style de déformation.

⑦ Tapez un pourcentage dans la zone **Déformation horizontale** ou déplacez le curseur (−100 à 100 %). Cette valeur contrôle la quantité de déformation appliquée au texte sur l'axe horizontal, selon le type de déformation.

⑧ Tapez un pourcentage dans la zone **Déformation verticale** ou déplacez le curseur (−100 à 100 %). Cette valeur contrôle la quantité de déformation appliquée au texte sur l'axe vertical, selon le type de déformation.

⑨ Cliquez **OK**.

Bon à savoir

À propos de texte déformé

Le texte déformé attire l'attention sur un titre ou un mot. Néanmoins, le texte déformé est parfois difficile à lire ; utilisez cette option avec parcimonie. Tenez compte de l'aspect global de l'image et demandez-vous si le texte déformé agit positivement sur le message. Si ce n'est pas le cas, ne l'utilisez pas. Ne tombez pas dans le piège qui consiste à exploiter toutes les possibilités. Si l'option ne met pas le message en valeur, servez-vous d'autre chose, comme le dégradé, le biseautage ou l'estampage.

Utilisez la vérification orthographique

Rien n'est plus embarrassant qu'un texte contenant des fautes d'orthographe. Vous n'utiliserez sans doute pas Photoshop pour créer un document texte, mais si vous insérez du texte sur une image, vous bénéficiez du système de vérification orthographique de Photoshop.

Utilisez la vérification orthographique

1 Ouvrez un document qui contient un ou plusieurs calques de texte.

Inutile de sélectionner l'outil Texte pour vérifier l'orthographe.

2 Dans le menu **Edition**, cliquez **Orthographe**.

3 Lorsque Photoshop rencontre un mot absent du dictionnaire, il l'affiche dans la zone Absent du dictionnaire et vous propose de :

◆ **Ignorer**. Ignore ce mot une fois.

◆ **Tout ignorer**. Ignore toutes les occurrences de ce mot.

◆ **Remplacer**. Photoshop propose une liste de suggestions de remplacement. Sélectionnez celle qui convient dans la zone Suggestions et cliquez **Remplacer**.

◆ **Tout remplacer**. Remplace toutes les occurrences de ce mot, selon la suggestion sélectionnée.

◆ **Ajouter**. Ajoute le mot au dictionnaire de Photoshop.

Photoshop continue de mettre en évidence les mots non reconnus jusqu'à la fin du document.

4 Lorsque la vérification est terminée, cliquez **OK**.

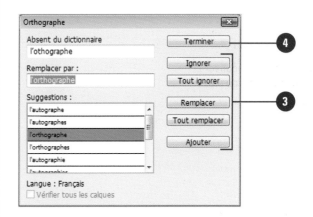

Le mot surligné a été identifié par le vérificateur orthographique

Recherchez et remplacez du texte

Au cours du processus d'édition, il est parfois utile de rechercher et de remplacer un mot ou une expression pour modifier le texte localement ou globalement. La commande Rechercher et remplacer du texte simplifie la localisation ou le remplacement d'un texte spécifique.

Recherchez et remplacez du texte

1. Ouvrez un document qui contient un ou plusieurs calques de texte.

2. Dans le menu **Edition**, cliquez **Rechercher et remplacer du texte**.

3. Saisissez le texte à localiser dans la zone **Rechercher**.

4. Sélectionnez parmi ces options :

   ◆ **Rechercher dans tous les calques**. Cochez la case pour parcourir tous les calques de texte.

   ◆ **Vers l'avant**. Cochez la case pour parcourir le document vers l'avant.

   ◆ **Respecter la casse**. Cochez la case pour localiser le mot en utilisant la même casse que celle de la zone Rechercher.

   ◆ **Mot entier**. Cochez la case pour localiser les mots entiers tels que saisis dans la zone Rechercher.

5. Saisissez le texte de remplacement dans la zone **Remplacer par**.

6. Cliquez **Suivant** pour localiser la prochaine occurrence du mot :

   ◆ Cliquez **Remplacer** pour remplacer le mot.

   ◆ Cliquez **Tout remplacer** pour remplacer toutes les occurrences du mot.

   ◆ Cliquez **Remplacer/Rechercher** pour remplacer le mot et localiser la prochaine occurrence.

7. Lorsque la recherche est terminée, cliquez **Terminer**.

Utilisez la commande Pixellisation du Texte

Certains filtres, outils de peinture ou commandes ne sont pas accessibles avec du texte. Pour poursuivre la tâche, il faut d'abord pixelliser le calque de texte c'est-à-dire convertir le dessin vectoriel du texte en pixels. Une fois l'opération terminée, le texte du calque de texte est devenu un dessin et n'est plus une police. Choisissez donc soigneusement la police et tous les attributs du texte et orthographiez-le correctement avant la pixellisation. Après l'opération, il devient possible d'appliquer au résultat les commandes et les filtres normalement réservés aux images.

Utilisez la commande Pixellisation du Texte

① Ouvrez un document qui contient un ou plusieurs calques de texte.

② Dans le panneau **Calques**, sélectionnez l'un des calques de texte.

③ Dans le menu **Calque**, pointez **Pixellisation** et sélectionnez parmi les commandes suivantes :

◆ **Texte**. Cliquez cette commande pour pixelliser le texte du calque actif.

◆ **Calque**. Cliquez cette commande pour pixelliser le contenu du calque actif (pas nécessairement du texte). La commande Tous les calques pixellise tous les calques du document.

Le calque de texte est converti en calque standard et tous les outils de peinture, filtres et commandes Photoshop s'appliquent aux informations du calque.

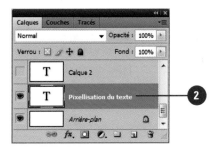

② (repère)

Calque de texte converti en calque standard

Application de la pixellisation du texte

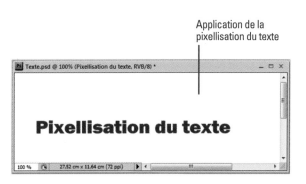

Créez des tracés de travail et des formes à partir de calques de texte

Certaines restrictions s'appliquent au texte. Il n'est, par exemple, pas possible d'appliquer des effets de filtre au texte, et de nombreuses commandes de Photoshop ne fonctionnent pas avec les calques de texte. L'une des solutions consiste à pixelliser le texte. Toutefois, le texte pixellisé est converti… en pixels. Comment procéder si l'on souhaite convertir le texte en tracé vectoriel ? Une fois le texte enregistré comme tracé, on peut le manipuler comme tout tracé vectoriel. Ce tracé n'est plus considéré comme du texte, mais le calque de texte d'origine reste intact et modifiable. Le fait de créer un tracé tout en conservant le calque de texte original vous apporte le meilleur des deux mondes.

Créez un tracé de travail

1. Ouvrez un document qui contient un calque de texte.

2. Dans le panneau **Calques**, sélectionnez l'un des calques de texte.

3. Dans le menu **Fichier**, pointez **Texte** et cliquez **Créer un tracé de travail**.

   ATTENTION ! *Il n'est pas possible de créer des tracés à partir de polices qui ne contiennent pas de données de contour, comme les polices bitmap.*

4. Sélectionnez le panneau **Tracés**.

5. Sélectionnez l'un des outils Plume pour modifier le tracé.

Voir aussi

Pour de plus amples informations sur le panneau Tracés, reportez-vous au chapitre 11, « Exploitez le panneau Tracés ».

Tracé de travail

Tracé de travail modifié

Changez un calque de texte en calque de forme

 PS 5.4

Lorsqu'un calque de texte est converti en calque de forme, il est transformé en calque avec masque vectoriel. Autrement dit, Photoshop remplit le calque avec la couleur du texte et crée ensuite un masque vectoriel définissant le texte. Une fois créé, le masque vectoriel peut être modifié à l'instar de toute autre forme vectorielle, mais vous perdez la possibilité de modifier le texte.

Créez un calque de forme

1 Ouvrez un document qui contient un calque de texte.

2 Dans le panneau **Calques**, sélectionnez l'un des calques de texte.

3 Dans le menu **Calque**, pointez **Texte** et cliquez **Convertir en forme**.

> **ATTENTION !** *Lorsque vous convertissez un calque de texte en calque de forme, Photoshop supprime le premier et le remplace par le deuxième. Avec une forme vectorielle, vous gagnez en manipulation d'image, mais vous perdez la possibilité de modifier le texte.*

4 Dans le panneau **Calques**, cliquez la vignette du masque vectoriel et modifiez le masque avec l'un des outils Plume.

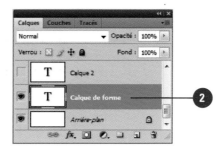

Calque de forme

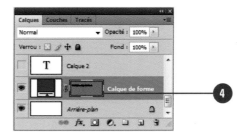

Note

Modifiez la couleur de fond du texte. Cliquez la vignette de l'image puis remplissez la zone avec une couleur, un motif ou un dégradé.

Calque de forme modifié

Créez un masque de texte

Photoshop propose deux types d'outils de texte : les outils Texte horizontal ou vertical et les outils Masque de texte horizontal ou vertical. Les premiers créent un texte classique avec les polices disponibles du système et, à la saisie du texte, la couleur de la police est par défaut celle du premier plan. Les deuxièmes sont des outils de masquage, avec lesquels Photoshop crée un masque de la taille et de la forme de la police sélectionnée, le masque apparaissant sous forme de recouvrement rouge. Une fois le masque créé, vous le modifiez comme tout autre calque de texte, en modifiant sa police, sa taille ou en utilisant les options de déformation. Contrairement aux outils de texte classiques, Photoshop ne crée pas de calque de texte pour le masque, lequel apparaît directement dans le calque actif. Voilà qui ouvre bien des perspectives de création. Vous pourriez, par exemple, employer un masque avec une photographie pour créer un remplissage unique ou donner un aspect de gravure au texte.

Créez un masque de texte

1. Ouvrez un document.

2. Dans la boîte à outils, sélectionnez l'outil **Masque de texte horizontal**.

3. Cliquez dans la fenêtre du document pour placer le point d'insertion et tapez.

   À mesure que vous tapez, Photoshop crée un masque de la taille et de la forme de la police sélectionnée.

4. Servez-vous des outils d'édition pour modifier la police, le style et la taille.

   ATTENTION ! *À l'instar du texte classique, il faut sélectionner le texte du masque pour lui appliquer des modifications.*

5. Dans la boîte à outils, sélectionnez l'outil **Rectangle de sélection** ou l'un des outils de sélection.

   Le masque passe d'un recouvrement rouge à une sélection classique. Désormais le texte ne peut plus être modifié avec les outils d'édition.

6. Placez le pointeur dans l'une des lettres et faites glisser la sélection pour la déplacer.

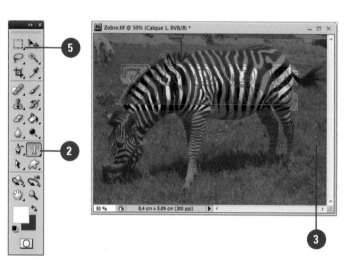

Isolez les pixels d'image avec un masque de texte

L'un des avantages du masque est qu'il permet de créer du texte avec le remplissage de votre choix. Supposons que vous travailliez sur une publicité pour une agence de voyages et que vous vouliez créer un effet de texte spectaculaire. Vous trouvez une image appropriée, vous créez un masque de texte avec les mots COUCHER DE SOLEIL et vous utilisez ensuite l'image et le masque pour créer un remplissage personnalisé.

Isolez des pixels de l'image

1 Ouvrez le document contenant l'image de création du masque.

2 Dans le panneau **Calques**, sélectionnez le calque qui contient l'image.

3 Dans la boîte à outils, sélectionnez l'outil **Masque de texte horizontal**.

4 Cliquez dans la fenêtre du document pour placer le point d'insertion et tapez.

À mesure que vous tapez, Photoshop crée un masque de la taille et de la forme de la police sélectionnée.

ATTENTION ! *Si une grande partie de l'image doit servir au masque, faites appel à une police assez épaisse possédant un seul style, comme Impact.*

5 Servez-vous des outils d'édition pour modifier la police, le style et la taille.

Note

Déplacez le masque après l'avoir converti en sélection. Cliquez l'outil de déplacement et faites glisser la sélection. La zone de sélection se déplace sans modifier l'image. Servez-vous également des flèches de direction pour décaler progressivement la sélection.

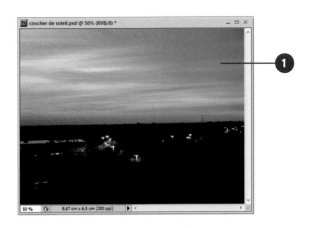

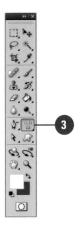

6 Dans la boîte à outils, sélectionnez l'outil **Rectangle de sélection** et positionnez le masque directement sur la portion de l'image à placer dans le texte.

7 Dans le menu **Sélection**, cliquez **Intervertir**.

8 Appuyez sur la touche **Suppr** (Win) ou **Retour arrière** (Mac) pour supprimer les pixels sélectionnés.

La commande Intervertir inverse la sélection et la suppression supprime tous les pixels situés en dehors du masque.

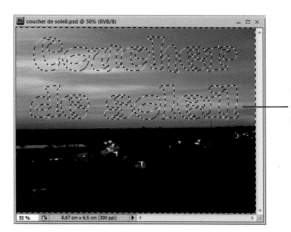

Masque de texte inversé

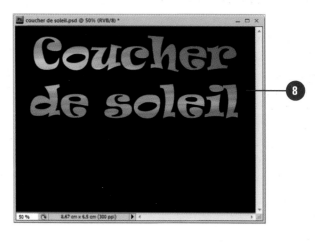

Note

Contrôlez la sélection avec les outils de réglage. Au lieu de supprimer l'image autour de la sélection, dans le menu Image, pointez Réglages et cliquez Niveaux. Déplacez le curseur Tons moyens pour augmenter ou réduire la luminosité des pixels sélectionnés. Le texte ressort ainsi de l'arrière-plan de l'image d'origine.

Gravez le texte avec un masque de texte

Cette technique permet de créer du texte tridimensionnel sur n'importe quelle image. Vous pouvez, par exemple, l'utiliser pour créer du texte en relief sur une carte de crédit plastifiée ou graver des mots dans du marbre. La technique est simple, mais le résultat est spectaculaire. Le style de calque Biseautage et estampage génère un effet et l'astuce consiste à foncer les parties supérieures gauches de la sélection et d'éclaircir les parties inférieures droites. Vous créez ainsi l'illusion d'une source de lumière rencontrant une surface concave ou ciselée.

Créez un texte en relief

1 Ouvrez le document contenant l'image à utiliser pour l'effet.

2 Dans le panneau **Calques**, sélectionnez le calque qui contient l'image.

3 Dans la boîte à outils, sélectionnez l'outil **Masque de texte horizontal**.

4 Cliquez dans la fenêtre du document pour placer le point d'insertion et tapez.

À mesure que vous tapez, Photoshop crée un masque de la taille et de la forme de la police sélectionnée.

5 Servez-vous des outils d'édition pour modifier la police, le style et la taille.

ATTENTION ! *Prenez une police épaisse, comme Arial Black ou Impact.*

6 Dans la boîte à outils, sélectionnez l'outil **Rectangle de sélection** et positionnez le masque directement sur la portion de l'image à placer dans le texte.

7 Appuyez sur **Ctrl** + **J** (Win) ou ⌘ + **J** (Mac).

Photoshop crée une copie des pixels du masque de texte et les place ensuite dans un calque directement au-dessus du calque actif.

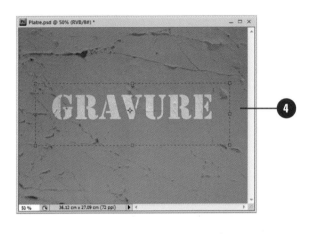

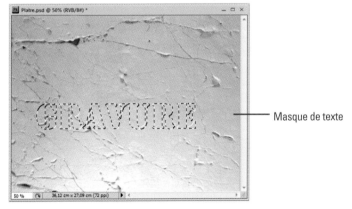

Masque de texte

8 Cliquez le calque qui contient les pixels copiés.

9 Cliquez le bouton **Ajouter un style de calque,** puis **Biseautage et estampage**.

10 Sélectionnez les options suivantes pour obtenir l'apparence de texte gravé :

◆ **Mode de fusion**. Biseau interne.

◆ **Technique**. Ciselage marqué.

◆ **Profondeur**. ~150 %.

◆ **Direction**. Bas.

11 Cliquez **OK**.

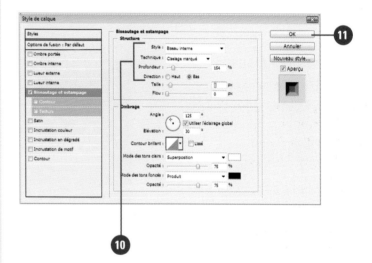

Voir aussi

Pour de plus amples informations sur l'utilisation des styles de calque, reportez-vous au chapitre 12, « Exploitez les styles de calques ».

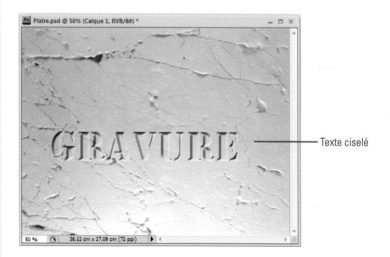

Texte ciselé

Utilisez les masques pour créer des effets spéciaux

Grâce aux masques de texte, vous pouvez créer des remplissages uniques ou du texte en 3D. Un point demeure cependant prévisible : la forme du texte. Le masque obtenu à partir de l'outil Masque de texte suit toujours la courbure et la forme de la police employée, sauf si un masque de texte et un masque de calque sont combinés. Imaginons, par exemple, que vous créiez un document marketing dans lequel vous employez le mot RADICAL et que vous vouliez appliquer un effet sur les contours du mot. Vous avez examiné quelques filtres de contour, mais vous ne souhaitez pas appliquer un filtre à l'intégralité de l'image, seulement au contour du mot. C'est ici qu'entrent en jeu les masques de texte et les masques de fusion. Par la combinaison de ces deux types de masques, vous obtenez exactement le résultat souhaité en utilisant une image pour remplir le texte puis en modifiant le contour du texte sans déformer l'image.

Utilisez les masques pour des effets spéciaux

1 Ouvrez le document contenant l'image à utiliser pour l'effet de texte.

2 Dans le panneau **Calques**, sélectionnez le calque qui contient l'image.

3 Dans la boîte à outils, sélectionnez l'outil **Masque de texte horizontal**.

4 Cliquez dans la fenêtre du document pour placer le point d'insertion et tapez.

À mesure que vous tapez, Photoshop crée un masque de la taille et de la forme de la police sélectionnée.

5 Servez-vous des outils d'édition pour modifier la police, le style et la taille.

ATTENTION ! *Les polices sans serif, comme Impact, fonctionnent toujours mieux pour les masques de texte, mais n'hésitez pas à tester différentes polices.*

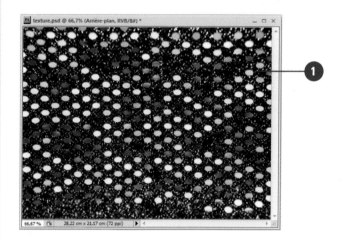

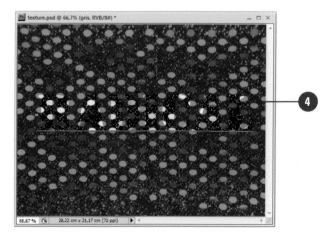

6 Dans la boîte à outils, sélectionnez l'outil **Rectangle de sélection** et positionnez le masque directement sur la portion de l'image à placer dans le texte.

7 Sélectionnez le panneau **Calques**.

8 Cliquez le bouton **Ajouter un masque de fusion**.

Photoshop crée un masque de fusion à partir du masque de texte et sélectionne le masque de fusion.

ATTENTION ! *L'Arrière-plan ne peut pas contenir de masque de fusion. Si le calque désigné comme calque de masquage est l'arrière-plan, double-cliquez la vignette Arrière-plan dans le panneau Calques, donnez-lui un nouveau nom puis cliquez OK.*

9 Dans le menu **Filtre**, pointez **Contours** et cliquez **Effet pointilliste**.

10 Faites varier les options **Rayon** et **Lissage** pour obtenir le résultat recherché.

11 Cliquez **OK**.

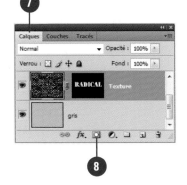

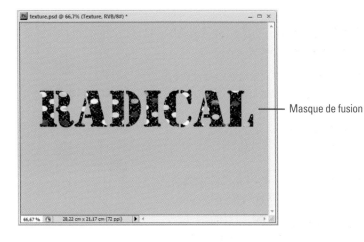

Masque de fusion

Filtre Effet pointilliste appliqué au masque de fusion

Créez et modifiez du texte sur un tracé

Avec les options de texte, il est possible de saisir un texte circulant le long d'un tracé de travail créé avec l'outil Plume ou Forme. Le texte suit le tracé dans la direction d'insertion des points d'ancrage. Par exemple, un texte horizontal placé sur un tracé sera un texte perpendiculaire à la ligne de base et un texte vertical sera parallèle à la ligne de base. Une fois le texte créé, si vous remodelez le tracé à l'aide de l'outil Sélection directe, le texte s'adapte au nouveau tracé.

Créez et modifiez du texte sur un tracé

1. Dans la boîte à outils, sélectionnez un outil **Plume** ou **Forme** et créez un tracé.

2. Sélectionnez un outil de texte (horizontal ou vertical, ou un outil de masque).

3. Positionnez le pointeur directement sur le tracé et cliquez une fois.

   Le tracé contient à présent un point d'insertion.

4. Saisissez le texte de votre choix. À mesure que vous tapez, les mots suivent la courbe du tracé.

5. Dans la boîte à outils, sélectionnez l'outil **Sélection directe** pour accéder au tracé et le modifier en contrôlant la position et le type des points d'ancrage.

6. Sélectionnez l'outil **Sélection de tracé** et cliquez au début du texte pour le déplacer sur le tracé.

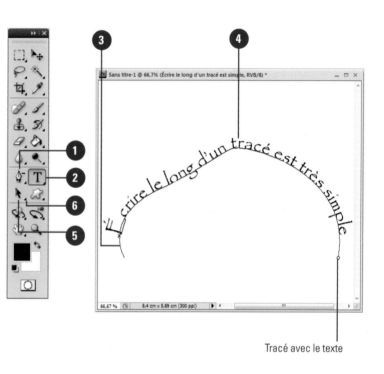

Tracé avec le texte

Bon à savoir

Imprimez le texte sur un tracé

Le tracé n'apparaît pas lorsque le document est imprimé. Pour voir comment l'image apparaît sans le tracé, pointez Afficher dans le menu Affichage et décochez Tracé cible. Pour réafficher le tracé, cochez l'option Tracé cible.

Appliquez des filtres aux images

14

Les filtres ont révolutionné le travail des graphistes. Ils donnent la possibilité de transformer une photographie en peinture à l'huile ou à l'eau ou même de changer les couleurs diurnes en couleurs nocturnes. Le menu Filtre de Photoshop propose pas moins de 105 filtres créatifs qui s'appliquent une fois, à plusieurs reprises ou s'associent à d'autres filtres pour créer tous les effets nés de votre imagination.

Le nombre possible de combinaisons de filtres et d'images se compte en millions. Cela signifie qu'en matière de filtres Photoshop, on est constamment en terrain inconnu. La Galerie de filtres présente les effets d'un ou plusieurs filtres sur le document actif pour vous permettre de visualiser le fruit de vos manipulations.

D'autres commandes, comme Atténuer, réduisent l'effet de l'application du filtre et appliquent même un mode de fusion à l'image finale. De plus, les masques de couche déterminent la façon dont le filtre s'applique à l'image. Un masque de couche avec un dégradé du noir au blanc atténue lentement les effets du filtre de gauche à droite.

Photoshop propose même de protéger vos compositions en insérant un filigrane dans l'image. Il est pratiquement invisible et virtuellement impossible à supprimer. Vous pouvez imprimer une image contenant un filigrane, la photocopier et la numériser à nouveau : le filigrane sera toujours là et votre travail restera protégé.

Prenez un instant pour visualiser les effets de filtres de Photoshop. Du fait de leur nombre élevé, nous n'allons pas tous les montrer, mais vous pouvez bénéficier d'une sélection intéressante en fin de chapitre.

Exploitez la Galerie de filtres

 PS 2.6

La Galerie de filtres centralise le contrôle sur les filtres Photoshop. Elle donne accès à tous les filtres disponibles et permet de les appliquer à n'importe quelle image tramée, tout en affichant un aperçu des résultats. Sa boîte de dialogue se compose de trois volets : aperçu de l'image, choix du filtre et commandes du filtre. Si vous vous en servez pour modifier l'image, vous visualisez exactement le résultat sans laisser de place au hasard. Lorsque vous appliquez un filtre à une image, vous remappez physiquement les informations de pixels à l'intérieur de l'image. Photoshop propose 105 filtres et le nombre de leurs combinaisons est astronomique. Il approche les 100 millions, ce qui signifie que personne n'est prêt d'avoir passé en revue toutes les manières de manipuler une image avec Photoshop. Alors, à vous de jouer…

Exploitez la Galerie de filtres

1 Ouvrez un document.

2 Dans le panneau **Calques**, choisissez le calque à modifier avec un effet de filtre.

3 Dans le menu **Filtres**, cliquez **Galerie de filtres**.

4 Modifiez l'aperçu de l'image en cliquant les boutons plus (**+**) et moins (**–**) dans le coin inférieur gauche ou en cliquant le triangle noir et en choisissant une valeur prédéfinie de zoom.

5 Si nécessaire, faites glisser le coin inférieur droit pour redimensionner la boîte de dialogue.

6 Cliquez le triangle à gauche des noms de catégories de filtres pour développer celles-ci. Les catégories sont :

- ◆ Artistiques
- ◆ Contours
- ◆ Déformation
- ◆ Esquisse
- ◆ Esthétiques
- ◆ Textures

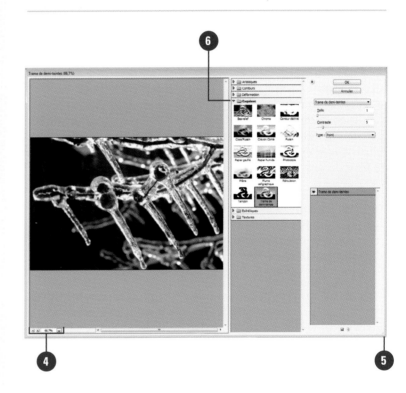

7 Cliquez un filtre dans la liste pour visualiser ses effets par défaut sur l'image.

8 Modifiez les effets du filtre à l'aide des commandes.

9 Pour masquer temporairement le volet de choix des filtres, cliquez le bouton situé à gauche du bouton OK.

10 Cliquez **OK**.

Note

Appliquez à nouveau un effet de filtre spécifique à l'aide d'un raccourci.
Appuyez sur Ctrl + F (Win) ou ⌘ + F (Mac) pour réappliquer le dernier filtre.

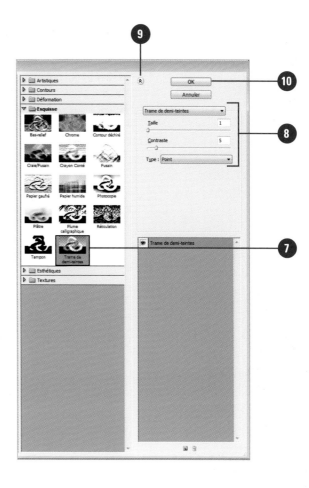

Créez et exploitez des filtres dynamiques

PS 2.6, 10.1, 10.2

Un filtre appliqué à un objet dynamique devient un filtre dynamique non destructif. Si vous ne disposez d'aucun objet dynamique, convertissez un calque normal en objet dynamique. Les filtres dynamiques apparaissent dans le panneau Calques sous le calque Objet dynamique, où vous les affichez et les masquez indépendamment. Tous les filtres, à l'exception de Extraire, Fluidité, Placage de motif et Point de fuite, peuvent être appliqués à un objet dynamique.

Créez et exploitez des filtres dynamiques

1. Ouvrez un document.

2. Sélectionnez le calque auquel vous voulez appliquer le filtre, cliquez le menu **Filtre**, **Convertir pour les filtres dynamiques**, puis **OK**.

Note

Si le calque choisi est déjà un calque Objet dynamique, sautez cette étape et passez à l'étape 3.

3. Dans le panneau Calques, sélectionnez le calque avec objet dynamique, choisissez un filtre dans le menu **Filtre** et définissez vos options.

4. Gérez les filtres :

- **Afficher** ou **Masquer**. Cliquez l'icône d'œil.

- **Déplacer**. Faites glisser l'effet vers le haut ou le bas de la liste.

- **Supprimer**. Faites glisser l'effet sur l'icône Supprimer au bas du panneau Calques.

- **Dupliquer**. Appuyez sur la touche **Alt** (Win) ou **Option** (Mac) et faites glisser le filtre dynamique d'un objet dynamique vers un autre ou vers une autre position dans la liste Filtres dynamiques.

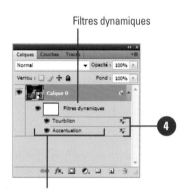

Filtres dynamiques

Filtres appliqués

Filtres appliqués à l'objet dynamique

Appliquez plusieurs filtres à une image

 PS 2.6

Non seulement la Galerie de filtres de Photoshop permet d'appliquer et de visualiser un effet de filtre, mais elle montre également les effets combinés de deux ou plusieurs filtres. Elle affiche une liste d'effets de filtres qui peut contenir de nombreux calques d'effets. L'ordre des filtres influence leur impact sur l'image. Si vous appliquez plusieurs filtres, faites glisser un effet vers le haut ou vers le bas dans la liste des effets et observez les changements sur l'image. Essayez différents ordres d'empilage pour créer des effets spéciaux.

Appliquez plusieurs filtres à une image

1. Ouvrez un document.

2. Dans le panneau **Calques**, choisissez le calque à modifier avec un effet de filtre.

3. Dans le menu **Filtres**, cliquez **Galerie de filtres**.

4. Sélectionnez le filtre de votre choix.

5. Réglez le filtre si nécessaire.

6. Cliquez le bouton **Nouveau calque d'effet**, situé au bas du volet des réglages du filtre. Ajoutez autant de calques d'effets que nécessaire.

7. Sélectionnez et réglez un deuxième filtre (répétez les étapes **4** et **5**).

8. Réglez chaque effet individuellement en sélectionnant le calque d'effet à modifier.

9. Pour modifier l'impact de l'effet sur l'image, faites glisser un calque d'effet vers une autre position dans la pile.

10. Pour afficher ou masquer temporairement l'effet sur l'image, cliquez le bouton **Afficher/Masquer**.

11. Pour supprimer le calque d'effet sélectionné, cliquez le bouton **Supprimer**.

12. Cliquez **OK**.

    ATTENTION ! *Si vous cliquez OK, les effets sont définitivement appliqués à l'image active, sauf s'il s'agit d'un objet dynamique.*

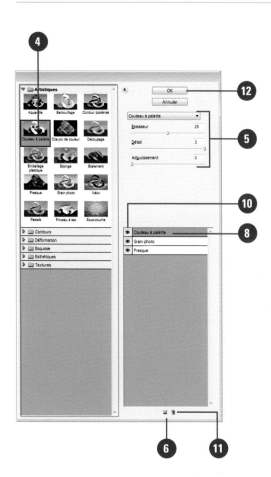

Modifiez des images avec le filtre Fluidité

Les possibilités du filtre Fluidité sur une image sont impressionnantes. On peut par exemple déformer les pixels de l'image pour la transformer en une peinture à l'huile encore humide. De plus, il est possible d'agrandir ou de réduire la taille de zones spécifiques d'une image. Le filtre Fluidité permet de tirer, pousser, faire pivoter, contracter et dilater n'importe quelle zone d'une image. Les déformations peuvent être subtiles ou radicales, ce qui fait de cette commande un outil puissant de retouche d'images comme de création d'effets artistiques.

Modifiez des images avec le filtre Fluidité

1. Ouvrez un document.

2. Dans le panneau **Calques**, sélectionnez le calque auquel appliquer Fluidité.

3. Dans le menu **Filtre**, cliquez **Fluidité**.

4. Utilisez ces outils de Fluidité :

   - **Déformation avant**. Pousse les pixels devant le pinceau pendant son déplacement.

   - **Reconstruction**. Cliquez et glissez dans l'image avec une taille de pointe précise pour restaurer les zones préalablement modifiées de l'image.

   - **Tourbillon horaire**. Cliquez dans une zone pour faire pivoter les pixels (contenus dans la pointe) dans le sens des aiguilles d'une montre. Pour faire pivoter dans l'autre sens, maintenez enfoncée la touche **Alt** (Win) ou **Option** (Mac).

   - **Contraction**. Cliquez et maintenez le bouton appuyé pour déplacer les pixels vers le centre de la pointe.

   - **Dilatation**. Cliquez et maintenez le bouton appuyé pour éloigner les pixels du centre de la pointe.

   - **Décalage à gauche**. Cliquez et faites glisser pour déplacer les pixels vers la gauche lorsque vous déplacez l'outil vers le haut, et vers la droite lorsque vous le déplacez vers le bas.

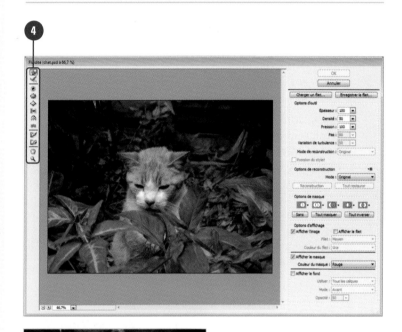

Déformation avant

Tourbillon horaire

◆ **Miroir**. Cliquez et faites glisser pour copier les pixels à gauche du tracé.

◆ **Turbulence**. Brouille légèrement les pixels d'une image. Crée des vagues ou des flammes réalistes.

◆ **Blocage de masque**. Peint un masque sur une zone de l'image, puis la protège des modifications.

◆ **Libération de masque**. Supprime le masque créé avec l'outil Blocage de masque.

◆ **Main**. Cliquez et glissez pour déplacer l'image visible. Cet outil est pratique si l'image est plus grande que la fenêtre.

◆ **Zoom**. Cliquez pour agrandir une zone spécifique de l'image. Cliquez et faites glisser pour définir une zone à agrandir. Maintenez enfoncée la touche **Alt** (Win) ou **Option** (Mac) et cliquez pour réduire la zone.

⑤ Cliquez **OK**.

⑤

Dilatation

Miroir

Turbulence

Utilisez les options d'outil de Fluidité

Utilisez les options d'outil de Fluidité

1 Ouvrez un document.

2 Dans le panneau **Calques**, sélectionnez le calque auquel appliquer la fluidité.

3 Dans le menu **Filtre**, cliquez **Fluidité**.

4 Modifiez les options d'outil de Fluidité :

◆ **Épaisseur**. Sélectionnez une valeur (1 à 600).

◆ **Densité**. Sélectionnez une valeur (0 à 100) pour déterminer le degré d'atténuation sur le contour de la forme. Plus la valeur est faible, plus l'effet est intense au centre de la forme et plus atténué à sa périphérie.

◆ **Pression**. Sélectionnez une valeur (1 à 100) pour déterminer la vitesse à laquelle un effet de fluidité s'applique à l'image lorsque l'outil se déplace. Plus la valeur est faible, plus l'effet est lent.

◆ **Pas**. Sélectionnez une valeur (0 à 100) pour spécifier la vitesse à laquelle un effet de fluidité s'applique à l'image lorsque l'outil est immobile. Plus la valeur est faible, plus l'effet est lent.

◆ **Variation de turbulence**. Sélectionnez une valeur (1 à 100) pour paramétrer la manière dont l'outil Turbulence déforme l'image. Plus la valeur est élevée, plus la déformation est importante.

Les options d'outil Fluidité permettent de contrôler les outils. Comme toutes les commandes Fluidité s'exécutent avec une forme, il est important de savoir la maîtriser. Plus vous glissez rapidement, moins l'effet est appliqué ; si vous vous déplacez lentement, l'effet s'intensifie. Entraînez-vous à faire glisser le pointeur sur l'image pour produire différents effets. En cas d'erreur, pensez à la touche d'annulation : Ctrl + Z (Win), ⌘ + Z (Mac). Attention : celle-ci n'annule que la dernière action.

Options de l'outil Fluidité

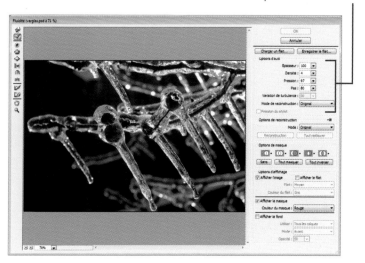

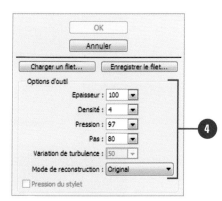

◆ **Mode de reconstruction**.
Détermine comment l'outil
Reconstruction restaure
l'image. Ouvrez la liste et
sélectionnez une des options
disponibles :

- ◆ Original
- ◆ Rigidité
- ◆ Propagation
- ◆ Lissage
- ◆ Continuité
- ◆ Dispersion
- ◆ Modulation
- ◆ Transformation affine

◆ **Reconstruction**. Cliquez pour
reconstruire l'image étape par
étape.

◆ **Tout restaurer**. Cliquez pour
restaurer l'état d'origine de
l'image.

◆ **Pression du stylet**. Cochez
cette case si vous utilisez une
tablette graphique. La pression
du stylet contrôlera la pression
des outils.

⑤ Cliquez **OK**.

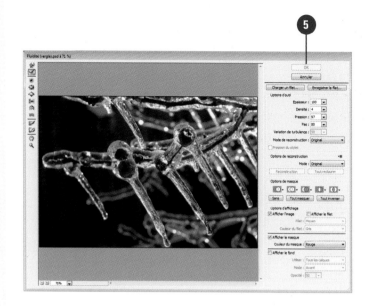

Note

Consultez l'aide de Photoshop pour en
savoir plus sur les différents modes de
l'outil Reconstruction.

Utilisez les options de masque de Fluidité

Lorsque vous travaillez sur une image qui contient une sélection ou un masque, vous pouvez vous servir de ces informations pour déterminer comment Fluidité modifie l'image. Un masque est une représentation visuelle des zones de travail de l'image. En créant un masque, vous pouvez définir précisément les parties de l'image qui seront modifiées.

Utilisez les options de masque de Fluidité

1. Ouvrez un document.

2. Dans le panneau **Calques**, sélectionnez le calque contenant une sélection ou un masque.

3. Dans le menu **Filtre**, cliquez **Fluidité**.

4. Choisissez parmi les options de masque de Fluidité :

   ◆ **Remplacer la sélection**. Affiche la sélection, le masque ou la couche de transparence de l'image d'origine.

   ◆ **Ajouter à la sélection**. Montre le masque dans l'image d'origine pour permettre de l'ajouter à la sélection à l'aide de l'outil Blocage de masque.

   ◆ **Soustraire de la sélection**. Soustrait des pixels dans la couche de la zone de blocage active.

   ◆ **Intersection avec la sélection**. Utilise uniquement les pixels sélectionnés et actuellement figés.

   ◆ **Inverser la sélection**. Utilise les pixels sélectionnés pour inverser la zone de blocage active.

5. Cliquez **OK**.

Utilisez les options d'affichage de Fluidité

Utilisez les options d'affichage de Fluidité

Les options d'affichage de Fluidité déterminent ce qui apparaît dans la fenêtre d'aperçu. Vous choisissez par exemple d'afficher ou de masquer un masque et même de changer sa couleur. Si l'image sur laquelle vous travaillez est placée sur un calque transparent, vous pouvez aussi décider de l'afficher avec ou sans les autres calques. Vous disposez de nombreuses options pour faire varier l'affichage de l'image.

① Ouvrez un document.

② Dans le panneau **Calques**, sélectionnez le calque contenant une sélection ou un masque.

③ Dans le menu **Filtre**, cliquez **Fluidité**.

④ Choisissez parmi les options d'affichage de Fluidité :

◆ **Afficher l'image**. Affiche/ masque l'aperçu de l'image en cours.

◆ **Afficher le filet**. Affiche un filet (grille) sur l'aperçu de l'image.

◆ **Taille du filet**. Choisissez entre un filet **Dense**, **Moyen** ou **Espacé**.

◆ **Couleur du filet**. Choisissez la couleur du filet.

◆ **Afficher le masque**. Affiche/ masque le masque.

◆ **Couleur du masque**. Choisissez la couleur du masque.

◆ **Afficher le fond**. Affiche/ masque le fond.

◆ **Utiliser**. Sélectionnez les calques à afficher dans l'aperçu.

◆ **Mode**. Détermine la position du calque actif par rapport aux autres calques : Avant, Arrière ou Fusion.

◆ **Opacité**. Détermine l'opacité de fusion entre les calques individuels.

⑤ Cliquez **OK**.

Créez un filet de Fluidité

Vous avez sans doute remarqué les boutons Charger un filet et Enregistrer le filet, situés en haut de la boîte de dialogue Fluidité. Un **filet** est une opération Fluidité prédéfinie. Si vous activez l'option appropriée, un filet, c'est-à-dire une grille, est placé sur l'image et se déforme ou se tord lorsque vous utilisez les outils Fluidité. Si vous avez déjà beaucoup modifié une image, vous avez la possibilité de réemployer les mêmes effets sur une autre image en faisant appel aux options Charger et Enregistrer un filet. Un clic suffit pour créer un filet afin de le réemployer à votre guise.

Créez un filet de Fluidité

1. Ouvrez un document.

2. Dans le panneau **Calques**, sélectionnez le calque auquel appliquer Fluidité.

3. Dans le menu **Filtre**, cliquez **Fluidité**.

4. Cochez la case **Afficher le filet**.

5. Servez-vous des outils Fluidité pour modifier l'image.

6. Cliquez **Enregistrer le filet**.

7. Donnez un nom descriptif au filet.

8. Cliquez **Enregistrer**.

9. Cliquez **OK**.

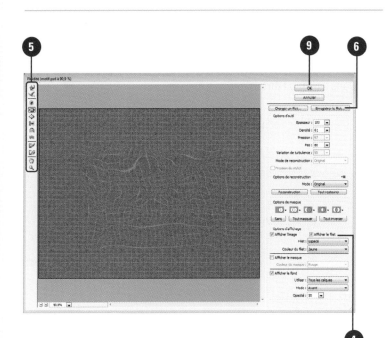

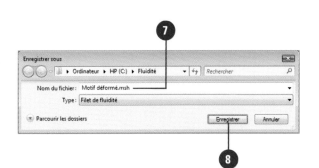

Note

Affichez la déformation créée par les outils Fluidité. Si vous cochez la case Afficher le filet, un filet affiché sur l'image se déforme lorsque vous appliquez les outils Fluidité. Si vous décochez la case Afficher l'image, l'image est estompée pour mieux présenter les déformations de la grille.

Appliquez un filet de Fluidité

Il est bien plus simple d'appliquer un filet à une image que de reproduire une opération Fluidité particulière, car il est pratiquement impossible de retrouver le même réglage à partir de rien. Aussi Adobe vous offre-t-il la possibilité de créer, d'enregistrer et de charger vos propres filets personnalisés.

Appliquez un filet de Fluidité

① Ouvrez un document.

② Dans le panneau **Calques**, sélectionnez le calque auquel appliquer Fluidité.

③ Dans le menu **Filtre**, cliquez **Fluidité**.

④ Cochez la case **Afficher le filet**.

⑤ Cliquez **Charger le filet**.

⑥ Sélectionnez un filet.

⑦ Cliquez **Ouvrir**.

Les déformations générées par le filet s'appliquent à l'image.

⑧ Cliquez **OK**.

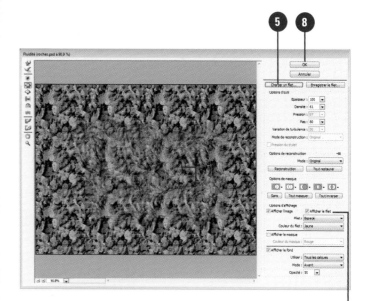

Note

Modifiez un filet chargé. Ouvrez un filet, puis servez-vous des options de Fluidité pour déformer davantage le motif du filet. Vous créez ainsi un motif générique que vous modifiez selon vos besoins.

Exploitez le filtre Flou de l'objectif

Le filtre Flou de l'objectif simule la réduction de profondeur de champ, de manière que certains objets restent nets et que d'autres deviennent flous. Les éléments à conserver et à estomper sont déterminés par une sélection de l'utilisateur ou par une couche alpha. Lorsque le filtre est activé, une carte de profondeur est créée pour déterminer la position en 3-D des pixels d'une image. Si vous employez une couche alpha, les zones noires de la couche alpha se retrouvent au premier plan de la photo et les zones blanches à distance. Faites des tests avec des sélections et des masques de couche alpha pour contrôler l'effet visuel de l'atténuation dans l'image.

Exploitez le filtre Flou de l'objectif

1. Ouvrez un document.

2. Dans le panneau **Calques**, sélectionnez le calque auquel appliquer le Flou de l'objectif.

3. Créez une sélection ou un masque alpha pour contrôler l'atténuation.

4. Dans le menu **Filtre**, pointez **Atténuation**, puis cliquez **Flou de l'objectif**.

   La boîte de dialogue Flou de l'objectif s'ouvre.

Voir aussi

Retrouvez des informations sur l'emploi des filtres à la section « Utilisez les filtres Flou gaussien et Flou intérieur », page 154.

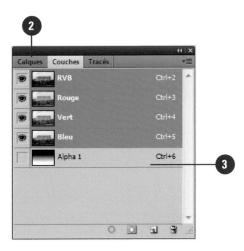

5 Utilisez les options suivantes :

- ◆ **Aperçu**. Sélectionnez **Plus rapide** pour générer un aperçu plus rapide ou **Plus précis** pour visualiser la version définitive de l'image.

- ◆ **Profondeur**. Sélectionnez une source dans la liste Source.

- ◆ **Flou de la distance focale**. Déplacez le curseur pour définir la profondeur à laquelle les pixels sont nets. Plus la valeur est élevée, plus l'effet est important.

- ◆ **Inverser**. Inverse la sélection ou la couche alpha.

- ◆ **Forme**. Sélectionnez une option de diaphragme dans la liste Forme.

- ◆ **Rayon**. Déplacez le curseur pour intensifier le flou.

- ◆ **Courbure des lames**. Déplacez le curseur pour lisser le contour du diaphragme.

- ◆ **Rotation**. Déplacez le curseur pour faire pivoter le diaphragme.

- ◆ **Luminosité**. Déplacez le curseur pour augmenter la luminosité des tons clairs spéculaires.

- ◆ **Seuil**. Déplacez le curseur pour sélectionner un seuil de luminosité au-dessus duquel tous les pixels plus lumineux que cette valeur sont traités comme tons clairs.

- ◆ **Quantité**. Déplacez le curseur pour ajouter ou supprimer du bruit.

- ◆ **Uniforme** ou **Gaussienne**. Sélectionnez une option d'ajout de bruit à l'image.

- ◆ **Monochromatique**. Ajoute du bruit sans affecter les couleurs de l'image.

6 Cliquez **OK**.

Image avec filtre Flou de l'objectif

Travaillez avec les filtres photos

La commande Filtre photo agit comme si vous aviez placé un filtre de couleur devant l'objectif de l'appareil photo. Les photographes placent de tels filtres devant un objectif pour ajuster la balance des couleurs de l'image et contrôler la température des couleurs de la lumière transmise par l'objectif. Outre simuler un filtre de couleur, la commande Filtre photo permet de sélectionner une couleur prédéfinie et d'appliquer un réglage de teinte spécifique à une image. Si vous souhaitez appliquer un réglage de couleur personnalisé, cette commande permet à l'utilisateur de définir une couleur à l'aide du Sélecteur de couleur Adobe.

Travaillez avec les filtres photos

1. Ouvrez un document.

2. Dans le panneau **Calques**, sélectionnez le calque auquel appliquer le Filtre photo.

3. Dans le menu **Image**, pointez **Réglages**, puis cliquez **Filtre photo**.

4. Cochez la case **Aperçu** pour visualiser les résultats du filtre directement dans la fenêtre du document actif.

5. Utilisez les options suivantes :

   ◆ **Filtre**. Choisissez un paramètre prédéfini de filtre dans la liste.

   ◆ **Couleur**. Cliquez la zone de couleur pour accéder au Sélecteur de couleur.

   ◆ **Densité**. Déplacez le curseur pour augmenter ou réduire l'impact de la couleur sur l'image.

   ◆ **Conserver la luminosité**. Cochez cette case pour ne pas foncer l'image si vous ajoutez un filtre de couleur (recommandé).

6. Cliquez **OK**.

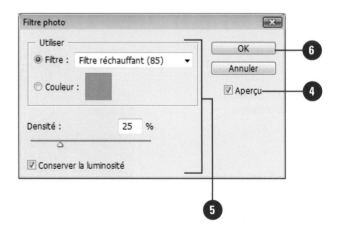

Travaillez avec les modes de fusion et effets de filtres

 PS 4.4

Depuis qu'Adobe a introduit la Galerie de filtres dans Photoshop CS, les graphistes ont eu la possibilité de visualiser les effets de plusieurs filtres appliqués à une seule image. Cette caractéristique a modifié à jamais la méthode d'application des filtres. Les modes de fusion ajoutent encore de la créativité à cette manière de travailler. Réalisez par exemple une copie d'une image, appliquez un effet de filtre séparé à chaque calque, puis employez l'option Modes de fusion pour obtenir une image complètement différente. Même si cette technique n'est pas nouvelle, la combinaison de deux calques ou davantage, chacun avec un effet de filtre différent, peut produire des résultats plutôt étonnants.

Travaillez avec les modes de fusion et les effets de filtres

① Ouvrez une image.

② Sélectionnez le calque contenant l'image à modifier.

③ Appuyez sur **Ctrl** (Win) + **J** ou ⌘ (Mac) + **J** pour créer une copie du calque sélectionné.

④ Sélectionnez les calques individuellement et appliquez un filtre différent à chacun.

⑤ Sélectionnez le premier calque.

⑥ Ouvrez la liste **Modes de fusion** et testez différentes options de fusion.

Dans cet exemple, les filtres Découpage et Tracé des contours ont été appliqués aux calques individuels, puis combinés avec le mode de fusion Lumière linéaire.

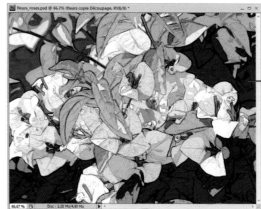

Image finale réalisée avec le mode de fusion Lumière linéaire

> ### Note
>
> ***Utilisez l'option Opacité pour raffiner davantage l'image finale.*** Si l'effet de fusion semble un peu trop intense, diminuez l'opacité du calque supérieur ou du calque inférieur pour modifier l'intensité des effets de filtres.

Réalisez des motifs personnalisés

PS 2.5

Le filtre Placage de motif permet de créer vos propres motifs fondés sur les données d'image du document actif ou du Presse-papiers. Comme le motif repose sur des données d'échantillonnage, il partage les caractéristiques visuelles de l'échantillon. Si par exemple vous échantillonnez une image de ciel nuageux, le Placage de motif génère un motif en mosaïque différent de l'échantillon mais conserve les éléments du ciel nuageux. Il est même possible de générer plusieurs motifs à partir du même exemple.

Réalisez des motifs personnalisés

1. Ouvrez un document.

2. Dans le panneau **Calques**, choisissez le calque à employer pour créer un motif.

3. Dans le menu **Filtre**, cliquez **Placage de motif**.

4. Dans la boîte à outils, cliquez l'outil **Rectangle de sélection** et sélectionnez une zone de l'image.

5. Sélectionnez la partie de l'image devant servir à générer un motif.

6. Cliquez **Générer** pour créer un motif aléatoire fondé sur l'échantillon sélectionné.

7. Cliquez **Générer de nouveau** pour générer un autre motif aléatoire.

   ATTENTION ! *Tous les motifs générés sont stockés dans la zone Historique de la mosaïque, située dans l'angle inférieur droit de la boîte de dialogue Placage de motif.*

8. Choisissez une option de Génération de la mosaïque :

   ◆ **Utiliser le Presse-papiers comme échantillon**. Emploie les données de pixels contenues dans le Presse-papiers comme motif de génération de mosaïque.

   ◆ **Utiliser la taille de l'image**. Crée un motif en mosaïque de la taille de l'image d'origine.

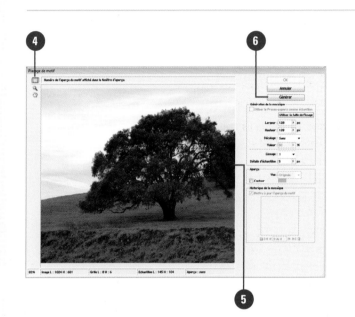

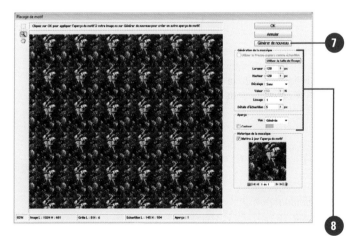

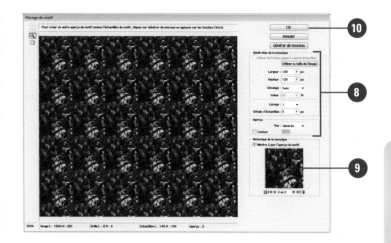

- ◆ **Largeur**. Tapez une valeur (de 1 à 800) ou cliquez le triangle noir et déplacez le curseur pour définir une largeur.

- ◆ **Hauteur**. Tapez une valeur (de 1 à 800) ou cliquez le triangle noir et déplacez le curseur pour définir une hauteur.

- ◆ **Décalage**. Ouvrez la liste et choisissez **Sans**, **Horizontal** ou **Vertical**.

- ◆ **Valeur**. Tapez un pourcentage (1 à 100 %) ou cliquez le triangle et déplacez le curseur.

- ◆ **Lissage**. Ouvrez la liste et choisissez **1**, **2** ou **3**.

- ◆ **Détails d'échantillon**. Tapez une valeur entre 3 et 21 ou cliquez le triangle et déplacez le curseur.

- ◆ **Vue**. Ouvrez la liste et choisissez entre l'échantillon généré et l'image d'origine.

- ◆ **Contour**. Cochez cette case pour afficher les contours dans la fenêtre d'aperçu. Cliquez la zone de couleur et choisissez une autre couleur.

9 Parcourez vos motifs en mosaïque à l'aide des flèches situées sous l'aperçu Historique de la mosaïque. Choisissez celui qui vous convient.

10 Cliquez **OK**.

ATTENTION ! *Si vous cliquez OK, le filtre Placage de motif remplace l'image d'origine ; il est donc judicieux de faire préalablement une copie de l'image sur un calque séparé.*

Bon à savoir

Utilisez le Placage de motif

Les motifs personnalisés peuvent être générés à partir de n'importe quelle image en mode RVB, Niveaux de gris, CMJN ou Lab. En outre, lorsqu'un motif est créé, celui-ci remplace l'image d'origine ; on peut donc utiliser le motif généré, rouvrir le filtre Placage de motif et créer de nouveaux motifs à partir de ce dernier motif.

Exploitez la commande Atténuer

La commande Atténuer de Photoshop réduit l'effet appliqué. Par exemple, vous venez d'appliquer un filtre Tracé des contours à une image. Vous aimez le résultat général, mais l'effet vous semble trop prononcé et vous voudriez l'atténuer. Malheureusement, les effets de filtres ne s'atténuent pas, ils sont appliqués à l'image, c'est tout ou rien. Vous pourriez créer une copie du calque d'origine, appliquer l'effet à la copie, puis utiliser les options du mode de fusion et de transparence du calque pour fusionner l'effet à l'image, mais il existe une technique plus simple : la commande Atténuer.

Exploitez la commande Atténuer

① Ouvrez un document.

② Dans le panneau **Calques**, choisissez le calque auquel appliquer un filtre.

③ Dans le menu **Filtres**, cliquez **Galerie de filtres**.

④ Appliquez l'un des filtres Photoshop à l'image active.

⑤ Cliquez **OK**.

⑥ Dans le menu **Edition**, cliquez **Atténuer**. La commande inclut le nom du filtre appliqué.

> **ATTENTION !** *Exécutez la commande Atténuer immédiatement après l'application du filtre avant toute autre commande. Dès lors que vous en avez exécuté une autre, la possibilité de modifier le dernier filtre est perdue.*

⑦ Modifiez les paramètres **Opacité** et **Mode** jusqu'à obtenir l'effet attendu.

⑧ Cliquez **OK**.

Note

La commande Atténuer s'applique à presque tous les filtres ou outils de dessin. Chaque fois que vous dessinez, employez une commande ou un filtre, la commande Atténuer offre une chance d'atténuer et de mitiger l'effet.

Après l'application de l'effet de filtre et de la commande Atténuer

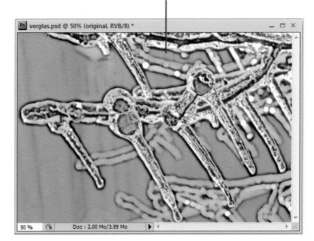

Contrôlez les filtres avec une sélection

Lorsque vous appliquez un filtre à une image, Photoshop applique le filtre de manière uniforme. Malheureusement, cela ne convient pas toujours. Vous ne souhaitiez peut-être appliquer le filtre Flou gaussien qu'à une partie de l'image. Heureusement, les outils de sélection viennent à la rescousse. L'objectif principal de réaliser une sélection est de définir une zone avant d'appliquer le filtre afin que cette zone soit seule affectée par le filtre.

Contrôlez les filtres avec une sélection

① Ouvrez un document.

② Dans le panneau **Calques**, choisissez le calque auquel appliquer un filtre.

③ Dans la boîte à outils, cliquez un outil de sélection et créez une sélection dans le document.

④ Dans le menu **Filtres**, cliquez **Galerie de filtres**.

⑤ Sélectionnez l'un des filtres Photoshop.

⑥ Réglez les options du filtre à votre convenance.

⑦ Cliquez **OK**.

Le filtre ne s'applique qu'aux zones sélectionnées de l'image.

> **Voir aussi**
>
> Les sélections sont détaillées au chapitre 4, « Maîtrisez l'art de la sélection », page 77.

Sélection

Contrôlez les effets de filtre avec un masque de couche

Les filtres de Photoshop peuvent s'appliquer à n'importe quelle image tramée et être contrôlés à l'aide de sélections. Tous les outils de sélection de Photoshop permettent de définir une zone de travail. Cependant, il arrive que les capacités des sélections soient limitées. Même si le contour peut être adouci, le centre de la sélection est net. Comment faire pour appliquer autrement un filtre ? Par exemple, vous voulez appliquer un filtre marqué à droite de l'image dont l'effet diminue lentement vers la gauche. Une simple sélection ne vous aidera pas ; en revanche, un masque de couche conviendra tout à fait.

Contrôlez les effets de filtres avec un masque de couche

1. Ouvrez un document.

2. Dans le panneau **Couches**, cliquez le bouton **Créer une couche**.

3. Dans la boîte à outils, cliquez l'outil **Dégradé**, choisissez un dégradé linéaire, définissez les couleurs de premier et d'arrière-plan du noir au blanc, puis faites glisser l'outil de gauche à droite dans le nouveau masque de couche.

   Photoshop crée un masque de couche avec un dégradé horizontal du noir au blanc.

4. Dans le panneau **Calques**, sélectionnez le calque contenant l'image à modifier.

Voir aussi

Les masques de couche sont étudiés au chapitre 10, « Créez des masques de couche et de calque ».

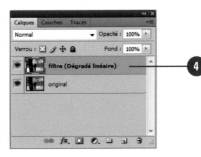

5 Dans le menu **Sélection**, cliquez **Récupérer la sélection**.

6 Ouvrez la liste **Couche**, choisissez la nouvelle couche et ne modifiez pas les autres options.

7 Cliquez **OK**.

8 Dans le menu **Filtres**, cliquez **Galerie de filtres**.

9 Choisissez un filtre et ajustez les options à votre convenance.

10 Cliquez **OK**.

Le masque contenant un dégradé (du noir au blanc) crée une sélection de pourcentage progressif. La partie blanche du masque est sélectionnée et la partie noire est complètement masquée. Plus le masque s'obscurcit, moins l'image est sélectionnée. Le filtre appliqué a perdu de la force de gauche à droite (en correspondance avec les niveaux de gris du masque).

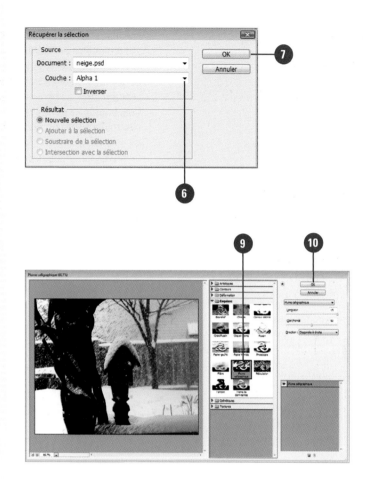

Protégez des images avec un filigrane

Les filigranes numériques ont été conçus pour protéger la propriété intellectuelle. Un filigrane numérique insère dans l'image des données sous forme de bruit visible. Cela signifie qu'il est possible de copier et de numériser l'image, mais le filigrane demeure partie intégrante de l'image. Pour ce faire, vous devez vous enregistrer auprès de Digimarc Corporation, qui conserve une base de données d'artistes, graphistes et photographes et de leurs informations de contact. Vous incorporerez ensuite l'ID Digimarc dans vos images, ainsi que les informations, comme l'année du copyright ou un identifiant d'utilisation limitée.

Protégez des images avec des filigranes

1. Ouvrez l'image dans laquelle incorporer un filigrane.

   ATTENTION ! *Le filtre Insertion filigrane ne fonctionne pas sur une image qui contient déjà un filigrane.*

2. Si vous travaillez sur une image multicalque, vous devez l'aplatir avant d'insérer le filigrane, sinon celui-ci affectera uniquement le calque actif.

3. Dans le menu **Filtre**, pointez **Digimarc**, puis cliquez **Insertion filigrane**.

4. Si vous placez un filigrane pour la première fois, cliquez **Personnaliser**. Procurez-vous un ID créateur Digimarc en cliquant le bouton **Enregistrer** pour démarrer votre navigateur et visiter le site de Digimarc à l'adresse www. digimarc.com.

   Tapez un ID Digimarc et les autres informations nécessaires, puis cliquez **OK**.

   Le bouton Personnaliser se transforme en bouton Modifier, permettant de changer d'ID Digimarc.

5. Ouvrez la liste **Infos image**, sélectionnez une option, puis tapez l'année de copyright, l'ID Image ou l'ID Transaction de l'image.

6 Cochez les cases **Attributs image** de votre choix :

  ◆ **Usage restreint**. Limite l'usage de l'image.

  ◆ **Copie interdite**. Indique que l'image ne peut pas être copiée.

  ◆ **Réservé aux adultes**. Classe le contenu de l'image comme réservé aux adultes uniquement.

7 Définissez la durée du filigrane.

8 Déplacez le curseur ou tapez une valeur (1 à 4). Plus le nombre est élevé, plus le filigrane est visible.

9 Pour fixer la durée du filigrane après son insertion, cochez la case **Validation**.

10 Cliquez **OK**.

Visualisez différents effets de filtres

Photoshop fournit un choix généreux de filtres, 105 pour être précis. Prenez un instant pour visualiser leurs effets. L'image d'origine est présentée ci-contre et les pages suivantes montrent quelques filtres très courants appliqués à l'image. Lorsque vous utilisez les filtres, il est indispensable de garder l'image d'origine en tête. Observez les couleurs d'arrière-plan et voyez si elles s'associent bien à certains des filtres. La meilleure chose à faire est d'ouvrir une image contenant beaucoup de détails et de lui appliquer des filtres pour évaluer le résultat.

Différents effets de filtres

Découpage

Pinceau à sec

Fresque

Couteau à palette

Contours accentués

Verre

Lueur diffuse

Papier gaufré

Tampon

Contour lumineux

Grain

Craquelure

Effet mosaïque

Vitrail

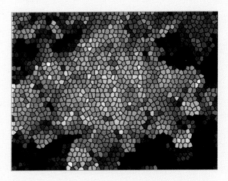

Plume calligraphique

Emballage plastique

Automatisez votre travail avec les scripts

15

Les scripts ne représentent que l'une des commandes d'automatisation d'Adobe Photoshop, mais ils apportent tant à la cohérence et à l'efficacité du travail qu'ils méritent un chapitre à eux seuls. Avec les scripts, Photoshop vous soulage des tâches ennuyeuses et répétitives. Supposons, par exemple, que vous récupériez 55 images de votre appareil photo numérique et que chaque image doive être convertie dans une taille et une résolution spécifique. Au lieu de répéter le processus de conversion 55 fois, vous l'effectuez une fois et vous l'enregistrez sous forme de script que vous pouvez exécuter.

Les scripts sont analogues à des bandes enregistrées sur un magnétophone qui peuvent être relues à tout moment. Les commandes enregistrées peuvent être appliquées à autant d'images que nécessaire. Vous pouvez les modifier et les enregistrer dans un ensemble personnalisé. Il est même possible de les enregistrer et de les envoyer à d'autres utilisateurs de Photoshop. Les scripts font partie de Photoshop depuis la version 5 et chaque évolution du panneau Scripts leur a donné de nouvelles capacités. Il est à présent possible de créer un script contenant presque n'importe quelle commande, filtre ou réglage, y compris les opérations de mode de fusion sur les calques. Ce chapitre est dédié aux utilisateurs de Photoshop fatigués de répéter encore et encore les mêmes actions. Si vous avez un jour songé à intégrer les scripts à votre travail, vous allez découvrir ici de formidables opportunités.

Vous pouvez aussi optimiser vos scripts avec un droplet. Il s'agit d'un script qui apparaît sous la forme d'un fichier sur le disque dur. Il est, par exemple, possible de créer un droplet qui effectue une opération de correction de couleur générique. Pour réaliser l'opération sur un document Photoshop, inutile d'ouvrir le logiciel, il suffit de faire glisser le fichier de l'image sur le droplet et de l'y déposer : le droplet fait le reste.

Examinez le panneau Scripts

 PS 8.1

Dans le panneau Scripts, vous créez, enregistrez et stockez toutes vos actions. L'analogie avec un magnétophone est souvent utilisée pour décrire ce panneau, mais excepté l'abus de langage, cela est assez juste. Le script lui-même représente la bande, et le panneau Scripts le magnétophone. Lorsque vous commencez un script, le panneau enregistre chaque étape du processus et permet de le relire avec une autre image. Pour enregistrer et lire les scripts, vous devez comprendre comment utiliser le panneau Scripts.

Examinez le panneau Scripts

1. Sélectionnez le panneau **Scripts**.

2. Cochez ou ôtez les coches pour activer ou désactiver une commande.

3. Cliquez l'icône de boîte de dialogue pour activer ou désactiver les zones de dialogue d'un script.

4. Cliquez le triangle pour développer ou réduire un script ou un ensemble.

5. Cliquez le bouton **Options** du panneau pour accéder aux options.

> **Note**
>
> Pour afficher le panneau Scripts, cliquez Scripts dans le menu Fenêtre.

6 Les boutons suivants, accessibles dans le bas du panneau Scripts, sont de gauche à droite :

- ◆ **Arrêter**. Cliquez pour arrêter l'enregistrement des commandes et enregistrer le script.

- ◆ **Lancer l'enregistrement**. Cliquez pour démarrer l'enregistrement.

- ◆ **Exécuter**. Cliquez pour démarrer l'exécution du script sélectionné.

- ◆ **Créer un ensemble**. Crée un nouvel ensemble de scripts.

  Les ensembles sont comme les dossiers, ils stockent les scripts.

- ◆ **Créer un script**. Démarre le processus de création d'un nouveau script.

- ◆ **Supprimer**. Cliquez pour supprimer le script ou l'ensemble sélectionné.

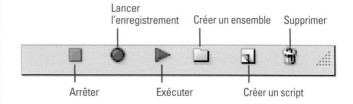

Lancer l'enregistrement   Créer un ensemble   Supprimer

Arrêter   Exécuter   Créer un script

Note

Convertissez les scripts en boutons. Cliquez le bouton Options du panneau Scripts, puis Mode Bouton. Dans ce mode, vous ne pouvez pas accéder ou modifier les étapes des scripts. Pour accéder au panneau Scripts standard, cliquez le bouton Options du panneau et Mode Bouton pour décocher cette option.

Créez un nouveau script

PS 8.1

La création d'un script est aussi simple que l'appui sur le bouton Enregistrer d'un magnétophone. Les scripts se composent d'une série d'instructions informatiques. Lorsque vous générez un script, vous indiquez à Photoshop son nom, son emplacement de stockage et les touches d'accès (si vous voulez en définir) employées pour activer le script. Le script n'étant autre que l'enregistrement d'un travail effectué sur une image, il est préférable de planifier l'objectif à atteindre avant de générer le script. Les scripts sont des tâches que vous prévoyez de reproduire. Il est donc inutile d'enregistrer un script pour l'employer une seule fois.

Créez un nouveau script

① Ouvrez un document.

② Sélectionnez le panneau **Scripts**.

③ Cliquez le bouton **Créer un script**.

④ Saisissez un nom pour le script dans la zone **Nom**.

⑤ Dans la liste **Ensemble**, sélectionnez l'ensemble dans lequel enregistrer le script.

⑥ Dans la liste **Touche de fonction**, cliquez la touche de fonction (**F1**-**F12**) affectée au nouveau script.

⑦ Cochez la case **Majuscule** et/ou **Commande** pour demander d'appuyer simultanément sur la touche **Maj** ou la touche **Ctrl** (Win) ou ⌘ (Mac) avec la touche de fonction.

Par exemple, **F1**, **Maj** + **F1** ou **Ctrl** + **F1** ou **Maj** + **Ctrl** + **F1**.

⑧ Ouvrez la liste **Couleur** et sélectionnez une des couleurs disponibles.

⑨ Cliquez **Enregistrement** pour démarrer l'enregistrement du script.

ATTENTION ! *Si vous optez pour une couleur de script, elle ne sera visible que si les scripts sont affichés en Mode Bouton.*

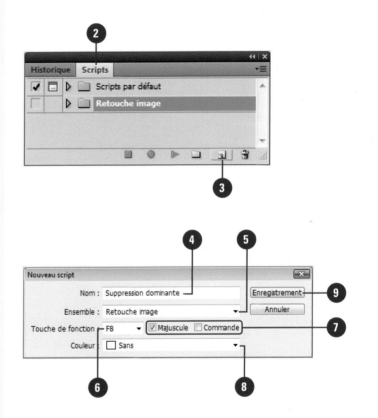

Enregistrez un script

Une fois que vous avez planifié le script, il suffit de cliquer le bouton Lancer l'enregistrement et d'appliquer à l'image une série de commandes. Photoshop suit vos actions et enregistre pas à pas chaque phase du processus. Une fois l'enregistrement terminé, il stocke cette série d'instructions dans un fichier affiché dans le panneau Scripts où il est prêt à l'emploi. Tous les fichiers de scripts, classés par nom, apparaissent dans le panneau Scripts. Il suffit alors de trouver le script voulu et de cliquer le bouton Exécuter pour appliquer les instructions à un autre document.

Enregistrez un script

1. Ouvrez un document.

2. Sélectionnez le panneau **Scripts**.

3. Définissez les paramètres du script.

4. Cliquez **Enregistrement**.

5. Retouchez l'image. Chaque fois que vous apportez une modification, comme appliquer un filtre, un réglage ou une commande, l'opération est listée en tant qu'étape dans le panneau Scripts.

   ATTENTION ! *Le panneau Scripts n'enregistre pas la vitesse d'exécution des commandes. Prenez votre temps et poursuivez votre tâche avec attention. En créant correctement un script dès la première tentative, vous éviterez de fastidieux problèmes d'édition ultérieurs.*

6. Dans le panneau Scripts, cliquez le bouton **Arrêter**.

   Photoshop enregistre le script et le liste dans l'ensemble actif.

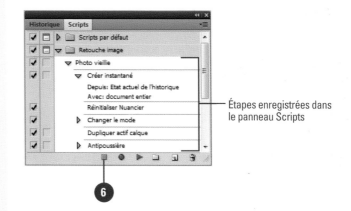

Étapes enregistrées dans le panneau Scripts

Ajoutez un point d'arrêt à un script

Il est parfois souhaitable d'apporter des réglages propres à une image. Par exemple, vous créez un script pour équilibrer le contraste d'une image et le réglage Niveaux est l'une des commandes employées. Aucune autre commande ne doit être modifiée en cours d'exécution, excepté le réglage Niveaux différent pour chaque image. Vous souhaitez que le script réalise (automatiquement) toutes les phases du script, sauf Niveaux. Au moment de faire ce réglage, le script doit s'interrompre et vous laisser effectuer les modifications propres à l'image avant de reprendre lorsque vous cliquez le bouton OK.

Ajoutez un point d'arrêt à un script

① Ouvrez un document et sélectionnez le panneau **Scripts**.

② Cliquez le triangle pour développer le script à modifier.

③ Cliquez la commande située directement au-dessus de l'endroit où insérer le point d'arrêt.

④ Cliquez le bouton **Options** du panneau Scripts, puis **Insérer un point d'arrêt**.

⑤ Tapez le message exposant la raison de l'arrêt du script.

⑥ Cochez la case **Autorisation de continuer** pour ajouter un bouton Continuer à la boîte d'alerte d'arrêt.

⑦ Cliquez **OK**.

⑧ Dans le panneau Scripts, cliquez le bouton **Exécuter** pour exécuter le script.

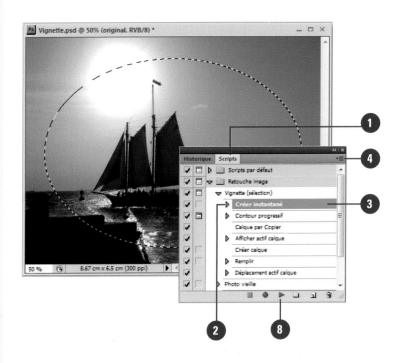

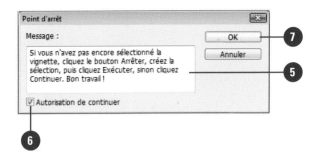

Contrôlez la lecture d'une commande

PS 8.1

Contrôlez la lecture d'une commande

① Ouvrez un document et sélectionnez le panneau **Scripts**.

② Cliquez le triangle pour développer le script à modifier.

③ Décochez la ou les commandes à ne pas exécuter.

④ Dans le panneau **Scripts**, cliquez le bouton **Exécuter** pour exécuter le script sans exécuter les commandes désactivées.

⑤ Cochez la commande pour la rendre à nouveau exécutable.

Voir aussi

Pour de plus amples informations sur l'application d'un script à plusieurs fichiers, reportez-vous à la section « Exploitez le traitement des fichiers par lots », page 398.

Les scripts ne sont pas toujours parfaits. Tôt ou tard, il arrivera qu'après avoir enregistré un script, vous vous rendiez compte qu'il manque une étape, que vous devez modifier ou supprimer une étape ou modifier l'ordre d'exécution des commandes. Heureusement, il n'est pas nécessaire de recréer le script, il suffit de le modifier. Dans un script, toutes les commandes sont exécutées dans l'ordre où elles apparaissent dans la liste. Il est possible d'ignorer occasionnellement une commande de la liste, sans la supprimer de manière définitive.

Ajoutez une commande à un script

Les scripts offrent une grande souplesse et peuvent exécuter presque n'importe quelle action applicable à une image. Il est également simple d'ajouter une commande à un script. Par exemple, vous créez un script pour convertir une image RVB en CMJN et, après l'avoir enregistré, vous décidez d'ajouter le réglage Courbes. Inutile de supprimer l'ancien script pour en créer un autre. Il suffit de sélectionner l'endroit où insérer la commande, de redémarrer le script et d'effectuer la nouvelle étape. Le panneau Scripts permet de gagner du temps et, si vous oubliez une étape, vous modifiez simplement le script.

Ajoutez une commande à un script

1. Ouvrez un document et sélectionnez le panneau **Scripts**.

2. Cliquez le triangle pour développer le script auquel ajouter la commande.

3. Cliquez la commande située directement au-dessus de l'endroit où insérer la commande.

4. Cliquez le bouton **Options** du panneau Scripts, puis **Lancer l'enregistrement**.

5. Ajoutez la commande en sélectionnant le filtre, le réglage ou toute autre option Photoshop.

6. Lorsque vous avez terminé, cliquez le bouton **Arrêter** du panneau Scripts.

   Lors de la prochaine exécution du script, la commande supplémentaire sera exécutée.

Supprimez une commande d'un script

Rien de plus simple que de supprimer définitivement une commande d'un script existant. Un script se compose d'un groupe d'étapes. À mesure qu'il s'exécute, chaque étape s'effectue dans l'ordre d'apparition dans la liste du script. Aucune étape ne dépend d'une autre, aussi, si vous devez en supprimer une, il suffit de procéder comme à l'accoutumée. Une fois la commande supprimée, le script s'exécute comme si la commande n'avait jamais existé.

Supprimez une commande d'un script

1. Ouvrez un document et sélectionnez le panneau **Scripts**.

2. Cliquez le triangle pour développer le script duquel supprimer la commande.

   ATTENTION ! *Vous ne pouvez pas supprimer une commande d'un script en cours d'exécution.*

3. Cliquez la commande à supprimer.

4. Choisissez l'une des méthodes suivantes :

   ◆ Faites glisser la commande sur le bouton **Supprimer**.

   ◆ Cliquez la commande, puis le bouton **Supprimer** et **OK** dans la boîte d'alerte Supprimer la sélection.

   ◆ Cliquez la commande, maintenez la touche **Alt** (Win) ou **Option** (Mac) enfoncée et cliquez le bouton **Supprimer** pour supprimer la commande sans afficher la boîte d'alerte.

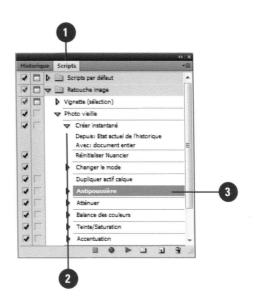

La commande sélectionnée est supprimée

Exploitez les zones de dialogue dans un script

 PS 8.1

Les zones de dialogue représentent des pauses dans un script, ce qui permet de paramétrer une commande avant de poursuivre le script. Elles existent pour chaque commande Photoshop qui se sert d'une boîte de dialogue ou qui requiert d'appuyer sur la touche Entrée/Retour pour traiter l'effet. Par exemple, vous créez un script qui utilise un réglage Niveaux ou Courbes et vous voulez avoir l'option de contrôler le réglage Niveaux chaque fois que vous exécutez le script.

Exploitez les zones de dialogue

1. Ouvrez un document et sélectionnez le panneau **Scripts**.

2. Cliquez le triangle pour développer le script à modifier.

3. Cliquez la deuxième colonne depuis la gauche pour activer le bouton **Zone de dialogue**.

4. Cliquez un bouton **Zone de dialogue** existant pour le désactiver.

5. Dans le panneau Scripts, cliquez le bouton **Exécuter** pour exécuter le script.

   Le script s'arrête pour vous laisser paramétrer la commande.

6. Réglez l'image à l'aide de la boîte de dialogue.

7. Cliquez **OK** pour poursuivre le script.

Modifiez l'ordre des commandes dans un script

 PS 8.1

Modifiez l'ordre des commandes

1. Ouvrez un document et sélectionnez le panneau **Scripts**.

2. Cliquez le triangle pour développer le script à modifier.

3. Faites glisser la commande à déplacer vers le haut ou le bas dans la pile des commandes du script.

4. Relâchez le bouton de la souris lorsqu'une ligne noire apparaît à l'endroit où insérer la commande déplacée.

Note

Choisissez la vitesse d'exécution d'un script. Cliquez le bouton Options du panneau Scripts, puis cliquez Options d'enregistrement. Cliquez En accéléré, Pas à pas ou Pause de pour un nombre prédéterminé de secondes. Vous pouvez même le mettre en pause pour des annotations audio. Opter pour une vitesse plus faible permet de voir chaque phase ou d'éditer un script.

Une fois lancé, un script exécute les commandes dans l'ordre où elles apparaissent dans la liste du script. Puisque l'ordre d'application à une image d'un filtre ou d'un réglage influence le résultat final, il est important de pouvoir définir l'ordre d'exécution des commandes. Par exemple, si vous créez un script qui contient un réglage Courbes suivi de l'application d'un filtre Flou gaussien et que vous placiez le filtre Flou gaussien au-dessus du réglage Courbes, le résultat final sera totalement différent. Le panneau Scripts permet donc de modifier l'ordre d'exécution des commandes.

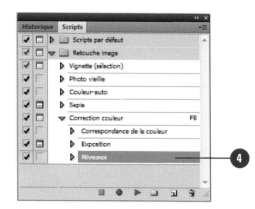

Copiez un script

 PS 8.1

Copiez un script

1 Ouvrez un document et sélectionnez le panneau **Scripts**.

2 Cliquez le script à modifier pour le sélectionner. Vous pouvez cliquer le triangle de développement, mais ce n'est pas obligatoire.

3 Choisissez la façon de dupliquer le script :

◆ Faites glisser le script sur le bouton **Créer un script** dans le panneau **Scripts**.

◆ Sélectionnez le script, cliquez le bouton **Options** du panneau Scripts, puis **Dupliquer**.

Comment procéder si vous devez créer un script contenant plusieurs commandes, puis un autre script similaire, mais non identique ? Par exemple, un script exécute plusieurs commandes et se termine par un réglage Courbes et vous avez besoin d'un autre qui exécute les mêmes commandes, mais se termine par le réglage Niveaux. Dans ce cas, ne réinventez pas la roue, créez simplement le premier script, faites-en une copie et modifiez-la.

Bouton Options du panneau Scripts

Script copié

Exécutez un script dans un script

Il est possible d'exécuter un script dans un script, réduisant ainsi sa complexité. Vous pouvez, par exemple, créer un script qui effectue une douzaine de commandes ou plus (ce n'est pas inhabituel) ou créer deux scripts plus simples dont l'un des deux appelle l'autre. Ainsi, si vous avez à modifier un script, la liste des commandes est plus courte. Vous pouvez aussi appeler des scripts à partir de plusieurs sources, ce qui vous donne la possibilité de créer de petits codes de scripts utilisables à volonté.

Exécutez un script dans un script

1. Ouvrez un document et sélectionnez le panneau **Scripts**.

2. Cliquez le triangle pour développer le script à modifier.

3. Cliquez la commande située directement au-dessus de l'endroit où insérer l'étape d'exécution de l'autre script.

4. Cliquez le bouton **Lancer l'enregistrement**.

5. Cliquez le script à ajouter.

6. Cliquez le bouton **Exécuter** pour enregistrer le deuxième script dans le premier.

7. Cliquez le bouton **Arrêter**.

Le deuxième script est enregistré dans le premier script.

ATTENTION ! *Lorsque vous cliquez le bouton Exécuter, le script s'exécute dans le document actif. Il est donc préférable de l'exécuter sur une copie de l'image.*

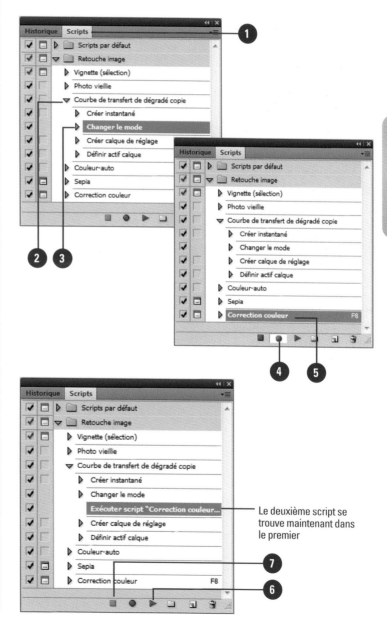

Le deuxième script se trouve maintenant dans le premier

Enregistrez les scripts dans des ensembles

Après avoir compris l'avantage des scripts, vous en créerez pour toutes les tâches répétitives. Peu à peu, la liste des scripts deviendra de plus en plus longue. Tôt ou tard (probablement tôt), vous aurez développé tant de scripts que le simple fait d'en parcourir la liste deviendra une tâche. Le panneau Scripts peut accueillir autant de scripts que vous le souhaitez, mais vous permet aussi de les organiser en ensembles. Les ensembles de scripts sont identiques à des dossiers en ce qu'ils regroupent les scripts. Vous pouvez, par exemple, créer un ensemble de scripts destinés à la restauration des images et un autre ensemble à la correction des couleurs. Une fois l'ensemble créé, vous pouvez le retirer du panneau Scripts et le charger en cas de besoin. Les ensembles de scripts peuvent également être envoyés à d'autres utilisateurs.

Enregistrez les scripts dans des ensembles

1. Ouvrez un document et sélectionnez le panneau **Scripts**.

2. Cliquez le bouton **Créer un ensemble**.

3. Saisissez un nom pour le nouvel ensemble.

4. Cliquez **OK**.

    Le nouvel ensemble est ajouté au panneau Scripts.

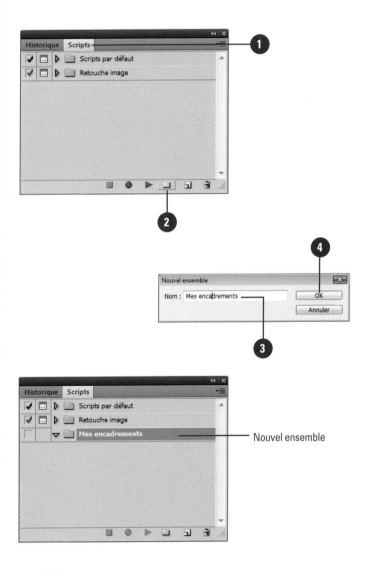

Nouvel ensemble

Enregistrez les scripts en tant que fichiers

 PS 8.1

Lorsque vous créez un nouvel ensemble de scripts, Photoshop affiche les scripts dans le panneau Scripts, mais ne les enregistre pas définitivement sur le disque dur. Autrement dit, si vous supprimez un script ou un ensemble de scripts qui n'a pas été enregistré, il sera définitivement perdu. Vous devez donc enregistrer vos ensembles pour les conserver et les partager avec d'autres utilisateurs de Photoshop. Supposons, par exemple, que l'une de vos amies ne parvient pas à corriger la couleur d'une image et qu'elle vit à 1 000 kilomètres. Vous créez un script qui corrige la couleur, vous l'enregistrez en tant que fichier et vous lui envoyez par message électronique. Il lui suffit alors de cliquer le bouton Options du panneau Scripts puis Charger des scripts pour disposer de votre script de correction.

Enregistrez les scripts en tant que fichiers

① Sélectionnez le panneau **Scripts**.

② Cliquez l'ensemble à enregistrer.

③ Cliquez le bouton **Options** du panneau, puis **Enregistrer les scripts**.

④ Saisissez un nom pour le nouvel ensemble de scripts.

Le nom par défaut est celui de l'ensemble d'origine.

⑤ Cliquez la flèche **Où** (Mac) ou **Enregistrer dans** (Win) et choisissez l'emplacement où stocker l'ensemble.

⑥ Cliquez **Enregistrer**.

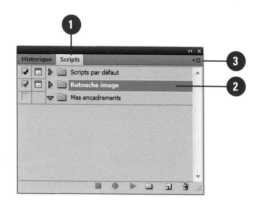

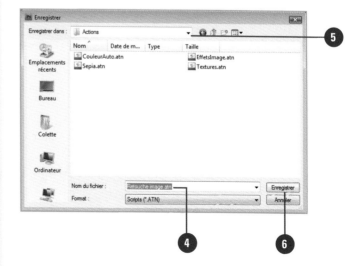

Note

Accédez à l'ensemble de scripts directement depuis la boîte de dialogue Scripts. Si vous enregistrez un nouvel ensemble de scripts dans le dossier Scripts Photoshop, cet ensemble apparaît dans le bas de la boîte de dialogue Options de scripts.

Déplacez et copiez des scripts entre des ensembles

PS 8.1

Une fois l'ensemble de scripts créé, il est simple d'organiser les scripts. Considérez l'ensemble de scripts comme un classeur. Lorsque vous avez besoin d'un script précis, vous ouvrez l'ensemble et vous localisez le script approprié. Créez, par exemple, des ensembles comme Correction des couleurs ou Effets spéciaux. Créez ensuite de nouveaux scripts ou déplacez des scripts existants dans vos ensembles. Une fois l'ensemble idéal constitué, enregistrez-le et envoyez-le par courriel à d'autres utilisateurs de Photoshop.

Déplacez et copiez des scripts entre des ensembles

1. Sélectionnez le panneau **Scripts**.

2. Cliquez le triangle d'un ensemble pour le développer.

3. Servez-vous des méthodes suivantes de déplacement ou de copie :

   ◆ Pour déplacer un script, faites-le glisser d'un ensemble à l'autre.

   ◆ Pour copier un script, maintenez enfoncée la touche **Alt** (Win) ou **Option** (Mac) et faites glisser le script d'un ensemble à un autre.

4. Relâchez le bouton de la souris lorsque le script survole l'ensemble voulu.

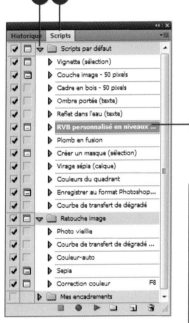

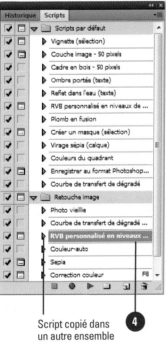

Script copié dans un autre ensemble

Insérez une commande non enregistrable dans un script

 PS 8.1

Insérez une commande non enregistrable dans un script

① Sélectionnez le panneau **Scripts**.

② Cliquez le triangle du script à modifier pour le développer.

③ Cliquez le nom du script pour insérer la commande à la fin du script ou cliquez une étape du script pour l'insérer après cette dernière.

④ Cliquez le bouton **Options** du panneau Scripts, puis **Insérer une commande**.

⑤ Sélectionnez une commande parmi les options disponibles. Pour ce faire, cliquez et sélectionnez un élément dans le système de menus de Photoshop.

⑥ Cliquez **OK**.

La commande non enregistrable s'ajoute aux étapes du script.

ATTENTION ! *Si vous insérez une commande ouvrant une boîte de dialogue, vous ne pourrez pas désactiver la zone de dialogue de ce script dans le panneau Scripts.*

Lorsque vous créez un script, vous ne pouvez pas enregistrer de mouvements de la souris, comme des coups de pinceau, ni de commandes des menus Affichage ou Fenêtre. Il est toutefois possible d'insérer un certain nombre de commandes non enregistrables dans un script grâce à la commande Insérer une commande. Vous pouvez faire appel à cette commande pendant l'enregistrement du script ou une fois qu'il a été enregistré. Les commandes insérées ne s'exécutent pas tant que le script n'est pas exécuté. En conséquence, le fichier d'image n'est pas modifié lorsque vous insérez une commande. Vous pouvez ainsi tester diverses commandes non enregistrables sans risquer d'endommager l'image.

Utilisez les scripts avancés

Un script est une suite de commandes qui demande à Photoshop d'effectuer un ensemble d'actions ou de commandes définies. Ces actions peuvent être simples, affectant un seul objet ou plus complexes, en en affectant plusieurs. Les scripts peuvent faire appel à Photoshop ou encore à d'autres applications comme Adobe Illustrator. Ils simplifient les tâches répétitives et peuvent être employés comme outils de création pour rationaliser des tâches ennuyeuses et longues. Vous pouvez, par exemple, écrire un script pour accéder aux images de votre appareil photo numérique, traiter ensuite les images et créer et enregistrer les documents dans un dossier qui inclut automatiquement la date dans le nom du dossier, comme Nikon 5700-29.06.2008. Un langage de script permet de poser une question (un événement) et d'employer la réponse pour effectuer toute commande (une action) disponible dans Photoshop. Pour créer vos propres scripts, vous devez posséder une connaissance suffisante d'un langage de script comme JavaScript et soit une application d'édition de script, soit un éditeur de texte, comme le Bloc-notes (Win), TextEdit (Mac), BBEdit ou même Microsoft Word. Vous pouvez employer divers langages, par exemple Visual Basic, AppleScript ou JavaScript. De fait, le Gestionnaire d'événements de script permet de définir des scripts JavaScript et Photoshop exécutés automatiquement lorsqu'un événement Photoshop spécifié se produit.

Utilisez les scripts avancés

1 Ouvrez un éditeur de texte et créez un script en vous servant du langage de script approprié.

2 Enregistrez le document avec l'extension correcte. Par exemple, **CalqueActif.js** pour JavaScript.

3 Pour accéder au script dans Photoshop, dans le menu **Fichier**, pointez **Scripts** et cliquez **Parcourir**.

```
ConvertColors.jsx - Bloc-notes
Fichier Edition Format Affichage ?
// Copyright 2002-2007.  Adobe Systems, Incorporated.  All rights reserved.
// Convert the foreground color to RGB.

// enable double clicking from the Macintosh Finder or the windows Explorer
#target photoshop

// in case we double clicked the file
app.bringToFront();

// debug level: 0-2 (0:disable, 1:break on error, 2:break at beginning)
// $.level = 0;
// debugger; // launch debugger on next line

var fgColor = new SolidColor();
fgColor = app.foregroundColor;

var fgRGBColor = fgColor.rgb;
alert("Red:" + fgRGBColor.red + " Green:" + fgRGBColor.green + " Blue:" +
fgRGBColor.blue);
```

1

Exemple de script créé en JavaScript

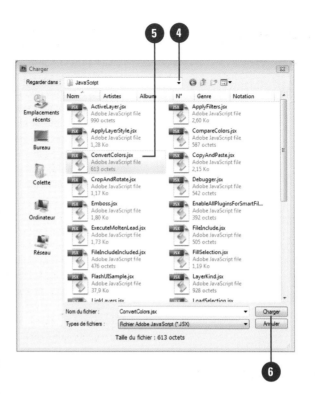

④ Ouvrez la liste **Où** (Mac) ou **Regarder dans** (Win) et choisissez le dossier de script.

⑤ Cliquez le script à exécuter.

⑥ Cliquez **Charger** pour l'exécuter.

Le script apparaît dans une fenêtre.

Voir aussi

Pour de plus amples informations sur les scripts avancés, ouvrez le dossier des applications Photoshop et localisez le dossier Documents de script pour accéder à un didacticiel PDF et des exemples de scripts.

Bon à savoir

Utilisez les scripts prédéfinis

Vous gagnerez du temps en automatisant les tâches répétitives, comme enregistrer les calques ou les compositions de calques en tant que pages séparées d'un fichier Adobe PDF, en utilisant les scripts prédéfinis de Photoshop. Dans le menu Fichier, pointez Scripts et sélectionnez l'une des options prédéfinies. Pour de plus amples informations sur l'écriture de vos scripts, consultez la documentation disponible dans le dossier Adobe Photoshop CS4/Documents de script.

Optimisez le processus avec des droplets

 PS 8.2, 8.4

Pour appliquer un script à une image, vous ouvrez Photoshop, puis un document et le panneau Scripts, vous sélectionnez un script et vous cliquez le bouton Exécuter. Si cet enchaînement d'actions est plus simple que les différentes étapes d'un script complexe, il existe un moyen encore plus simple : créer un droplet. Les droplets sont des scripts Photoshop qui apparaissent sous forme de fichiers sur le disque dur que vous pouvez placer dans un dossier destiné à cette fin. Il est, par exemple, possible de créer un droplet qui effectue une opération de correction de couleur générique. Pour réaliser l'opération sur un document Photoshop, inutile d'ouvrir le logiciel ; faites simplement glisser le fichier de l'image sur le droplet et relâchez : le droplet fait le reste.

Créez un droplet

1 Dans le menu **Fichier**, pointez **Automatisation** et cliquez **Créer un droplet**.

ATTENTION ! *Les droplets sont créés à partir de scripts existants.*

2 Cliquez **Sélectionner** et choisissez l'emplacement de stockage du droplet.

3 Ouvrez la liste **Ensemble** et sélectionnez parmi les ensembles disponibles.

4 Ouvrez la liste **Script** et sélectionnez le script à convertir en droplet.

5 Choisissez parmi les options d'exécution disponibles (voir tableau).

Options d'exécution disponibles

Option	Objet
Priorité sur les instructions de script « Ouvrir »	Prioritaire sur la commande Traitement par lots et utilise une commande Ouvrir imbriquée dans le script. Le script DOIT contenir une commande Ouvrir.
Inclure tous les sous-dossiers	Ouvre tout sous-dossier au sein du dossier sélectionné et exécute le script sur tous les fichiers qu'il contient.
Supprimer les boîtes de dialogue d'options d'ouverture de fichier	N'affiche aucune boîte de dialogue d'ouverture de fichier.
Supprimer les avertissements sur les profils colorimétriques	En cas de disparité de profil colorimétrique, n'affiche pas de message et poursuit l'exécution.

6 Ouvrez la liste **Destination** et sélectionnez parmi les options suivantes :

- ◆ **Sans**. Le fichier reste ouvert après que le droplet a terminé.
- ◆ **Enregistrer et fermer**. Le fichier est enregistré (perte de l'original).
- ◆ **Dossier**. Le fichier est enregistré dans un nouveau dossier (sélectionné par l'utilisateur) avec l'option de renommer le fichier et de modifier l'extension.

7 Servez-vous des options de dénomination de fichier suivantes :

- ◆ **Nom du document**. Utilisez le nom d'origine du document et/ou cliquez pour choisir un modèle de dénomination, comme incrémenter les fichiers par des numéros de série (001, 002, *etc.*), utiliser le nom du droplet ou un autre mot.
- ◆ **Extension**. Utilisez l'extension d'origine du document ou cliquez pour choisir une option d'extension, comme la date ou un numéro de série.
- ◆ **Numéro de série**. Si vous avez opté pour un numéro de série, vous pouvez choisir la valeur de départ de la série.
- ◆ **Compatibilité**. Cochez les cases de votre choix parmi **Windows**, **Mac OS** et **Unix**.

8 Pour créer un fichier d'enregistrement des erreurs, ouvrez la liste **Erreurs** et cliquez **Consigner les erreurs dans un fichier**.

Le journal d'erreurs enregistre tous les problèmes liés à l'application du droplet au fichier d'image.

9 Pour préciser le nom et l'emplacement du journal, cliquez **Enregistrer sous**.

10 Cliquez **OK**.

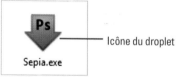

Icône du droplet

Utilisez un droplet

PS 8.2, 8.4

Une fois le droplet créé, utilisez-le pour alléger votre charge de travail. Si vous avez, par exemple, créé un droplet qui convertit une image en mode Niveaux de gris et réduit la résolution de l'image à 72 ppp, vous convertissez un fichier d'image par simple glisser-déposer. Les droplets sont des fichiers qui contiennent des instructions de script. Vous stockez le droplet partout où il est possible de stocker un fichier. Il peut être intéressant de créer des dossiers pour des types de droplets spécifiques, comme ceux de correction de couleur ou d'optimisation des images. Pour employer un droplet, cliquez un fichier d'image, faites-le glisser et déposez-le sur le droplet.

Utilisez un droplet

1. Ouvrez le dossier qui contient les droplets.

2. Ouvrez un dossier qui contient le ou les fichiers d'image à traiter.

3. Faites glisser le fichier d'image directement sur le droplet et relâchez-le.

   Photoshop ouvre et exécute automatiquement le droplet sélectionné.

Note

Utilisez les droplets sur plusieurs fichiers. Pour utiliser un droplet avec plusieurs fichiers d'image, maintenez enfoncée la touche Maj, sélectionnez tous les fichiers d'image auxquels appliquer le traitement du droplet et faites-les glisser sur celui-ci. Photoshop exécute le droplet avec tous les fichiers sélectionnés.

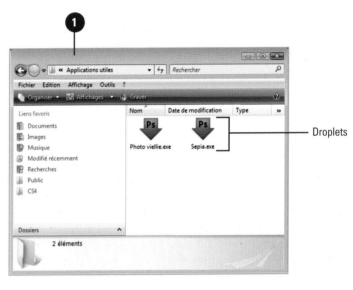

Droplets

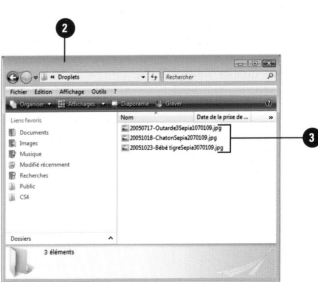

Contrôlez la sortie d'une image

Après avoir créé votre document Photoshop, vous devez déterminer le support de sortie du fichier image. Ces considérations ont leur importance. Par exemple, une image créée avec une résolution de 72 ppi convient tout à fait pour le Web, mais ne suffirait pas en termes de qualité pour une imprimante laser de haute qualité. De plus, il est impossible d'imprimer les images enregistrées en mode colorimétrique RVB sur une presse quatre couleurs qui utilise l'espace colorimétrique CMJN.

Les images tramées (tels les fichiers Photoshop) ne supportent pas très bien le changement, aussi est-il important de définir le projet sans perdre de vue l'objectif final. Au démarrage d'un projet, il faut avoir une idée précise de sa finalité : presse, imprimante à jet d'encre, photocopieur ou moniteur. Cela ne signifie pas qu'il est impossible de modifier un document Photoshop ; mais généralement, les modifications de l'espace colorimétrique et de la résolution influent sur la qualité finale.

Lorsque des images sont destinées au Web, il faut tenir compte de la taille et du format du fichier. Personne n'aime passer des heures à télécharger des pages web. Pour attirer les visiteurs sur votre site et les garder, rien de tel que des images de bonne qualité qui se téléchargent rapidement. Photoshop propose de compresser les images à l'aide de formats tels que JPEG (Joint Photographers Expert Group) et GIF (Graphics Interchange File), qui réduisent de beaucoup la taille des images, tout en leur conservant une bonne qualité. N'hésitez pas à tirer profit des outils fournis par Photoshop pour faciliter votre travail.

16

Définissez la mise en page sous Mac OS

Les images Photoshop peuvent être destinées à pratiquement n'importe quel périphérique. Par exemple, une image peut être imprimée avec une imprimante laser ou à jet d'encre ou avec une presse quatre couleurs. Même un photocopieur ordinaire possède une entrée pour imprimer en utilisant les informations d'un logiciel tel Photoshop ayant servi à créer l'image. Vous avez besoin de Photoshop, d'une image ouverte et de savoir où afficher l'image finale. Cela peut paraître très simple, mais il est capital de savoir apporter les quelques réglages nécessaires.

Définissez la mise en page sous Mac OS

1. Ouvrez un document.

2. Dans le menu **Fichier**, cliquez **Mise en page**.

3. Ouvrez la liste **Réglages**, puis **Attributs de page**.

4. Choisissez parmi les différentes options proposées :

   ◆ **Format pour**. Ouvrez la liste et sélectionnez une imprimante. Si la vôtre ne figure pas dans la liste, cliquez **Préférences impression et fax**, puis ajoutez votre imprimante (il vous faudra peut-être le CD de l'imprimante ou accéder à Internet pour télécharger les derniers pilotes).

   ◆ **Taille du papier**. Ouvrez la liste et sélectionnez une option. L'imprimante par défaut détermine les tailles de papier disponibles.

   ◆ **Orientation**. Cliquez le bouton **Portrait** ou **Paysage**. Les options varient selon l'imprimante.

   ◆ **Échelle**. Tapez un pourcentage pour augmenter ou diminuer (supérieur ou inférieur à 100 %) la taille du document imprimé.

5. Cliquez **OK**.

Définissez la mise en page sous Windows

Avec la boîte de dialogue Mise en page de Windows, vous choisissez la taille et la disposition du papier à utiliser. Vous indiquez également l'orientation de la page (portrait ou paysage) pour tout le document ou une sélection. **Portrait** oriente la page verticalement et **Paysage** horizontalement. Si vous passez de l'un à l'autre, les paramètres de marges s'adaptent automatiquement. Les marges représentent l'espace vide entre le bord de la page et l'image. L'imprimante n'imprime qu'au sein de ces marges. Les différents modèles d'imprimante prennent en charge diverses options et fonctionnalités ; les options disponibles dépendent de votre matériel et de ses pilotes.

Définissez la mise en page sous Windows

1. Ouvrez un document.

2. Dans le menu **Fichier**, cliquez **Mise en page**.

3. Choisissez parmi les différentes options proposées :

   ◆ **Taille**. Ouvrez la liste et sélectionnez une des options disponibles. L'imprimante par défaut détermine les tailles de papier disponibles.

   ◆ **Source**. Ouvrez la liste et choisissez parmi les options disponibles.

   ◆ **Orientation**. Choisissez l'option **Portrait** ou **Paysage**.

   ◆ **Marges**. Saisissez des marges **Gauche**, **Droite**, **Haut** et **Bas** pour personnaliser la page.

4. Cliquez **Imprimante** si vous avez installé plusieurs imprimantes, puis sélectionnez celle qui sera utilisée.

5. Cliquez **OK**.

Définissez les options d'impression

Définissez les options d'impression

1 Ouvrez un document.

2 Dans le menu **Fichier**, cliquez **Imprimer**, puis choisissez parmi ces options de sortie :

◆ **Concord. des couleurs d'impr**. Cochez cette case pour obtenir une épreuve écran des couleurs imprimées dans l'aperçu. Si cette case est cochée, les options suivantes deviennent disponibles :

◆ **Couleurs non imprimables** (Ps). Affiche les couleurs non imprimables de manière spéciale.

◆ **Afficher le blanc papier** (Ps). Applique la couleur du papier aux zones de blanc pour compenser une couleur de papier beige ou blanc cassé.

3 Pour changer l'orientation de l'image, cliquez le bouton **Portrait** ou **Paysage**.

4 Choisissez une option **Position** :

◆ **Centrer l'image**. Cochez cette case pour que le périphérique de sortie centre l'image sur la feuille.

◆ **Haut**. Indique au périphérique de sortie d'imprimer l'image à partir du haut de la feuille.

◆ **Gauche**. Indique au périphérique de sortie d'imprimer l'image à partir du côté gauche de la feuille.

Lorsque vous exécutez la commande Imprimer, Photoshop ouvre une boîte de dialogue d'aperçu qui présente l'image à l'écran et permet d'imprimer ou de revenir à l'écran de travail. La zone blanche de l'aperçu est la zone imprimable, la bordure grisée représentant les marges de la feuille. Ajustez la position et l'échelle de l'image et observez les résultats. La taille de l'image est déterminée par les paramètres de taille du document dans la boîte de dialogue Taille de l'image. Si vous mettez à l'échelle une image dans la boîte de dialogue Imprimer, les modifications n'affectent que l'image imprimée et non l'image réelle. Il est possible d'employer les mêmes paramètres d'impression ultérieurement, car Photoshop peut les mémoriser.

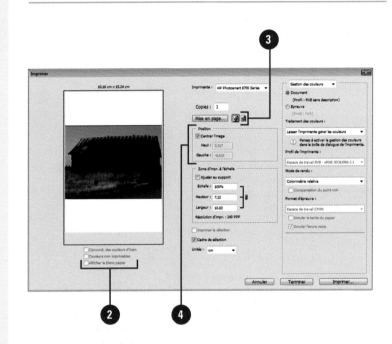

5 Définissez les options de Zone d'impression à l'échelle :

- ◆ **Ajuster au support**. Cochez cette case pour indiquer à Photoshop de mettre le document à l'échelle selon la taille du papier sélectionné.

- ◆ **Échelle**. Tapez un pourcentage.

- ◆ **Hauteur**. Tapez la hauteur de l'image.

- ◆ **Largeur**. Tapez la largeur de l'image.

6 Choisissez parmi ces options :

- ◆ **Imprimer la sélection**. Cochez pour n'imprimer que la zone sélectionnée de l'image.

- ◆ **Cadre de sélection**. Cochez pour ajouter un cadre à l'image.

- ◆ **Unités**. Sélectionnez les unités de mesure.

7 Cliquez **Mise en page** pour définir les options de mise en page.

8 Cliquez **Imprimer** pour ouvrir la boîte de dialogue Imprimer.

- ◆ Pour imprimer sans ouvrir la boîte de dialogue Imprimer, appuyez sur **Alt** (Win) ou **Option** (Mac) et cliquez **Imprimer copie**.

9 Cliquez **Terminer** pour revenir au document sans l'imprimer.

Note

Mettez à l'échelle et positionnez manuellement une image. Cochez la case Afficher le cadre de sélection, puis décochez Ajuster au support et Centrer l'image. Faites ensuite simplement glisser l'image dans la fenêtre d'aperçu, puis cliquez et faites glisser un coin pour redimensionner.

Aperçu de l'image active

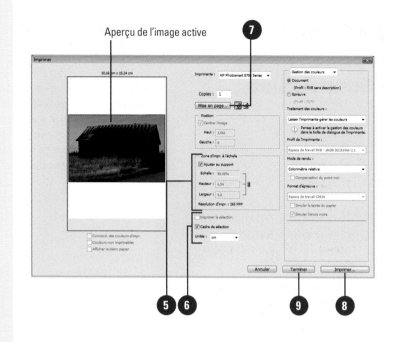

Bon à savoir

Affichage et impression

Même si l'image apparaît à l'écran, il vous faut obtenir une représentation correcte de l'image avec ses calques associés et ses effets. N'oubliez pas qu'un écran emploie des couleurs additives (RVB) et que la plupart des périphériques de sortie, comme les presses d'impression, utilisent des couleurs soustractives (CMJN). Cependant, avec un moniteur bien étalonné, vous pouvez aisément avoir une idée juste du résultat imprimé.

Choisissez les options de sortie d'impression

Dans la partie droite de la boîte de dialogue Imprimer, vous avez accès aux outils de gestion des couleurs et vous pouvez créer des gammes de nuances, des repères de montage, ajouter des libellés de nom de fichier et même ajouter un cadre personnalisé à l'image. Ouvrez la liste Gestion des couleurs, puis choisissez Sortie. Photoshop présente une liste de toutes les options, y compris la possibilité d'imprimer des données vectorielles ou de modifier l'encodage du document. Si vous souhaitez par exemple imprimer avec des résultats optimaux une image vectorielle, comme des formes et du texte, servez-vous de l'option Inclure les données vectorielles pour envoyer l'image à une imprimante Postscript.

Choisissez les options de sortie d'impression

1. Ouvrez un document.

2. Dans le menu **Fichier**, cliquez **Imprimer**.

3. Ouvrez la liste dans la partie supérieure droite de la boîte de dialogue et choisissez **Sortie**.

4. Choisissez parmi les options disponibles :

   ◆ **Gamme de nuances**. Imprime une bande de dégradés de couleurs pour comparer les plages de couleurs.

   ◆ **Repères de montage**. Imprime des repères pour aligner les séparations de couleurs.

   ◆ **Traits de coupe (coins)**. Imprime des repères là où la page doit être découpée.

   ◆ **Traits de coupe (milieux)**. Imprime des repères là où la page doit être découpée.

   ◆ **Description**. Imprime le texte inscrit dans la boîte de dialogue Informations.

   ◆ **Libellés**. Imprime le nom du fichier en haut de la page.

   ◆ **Sens offset**. Imprime des images sur film. Rend le texte lisible lorsque l'émulsion est au verso.

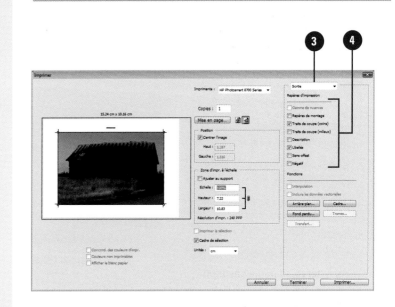

- **Négatif**. Imprime une image en négatif. Cochez cette case pour imprimer les séparations directement sur film.

5 Définissez les options du groupe Fonctions :

- **Interpolation**. Rééchantillonne l'image pour réduire l'apparence dentelée d'une image de faible résolution.

- **Inclure les données vectorielles**. Cochez cette case pour imprimer une image vectorielle. L'option est grisée lorsque l'image ne contient pas de données vectorielles.

- **Envoyer des données 16 bits**. Envoie des données de 16 bits par couche à l'imprimante (Mac OS seulement).

- **Arrière-plan**. Choisissez une couleur d'arrière-plan à imprimer hors de la zone de l'image.

- **Cadre**. Imprime un cadre noir autour de l'image.

- **Fond perdu**. Imprime des traits de coupe à l'intérieur et non à l'extérieur de l'image.

- **Trames**. Définit la forme des points de trame.

- **Transfert**. Ajuste le gain ou la perte de points pour compenser le défaut de calibration d'un périphérique de sortie.

6 Cliquez **Imprimer** pour ouvrir la boîte de dialogue Imprimer.

7 Cliquez **Terminer** pour revenir au document sans l'imprimer.

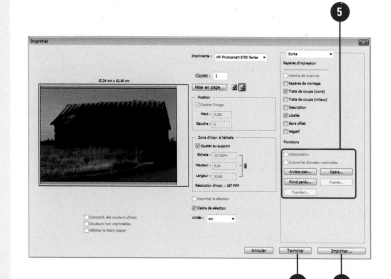

Voir aussi

La boîte de dialogue Imprimer est étudiée à la section « Définissez les options d'impression », page 372.

Imprimez un document sous Mac OS

 PS 11.1, 11.3

Imprimez un document sous Mac OS

1. Ouvrez un document.

2. Dans le menu **Fichier**, cliquez **Imprimer**.

   Une boîte de dialogue d'aperçu d'impression s'ouvre.

3. Définissez vos options d'impression et cliquez **Imprimer**.

4. Cliquez le bouton **Agrandir/Réduire** si nécessaire.

5. Ouvrez la liste **Imprimante**, puis choisissez une imprimante.

   ATTENTION ! *Les modifications effectuées ici annulent toutes celles apportées dans la boîte de dialogue Mise en page.*

6. Ouvrez la liste **Préréglages**, puis choisissez parmi les options disponibles.

7. Définissez vos options d'impression : nombre de copies, copies triées, imprimer tout ou une plage de pages. Les options diffèrent entre Windows et Mac OS.

8. Ouvrez la liste **Options d'impression**, sélectionnez **Mise en page** et définissez les options : **Pages par feuille**, **Orientation** et indiquez si vous souhaitez une bordure.

La commande Imprimer est probablement la plus employée des options d'impression de Photoshop. Outre les options d'impression normales, comme Copies et Pages, elle propose d'autres menus qui définissent des fonctions spécifiques, comme l'encre de sortie ou la gestion des couleurs. Les options disponibles *via* la commande Imprimer dépendent toutefois en partie de l'imprimante par défaut. Par exemple, si votre imprimante est équipée de plusieurs chargeurs d'alimentation papier, vous pourrez en sélectionner un. Heureusement, certaines options sont communes à toutes les tâches d'impression.

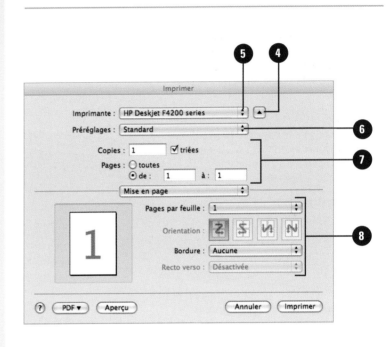

9 Pour imprimer le document ultérieurement, ouvrez la liste **Options d'impression**, sélectionnez **Programmateur** et choisissez vos options.

10 Pour définir les options relatives au papier, ouvrez la liste **Options d'impression**, puis **Gestion du papier**, puis choisissez vos options.

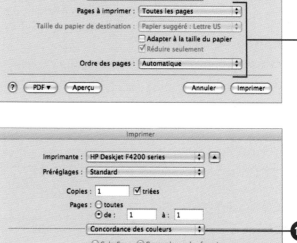

11 Pour définir les options relatives aux couleurs, ouvrez la liste **Options d'impression**, cliquez **Concordance des couleurs**, puis sélectionnez les options de votre choix.

12 Ouvrez la liste **Options d'impression**, cliquez **Résumé** et vérifiez vos paramètres.

13 Cliquez les boutons suivants pour finaliser votre impression : **PDF**, **Aperçu**, **Annuler** ou **Impression**.

◆ **PDF**. Dans le menu, sélectionnez l'option PDF de votre choix.

14 Pour obtenir une aide supplémentaire, cliquez le bouton **Aide (?)**.

Note

Enregistrez vos options d'impression comme paramètre prédéfini (Mac). Dans la boîte de dialogue Imprimer, définissez vos options, ouvrez la liste Préréglages, sélectionnez Enregistrer sous, saisissez un nom et cliquez OK.

Voir aussi

Les options d'impression sont étudiées à la section « Définissez les options d'impression », page 372.

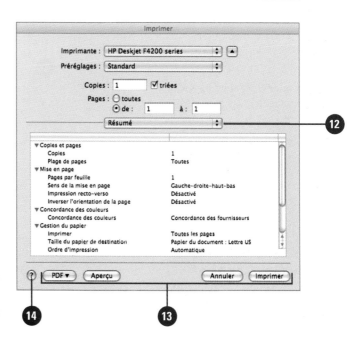

Imprimez un document sous Windows

 PS 11.1, 11.3

La méthode la plus répandue pour visualiser et partager un document consiste à l'imprimer. Dans la boîte de dialogue Imprimer, vous définissez le nombre de copies, vous indiquez une plage de pages et vous imprimez le document. Les options disponibles de la commande Imprimer dépendent toutefois de l'imprimante par défaut et du système d'exploitation. Les différentes imprimantes proposent des options variées, mais certaines sont cependant communes à toutes les imprimantes.

Imprimez un document sous Windows

1 Ouvrez un document.

2 Dans le menu **Fichier**, cliquez **Imprimer**.

Une boîte de dialogue d'aperçu d'impression s'ouvre.

3 Définissez vos options d'impression et cliquez **Imprimer**.

4 Si nécessaire, choisissez une imprimante dans la liste.

5 Tapez le nombre de copies à imprimer.

6 Indiquez les pages à imprimer :

◆ **Tout**. Imprime la totalité du document.

◆ **Sélection**. Imprime l'élément sélectionné.

◆ **Page actuelle**. N'imprime que la page actuelle.

◆ **Pages**. Imprime les pages spécifiées.

7 Cliquez **Imprimer**.

Voir aussi

Les options d'impression sont étudiées à la section « Définissez les options d'impression », page 372.

Imprimez une partie d'un document

 PS 11.1

Imprimez une partie d'un document

1. Ouvrez un document.

2. Dans la boîte à outils, sélectionnez l'outil **Rectangle de sélection**.

3. Sélectionnez la partie de l'image à imprimer.

4. Dans le menu **Fichier**, cliquez **Imprimer**.

5. Cochez la case **Imprimer la sélection**.

6. Cliquez **Imprimer**.

La boîte de dialogue Imprimer permet d'imprimer une partie d'une image avec l'option Imprimer la sélection. Pour ce faire, sélectionnez la partie de l'image à imprimer, cliquez la commande Imprimer dans le menu Fichier, cochez la case Imprimer la sélection et cliquez Imprimer.

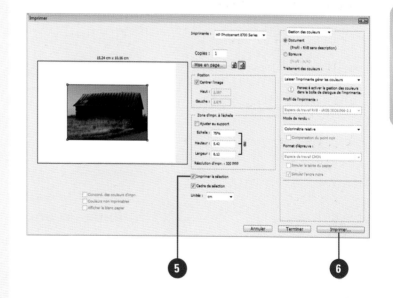

Note

Mettez une image à l'échelle si elle dépasse la zone imprimable de la feuille. Si un message vous avertit que votre image dépasse la zone imprimable, cliquez Annuler. Dans le menu Fichier, cliquez Imprimer, cochez la case Ajuster au support, puis cliquez Imprimer. Ou bien, dans le menu Fichier, cliquez Mise en page pour modifier la taille du papier.

Imprimez une copie

La commande Imprimer une copie simplifie le processus d'impression. Vous n'avez rien à définir, votre copie s'imprime avec les paramètres d'impression par défaut. Cette commande n'ouvre pas de boîte de dialogue ; lorsque la commande est exécutée, l'impression démarre. Si vous essayez d'imprimer une image qui dépasse la zone imprimable de la feuille, une boîte de dialogue apparaît. Vous pouvez alors poursuivre ou annuler la tâche. Un clic suffit pour imprimer rapidement une copie de votre document actif.

Imprimez une copie d'un document

1 Ouvrez un document.

2 Dans le menu **Fichier**, cliquez **Imprimer une copie**.

Photoshop imprime une copie de l'image sans boîte de dialogue.

ATTENTION ! *Si vous avez effectué des modifications dans Mise en page ou changé ailleurs les paramètres d'impression, Photoshop va ignorer ses paramètres d'impression par défaut et imprimer avec les paramètres modifiés.*

RACCOURCI *Dans la boîte de dialogue Imprimer, maintenez enfoncée la touche Alt (Win) ou Option (Mac) pour afficher le bouton Imprimer copie.*

Bon à savoir

Imprimez une grande image

Il arrive qu'à l'impression d'un document, une boîte de dialogue indique que l'image est plus grande que la zone imprimable de la feuille. Dans ce cas, vous pouvez poursuivre ou annuler. Si vous continuez, l'image sera tronquée. Dans la plupart des cas, il est plus judicieux d'annuler et d'ajuster la taille de l'image en fonction de la zone imprimable.

Découvrez les formats de fichiers

 PS 1.7

Formats de fichier

Format	Usage
Photoshop	Le format PSD (Photoshop), défini par défaut, enregistre des calques, des couches, des annotations et des profils colorimétriques.
BMP	Format Bitmap.
CompuServe GIF	Le format GIF (*Graphic Interchange Format*) est conçu pour les cliparts et le texte sur le Web. Il n'emploie que 256 couleurs, compresse les images en ignorant des couleurs et en reproduisant des motifs simples. Ce format prend en charge la transparence et les animations.
Dicom	Le format Dicom (*Digital Imaging and Communications in Medicine*) sert à transférer et à stocker des images médicales obtenues par ultrasons et par scanner.
Photoshop EPS	Le format EPS (*Encapsulated PostScript Format*) enregistre les données vectorielles, c'est-à-dire les tracés.
Photoshop DCS 1.0 & 2.0	Le format DCS (*Digital Color Separation*) est utilisé avec les presses pour créer les plaques qui servent à imprimer en quadrichromie.
JPEG	Le format JPG ou JPEG (*Joint Photographers Expert Group*) est une méthode de compression qui réduit la taille des fichiers image, principalement pour le Web.
Format de document volumineux	Le format PSB (Photoshop), Photoshop CS et versions suivantes, enregistre des documents qui atteignent 300 000 pixels dans toute dimension. Il permet d'enregistrer des images HDR (*High Dynamic Range*).
PCX	Le format PCX (*PC Paintbrush bitmap*) sert principalement sur PC.
Photoshop PDF	Le format PDF (*Portable Document File*) crée un fichier qui peut être lu par n'importe quel programme prenant en charge le PDF, comme Adobe.
Photoshop RAW	Le format RAW enregistre et transfère des fichiers entre des programmes et des plates-formes informatiques.
Fichier PICT	Le format PICT ou Ressource PICT est employé par les systèmes d'exploitation Macintosh.
Pixar	Le format Pixar convient aux images qui contiennent des animations de haute qualité et aux programmes de rendu en 3-D.
PNG	Le format PNG (*Portable Network Graphic*) enregistre des images pour le Web. Il permet jusqu'à 16 millions de couleurs et 256 niveaux de transparence.
PBM	Le format PBM (*Portable Bit Map*) prend en charge les bitmaps monochromes (1 bit par couche) et appartient à la famille des formats bitmap pris en charge par la plupart des applications.
Scitex CT	Le format SCT (*Continuous Tone*) s'utilise avec les ordinateurs de rendu d'images Scitex de pointe.
Targa	Le format Targa s'emploie pour l'édition d'images de pointe sur plate-forme Windows.
TIFF	Le format TIFF ou TIF (*Tagged Image File*) peut être ouvert par presque tous les programmes d'édition d'image ou de mise en page. Il s'agit d'un format classique pour imprimer et enregistrer des images aplaties sans perte de qualité.

Enregistrez un document sous un autre format de fichier

 Adobe Certified Expert PS 9.6, 11.4

Une fois le travail terminé, il vous faut enregistrer le document et ainsi choisir un format de fichier, attribuer un nom au fichier et choisir un emplacement. Le nom de fichier est indispensable, car il identifie le document (recherchez une image dans un dossier contenant une centaine d'images nommées image_a, image_b pour comprendre). Choisissez une destination, comme un disque dur, un support amovible ou un CD/DVD réinscriptible. Déterminez également le format du fichier. Si le nom et l'emplacement sont importants, le format du fichier est capital pour l'avenir de l'image. Il détermine le mode de stockage du document et les informations qui seront enregistrées avec le fichier. Un format inadapté pourrait nuire à une sortie correcte du fichier.

Enregistrez un document sous un autre format de fichier

1 Ouvrez un document.

2 Dans le menu **Fichier**, cliquez **Enregistrer sous**.

3 Tapez le nom dans le champ **Enregistrer sous** (Mac) ou **Nom du fichier** (Win).

4 Ouvrez la liste **Format**, puis choisissez un format.

Consultez le tableau de la page précédente pour l'explication des formats.

5 Ouvrez la liste **Où** (Mac) ou **Enregistrer dans** (Win), puis choisissez où enregistrer le fichier.

Voir aussi

Les différents formats de fichier sont détaillés à la section « Découvrez les formats de fichiers » page 381.

6 Définissez les options d'enregistrement suivantes :

◆ **En tant que copie**. Enregistre une copie du fichier, tout en laissant l'original ouvert.

◆ **Couches alpha**. Enregistre les informations de couches alpha.

◆ **Calques**. Conserve tous les calques du document.

◆ **Annotations**. Enregistre toutes les annotations avec le document.

◆ **Tons directs**. Enregistre les informations de couches directes.

7 Définissez les options de couleur suivantes :

◆ **Format épreuve** (Win). Crée un document avec gestion des couleurs.

◆ **Incorporer le profil de couleur** (Mac). Crée un document Macintosh avec gestion des couleurs.

◆ **Profil ICC** (Win). Crée un document Windows avec gestion des couleurs.

8 Cliquez **Enregistrer**.

Bon à savoir

Organisez vos documents

L'organisation tient une place importante dans un projet. Par exemple, vous créez plusieurs images, avec du texte et une douzaine d'autres images comme matériel supplémentaire. Lorsque vous travaillez à un projet, créez un dossier spécifique et enregistrez-y tous ses composants. Tout est ainsi centralisé, facile à retrouver, à déplacer et à stocker.

Insérez des informations de fichier dans un document

 PS 1.5

Lorsque vous enregistrez un document, vous n'enregistrez pas que des données chromatiques. Vous conservez les données relatives au copyright, à l'appareil photo, à la catégorie d'image et vous les enregistrez avec le fichier en tant que métadonnées au format XMP (*Extensible Metadata Platform*), lisibles par toute application prenant en charge les données XMP. En outre, s'il s'agit d'une photographie, vous pouvez enregistrer les données concernant le type d'image, le lieu de la prise, l'appareil utilisé et même des informations sur la vitesse d'obturation et l'ouverture. Non seulement ces données protègent la propriété intellectuelle, mais elles fournissent toutes les caractéristiques vitales de cette image unique.

Insérez des informations de fichier dans un document

① Ouvrez un document.

② Dans le menu **Fichier**, cliquez **Informations**.

③ Cliquez **Description**, puis saisissez les informations concernant l'auteur et le copyright.

④ Cliquez **Données de la caméra** qui donne des informations sur l'appareil qui a pris la photographie.

Ces données en lecture seule indiquent entre autres le modèle, la vitesse d'obturation, l'ouverture et la taille en pixels.

⑤ Cliquez **Historique** pour afficher les informations sur le document actif, comme son dernier enregistrement et ouverture, ainsi qu'une liste des réglages effectués sur l'image.

⑥ Cliquez **IPTC**, puis utilisez les panneaux **Contact IPTC**, **Image IPTC**, **Contenu IPTC** et **État IPTC** pour compléter les informations sur l'auteur de l'image, saisir une description, des mots-clés et des informations physiques comme le lieu et la date de création, le copyright et les conditions d'utilisation.

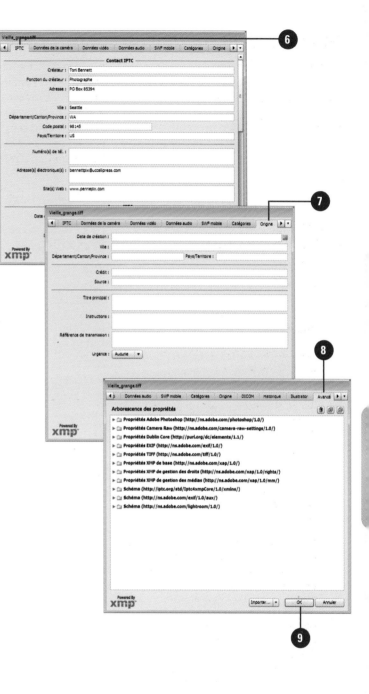

7 Cliquez **Origine** et saisissez les données relatives à l'origine de l'image.

8 Cliquez **Avancé** pour afficher des informations supplémentaires sur le document actif, comme les propriétés EXIF et PDF.

9 Cliquez **OK**.

Note

Ajoutez des métadonnées aux fichiers enregistrés en PSD, PDF, EPS, PNG, GIF, JPG et TIF. Les informations sont incorporées dans le fichier grâce à XMP (Extensive Metadata Platform). Aussi est-il possible de les échanger entre les applications Adobe et les différents systèmes d'exploitation.

Personnalisez la création, le traitement et l'échange de métadonnées avec le kit de développement logiciel XMP. Le kit XMP ajoute également des champs à la boîte de dialogue Informations. Pour plus d'informations sur XMP et le kit de développement, consultez le Centre de ressources d'aide d'Adobe.

Découvrez la compression de fichier

Pour réduire la taille d'un fichier, Photoshop fait appel à la compression. Un bouton suffit pour que la taille diminue de moitié. Photoshop emploie deux types de compression : avec perte et sans perte. La première réduit la taille du fichier en supprimant des données chromatiques, qui seront irrécupérables dans le document enregistré. La taille peut être ainsi réduite de 80 % ou plus.

La méthode sans perte réduit la taille de fichier en faisant appel à des algorithmes de compression qui ne provoquent pas de perte de données de l'image. Les méthodes avec perte servent principalement à compresser des images web affichées par des navigateurs. La vitesse relativement lente d'Internet impose aux concepteurs web de faire appel à des méthodes de compression

avec perte pour réduire les images à une taille acceptable. Les méthodes sans perte sont invoquées lorsque la réduction importante d'un fichier est souhaitée, mais pas au point de vouloir perdre des informations. Par exemple, on souhaite réduire la taille d'un groupe d'images TIFF de haute qualité pour qu'elles soient copiées sur un CD. Les méthodes de compression sans perte peuvent réduire les tailles de fichier jusqu'à 50 % et parfois plus.

Les deux méthodes compressent chaque document en fonction des données de l'image active. Par exemple, une image qui contient beaucoup de couleurs uniformes se compresse assez bien avec les formats GIF ou PNG-8 ; une image avec de nombreux tons continus, comme une photo, se compresse mieux avec le format JPEG.

Avec perte

Sans perte

Formats, types de compressions et utilisations

Format	Compression	Utilisation
JPEG	Avec perte	**Web/Diaporama**. Fichiers PDF, photos et images contenant beaucoup de couleurs fusionnées.
GIF	Sans perte	**Web**. Clipart, texte et toutes les images contenant des aplats de couleur unie et des contours bien définis.
PNG-8	Sans perte	**Web**. Clipart, texte et toutes les images contenant des aplats de couleur unie et des contours bien définis.
PNG-24	Sans perte	**Web/Diaporama/PDF/Papier**. Photos et images contenant beaucoup de couleurs fusionnées. Comme le format PNG-24 est sans perte, il ne compresse pas autant les images que JPEG. Aussi ce dernier est-il le format de choix pour compresser les images destinées au Web.
ZIP	Sans perte	**Utilisé sur tous les types d'images pour stocker et transférer des images**. L'application de compression ZIP compresse des images sans affecter leur qualité. Pour ouvrir une image ZIP, vous devez posséder une application de décompression.
LZW	Sans perte	**Utilisé principalement sur les images TIFF pour stocker et transférer des images**. Le modèle de compression LZW compresse des images sans détériorer leur qualité. Pour ouvrir une image LZW, l'application d'ouverture doit être équipée de l'utilitaire de décompression LZW.

Préparez des cliparts pour le Web

Un clipart est une image qui n'est pas une photo et qui contient beaucoup d'aplats de couleur unie. Les formats GIF (*Graphics Interchange Format*) et PNG (*Portable Networks Graphics*), qui font appel à un modèle RLE (*Run Length Encoding*), lui conviennent particulièrement. Lorsque le fichier est enregistré, les zones de couleur unie sont compressées en petites unités, puis restaurées à l'ouverture. Le format GIF prend en charge 256 couleurs au maximum. Si cela vous semble peu, sachez que la plupart des images GIF, comme les cliparts et le texte, contiennent bien moins de données chromatiques. En réduisant le nombre de couleurs disponibles dans la table de couleurs GIF, vous diminuez significativement la taille du fichier de l'image. Par exemple, une image GIF avec du texte noir ne va utiliser que deux couleurs (noir et blanc). Testez l'option Couleurs GIF pour produire des fichiers image de petite taille et téléchargeables rapidement. Comme le format GIF existe déjà depuis longtemps, il est à peu près certain que l'image pourra être ouverte par le navigateur d'un visiteur. Le format PNG est plus récent et présente certains nouveaux modèles de codage qui réduisent davantage la taille des fichiers, mais il n'est pas pris en charge par plusieurs anciens navigateurs.

Préparez des cliparts pour le Web

1. Ouvrez un document clipart.

2. Dans le menu **Fichier**, cliquez **Enregistrer sous**.

3. Tapez le nom du fichier dans le champ **Enregistrer sous** (Mac) ou **Nom de fichier** (Win).

4. Ouvrez la liste **Où** (Mac) ou **Enregistrer dans** (Win), puis choisissez où enregistrer le fichier.

5. Ouvrez la liste **Format**, puis sélectionnez **CompuServe GIF**.

6. Cliquez **Enregistrer**.

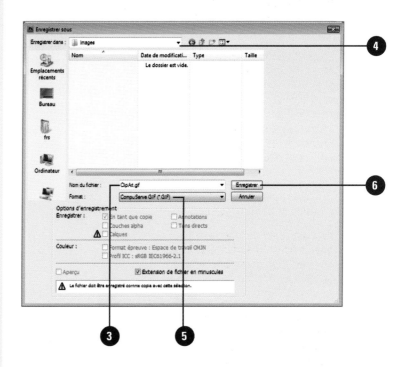

⑦ Définissez les options suivantes de couleurs indexées :

◆ **Palette**. Ouvrez la liste et choisissez une option de palette de couleurs parmi les palettes, telles que **Web**, **Système** (Mac OS ou Windows).

◆ **Couleurs**. Si vous avez choisi une couleur locale ou une palette personnalisée, cliquez pour sélectionner le nombre de couleurs enregistrées avec l'image. Le nombre maximal de couleurs est de 256.

◆ **Forcées**. Ouvrez la liste et choisissez les couleurs qui doivent être conservées dans l'image.

◆ **Transparence**. Cochez pour conserver toutes les zones de transparence.

◆ **Cache**. Si l'image contient des zones transparentes, cette liste permet de choisir une couleur de remplissage. Par exemple, vous pouvez remplir toutes les zones transparentes de l'image par du noir pour retrouver le noir d'un document web.

◆ **Tramage**. Ouvrez la liste et indiquez comment les autres couleurs doivent se mélanger.

◆ **Facteur**. Tapez un pourcentage pour indiquer au format GIF comment tramer les couleurs de l'image.

◆ **Conserver les couleurs exactes**. Imposez la conservation des couleurs d'origine (en fonction du nombre de couleurs choisies avec l'option Palette).

⑧ Cliquez **OK**.

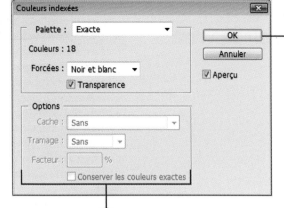

Préparez une photo pour le Web

Réduire la taille d'une photo présente quelques problèmes bien particuliers auxquels Photoshop propose une solution. Avec les images photographiques, le format le plus approprié est JPEG, lequel réduit la taille de fichier en supprimant des données d'image (compression avec perte). Par exemple, un fichier TIFF non compressé de 1 Mo peut être ramené à la taille de 20 ou 30 Ko par compression JPEG. Avec un modem 33 Ko, le temps de téléchargement passe de 15 minutes à 10 secondes. Si cette diminution est considérable, notez également que la plupart des couleurs de l'image ont été supprimées et que celles qui restent sont employées dans un modèle de tramage qui trompe l'œil en faisant apparaître des couleurs qui ont disparu. Les images JPEG très compressées ressortent bien à l'écran, mais sont peu satisfaisantes à l'impression.

Préparez une photo pour le Web

1. Ouvrez un document photographique.

2. Dans le menu **Fichier**, cliquez **Enregistrer sous**.

3. Tapez le nom du fichier dans le champ **Enregistrer sous** (Mac) ou **Nom de fichier** (Win).

4. Ouvrez la liste **Où** (Mac) ou **Enregistrer dans** (Win), puis choisissez où enregistrer le fichier.

5. Ouvrez la liste **Format**, puis sélectionnez **JPEG**.

6. Cliquez **Enregistrer**.

7 Définissez les options JPEG suivantes :

◆ **Cache**. Le format JPEG ne prend pas en charge la transparence. Ouvrez la liste **Cache** et choisissez la couleur de remplissage des zones transparentes dans le document.

◆ **Qualité**. Détermine la quantité de données d'image perdues. Tapez une valeur entre 1 et 12 ; plus elle est élevée, plus les données sont conservées, générant ainsi un fichier plus volumineux.

◆ **De base (« standard »)**. Format reconnu par la plupart des navigateurs.

◆ **De base optimisé**. Produit une couleur optimisée et réduit légèrement la taille du fichier, mais n'est pas pris en charge par les anciens navigateurs.

◆ **Progressif optimisé**. Affiche une série de passages de plus en plus détaillés pendant le téléchargement de l'image. L'image est brouillée et devient progressivement de plus en plus nette (non pris en charge par les anciens navigateurs).

◆ **Passages**. Si l'option précédente est sélectionnée, choisissez le nombre de passages de l'image.

8 Cliquez **OK**.

Bon à savoir

Exploitez le format JPEG 2000

JPEG 2000 est un format de fichier qui offre des options supplémentaires et une souplesse accrue par rapport au format JPEG classique. Il génère des fichiers plus compressés et de meilleure qualité destinés au Web et aux publications papier. Le module externe du format JPEG 2000 se trouve sur le CD d'installation de Photoshop CS4 dans le dossier Goodies (En prime). Actuellement, seuls les ordinateurs équipés du module nécessaire peuvent afficher un fichier JPEG 2000 sur le Web.

Préparez une image pour une impression commerciale

Les images affichées à l'écran emploient l'espace colorimétrique RVB (additif), alors que les images envoyées sur presse utilisent l'espace CMJN (soustractif). Le meilleur format est le DCS (*Digital Color Separation*). Il s'agit d'une version du format EPS standard qui enregistre les séparations de couleurs des images CMJN. Le DCS se décline en deux versions : DCS 1.0 et DCS 2.0. Elles créent toutes deux cinq fichiers séparés : un par plaque de couleur : Cyan, Magenta, Jaune et Noir et un pour une image combinée, ou composite. Cependant, le format DCS 2.0 permet d'enregistrer des couches alpha et de tons directs, et d'enregistrer les cinq fichiers séparés sous un seul nom de fichier combiné. Il exporte également des images contenant des couches directes. En revanche, seule une imprimante PostScript est en mesure d'imprimer un fichier DCS. Adressez-vous toujours au professionnel qui se chargera de l'impression pour demander quel format choisir.

Préparez une image pour une presse

1. Ouvrez un document.

2. Dans le menu **Fichier**, cliquez **Enregistrer sous**.

   ATTENTION ! *Les images enregistrées au format DCS doivent être en mode CMJN.*

3. Tapez le nom du fichier dans le champ **Enregistrer sous** (Mac) ou **Nom de fichier** (Win).

4. Ouvrez la liste **Où** (Mac) ou **Enregistrer dans** (Win), puis choisissez où enregistrer le fichier.

5. Ouvrez la liste **Format**, puis sélectionnez **Photoshop DCS 2.0**.

6. Cliquez **Enregistrer**.

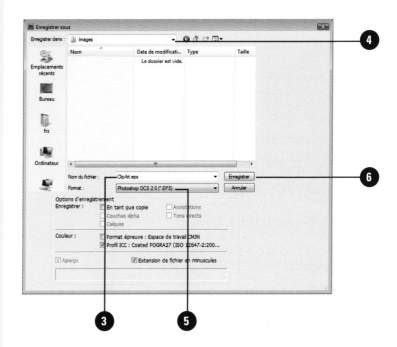

7 Définissez les options du format DCS 2.0 :

◆ **Aperçu**. Ouvrez la liste et choisissez le type d'image d'aperçu à faible résolution à employer dans l'application de mise en page.

◆ **DCS**. Ouvrez la liste et indiquez comment enregistrer les informations sur les plaques de couleurs.

◆ **Codage**. Ouvrez la liste et choisissez comment coder les données de l'image pour l'envoi au périphérique de sortie.

◆ **Inclure la trame de demi-teintes**. Cochez cette case pour conserver toutes les trames de demi-teintes.

◆ **Inclure la fonction de transfert**. Option appropriée aux tâches de production commerciales.

◆ **Inclure les données vectorielles**. Conservez toutes les données vectorielles contenues au sein de l'image active.

◆ **Interpolation de l'image**. Créez une version lissée de l'image d'aperçu (pas d'impact sur l'impression).

8 Cliquez **OK**.

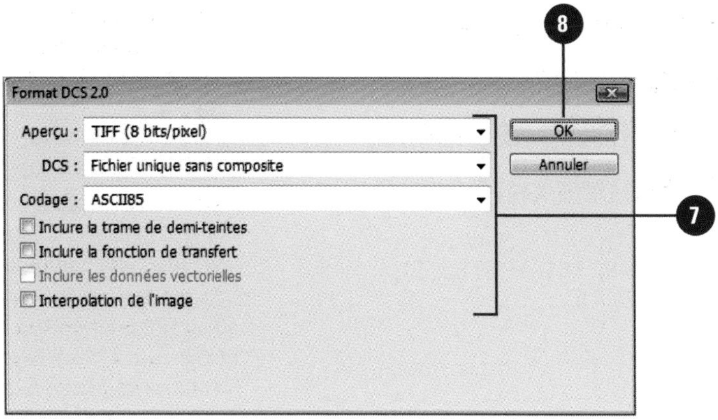

Préparez une image pour une imprimante à jet d'encre ou laser

 PS 11.3

Si tout le monde n'a pas accès à une presse quatre couleurs, même les utilisateurs occasionnels possèdent ou ont accès à une imprimante laser ou à jet d'encre. Ces imprimantes appliquent de l'encre sur le papier à l'aide de points de couleurs. La qualité de ce type de sortie se mesure par la résolution d'impression. Par exemple, une imprimante à jet d'encre ou laser de qualité photo peut avoir une résolution de 1 400 ppp ou plus, c'est-à-dire 1 400 points d'informations de couleurs par pouce linéaire. Il existe plusieurs options de format de fichier pour la sortie, mais aucun n'est aussi polyvalent que le format TIFF. Celui-ci emploie la compression avec ou sans perte et permet d'enregistrer plusieurs calques Photoshop, ainsi que des données de couches alpha. En outre, il n'existe pas d'application de mise en page sur le marché, sous Macintosh ou Windows, qui ne puisse ouvrir une image enregistrée en TIFF.

Préparez une image pour une imprimante à jet d'encre ou laser

1. Ouvrez un document.

2. Dans le menu **Fichier**, cliquez **Enregistrer sous**.

3. Tapez le nom du fichier dans le champ **Enregistrer sous** (Mac) ou **Nom de fichier** (Win).

4. Ouvrez la liste **Où** (Mac) ou **Enregistrer dans** (Win), puis choisissez où enregistrer le fichier.

5. Ouvrez la liste **Format**, puis sélectionnez **TIFF**.

6. Cliquez **Enregistrer**.

7 Définissez les options TIFF suivantes :

◆ **Sans**. Aucune compression n'est effectuée sur l'image.

◆ **LZW**. Compresse l'image sans perte. Ce faisant, l'application destinataire doit posséder l'option LZW correspondante pour pouvoir décompresser le fichier.

◆ **ZIP**. Effectue une compression ZIP standard de l'image (sans perte). L'application destinataire doit posséder un utilitaire de décompression.

◆ **JPEG**. Compresse l'image avec perte.

◆ **IBM PC**. Sélectionnez PC si l'image doit être utilisée sur un système IBM.

◆ **Macintosh**. Sélectionnez Macintosh si l'image doit être utilisée sur un système Mac OS.

◆ **Enreg. pyramide d'images**. Cochez cette case pour enregistrer l'image avec plusieurs résolutions et décider laquelle appliquer à la réouverture de l'image.

◆ **Enregistrer les zones transparentes**. Conservez les zones transparentes de l'image active.

◆ **RLE**. Compresse les zones uniformes de couleurs sur plusieurs calques.

◆ **ZIP**. Emploie le format ZIP pour compresser plusieurs calques.

◆ **Supprimer les calques et enregistrer une copie**. Crée une copie du fichier sans les calques, pour enregistrer un fichier image composite.

8 Cliquez **OK**.

Options TIFF

Compression de l'image
- ● SANS
- ○ LZW
- ○ ZIP
- ○ JPEG

Qualité : [ ] Maximum ▾

fichier compact   fichier volumineux

Ordre des pixels
- ● Entrelacé (RVBRVB)
- ○ Par couche (RRVVBB)

Format
- ○ IBM PC
- ● Macintosh

☐ Enreg. pyramide d'images
☐ Enregistrer les zones transparentes

Compression du calque
- ○ RLE (enregistrements plus rapides, fichiers plus volumineux)
- ○ ZIP (enregistrements plus lents, fichiers plus petits)
- ○ Supprimer les calques et enregistrer une copie

OK   Annuler

Bon à savoir

Optimisez vos résultats avec une imprimante à jet d'encre ou laser

Comme votre écran affiche une image en utilisant de la lumière et qu'une imprimante de bureau reproduit une image avec de l'encre, des colorants ou des pigments, il est impossible pour cette dernière de reproduire toutes les couleurs présentes à l'écran. Cependant, en incorporant certaines procédures dans votre projet, telles que la gestion des couleurs, vous pouvez obtenir de meilleurs résultats à l'impression de vos images. Pour découvrir comment optimiser vos résultats en matière de couleurs, reportez-vous au chapitre 18, « Gérez les couleurs de l'écran à l'impression ».

Résolution de l'écran, de l'image et du périphérique

 PS 1.4

La trame d'une image est indissociable de la résolution. Une image possède une résolution de numérisation particulière (spi, *samples per inch*, en français échantillons par pouce), votre écran également (ppi, en français pixels par pouce) et les périphériques de sortie n'échappent pas à la règle (imprimantes à jet d'encre : ppp, points par pouce ; presses : lpi, lignes par pouce). Si tous ces termes vous semblent compliqués, rassurez-vous, ils indiquent simplement la quantité de données, ou résolution, contenues dans l'image.

La plupart des écrans d'ordinateur ont une résolution fixe de 72 ou 96 ppi. Par exemple, si vous numérisez une image de 4 x 4 pouces à 288 spi (à savoir quatre fois la résolution d'un écran 72 ppi) et que vous essayez d'afficher l'image à 100 %, l'écran va utiliser tous les pixels et ajuster la largeur et la hauteur pour correspondre à sa résolution ; aussi l'image va-t-elle passer à 16 x 16 pouces (288 / 72 = 4). Si vous essayez de réduire avec le zoom la taille de l'image pour qu'elle s'adapte à la taille de l'écran, Photoshop va supprimer des pixels de l'image et risque de générer des lignes dentelées sur l'image, particulièrement autour des angles. Moralité, lorsque vous ajustez une image pour l'afficher sur un écran, un diaporama par exemple, ne changez jamais le zoom de l'image, réglez toujours la résolution en cliquant le menu Image, puis Taille de l'image.

En ce qui concerne la sortie, comme sur une imprimante à jet d'encre, il est plus acceptable d'enfreindre les règles. De nombreux périphériques de sortie ont des résolutions d'impression de 1 440 ppp ou plus. Cependant, il ne s'agit pas là de pixels d'écran fixes (ppi), mais de points d'encre projetés sur une feuille de papier (ppp). Du fait de l'espace occupé par un point d'encre sur le papier, la plupart des imprimantes à jet d'encre n'exigent pas une résolution supérieure à 300 spi. À la différence d'un écran, si vous définissez des résolutions supérieures à vos besoins, l'image ne va pas en être affectée en termes de qualité, vous allez juste imprimer une image dont la taille de fichier sera plus grande. Cela peut toutefois prendre davantage de temps. Par exemple, la taille de fichier d'une image de 20 × 25 cm à 300 spi est d'environ 20 Mo ; la même image numérisée à 1 200 spi va générer un fichier de 329 Mo. Si vous imprimez les deux images, vous ne remarquerez probablement pas de différence de qualité, mais l'impression du document à 1 200 spi prendra environ 6 minutes de plus sur une imprimante classique.

Pour conclure, la résolution constitue la quantité de données contenues dans un pouce linéaire, mais les différents périphériques gèrent une même résolution de manières différentes. Comprendre ces différences vous aide à optimiser votre travail au quotidien.

Exploitez les commandes d'automatisation

17

Les nouvelles astuces qui font gagner du temps sont un régal, si elles ne nuisent pas à la qualité. Adobe Photoshop propose des commandes d'automatisation qui rationalisent le flux de travail et exécutent rapidement des tâches répétitives.

Représentez-vous l'automatisation comme une série de commandes envoyées en une seule. Dans le monde en effervescence de la création graphique, souvent submergé par des quantités d'images à traiter quotidiennement, les commandes d'automatisation donnent la possibilité de fournir encore et encore des résultats cohérents, et cela d'un seul clic sur un bouton.

Ainsi, vous pouvez traiter des centaines de fichiers images d'un seul clic, profiter également de la commande Rogner et désincliner les photos, du redimensionnement des images et fusionnez des photos pour créer une image panoramique ou HDR (*High Dynamic Range*). Photoshop vous permet aussi de convertir un fichier PDF multipage en document Photoshop.

Un grand nombre des commandes du menu d'automatisation de Photoshop fonctionnent directement depuis Adobe Bridge. Le menu Outils de Bridge propose des commandes disponibles avec plusieurs programmes de la Creative Suite d'Adobe, comme Photoshop ou Illustrator. Par exemple, les commandes d'automatisation de Photoshop apparaissent dans le sous-menu Photoshop de Bridge.

Exploitez le traitement des fichiers par lots

PS 8.2, 8.3, 8.4

Rien n'est plus excitant que de travailler sur un nouveau projet créatif et d'assister à la naissance de nouvelles créations. En revanche, rien de plus pénible que de devoir appliquer ce nouveau concept créatif à cinquante autres images. Imaginez que trois heures ont été nécessaires pour venir à bout d'une procédure visant à colorer une photo de famille et il vous a fallu deux filtres et trois réglages. La photo vous convient, mais vous réalisez qu'il reste cinquante images présentant exactement le même problème. Il est possible de créer un script, mais vous devrez tout de même ouvrir les images une à une et appliquer autant de fois le script. Optez donc pour le traitement des images par lots une fois le script créé. Le traitement des fichiers par lots permet d'appliquer un script à tout le contenu d'un dossier d'images ; un seul bouton suffit. Peut-on imaginer plus simple ?

Exploitez le traitement des fichiers par lots

1 Créez un nouveau dossier et placez-y toutes les images.

> **ATTENTION !** *Les fichiers doivent être des fichiers images classiques. N'ajoutez dans ce dossier aucun autre type de fichier, comme des fichiers texte.*

2 Créez un second dossier et placez-y les images modifiées (facultatif).

3 Ouvrez Photoshop (inutile d'ouvrir un document).

4 Dans le menu **Fichier**, pointez **Automatisation**, puis cliquez **Traitement par lots**.

5 Définissez les options de la section Exécuter :

- ◆ Ouvrez la liste **Ensemble** et choisissez l'ensemble contenant le script à appliquer aux images.

- ◆ Ouvrez la liste **Script** et choisissez un script.

6 Ouvrez la liste **Source** et sélectionnez une source d'images : **Dossier**, **Importation**, **Fichiers ouverts** ou **Bridge**.

7 Cliquez **Sélectionner** (si Source est positionnée sur Dossier), puis choisissez l'emplacement du dossier.

8 Cochez les cases de votre choix :

- ◆ **Priorité sur les instructions de script « Ouvrir »**. À utiliser si une commande d'ouverture du fichier à traiter est incorporée dans le script.

- ◆ **Inclure tous les sous-dossiers**. Traitez par lots toutes les images des dossiers contenus dans le dossier source principal.

- ◆ **Supprimer les boîtes de dialogue d'options d'ouverture de fichier**. À utiliser pour désactiver la boîte de dialogue Ouvrir un fichier. Option surtout utile pour le traitement par lots des fichiers Camera Raw.

- ◆ **Supprimer les avertissements sur les profils colorimétriques**. À utiliser pour désactiver la boîte de dialogue d'avertissement sur les profils colorimétriques.

9 Ouvrez la liste **Destination** et choisissez **Sans**, **Enregistrer et fermer** ou **Dossier**.

10 Cliquez **Sélectionner** (si Destination est positionnée sur Dossier), puis choisissez l'emplacement des images.

11 Cochez la case **Priorité sur les instructions de script « Enregistrer sous »** pour ne pas utiliser une commande d'enregistrement Enregistrer sous du script et la remplacer par les indications du traitement par lots.

12 Si Dossier est sélectionné en tant que destination, servez-vous des options **Dénomination de fichier** pour renommer les fichiers modifiés et définissez les options de Compatibilité : Windows, Mac OS ou Linux.

13 Ouvrez la liste **Erreurs**, sélectionnez une option, puis cliquez **Enregistrer sous** pour choisir où enregistrer le journal d'erreurs si nécessaire.

14 Cliquez **OK**.

Bon à savoir

Traitement par lots : points essentiels

Pour réussir votre traitement par lots, prenez note des conseils suivants. N'oubliez pas qu'avant de commencer, vous devez disposer d'un script. Reportez-vous au chapitre 15 pour en savoir plus sur les scripts. Une fois que le script est créé et que tous les problèmes sont réglés, vous pouvez démarrer votre traitement par lots. Vous devez savoir où se trouvent les images d'origine, où les stocker (destination), avoir choisi une convention de nommage et défini les autres données de ce type pour vous assurer que le traitement se fera dans les meilleures conditions.

Exploitez le changement de mode conditionnel

PS 8.1

La commande Changement de mode conditionnel permet de préciser les conditions du changement de mode d'une image dans un script. Lorsque vous créez un script qui change les modes, son exécution peut être problématique. Par exemple, vous créez un script dont l'une des commandes consiste à convertir l'image RVB en Niveaux de gris. L'exécution du script sur un fichier non RVB va entraîner une erreur. Comment faire pour utiliser le même script afin de convertir une image CMJN en Niveaux de gris ? C'est possible si vous changez le mode dans le script avec la commande Changement de mode conditionnel. Cette option garantit le bon déroulement d'un script qui modifie le mode d'une image.

Exploitez le changement de mode conditionnel

1 Ouvrez un document.

2 Démarrez l'enregistrement d'un script.

ATTENTION ! *Pour effectuer un changement de mode conditionnel, vous devez disposer d'un document ouvert et d'un script à modifier.*

3 Dans le menu **Fichier**, pointez **Automatisation**, puis cliquez **Changement de mode conditionnel**.

4 Cochez les cases des modes possibles de l'image source ; vous pouvez cliquer **Tout**.

5 Ouvrez la liste **Mode** et choisissez le mode de destination de l'image.

6 Cliquez **OK**.

7 Ajoutez les commandes nécessaires au script.

8 Terminez l'enregistrement du script, puis enregistrez-le.

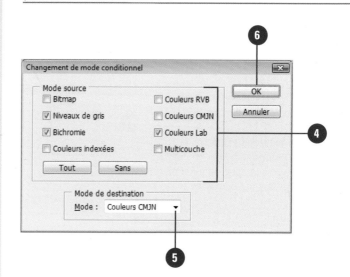

Voir aussi

Pour démarrer l'enregistrement d'un script, reportez-vous aux sections du chapitre 15 « Créez un nouveau script » et « Enregistrez un script », pages 350-351.

Utilisez la commande Rogner et désincliner les photos

La commande Rogner et désincliner les photos constitue une manière habile de redresser et de diviser une image en plusieurs fichiers images. Vous avez par exemple une photo de deux personnes qui se tiennent debout l'une à côté de l'autre et vous voulez une image séparée de chacune des deux. Ou bien, vous avez numérisé une série d'images qui n'étaient pas bien positionnées sur le plateau du scanneur. La commande Rogner et désincliner les photos fonctionne mieux avec des images séparées par un peu d'espace. Lorsque vous l'appliquez à une image, elle sépare des zones en fonction des changements de couleur. Il n'est pas nécessaire de sélectionner.

Utilisez la commande Rogner et désincliner les photos

1 Ouvrez un document.

2 Dans le menu **Fichier**, pointez **Automatisation**, puis cliquez **Rogner et désincliner les photos**.

Photoshop crée automatiquement des images distinctes à partir des informations d'image disponibles dans le document actif, puis place les images dans des fichiers individuels.

Note

Contrôlez la commande Rogner et désincliner par la sélection. Utilisez l'outil Rectangle de sélection pour sélectionner une portion de l'image avant d'exécuter la commande. Photoshop l'appliquera uniquement sur la sélection.

Image rognée et redressée

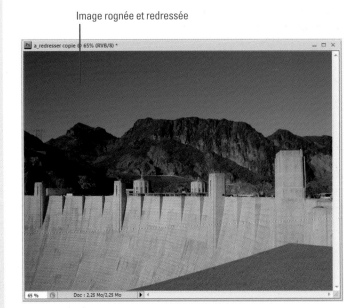

Convertissez un fichier PDF multipage en fichier PSD

 PS 8.3

La liste des fonctionnalités d'automatisation est impressionnante et elle s'allonge et s'améliore à chaque nouvelle version du programme. Il en est une vraiment pratique : celle qui consiste à convertir un fichier PDF multipage directement en plusieurs fichiers images Photoshop. Imaginez que votre document Adobe PDF contienne des images que vous voulez exploiter dans une création Photoshop. Le format PDF est polyvalent ; il enregistre des données vectorielles et bitmap et présente des fonctionnalités de recherche et de navigation dans un document électronique. Certains fichiers PDF contiennent une seule image, tandis que d'autres comptent plusieurs pages et images. Lorsque vous ouvrez un fichier PDF, vous choisissez les pages à ouvrir et indiquez un processus de pixellisation particulier (comment convertir l'image de vecteurs en pixels). Si Adobe a transféré ce processus du panneau Automatisation à la boîte de dialogue Ouvrir, il n'en est pas devenu obsolète pour autant.

Convertissez un fichier PDF multipage en fichier PSD

1 Ouvrez Photoshop (inutile d'ouvrir un document).

2 Dans le menu **Fichier**, cliquez **Ouvrir**.

3 Sélectionnez un document au format Photoshop PDF, puis cliquez **Ouvrir**.

Format Photoshop PDF

Fichier PDF sélectionné

3

Note

Convertissez une image Photoshop en document PDF. Photoshop propose d'enregistrer un document au format de fichier Photoshop PDF. Les documents Photoshop enregistrés comme fichiers PDF conservent des informations telles les données vectorielles et vous avez la possibilité de conserver les calques de texte.

4 Cliquez l'option **Pages** ou **Images** pour afficher les pages du PDF ou les images extraites des pages.

5 Définissez les options de page :

◆ **Nom**. Donnez un nom au nouveau document.

◆ **Recadrer selon**. Ouvrez la liste, puis choisissez parmi les options disponibles.

◆ **Lissé**. Appliquez les techniques de lissage lors de la conversion.

◆ **Largeur** et **Hauteur**. Définissez les dimensions de l'image dans le système de mesure que vous voulez. Cochez **Conserver les proportions** si nécessaire.

◆ **Résolution**. Choisissez la résolution à employer pour pixelliser le document PDF.

◆ **Mode**. Ouvrez la liste et choisissez le mode colorimétrique du document papier de sortie.

◆ **Profondeur**. Ouvrez la liste et choisissez une profondeur de couleurs de 8 ou de 16 bits.

6 Cochez **Supprimer les avertissements** pour empêcher le traitement de s'arrêter à chaque ouverture d'une boîte de dialogue d'alerte.

7 Appuyez sur la touche **Maj** et cliquez pour sélectionner des pages contiguës ou **Ctrl** (Win) ou ⌘ (Mac) et cliquez pour sélectionner des pages non contiguës.

8 Cliquez **OK**.

Photoshop crée des fichiers PSD à partir de chaque page ou image désignée dans le document PDF et place le texte et/ou les images sur un calque transparent.

Fichiers PSD distincts

Créez un fichier PDF

Le format **PDF** (*Portable Document Format*) d'Adobe permet de créer des documents individuels qui peuvent être ouverts sur tous les ordinateurs équipés d'Adobe Acrobat Reader (gratuit et téléchargeable à l'adresse www.adobe.fr). Photoshop reconnaît deux types de fichiers PDF : PDF Générique (plusieurs pages et images) et Photoshop PDF (une seule image). Les paramètres prédéfinis d'Adobe permettent d'élaborer rapidement et aisément des PDF. Vous pouvez même créer vos propres paramètres.

Créez un fichier PDF

1 Dans le menu **Fichier**, cliquez **Enregistrer sous**.

2 Donnez un nom au fichier dans la zone **Nom du fichier** (Win) ou **Enregistrer sous** (Mac).

3 Ouvrez la liste **Format** et sélectionnez **Photoshop PDF**.

4 Ouvrez la liste **Enregistrer dans** (Win) ou **Où** (Mac) et choisissez l'emplacement du dossier où enregistrer le fichier.

5 Sélectionnez les options d'enregistrement voulues.

6 Cliquez **Enregistrer**.

Si un message d'avertissement apparaît, lisez-le et cliquez **OK**.

7 Sélectionnez parmi les options générales d'enregistrement :

◆ **Paramètre prédéfini Adobe PDF**. Choisissez parmi les options de compression prédéfinies (option Taille de fichier minimale recommandée).

◆ **Norme**. Choisissez parmi les normes avec lesquelles le fichier doit être compatible (option Sans recommandée).

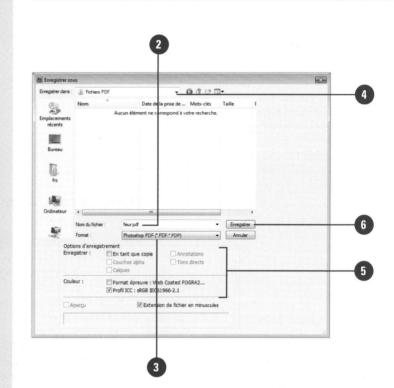

Voir aussi

Consultez « Enregistrez un document » à la page 28 pour plus d'informations sur les options d'enregistrement de la boîte de dialogue Enregistrer sous.

- **Compatibilité**. Sélectionnez une version de l'application visionneuse PDF avec laquelle définir une compatibilité (option 5.0 recommandée).

- **Description**. Tapez une description si nécessaire.

8 Définissez les autres options PDF :

- **Conserver les fonctions d'édition de Photoshop**. Désactivé pour les présentations PDF.

- **Incorporer les vignettes de page**. Ajoute des vignettes à la présentation (augmente la taille du fichier, non obligatoire).

- **Optimiser pour l'aperçu rapide des pages Web**. Optimise l'affichage sur le Web (recommandé).

- **Afficher le fichier PDF après l'enregistrement**. Ouvre le fichier PDF après l'enregistrement.

9 Cliquez **Compression** pour modifier les valeurs de compression (généralement non requis), **Sortie** pour définir la gestion des couleurs et les options PDF/X (prépresse/PostScript), **Protection** pour définir des mots de passe et des options d'impression et **Résumé** pour passer en revue vos paramètres.

10 Pour créer vos propres paramètres prédéfinis, cliquez **Enregistrer le paramètre prédéfini**, saisissez un nom et cliquez **Enregistrer**.

- Vous pouvez accéder à la boîte de dialogue des paramètres prédéfinis Adobe PDF depuis la commande de ce nom dans le menu Edition.

11 Cliquez **Enregistrer le fichier PDF** pour enregistrer votre document PDF.

Bon à savoir

Créez et exploitez des paramètres prédéfinis PDF personnalisés

Si vous devez créer des fichiers PDF particuliers, facilitez-vous la tâche en créant vos propres paramètres prédéfinis PDF. Dans le menu Edition, cliquez Paramètres prédéfinis Adobe PDF. Cliquez Nouveau pour créer un paramètre ou choisissez un paramètre et cliquez Modifier (il est impossible de modifier les paramètres prédéfinis par défaut). Dans la boîte de dialogue Enregistrer le fichier Adobe PDF, définissez vos options (reportez-vous aux étapes 7 à 11), attribuez-lui un nom et enregistrez-le (si nécessaire), puis fermez les boîtes de dialogue. Les paramètres prédéfinis Adobe PDF s'enregistrent comme des fichiers avec l'extension .joboptions, laquelle s'emploie avec tous les programmes CS4 *via* le bouton Charger.

Créez une présentation PDF

Imaginez que vous vouliez créer un diaporama de vos dernières vacances d'été et le distribuer par courriel ou DVD. Toutes les images se trouvent dans un dossier, prêtes à être envoyées, mais il faut leur attribuer un format de sorte que tous vos amis puissent l'ouvrir. Optez alors pour le PDF (*Portable Document File*). Ouvrez Adobe Bridge, affichez l'espace de travail de sortie, sélectionnez les fichiers à placer dans la présentation, cliquez le bouton PDF, sélectionnez un modèle, cliquez l'option Document, sélectionnez un arrière-plan (Blanc, Gris ou Noir), indiquez combien de temps chaque image doit être affichée et si la présentation doit recommencer après la dernière image, sélectionnez les options de transition, puis cliquez Enregistrer. Suivez les étapes 7 à 11 de cette page pour terminer le processus.

Exploitez Photomerge

Vous avez toujours rêvé de créer une photo panoramique ? Les panoramas sont des images qui montrent une zone très large dans une seule photo. Par exemple, vous voulez prendre une seule photo du Grand Canyon, mais l'objectif de votre appareil ne vous le permet pas. Par conséquent, vous prenez une première photo à gauche du paysage. Vous vous tournez ensuite légèrement vers la droite pour prendre la suivante et ainsi de suite, jusqu'à avoir atteint l'extrémité droite du paysage. Vous avez donc quatre ou cinq photos du Grand Canyon et vous devez maintenant les assembler en une seule vue panoramique. Photoshop fournit tout ce qu'il vous faut.

Exploitez Photomerge

1 Ouvrez le menu **Fichier**, pointez **Automatisation**, puis cliquez **Photomerge**.

2 Ouvrez la liste **Utiliser**, puis choisissez parmi les options disponibles :

- ◆ **Fichiers**. Sélectionnez les fichiers à inclure dans le document de fusion. Cliquez le bouton **Parcourir** et choisissez les images.

- ◆ **Dossier**. Cliquez le bouton **Parcourir** et choisissez le dossier contenant toutes les images.

3 Pour ajouter rapidement les fichiers ouverts à la liste, cliquez **Ajouter les fichiers ouverts**.

4 Pour supprimer une image de la liste, cliquez le nom du fichier, puis **Supprimer**.

5 Cliquez l'une des options de disposition :

- ◆ **Auto**. Analyse les images et emploie la disposition Perspective, Sphérique ou Cylindrique.

- ◆ **Perspective**. Prend une image comme référence et repositionne, étire ou incline les autres images pour faire correspondre le chevauchement.

- ◆ **Cylindrique**. Réduit la déformation « effet nœud papillon » de la disposition Perspective, en affichant les images comme un cylindre déroulé.

- ◆ **Sphérique** (Ps). Aligne les calques comme s'ils étaient à l'intérieur d'une sphère. Convient bien aux images qui couvrent 360°.

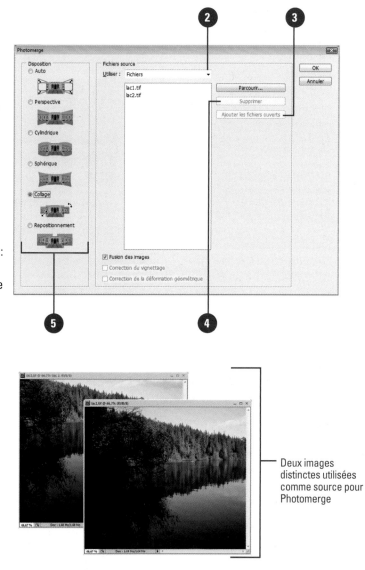

Deux images distinctes utilisées comme source pour Photomerge

- ◆ **Collage** (Ps). Fait correspondre les contenus se chevauchant et transforme tous les calques sources.

- ◆ **Repositionnement**. Aligne les calques et fait correspondre le contenu qui se chevauche sans transformation.

6 Cochez la case **Fusion des images** pour créer des raccords avec les contours des images et faire correspondre les couleurs. N'activez pas l'option si vous voulez appliquer une simple fusion rectangulaire aux images.

- ◆ **Correction du vignettage** (Ps). Compense les écarts d'exposition dans les images dont les bords sont obscurcis, le plus souvent en raison d'un objectif grand-angle.

- ◆ **Correction de la déformation géométrique** (Ps). Corrige les distorsions provoquées par l'objectif.

7 Cliquez **OK**.

Photoshop fusionne les images en un seul document panoramique.

Note

Optimisez vos résultats avec Photomerge. Il existe certaines règles empiriques à suivre lors de la prise de vue pour optimiser les résultats. Faites chevaucher les images d'environ 25 à 40 %, ne modifiez pas la valeur du zoom, maintenez l'appareil au même niveau, gardez la même position, la même exposition et évitez les objectifs déformants.

Exécutez la commande Photomerge depuis Bridge. Sélectionnez vos images, cliquez le menu Outils, pointez Photoshop, puis cliquez Photomerge.

Image assemblée par l'option Collage

Document panoramique unique

Fusionnez des images en HDR

 **PS 10.5**

La commande Fusion HDR permet de combiner plusieurs expositions différentes de la même scène ou image. Cette commande prélève les meilleurs éléments de chaque photo et les combine pour créer une image HDR en obtenant la gamme dynamique la plus large possible avec une seule image numérique. HDR (*High Dynamic Range*) crée des images 32 bits de qualité numérique élevée. Comme plusieurs photos seront combinées pour en créer une seule, il est important de placer l'appareil photo sur un trépied pour garantir sa stabilité, puis de prendre assez de photos (au moins trois) avec différentes expositions pour capturer toute la gamme dynamique de la scène. La version CS4 de la Fusion HDR améliore la vitesse et la souplesse des ajustements d'exposition.

Fusionnez des images en HDR

1 Dans le menu **Fichier**, pointez **Automatisation**, puis cliquez **Fusion HDR**.

2 Ouvrez la liste **Utiliser**, puis choisissez parmi les options disponibles :

◆ **Fichiers**. Cliquez le bouton **Parcourir** et choisissez les images à inclure dans le document de fusion.

◆ **Dossier**. Cliquez le bouton **Parcourir** et choisissez le dossier contenant toutes les images.

3 Pour ajouter rapidement les fichiers ouverts à la liste, cliquez **Ajouter les fichiers ouverts**.

4 Pour supprimer une image de la liste, cliquez le nom du fichier, puis **Supprimer**.

Note

Exécutez la commande Fusion HDR depuis Bridge. Sélectionnez vos images, cliquez le menu Outils, pointez Photoshop, puis cliquez Fusion HDR.

5 Cochez la case **Tenter d'aligner automatiquement les images sources** pour que Photoshop tente d'aligner les images (commencez toujours avec cette option).

6 Cliquez **OK**.

7 Si vous n'avez pas coché la case de l'étape 5, définissez vos options et cliquez **OK**.

◆ **Sélection des fichiers**. Cochez ou non les cases sous chaque vignette pour désigner les images à employer.

◆ **Profondeur**. Ouvrez la liste et sélectionnez la profondeur de bits de l'image fusionnée.

◆ **Histogramme**. Déplacez le curseur pour définir le point blanc et visualiser l'image fusionnée.

◆ **Courbe de réponse**. Cliquez l'option **Automatique** pour utiliser les courbes de tons et affiner les images HDR après avoir apporté les principaux réglages.

◆ Cliquez **Enregistrer la courbe de réponse sous** pour enregistrer les paramètres en cours. Si vous disposez d'un fichier enregistré avec des paramètres prédéfinis de courbe de réponse, cliquez **Charger à partir du fichier** pour sélectionner le fichier de votre choix.

Photoshop tente de combiner les éléments de toutes les images.

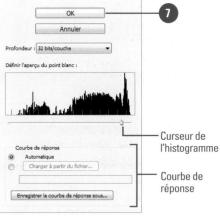

Cochez pour inclure l'image dans la fusion et inversement

Curseur de l'histogramme

Courbe de réponse

Fusionner dans l'image HDR

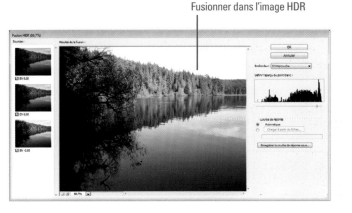

Traitez plusieurs fichiers images

 PS 1.4, 1.5, 8.4

La commande Processeur d'images permet de convertir et de traiter plusieurs fichiers sans créer de script au préalable, contrairement à la commande Traitement par lots. Les commandes Processeur d'images facilitent la conversion d'un groupe de fichiers en JPEG, PSD ou TIFF ou les trois simultanément. Si vous prenez beaucoup de photos numériques, vous pouvez traiter tous les fichiers Camera Raw simultanément avec les mêmes options. Si vous travaillez sur un collage avec des exigences de taille et de couleur particulières, le processeur d'images permet d'attribuer des dimensions spécifiques aux images et d'incorporer un profil colorimétrique ou, de changer le mode colorimétrique en sRVB (espace de travail par défaut de la plupart des paramètres de couleur Adobe, recommandé pour les images d'appareil photo et le Web). De plus, il est possible d'insérer des métadonnées de copyright dans n'importe quelle image convertie.

Traitez plusieurs fichiers images

① Dans le menu **Fichier**, pointez **Scripts**, puis cliquez **Processeur d'images**.

② Cliquez l'option **Utiliser les images ouvertes** ou **Sélectionnez un dossier** pour choisir les images ou le dossier à traiter. Vous avez maintenant l'option de pouvoir inclure les sous-dossiers (Ps).

③ Cochez la case **Ouvrir la première image pour appliquer les paramètres** afin d'appliquer les mêmes paramètres à toutes les images.

Cela permet d'ajuster les paramètres de la première image, puis de les appliquer aux autres images.

④ Cliquez l'option **Enregistrer au même emplacement** ou **Sélectionner un dossier** pour choisir l'emplacement où enregistrer les images traitées. Vous avez maintenant la possibilité de conserver la structure des dossiers à l'enregistrement (Ps).

Si vous traitez plusieurs fois le même fichier en l'enregistrant au même emplacement, chaque fichier est enregistré sous un nom unique pour ne pas être écrasé.

Choisissez parmi les options suivantes :

◆ **Enregistrer sous JPEG**. Enregistre l'image au format JPEG.

◆ **Qualité**. Tapez une valeur de qualité entre 0 et 12 (3 ou 4 recommandé pour les images web).

◆ **Redimensionner**. Redimensionne les images pour les ajuster à la largeur et la hauteur en pixels.

◆ **Convertir le profil en sRVB**. Convertit le profil colorimétrique en sRVB ; cochez la case **Inclure le profil ICC** pour l'enregistrer.

◆ **Enregistrer sous PSD**. Enregistre les images au format Photoshop PSD.

◆ **Maximiser la compatibilité**. Enregistre un composite d'une image calque pour les programmes qui ne lisent pas les images multicalques.

◆ **Enregistrer sous TIFF**. Enregistre les images au format TIFF.

◆ **Compression LZW**. Enregistre des fichiers TIFF avec le modèle de compression LZW.

⑥ Définissez les options Préférences :

◆ **Exécuter le script**. Exécute un script Photoshop sélectionné.

◆ **Copyright**. Inclut les informations de fichier saisies dans les métadonnées de copyright IPTC.

◆ **Inclure le profil ICC**. Incorpore le profil colorimétrique aux fichiers images enregistrés.

⑦ Pour enregistrer vos paramètres, cliquez **Enregistrer**, donnez un nom et cliquez **Enregistrer**.

⑧ Pour charger des paramètres enregistrés, cliquez **Charger**, choisissez le fichier de paramètres et cliquez **Ouvrir**.

⑨ Cliquez **Exécuter**.

Bon à savoir

Renommez des fichiers en lot avec Bridge

Vous pouvez renommer des fichiers et des dossiers en lot pour gagner du temps. Avec Bridge, vous sélectionnez les mêmes paramètres pour tous les fichiers à traiter. Démarrez Bridge, sélectionnez les fichiers à renommer ou, dans le volet Dossiers, choisissez le dossier contenant les fichiers à renommer. Dans le menu Outils, cliquez Changement de nom global. Vous devez décider si vous voulez renommer les images dans le même dossier, les déplacer ou les copier et choisir un dossier de destination dans ce cas. Vous décidez ensuite comment seront créés les nouveaux noms de fichiers en choisissant des options dans les listes déroulantes ou en ajoutant votre propre texte (cliquez le signe plus (+) pour ajouter des options de données et moins (–) pour en supprimer). Vous pouvez aussi choisir de conserver les noms d'origine dans les métadonnées XMP et définir la compatibilité avec les systèmes d'exploitation.

Utilisez la commande Adapter l'image

La commande Adapter l'image ajuste rapidement une image à une hauteur et une largeur spécifiques sans changer ses proportions actuelles. Si le même processus peut être accompli avec la boîte de dialogue Taille de l'image, cette méthode est plus rapide et plus fiable pour changer la taille d'une image dans le cadre d'un script. À l'instar de cette autre commande d'automatisation, Changement de mode conditionnel, Adapter l'image donne de meilleurs résultats lorsqu'elle est incorporée dans un script. À l'exécution du script, elle ajuste la taille de l'image sans ouvrir de boîte de dialogue ou sans vous poser de questions liées au format.

Utilisez la commande Adapter l'image

1 Ouvrez un document.

2 Dans le menu **Fichier**, pointez **Automatisation**, puis cliquez **Adapter l'image**.

3 Indiquez la largeur et la hauteur pour la transformation.

   Photoshop conserve les proportions de l'image.

4 Cliquez **OK**.

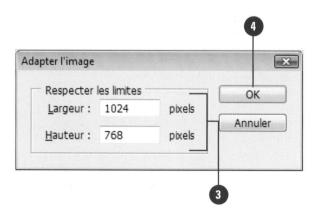

Gérez les couleurs de l'écran à l'impression

18

La gestion des couleurs a énormément évolué ces dernières années, des standards ont été définis et Adobe se trouve au premier plan de cette technologie. Inutile d'appréhender la gestion des couleurs. Adobe Photoshop a supprimé toutes (ou presque) les inconnues de l'équation. Le système de gestion des couleurs Adobe gère le mode de rendu, à savoir les divergences entre le périphérique d'entrée et de sortie, à l'aide de profils colorimétriques pour éviter tout problème de correspondance des couleurs.

Sur un moniteur d'ordinateur, les données chromatiques apparaissent dans l'espace colorimétrique additif RVB (rouge, vert, bleu). En impression en quadrichromie, les données chromatiques se trouvent dans l'espace colorimétrique soustractif CMJN. Une presse standard quatre couleurs, fait appel en réalité à trois couleurs, CMJ (cyan, magenta et jaune) qui sont les opposés de RVB. Pour produire un noir vrai, la presse doit utiliser une plaque « N ». Chaque moniteur affiche les couleurs RVB différemment. Si l'on considère toutes les résolutions et tous les types de moniteurs du marché, il est rare que ce que vous voyez affiché soit identique à ce que voient d'autres personnes sur leur propre écran. Ce n'est pas tout. Toute personne possédant un ordinateur peut régler ou étalonner les couleurs de son moniteur, ce qui complique le problème.

Même si rien n'est parfait, un plus grand contrôle est possible dans le monde de l'impression professionnelle. Par exemple, si vous travaillez sur un document couleur à imprimer sur presse, vous pouvez utiliser un jeu de couleurs prédéfinies, comme le système Pantone. Les couleurs Pantone sont imprimées sur des cartes spéciales. Lorsque vous recherchez une couleur spécifique, vous identifiez la carte et transférez ces informations à l'imprimeur. Ce type de contrôle, qui inclut aussi le choix du type de papier, vous donne la maîtrise du passage de l'écran à l'impression.

Assurez la cohérence des couleurs

Assurez la cohérence des couleurs

Voici comment obtenir des couleurs cohérentes dans Photoshop :

1 Si vous travaillez avec une société de production, consultez-la pour lui demander de vous fournir tout logiciel, configuration matérielle et paramètres de gestion des couleurs nécessaires dont elle dispose.

2 Étalonnez et déterminez le profil de votre moniteur. Voir « Étalonnez un moniteur » sur cette page.

3 Ajoutez des profils colorimétriques à l'ordinateur pour les périphériques d'entrée et de sortie, comme l'imprimante ou le scanneur. Les profils colorimétriques sont généralement ajoutés à l'installation du périphérique. Photoshop les utilise ensuite pour déterminer comment le périphérique génère la couleur.

4 Configurez la gestion des couleurs dans les programmes Adobe. Voir « Exploitez la gestion des couleurs », page 422.

5 Prévisualisez les couleurs avec une épreuve écran (facultatif). Voir « Utilisez les formats d'épreuves », page 416.

6 Utilisez la gestion des couleurs pour imprimer et enregistrer les fichiers. Voir « Enregistrez un document », page 28, et « Définissez les options d'impression », page 372.

Étalonnez (manuellement) un moniteur

Photoshop possède son propre système de gestion des couleurs. Toutefois, avant de l'utiliser à bon escient, vous devez étalonner votre moniteur selon un standard prédéfini. Pour ce faire, vous disposez de plusieurs méthodes. Vous pouvez faire l'acquisition d'un système d'étalonnage tiers ou utiliser l'utilitaire d'étalonnage de Photoshop intégré à Windows. Bien que cette section traite d'étalonnage manuel de l'écran, il

est fortement recommandé d'acquérir un équipement d'étalonnage ou d'embaucher une personne pour étalonner votre système. En effet, l'œil humain n'est pas le meilleur outil pour gérer les couleurs d'un système.

Avant de commencer le processus d'étalonnage, laissez votre moniteur chauffer au moins une heure et effectuez l'étalonnage avec la luminosité qui sera la même que pendant votre travail. Pour étalonner manuellement le moniteur sous Windows, utilisez l'utilitaire Adobe Gamma situé dans le panneau de configuration. Pour les utilisateurs Macintosh, ouvrez les Préférences système, puis cliquez Moniteurs, l'onglet Couleur et le bouton Étalonner afin de lancer l'Assistant d'étalonnage du moniteur. Vous devrez ensuite équilibrer manuellement le moniteur pour les nuances de rouge, de vert et de bleu ou récupérer des paramètres d'étalonnage prédéfinis. Comme nous l'avons déjà dit, l'œil humain n'étant pas le meilleur outil pour régler les couleurs, cette méthode donne donc des résultats imparfaits.

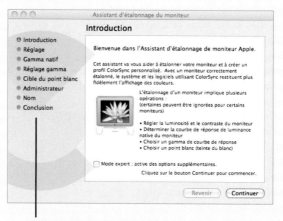

Utilitaire d'étalonnage Macintosh

Étalonnez avec du matériel et un logiciel

 PS 9.4

Les outils numériques disponibles de nos jours sont si évolués que personne n'aurait pu les croire possibles il y a à peine 10 ans. L'étalonnage des couleurs s'adresse à trois catégories : Entrée (appareils photo numériques, scanneurs), Traitement (moniteurs) et Sortie (imprimantes, presses) et chaque catégorie exige un étalonnage, pour assurer le flux du travail entre les périphériques. Avant d'étalonner votre système, rappelez-vous : laissez le moniteur chauffer au moins une heure avant l'étalonnage et étalonnez le système dans les mêmes conditions de luminosité que lors de l'utilisation. Une fois l'étalonnage de tous les périphériques achevé, vous obtiendrez la meilleure cohérence de couleurs que la technologie peut vous proposer. Plusieurs entreprises commercialisent matériel et logiciel d'étalonnage des couleurs, parmi lesquelles ColorCal (`www.colorcal.com`).

Étalonnez le moniteur (Traitement)

Pour étalonner le moniteur, vous devrez faire l'acquisition d'un colorimètre ou d'un spectromètre. Lorsque le logiciel d'étalonnage est lancé, il affiche une cible couleur au centre de l'écran. Fixez alors le colorimètre au moniteur, directement sur l'échantillon de couleur et suivez les instructions. Une fois terminé, le logiciel crée le profil colorimétrique numérique du moniteur qui sera utilisé par les périphériques de sortie PostScript pour imprimer avec précision les images couleur.

Étalonnez un scanneur et un appareil photo numérique (Entrée)

Pour étalonner un scanneur ou un appareil photo numérique, il faut numériser ou prendre la photo d'une cible de référence de couleurs, appelée valeurs chromatiques.

Par exemple, la cible couleur Kodak Q-60, IT8.7 comprend 240 échantillons de couleurs, 24 niveaux de gris et une reproduction de tons chair. Le logiciel d'étalonnage lit les couleurs numérisées et les compare aux valeurs chromatiques connues pour créer une table du fonctionnement de l'appareil photo ou du scanneur. Rien de plus simple que de numériser la cible couleur : placez-la dans le scanneur, fermez le volet et appuyez sur le bouton. L'opération est légèrement plus complexe pour les appareils photo numériques puisqu'il faut tenir compte des conditions d'éclairage. Pour les appareils de studio, le problème ne se pose pas. En revanche, pour les photos prises en extérieur, l'heure de la journée, les conditions d'ensoleillement et l'éclairage (incandescent ou fluorescent) changent la donne. Même en tenant compte des problèmes éventuels, l'étalonnage de l'appareil photo est un processus de longue haleine.

Étalonnez l'imprimante

Pour étalonner une imprimante, il vous faut un fichier cible numérique, lequel est directement envoyé à l'imprimante. Une fois imprimé, le résultat est vérifié au spectromètre, puis le logiciel mesure les couleurs par rapport aux valeurs cibles et crée un profil. De nombreuses variables entrent en jeu au cours du processus d'impression, comme les encres et le type de papier utilisés. L'étalonnage est donc réalisé en se fondant sur le principe que vous utiliserez le même papier et vous devrez effectuer l'étalonnage chaque fois que vous ferez l'acquisition de nouvelles cartouches d'encre et/ou utiliserez un autre type de papier.

Utilisez les formats d'épreuve

Dans le processus de publication classique, une épreuve papier du document est imprimée pour visualiser le rendu des couleurs. Vous approuvez ensuite l'épreuve et l'imprimeur lance l'impression. Dans Photoshop, vous pouvez faire appel aux profils colorimétriques pour réaliser une épreuve écran du document qui affiche les couleurs d'un périphérique spécifique. Si le résultat n'est pas aussi exact qu'une épreuve papier, il simplifie l'obtention des couleurs d'un document CMJN avec la gamme du périphérique de sortie. Il est important de comprendre que la fiabilité d'une épreuve écran dépend de la qualité de l'écran et de son profil. Lorsque vous affichez à l'écran une épreuve du document, vous affectez temporairement un profil colorimétrique au document.

Utilisez les formats d'épreuve

1. Ouvrez un document (pour réaliser une épreuve écran, le document peut ne pas être en mode Couleurs CMJN).

2. Dans le menu **Affichage**, pointez **Format d'épreuve** et cliquez **Personnalisé**.

3. Dans la liste **Condition d'épreuve personnalisée**, sélectionnez l'une des conditions disponibles (consultez votre imprimeur).

4. Dans la liste **Périphérique de simulation**, sélectionnez le profil colorimétrique du périphérique.

5. Cochez la case **Conserver les numéros** pour simuler le rendu des couleurs non converties.

6. Dans la liste **Mode de rendu** (disponible si la case Conserver les numéros n'est pas cochée), sélectionnez comment les couleurs seront converties avec le profil colorimétrique de l'épreuve et non avec celui du document.

7. Cochez la case **Compensation du point noir** pour simuler toute la gamme dynamique du périphérique de sortie (recommandé).

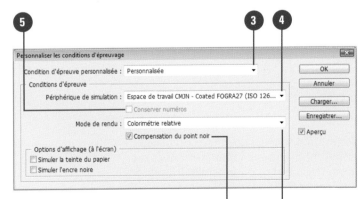

8 Cochez la case **Simuler la teinte du papier** pour simuler le blanc du vrai papier en fonction du profil de l'épreuve.

9 Cochez la case **Simuler l'encre noire** pour simuler la gamme dynamique complète du noir tel que défini dans le profil actuel.

10 Pour enregistrer une configuration de profil personnalisée, cliquez **Enregistrer**.

11 Pour charger une configuration de profil préalablement enregistrée, cliquez **Charger**.

Consultez votre imprimeur. Il est fort probable qu'il dispose de profils configurés pour correspondre à la plage dynamique de ses presses.

12 Cliquez **OK**.

13 Dans le menu **Affichage**, cliquez **Couleurs d'épreuve** pour visualiser le profil colorimétrique du document actif.

Bon à savoir

Épreuve de couleurs à l'écran

Si votre écran est correctement étalonné et que vous disposez des profils précis de vos périphériques de sortie, vous pouvez exploiter les fonctionnalités d'épreuvage de Photoshop pour voir l'image telle qu'imprimée sur votre imprimante de bureau, traitée par un imprimeur ou affichée sur un système d'exploitation particulier. Les capacités d'affichage de l'option épreuve écran sont uniquement limitées par la disponibilité des profils des périphériques de sortie. Si vous ne possédez pas de profil particulier, consultez le fabricant qui rend disponibles les profils du périphérique, habituellement gratuitement.

Convertissez une couleur additive (RVB) en couleur soustractive (CMJN)

PS 9.1, 9.4

RVB (rouge, vert, bleu) est un espace colorimétrique additif. C'est celui des écrans d'ordinateur, des téléviseurs et de la plupart des PDA et téléphones mobiles. Un écran se compose de pixels (de petits carrés ou rectangles) et chaque pixel mélange du rouge, du vert et du bleu pour projeter une couleur. Les pixels emploient (en moyenne) 24 commutateurs pour stocker les données chromatiques et produire une des 16 777 216 couleurs possibles. CMJN (cyan, magenta, jaune, noir) est un espace colorimétrique soustractif. C'est celui des imprimantes à jet d'encre ou laser et des presses professionnelles. Dans une presse, des plaques définissent chacune des quatre couleurs. Lorsqu'une feuille de papier passe dans la presse, les couleurs sont appliquées à partir de chaque plaque. Le terme soustractif provient du fait que les encres absorbent (soustraient) une partie du spectre pour produire les couleurs. Puisqu'une presse ne peut pas générer l'intense saturation d'un pixel électronique, le nombre de couleurs possibles se limite à quelques milliers. Cependant, correctement employée, elle produit d'étonnants résultats. Il suffit de convertir un document Photoshop en mode CMJN. Une bonne planification assurera cependant que les couleurs obtenues sont bien celles souhaitées.

Passez de la couleur RVB à CMJN

1. Ouvrez un document.

   ATTENTION ! *Il n'est pas possible de convertir un document Bitmap ou multicouche directement en mode CMJN. Convertissez d'abord l'image Bitmap en niveaux de gris et l'image multicouche en RVB, avant d'effectuer la conversion en CMJN.*

2. Dans le menu **Image**, pointez **Mode** et cliquez **Couleurs CMJN**.

   Photoshop convertit l'image RVB en CMJN.

   Si l'espace colorimétrique CMJN ne prend pas en charge certaines couleurs RVB, celles-ci seront converties en leurs valeurs chromatiques soustractives les plus proches.

Image convertie en CMJN

Exploitez le mode de rendu

 PS 9.4, 9.5, 9.6, 11.3

Exploitez le mode de rendu

1. Ouvrez un document.

2. Cliquez **Affichage → Format d'épreuve → Personnalisé**.

3. Dans la liste **Mode de rendu**, sélectionnez une de ces options :

   ◆ **Perception**. Conserve les couleurs naturelles d'une image telles que les voit l'œil, parfois au détriment des vraies valeurs chromatiques. Choix approprié pour les photographies.

   ◆ **Saturation**. Produit des couleurs vives, sans tenir compte des valeurs chromatiques d'origine de l'image. Choix approprié pour les illustrations et les graphismes professionnels où les couleurs doivent ressortir.

   ◆ **Colorimétrie relative**. Décale l'espace colorimétrique du document en se fondant sur les valeurs des tons clairs les plus intenses de la source. Utile pour les photographies et conserve mieux les couleurs d'origine que Perception.

   ◆ **Colorimétrie absolue**. Écrête toutes les couleurs de l'image cible qui n'entrent pas dans la gamme de couleurs cible. Utilisé pour vérifier les images envoyées à des périphériques comme les presses quatre couleurs.

4. Cliquez **OK**.

Le mode de rendu concerne la conversion du profil colorimétrique sélectionné d'un espace colorimétrique à un autre. Il définit comment afficher les couleurs, même au détriment de la gamme imprimable d'origine dans le document actif. Le mode de rendu choisi dépend de l'importance des couleurs dans l'image et de vos préférences en matière d'apparence générale de l'image. Le rendu de la gamme des couleurs de l'image est souvent différent de celui de l'image photographiée.

Image avec un profil Web Coated

Imprimez une épreuve papier

PS 9.4, 9.6, 11.3, 11.5

Imprimez une épreuve papier

① Ouvrez un document.

② Dans le menu **Affichage**, pointez **Format d'épreuve** et cliquez **Personnalisé**.

③ Dans la liste **Périphérique de simulation**, sélectionnez le profil colorimétrique du périphérique.

④ Cliquez **OK**.

⑤ Dans le menu **Fichier**, cliquez **Imprimer**.

Voir aussi

Pour de plus amples informations sur les profils colorimétriques, reportez-vous à la section « Utilisez les formats d'épreuve», page 416.

Dans le langage de l'imprimerie, une épreuve écran apparaît à l'écran et une épreuve papier (parfois appelé épreuve couleur) est faite sur une feuille de papier imprimée sur un périphérique de sortie moins coûteux que celui de la sortie finale, comme une imprimante à jet d'encre ou laser. De nombreuses imprimantes à jet d'encre possèdent à présent la résolution nécessaire pour produire des imprimés peu coûteux utilisables comme épreuve papier qui devait auparavant être réalisée sur des presses ou des imprimantes laser haut de gamme. Une épreuve papier que vous pouvez tenir entre vos mains permet de visualiser les couleurs et d'évaluer la mise en page. Les écrans présentent souvent un document dans une taille différente de l'impression. Avec l'épreuve papier, vous disposez de la taille exacte du document final et vous pouvez le vérifier avant son impression finale.

③ ④

Personnaliser les conditions d'épreuvage

Condition d'épreuve personnalisée : Personnalisée

Conditions d'épreuve

Périphérique de simulation : U.S. Sheetfed Uncoated v2

☐ Conserver numéros CMJN

Mode de rendu : Perception

☑ Compensation du point noir

Options d'affichage (à l'écran)
☐ Simuler la teinte du papier
☐ Simuler l'encre noire

OK
Annuler
Charger...
Enregistrer...
☑ Aperçu

6 Cliquez l'option **Epreuve**. Le profil sélectionné apparaît.

7 Dans la liste **Traitement des couleurs**, sélectionnez **Laisser Photoshop gérer les couleurs**.

8 Dans la liste **Profil de l'imprimante**, sélectionnez le profil du périphérique de sortie parmi les options disponibles.

9 Dans la liste **Mode de rendu**, sélectionnez parmi les options disponibles (désactivé si l'option Epreuve a été sélectionnée à l'étape 6).

10 Dans la liste **Format d'épreuve**, choisissez **Configuration personnalisée utilisée**.

11 Cliquez **Imprimer**.

Voir aussi

Pour de plus amples informations sur l'option mode de rendu, reportez-vous à la section « Exploitez le mode de rendu », page 419.

Exploitez la gestion des couleurs

PS 9.1, 9.2, 9.3, 9.4, 11.3

Exploitez la gestion des couleurs

① Ouvrez Photoshop (il n'est pas nécessaire d'ouvrir un document).

② Dans le menu **Edition**, cliquez **Couleurs**.

③ Dans la liste **Paramètres**, sélectionnez parmi les options suivantes :

◆ **Personnalisés**. Crée votre propre ensemble (exige une bonne connaissance de la gestion des couleurs et de la théorie des couleurs).

◆ **Couleurs à l'écran**. Pour créer un contenu vidéo ou des présentations à l'écran.

◆ **Utilisation générale pour l'Europe 2** (par défaut). Pour créer des couleurs cohérentes avec les applications Adobe employées en Europe.

◆ **Pré-presse pour l'Europe 2**. Paramètres par défaut des opérations de prépresse en Europe.

◆ **Web/Internet pour l'Europe**. Gère le contenu de l'espace colorimétrique des documents publiés sur le Web.

◆ **Plus d'options**. Cliquez ce bouton puis la flèche de la liste Paramètres pour afficher des options pour le Japon et l'Amérique du Nord.

Les couleurs d'une image sont souvent différentes sur un autre moniteur. Il en va de même pour une impression sur une imprimante de bureau et sur une presse professionnelle. Si votre travail exige de produire des couleurs uniformisées quel que soit le périphérique, vous devez intégrer la gestion des couleurs à votre processus de création. Photoshop propose un ensemble de systèmes prédéfinis de gestion des couleurs, conçus pour vous aider à produire des couleurs constantes. Ces systèmes de gestion sont reconnus par les autres produits Adobe et par la plupart des services d'impression professionnels. Dans la majorité des cas, les jeux prédéfinis suffisent à gérer les couleurs et peuvent servir de base à la création de vos propres jeux. La puissance de la gestion des couleurs repose sur la capacité à produire des couleurs cohérentes avec un système qui réconcilie les différences entre les espaces colorimétriques de chaque périphérique.

③

④ Créez des ensembles colorimétriques personnalisés :

◆ **Espaces de travail**. Définissent les profils colorimétriques de travail de chaque mode colorimétrique. Utilisez-les pour les images dont les couleurs n'étaient pas préalablement gérées ou pour les nouveaux documents dont vous voulez gérer les couleurs.

◆ **Règles de gestion des couleurs**. Définissent la gestion des couleurs d'un mode colorimétrique spécifique. Vous pouvez choisir d'incorporer le profil sélectionné, de le convertir, ou de l'ignorer.

◆ **Options de conversion**. Définissent la manière dont est géré le processus de conversion. Sélectionnez un moteur de couleurs et le mode de conversion. Réglez le point noir, tramez les données de la couche chromatique lors de la conversion des espaces colorimétriques et compensez les profils de scène (Ps).

◆ **Options avancées**. L'option Désaturer les couleurs du moniteur permet de contrôler l'affichage de l'espace colorimétrique sur des écrans différents. Toutefois, si cette case est cochée, les images imprimées diffèrent des images affichées. Vous pouvez choisir le gamma employé lors de la fusion des valeurs RVB.

⑤ Pour enregistrer les paramètres des couleurs, cliquez **Enregistrer** et enregistrez le fichier à l'emplacement par défaut.

⑥ Pour charger un jeu prédéfini de paramètres couleur qui n'est pas enregistré à l'emplacement par défaut, cliquez **Charger**.

⑦ Cliquez **OK**.

Bon à savoir

Synchronisez les paramètres des couleurs de la suite CS4

Lorsque vous configurez la gestion des couleurs dans Adobe Bridge, les paramètres sont automatiquement synchronisés dans tous les programmes Adobe Creative Suite, assurant la cohérence des couleurs. Il est préférable de synchroniser les paramètres couleur avant de travailler sur des documents nouveaux ou existants pour obtenir ainsi dès le départ une bonne cohérence des couleurs. Pour exploiter les paramètres couleur, cliquez Couleurs Creative Suite dans le menu Edition, sélectionnez un paramètre dans la liste et cliquez Appliquer. Si les paramètres par défaut ne répondent pas à vos besoins, sélectionnez l'option Afficher la liste complète des fichiers de paramètres couleur. Pour installer des paramètres couleur personnalisés, cliquez Afficher les fichiers de paramètres couleur enregistrés.

Incorporez des profils colorimétriques ICC

 PS 9.1, 9.4

Lorsque vous travaillez sur un document couleur, vous voyez l'image par le biais de l'ordinateur, avec une version de Photoshop et un étalonnage d'écran spécifique. Vous devez disposer d'un moyen de conserver les paramètres visuels du document afin que les autres puissent voir la même chose que vous. Le système des profils colorimétriques ICC (*International Color Consortium*) constitue un moyen universel d'enregistrer une définition mathématique d'un profil colorimétrique et de donner une assurance raisonnable que le document s'affichera correctement sur d'autres périphériques. Plusieurs modes acceptent les profils ICC, mais les deux plus courants sont RVB et CMJN.

Incorporez des profils colorimétriques ICC

1. Ouvrez un document.

2. Dans le menu **Affichage**, pointez **Format d'épreuve** et cliquez **Personnalisé**.

3. Dans la liste **Périphérique de simulation**, sélectionnez un profil colorimétrique pour l'image.

4. Cliquez **OK**.

5. Dans le menu **Fichier**, cliquez **Enregistrer sous**.

6. Saisissez un nom de fichier.

7. Dans la liste **Format**, sélectionnez l'un des formats suivants : Photoshop (PSD), Photoshop EPS, JPEG, Photoshop PDF, Photoshop DCS ou TIFF.

   ATTENTION ! *Pour enregistrer le fichier avec le nouveau profil personnalisé, il doit être enregistré au format EPS, DCS ou PDF.*

8. Cliquez la flèche **Où** (Mac) ou **Enregistrer dans** (Win) et choisissez l'emplacement où stocker le fichier.

9. Cochez la case **Profil ICC**.

10. Cliquez **Enregistrer** pour enregistrer une copie du fichier incorporant le nouveau profil.

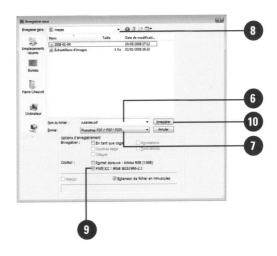
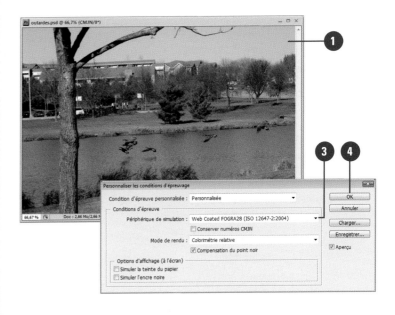

Attribuez un profil différent à un document

 PS 9.1, 9.4

Attribuez ou retirez un profil

① Ouvrez un document.

② Dans le menu **Edition**, cliquez **Attribuer un profil**.

③ Sélectionnez une des options suivantes :

◆ **Ne pas gérer les couleurs de ce document**. Supprime tout profil attribué à l'image.

◆ **RVB de travail**. Marque le document avec le profil de l'espace de travail actuel.

◆ **Profil**. Ouvrez la liste et sélectionnez le nouveau profil colorimétrique (l'ancien est supprimé).

④ Cliquez **OK**.

> **Voir aussi**
>
> Pour de plus amples informations sur l'utilisation de CMJN, reportez-vous à la section « Convertissez une couleur additive (RVB) en couleur soustractive (CMJN) », page 418.

Le système de gestion des couleurs de Photoshop doit connaître l'espace colorimétrique de l'image pour déchiffrer la signification des valeurs chromatiques. Lorsqu'un profil est attribué à une image, l'image se retrouve dans l'espace colorimétrique décrit par ce profil. Par exemple, le profil d'un document peut être attribué par le périphérique source, comme un appareil photo numérique ou un scanneur, ou attribué directement dans Photoshop. Avec la commande Attribuer un profil, les valeurs chromatiques sont configurées dans le nouvel espace colorimétrique.

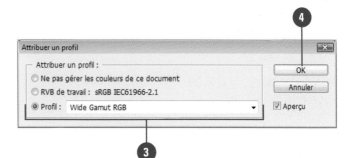

Convertissez l'espace colorimétrique en un autre profil

 PS 9.1, 9.3, 9.4

Convertissez l'espace colorimétrique en un autre profil

① Ouvrez un document.

② Dans le menu **Edition**, cliquez **Convertir en profil**.

③ Sélectionnez un nouveau profil colorimétrique dans la liste **Profil**.

Le document sera converti et marqué avec le nouveau profil colorimétrique.

④ Dans la liste **Moteur**, sélectionnez :

◆ **Adobe (ACE)**. Gestion des couleurs Adobe (par défaut).

◆ **Microsoft ICM**. Gestion des couleurs Windows.

◆ **Apple CMM**. Gestion des couleurs Mac OS.

⑤ Dans la liste **Mode**, sélectionnez une option.

Voir aussi

Pour de plus amples informations sur l'option mode de rendu, reportez-vous à la section « Exploitez le mode de rendu », page 419.

Si vous ouvrez un document qui contient un profil incorporé que vous voulez convertir, Photoshop permet de marquer le document avec un autre profil sans convertir les couleurs, sans supprimer l'ancien profil ni convertir l'espace colorimétrique. La commande Convertir en profil permet de supprimer, d'attribuer ou de modifier le profil d'un document. Vous pouvez également préparer un document pour une destination de sortie différente, comme une imprimante à jet d'encre ou une presse quatre couleurs.

6 Cochez la case **Utiliser la compensation du point noir** pour simuler toute la gamme chromatique du profil cible.

7 Cochez la case **Simulation** pour employer des images à 8 bits par couche. Dans ce cas, Photoshop simule les pixels de couleurs lors de la conversion entre les profils colorimétriques source et cible.

8 Cochez la case **Aplatir l'image** pour aplatir un document multicalque.

9 Cliquez **OK**.

Imprimez une image cible

Dans le monde numérique, ce que vous voyez à l'écran correspond rarement à ce qui est imprimé. Les espaces colorimétriques sont différents : les écrans utilisent des couleurs additives et le papier, des couleurs soustractives. En outre, les écrans génèrent les couleurs avec des pixels et les imprimantes avec des encres. Il est possible de créer une cible qui sera utilisée pour générer un profil personnalisé. Un document cible, contenant des échantillons et des données chromatiques, est fourni avec les logiciels tiers de gestion des couleurs. Lorsque vous imprimez une cible, désactivez la gestion des couleurs dans Photoshop et le pilote d'imprimante. Une fois la cible imprimée, un instrument de mesure tiers la numérise pour créer un profil personnalisé. Certaines sociétés comme ColorCal (`www.colorcal.com`) proposent des systèmes électroniques de mesure pour analyser l'image et créer le profil. Si vous disposez de plusieurs périphériques de sortie, vous devrez imprimer une cible par document.

Imprimez une image cible

1. Ouvrez un document cible couleur.

2. Dans le menu **Fichier**, cliquez **Imprimer**.

3. Sélectionnez **Gestion des couleurs**.

4. Sélectionnez l'option **Document**.

   Cette option reproduit les couleurs telles qu'interprétées par le profil actuellement attribué au document.

5. Dans la liste **Traitement des couleurs**, sélectionnez **Aucune gestion des couleurs**.

6. Cliquez **Imprimer**.

7. Sélectionnez une imprimante.

8. Sélectionnez les autres options d'impression.

9. Cliquez **Imprimer**.

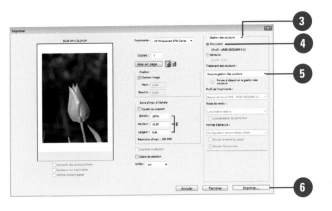

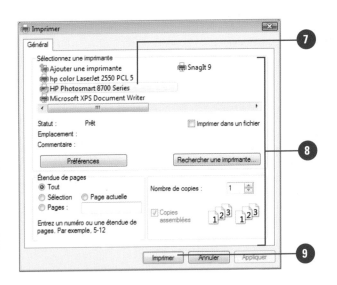

Gérez les couleurs non imprimables

 PS 9.4

L'un des principaux problèmes que posent les images affichées sur un écran d'ordinateur est qu'elles ne représentent pas précisément l'espace colorimétrique d'une presse quatre couleurs. Il existe différents moyens de limiter le risque de couleurs mal imprimées, mais c'est un fait, les espaces colorimétriques RVB et CMJN sont différents ; en réalité, ils sont totalement opposés. Photoshop l'intègre et permet de visualiser les couleurs non imprimables. Le test des couleurs non imprimables s'effectue sur une image avant la conversion en mode CMJN. Une fois l'image convertie, il est trop tard pour réaliser le test, puisque Photoshop a déjà fait la conversion.

Gérez les couleurs non imprimables

1. Ouvrez une image RVB.

2. Dans le menu **Edition** (Win) ou **Photoshop** (Mac), pointez **Préférences** et cliquez **Transparence et couleurs non imprimables**.

3. Sélectionnez une couleur de **Mise en évidence** des couleurs non imprimables et tapez un pourcentage d'**Opacité** (entre 1 et 100 %).

   Photoshop utilise la couleur de mise en évidence pour masquer les zones non imprimables de l'image.

4. Cliquez **OK**.

5. Dans le menu **Affichage**, cliquez **Couleurs non imprimables**.

   Photoshop affiche toute couleur non imprimable en CMJN avec la couleur de mise en évidence choisie.

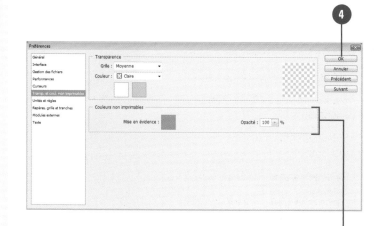

Couleurs non imprimables en CMJN

Note

Autres manières d'identifier les couleurs non imprimables. Dans le panneau Informations, lorsque vous pointez une couleur non imprimable, un point d'exclamation apparaît. Dans le Sélecteur de couleurs et le panneau Couleur, un triangle d'alerte est affiché.

Utilisez la méthode Teinte/ Saturation pour les couleurs non imprimables

PS 9.4

Utilisez le réglage Teinte/ Saturation

1 Ouvrez une image RVB.

2 Dans le menu **Affichage**, cliquez **Couleurs non imprimables**.

Photoshop affiche toute couleur non imprimable en CMJN avec la couleur de mise en évidence choisie.

3 Dans le menu **Image**, pointez **Réglages** et cliquez **Teinte/ Saturation**.

4 Déplacez le curseur **Saturation** vers la gauche jusqu'à faire disparaître le masque des couleurs non imprimables.

5 Notez la valeur de saturation employée.

6 Cliquez **Annuler**.

7 Dans le menu **Sélection**, cliquez **Plage de couleurs**.

Note

Photoshop peut convertir automatiquement toutes les couleurs non imprimables pour qu'elles soient dans la gamme CMJN. Convertissez simplement l'image RVB en CMJN. Ouvrez l'image RVB, cliquez le menu Image, pointez Mode, puis cliquez Couleurs CMJN.

Après avoir établi que le document contient des couleurs hors de l'espace colorimétrique CMJN, il vous faut décider comment corriger le problème. Il existe autant de manières de corriger ce problème que d'outils, et chaque utilisateur a ses préférés. Deux méthodes sont à la fois simples et puissantes : le réglage Teinte/Saturation et l'outil Éponge. En effet, la principale raison pour laquelle une couleur sort de l'espace colorimétrique CMJN est liée à la saturation des valeurs de l'encre. Un moniteur peut générer davantage de saturation d'un pixel qu'une presse quatre couleurs peut le faire en mélangeant les encres.

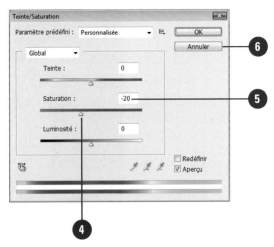

8 Ouvrez la liste **Sélection** et choisissez **Couleurs non imprimables**.

9 Cliquez **OK**.

Les zones non imprimables de l'image sont à présent sélectionnées et isolées du reste de l'image.

10 Dans le menu **Sélection**, pointez **Modifier** et cliquez **Améliorer le contour**.

11 Saisissez une valeur de contour progressif de **0,5**.

Cela adoucit la désaturation des zones non imprimables de l'image.

12 Cliquez **OK**.

13 Dans le menu **Image**, pointez **Réglages** et cliquez **Teinte/ Saturation**.

14 Saisissez la valeur de saturation enregistrée à l'étape **5**.

15 Cliquez **OK**.

16 Appuyez sur **Ctrl** + **D** (Win) ou ⌘ + **D** (Mac) pour désélectionner les zones.

L'image est prête à être convertie.

Note

Sélectionnez le plus proche équivalent CMJN d'une couleur non imprimable dans le Sélecteur de couleurs ou le panneau Couleur. Affichez le Sélecteur de couleurs ou le panneau Couleur, sélectionnez la couleur non imprimable à modifier, et cliquez sur le carré de couleur accompagnant le triangle d'avertissement, qui affiche l'équivalent CMJN le plus proche.

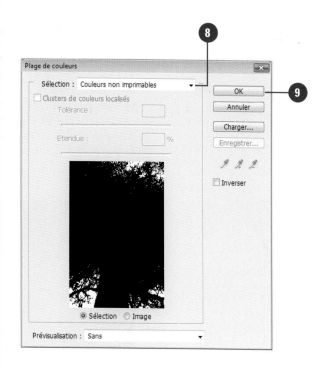

Couleur hors de la gamme CMJN imprimable

Utilisez l'outil Éponge sur les couleurs non imprimables

 PS 9.4

La méthode de l'outil Éponge exige un peu plus de travail, mais contrôle plus précisément chaque zone non imprimable de l'image. L'outil Éponge diminue les valeurs de saturation de l'image en fonction de la vitesse de déplacement de l'outil sur l'image. Pour réussir la restauration des couleurs non imprimables avec l'outil Éponge, il faut donc choisir un pinceau doux appliqué de manière uniforme. Rien de tel que l'entraînement pour maîtriser la restauration d'image et la correction de couleurs. En outre, l'emploi d'une tablette graphique au lieu de la souris facilite le contrôle de l'outil.

Utilisez la méthode de l'outil Éponge

① Ouvrez une image RVB.

② Dans le menu **Affichage**, cliquez **Couleurs non imprimables**.

Photoshop affiche toute couleur non imprimable en CMJN avec la couleur de mise en évidence choisie.

③ Sélectionnez l'outil **Éponge**.

④ Dans la liste **Forme**, sélectionnez une pointe ronde, douce et de petit diamètre.

⑤ Dans la liste **Mode**, cliquez **Désaturation**.

⑥ Saisissez une valeur de **Flux** de 60 % et cochez **Vibrance** pour réduire l'écrêtage des couleurs complètement saturées ou désaturées.

⑦ Dans le menu **Sélection**, cliquez **Plage de couleurs**.

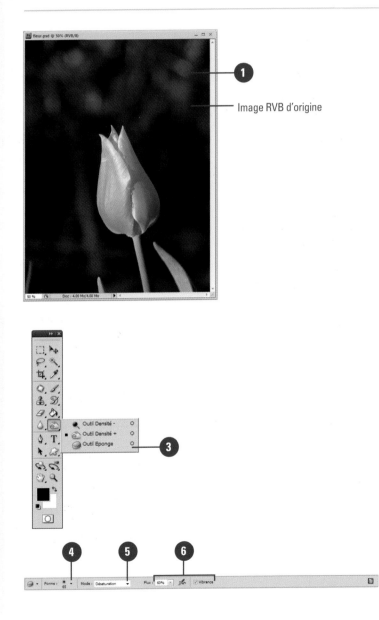

Image RVB d'origine

8 Ouvrez la liste **Sélection** et choisissez **Couleurs non imprimables**.

9 Cliquez **OK**.

Les zones non imprimables de l'image sont à présent sélectionnées et isolées du reste de l'image.

10 Dans le menu **Sélection**, cliquez **Améliorer le contour**.

11 Saisissez **0,5** comme valeur de **Contour progressif**.

Cela adoucit la désaturation des zones non imprimables de l'image.

12 Cliquez **OK**.

13 Faites doucement glisser l'outil **Éponge** sur la zone non imprimable jusqu'à faire disparaître le masque.

Continuez sur tout le document jusqu'à ce que toutes les zones soient corrigées.

14 Appuyez sur **Ctrl** + **D** (Win) ou ⌘ + **D** (Mac) pour annuler la sélection.

L'image est prête à être convertie en CMJN.

Note

Masquez les sélections. Si la sélection vous empêche de voir les petites zones non imprimables, appuyez sur Ctrl + H (Win) ou ⌘ + H (Mac) pour masquer temporairement le contour des sélections et répétez la commande pour les afficher à nouveau.

Couleurs non imprimables masquées

Couleurs non imprimables supprimées avec l'outil Éponge

Concevez pour le Web et les périphériques

Si vous devez manipuler une photographie, Adobe Photoshop est sans aucun doute le meilleur programme sur le marché. Pour préparer les images destinées à Internet, Photoshop contient aussi tous les outils qu'il vous faut.

Photoshop enregistre les images destinées au Web dans différents formats, comme JPEG, GIF, PNG et WBMP (*Wireless* BMP). Par exemple, le format JPEG sert principalement à compresser des images photographiques, alors que le format GIF est employé pour compresser les cliparts et le texte. Chaque format sert un objectif précis. Vous devez savoir quand employer un format spécifique pour concevoir des documents web dynamiques rapides à télécharger.

Cependant, enregistrer les fichiers dans un format spécifique ne constitue pas la seule méthode que propose Photoshop pour créer des images web. Vous pouvez aussi trancher une image, c'est-à-dire la découper en plusieurs morceaux. Comme Internet gère de plus petits paquets d'informations plus efficacement que des éléments plus grands, une image en tranches se charge plus rapidement et Photoshop simplifie ce découpage.

19

Au sommaire de ce chapitre

Enregistrez pour le Web

Adobe Certified Expert PS 1.5, 12.1, 12.2

La commande Enregistrer pour le Web et les périphériques est un rêve devenu réalité pour préparer les images destinées à Internet ou enregistrer des images dans un format rapide à télécharger pour les diaporamas PowerPoint et ce, sans quitter Photoshop. Elle permet d'ouvrir n'importe quel document Photoshop et de le convertir en format compatible Web comme GIF, JPEG, PNG ou WBMP. Vous pouvez même tester différents paramètres d'optimisation ou comparer différentes optimisations dans les volets 2 et 4 vignettes. La zone située sous chaque image fournit des informations d'optimisation sur la taille et le temps de téléchargement du fichier.

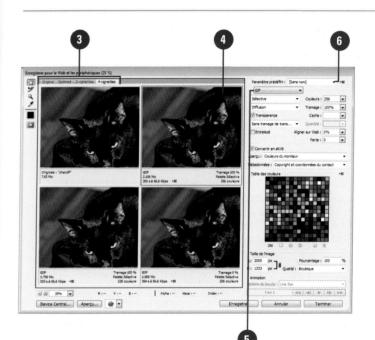

Enregistrez pour le Web

① Ouvrez un document.

② Dans le menu **Fichier**, cliquez **Enregistrer pour le Web et les périphériques**.

③ Cliquez les onglets **Original**, **Optimisé**, **2 vignettes** ou **4 vignettes** pour sélectionner une option d'affichage du document.

④ Cliquez l'une des vignettes pour changer son format par défaut.

ATTENTION ! *Si vous visualisez le document avec 2 vignettes ou 4 vignettes, la première image est l'original que vous ne pouvez pas modifier.*

⑤ Dans la liste **Format**, sélectionnez parmi les options suivantes :

◆ **GIF**. Le format GIF est pratique pour les cliparts, le texte et les images qui contiennent de grandes zones de couleur unie. Il utilise une compression sans perte.

◆ **JPEG**. Le format JPEG répond aux besoins des images qui contiennent beaucoup de nuances de couleurs comme les photos. Il utilise une compression avec perte.

◆ **PNG-8**. Ce format fonctionne de manière analogue au format GIF. Il utilise une compression sans perte.

- ◆ **PNG-24**. Ce format fonctionne comme le format JPEG. Il utilise une compression sans perte.

- ◆ **WBMP**. Ce format convertit une image en points noirs et blancs, exploitable avec certains périphériques de sortie, comme les téléphones mobiles et les PDA.

6 Dans la liste **Paramètre prédéfini**, sélectionnez un nouveau format parmi les options disponibles.

7 Sélectionnez les options, qui varient en fonction du format de fichier choisi. Cochez l'option **Convertir en sRVB** si vous voulez opérer la conversion et choisissez un style d'aperçu et la quantité de métadonnées à inclure dans le fichier (Ps).

8 Dans la section **Table des couleurs** (disponible pour les formats GIF et PNG-8), ajoutez, retirez ou modifiez des couleurs du document sélectionné.

9 Pour modifier la largeur ou la hauteur de l'image sélectionnée, servez-vous de la section **Taille**.

10 Pour placer directement l'image sélectionnée dans l'application Device Central, cliquez le bouton **Device Central**.

11 Cliquez **Enregistrer**.

12 Saisissez un nom et choisissez l'emplacement de stockage du fichier.

13 Cliquez **OK**.

Photoshop enregistre le fichier modifié et revient à l'image d'origine.

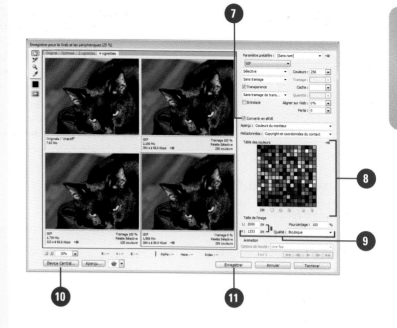

Bon à savoir

Exploitez le cache et la transparence

L'option Cache, si elle est disponible, indique la couleur d'arrière-plan utilisée pour remplir les bords lissés adjacents aux zones transparentes. Si l'option Transparence est sélectionnée, le cache s'applique aux zones limitrophes pour fusionner les bords avec un arrière-plan web de même couleur. Si elle n'est pas sélectionnée, le cache s'applique aux zones transparentes. L'option Sans de Cache crée une transparence à bords durs si l'option Transparence est sélectionnée. Sinon, toutes les zones transparentes sont remplies avec 100 % de blanc. Les options Caches sont uniquement disponibles si l'image contient de la transparence.

Exploitez les options Enregistrer pour le Web

 PS 12.1, 12.2

L'intérêt de la commande Enregistrer pour le Web et les périphériques est de préparer l'image dans l'un des quatre formats : PNG, JPEG, PNG et WBMP. Les options de la commande Enregistrer pour le Web et les périphériques vous y aident. Par exemple, si vous optez pour le format JPEG, vous pouvez choisir le niveau de compression appliqué à l'image ou, si vous optez pour le format GIF, vous décidez du nombre de couleurs conservées. Le format PNG permet d'enregistrer des images au format 8 bits (256 couleurs) ou 24 bits (des millions de couleurs). Les options disponibles contrôlent tout ce dont vous avez besoin pour produire de petits fichiers d'image de haute qualité.

Exploitez les options Enregistrer pour le Web

1. Ouvrez un document.

2. Dans le menu **Fichier**, cliquez **Enregistrer pour le Web et les périphériques**.

3. Sélectionnez parmi les outils disponibles :

   ◆ **Outil Main**. Faites glisser l'image pour changer l'affichage du document.

   ◆ **Outil Sélection de tranche**. Sélectionnez une tranche prédéfinie de l'image.

   ◆ **Outil Zoom**. Cliquez dans l'image pour la grossir.

   ◆ **Outil Pipette**. Cliquez dans l'image pour collecter un échantillon.

4. Cliquez le bouton **Vitesse de téléchargement** et sélectionnez une option de bande passante.

5. Cliquez la flèche de la liste **Echelle** et choisissez le grossissement de l'affichage.

6. Cliquez **Afficher/Masquer les tranches** pour afficher ou masquer les tranches d'image.

7. Cliquez **Aperçu** pour ouvrir l'image dans votre navigateur par défaut.

8. Cliquez **Enregistrer**.

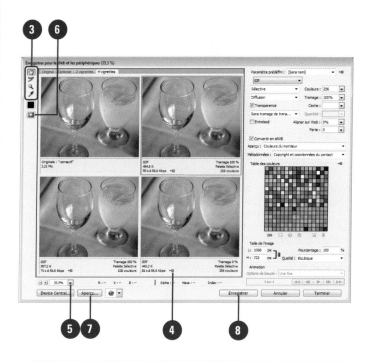

Bon à savoir

Nouvelles options d'enregistrement de CS4

Convertir en sRVB. Vous pouvez choisir de convertir les couleurs de l'image en sRVB durant l'enregistrement.

Aperçu. Choisissez parmi les quatre options suivantes : Couleurs du moniteur (par défaut), Macintosh ou Windows sans gestion des couleurs, ou Utiliser le profil du document.

Métadonnées. Vous avez cinq options d'inclusion des métadonnées : Sans (très utile pour éliminer les métadonnées que vous ne voulez pas distribuer), Copyright seul, Copyright et coordonnées du contact, Tout sauf les informations de l'appareil photo et Toutes.

Optimisez la taille du fichier

 PS 12.1, 12.2

Optimisez la taille du fichier

1 Ouvrez un document.

2 Dans le menu **Fichier**, cliquez **Enregistrer pour le Web et les périphériques**.

3 Cliquez l'onglet **2 vignettes** et sélectionnez la deuxième vignette.

4 Cliquez le bouton **Optimiser le menu** puis **Optimiser pour la taille du fichier**.

5 Saisissez une taille de fichier dans la zone **Taille de fichier désirée**.

6 Sélectionnez l'option **Paramètres actuels** ou **Sélection automatique GIF/JPEG** pour laisser Photoshop choisir le format.

7 Sélectionnez les options d'application :

◆ **Tranche active**

◆ **Chaque tranche**

◆ **Totalité des tranches**

8 Cliquez **OK**.

Photoshop compresse la vignette sélectionnée.

9 Cliquez **Enregistrer** pour enregistrer l'image compressée.

Les options de la boîte de dialogue Enregistrer pour le Web et les périphériques vous aident à créer exactement l'image dont vous avez besoin, y compris à la compresser en une taille précise. Si, par exemple, vous avez créé une image destinée au Web, mais vous êtes limité à une taille maximale de fichier de 35 Ko, vous pouvez soit ouvrir l'image et tester les options de compression, soit utiliser l'option Optimiser pour la taille du fichier.

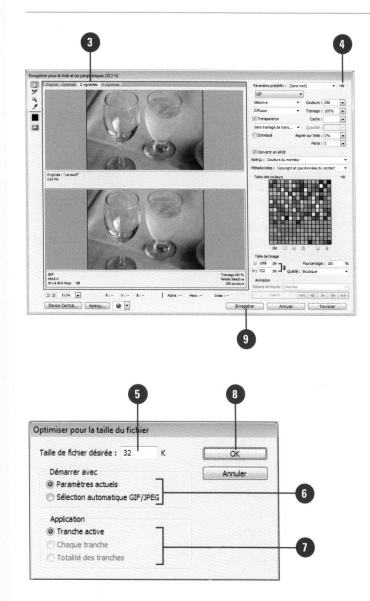

Exploitez les formats de fichiers web

PS 12.1, 12.2

Si vous concevez des documents web, vous savez que la taille des images est importante. Photoshop permet de compresser les images dans l'un des quatre formats Internet : GIF, JPG, PNG et WBMP. Le format GIF compresse les images qui contiennent des couleurs unies avec des contours nets et définissables, comme les cliparts et le texte. Le format JPG réduit la taille des fichiers d'image qui contiennent beaucoup de gammes de couleurs, comme les photos. Le format PNG est un format hybride conçu pour remplacer les formats GIF et JPG. Pour finir, le format WBMP a été créé pour afficher les images sur les périphériques basse résolution comme les téléphones mobiles et les PDA en convertissant l'image en points noirs et blancs. Quel que soit le format dont vous avez besoin, Photoshop vous aidera.

Exploitez les formats de fichiers web

1. Ouvrez un document.

2. Dans le menu **Fichier**, cliquez **Enregistrer pour le Web et les périphériques**.

3. Cliquez les onglets **Original**, **Optimisé**, **2 vignettes** ou **4 vignettes** pour sélectionner une option d'affichage du document.

4. Sélectionnez une vignette.

5. Dans la liste **Format**, sélectionnez un format parmi les options disponibles.

6. Sélectionnez les options de compression d'image et de couleurs.

7. Cliquez **Enregistrer**.

    La boîte de dialogue Enregistrer une copie optimisée sous s'affiche.

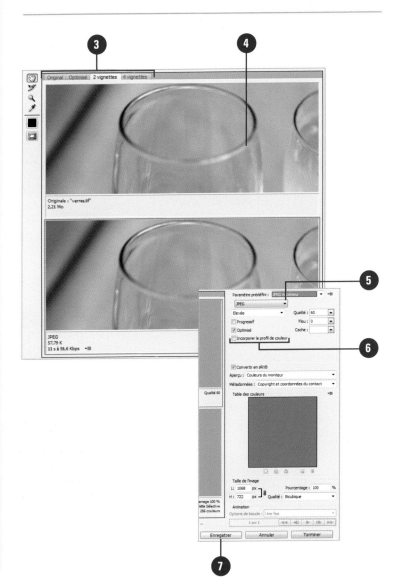

8 Saisissez un nom dans la zone **Nom du fichier**.

9 Dans la liste **Type** (Win) ou **Format** (Mac), sélectionnez **HTML et images, Images** ou **HTML**.

10 Cliquez la flèche **Où** (Mac) ou **Enregistrer dans** (Win) et choisissez l'emplacement où stocker le fichier.

11 Avec les listes **Paramètres** et **Tranches**, définissez les paramètres du fichier de sortie (si vous enregistrez une seule image sans tranches, conservez les valeurs par défaut).

12 Cliquez **Enregistrer**.

Bon à savoir

Créez un fichier HTML pour une image

Lorsque vous enregistrez un fichier optimisé avec la commande Enregistrer une copie optimisée sous, vous pouvez générer un fichier HTML pour l'image. Ce fichier contient toutes les informations nécessaires à l'affichage de l'image dans un navigateur.

Optimisez un document JPEG

PS 1.5, 12.1, 12.2

Photoshop dispose de tous les outils nécessaires à une parfaite compression d'un document JPEG. Internet est un système lent et les internautes n'ont généralement que peu de patience. Lorsque vous compressez une image JPEG, vous supprimez des données d'image pour réduire la taille du fichier. Malheureusement cette suppression amène une perte de qualité. Les illustrations Internet ne sont pas toujours de la meilleure qualité, mais la réduction de la taille est un mal nécessaire pour éviter que les visiteurs ne quittent votre site prématurément. Les images JPEG doivent se charger rapidement et Photoshop vous aide à atteindre cet objectif.

Optimisez un document JPEG

1. Ouvrez un document.

2. Dans le menu **Fichier**, cliquez **Enregistrer pour le Web et les périphériques**.

3. Cliquez les onglets **Original**, **Optimisé**, **2 vignettes** ou **4 vignettes** pour sélectionner une option d'affichage du document.

4. Cliquez l'une des vignettes pour changer son format par défaut.

5. Dans la liste **Paramètre prédéfini**, cliquez un des formats JPEG.

6. Définissez les options de qualité suivantes :

   ◆ **Qualité de compression**. Dans la liste **Qualité de compression**, sélectionnez une qualité JPEG entre Faible et Maximum.

   ◆ **Qualité**. Tapez une valeur de qualité JPEG (0 à 100). Plus la valeur est faible, plus on sacrifie de données (couleur) à la taille.

   ◆ **Flou**. Les images JPEG se compressent mieux si leurs bords sont progressifs. Appliquez l'option Flou pour augmenter la douceur de l'image (au détriment de la qualité).

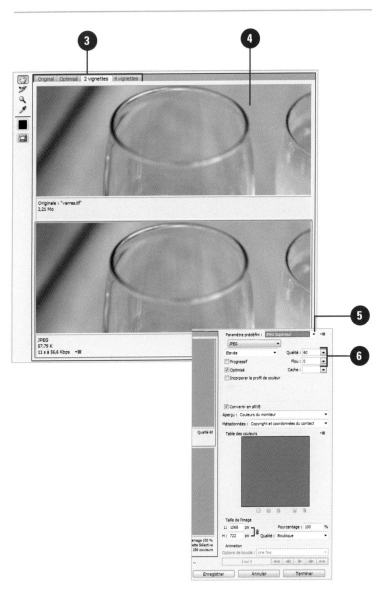

7 Dans la liste **Cache**, sélectionnez parmi les options disponibles.

Les images JPEG ne prennent pas en charge la transparence. Si l'image contient des zones transparentes, utilisez l'option **Cache** pour les remplir avec une couleur définie.

8 Cochez la case **Optimisé** pour compresser davantage l'image. Choisissez d'utiliser ou non les options suivantes :

◆ **Progressif**. Cochez la case pour charger une image JPEG en trois balayages progressifs. Cette option n'est pas prise en charge par tous les navigateurs.

◆ **Incorporer le profil de couleur**. Cochez la case pour incorporer un profil colorimétrique ICC à l'image JPEG. Cette option augmente la taille du fichier mais permet de conserver la cohérence des couleurs entre moniteurs et systèmes d'exploitation.

9 Définissez les trois nouvelles options :

◆ **Convertir en sRVB**. Vous pouvez choisir de convertir les couleurs de l'image en sRVB durant l'enregistrement.

◆ **Aperçu**. Choisissez parmi les quatre options suivantes : Couleurs du moniteur (par défaut), Macintosh ou Windows sans gestion des couleurs ou Utiliser le profil du document.

◆ **Métadonnées**. Vous avez cinq options d'inclusion des métadonnées : Sans, Copyright seul, Copyright et coordonnées du contact, Tout sauf les informations de l'appareil photo et Toutes.

10 Cliquez **Enregistrer**.

Optimisez un document GIF

PS 12.1, 12.2

Le format GIF sert principalement aux images qui contiennent des couleurs unies avec des contours nets, comme les cliparts, le texte, le noir et blanc et les logos. Internet étant un système lent, le format GIF réduit significativement la taille des fichiers et génère des illustrations rapides à télécharger. Le format GIF prend en charge les couleurs 8 bits et crée un document contenant au maximum 256 couleurs (moins il y a de couleurs, plus le fichier est petit). Le format GIF existe depuis suffisamment longtemps pour être considéré comme le **format natif** d'Internet, à savoir un format qui n'exige aucun complément spécifique du navigateur pour afficher le fichier.

Optimisez un document GIF

1. Ouvrez un document.

2. Dans le menu **Fichier**, cliquez **Enregistrer pour le Web et les périphériques**.

3. Cliquez les onglets **Original**, **Optimisé**, **2 vignettes** ou **4 vignettes** pour sélectionner une option d'affichage du document.

4. Cliquez l'une des vignettes pour changer son format par défaut.

5. Dans la liste **Format**, cliquez **GIF**.

6. Définissez les options suivantes :

   Options de couleur :

   ◆ **Réduction**. Sélectionnez une méthode de réduction des couleurs de l'image (Sélective est le mode par défaut).

   ◆ **Couleurs**. Saisissez une valeur entre 2 et 256 couleurs maximum.

   ◆ **Aligner sur Web**. Tapez ou sélectionnez une valeur entre 0 et 100 % pour indiquer à l'utilitaire de compression GIF le pourcentage de couleurs web dans l'image.

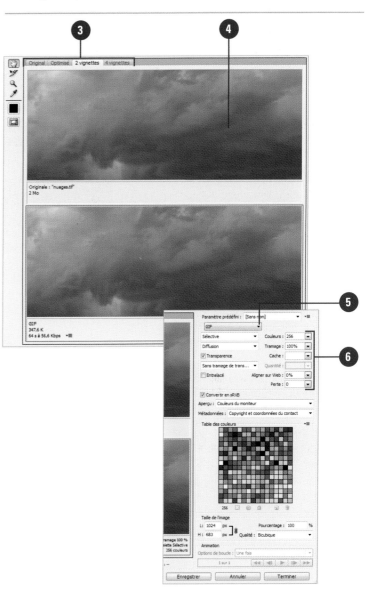

Options de tramage :

◆ **Algorithme de tramage**. Ouvrez la liste et sélectionnez parmi les algorithmes disponibles (Sans tramage, Diffusion, Motif, Bruit). Le tramage définit la manière dont le format GIF mélange les couleurs disponibles.

◆ **Tramage**. Tapez ou sélectionnez une valeur entre 0 et 100 % pour indiquer à l'utilitaire de compression GIF le pourcentage de couleurs qui seront tramées.

Options de transparence :

◆ **Transparence**. Cochez la case pour conserver les zones transparentes d'une image GIF et choisir le type de tramage de transparence (Ps).

◆ **Cache**. Cliquez pour remplir les zones transparentes.

◆ **Quantité**. Saisissez le pourcentage de mélange avec la couleur du cache.

Autres options :

◆ **Entrelacé**. Cochez pour charger l'image GIF en trois balayages.

◆ **Perte**. Tapez ou sélectionnez une valeur entre 0 et 100 % pour indiquer à l'utilitaire de compression GIF le pourcentage de perte autorisé.

7 Cliquez **Enregistrer** pour enregistrer l'image avec la boîte de dialogue Enregistrer une copie optimisée sous.

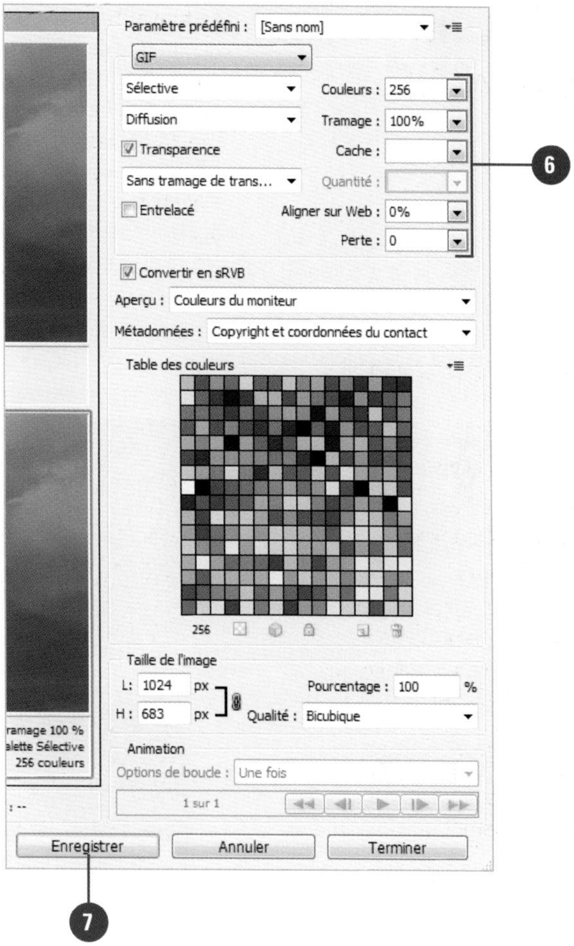

Optimisez un document PNG-8

Le format PNG-8 est principalement utilisé pour les images qui contiennent des couleurs unies avec des contours nets (cliparts, texte, noir et blanc et logos) et a été conçu comme alternative au format GIF. Comme il génère une image contenant au maximum 256 couleurs, la taille de fichier est considérablement diminuée. Bien qu'il soit similaire au format GIF, il n'est pas totalement pris en charge par tous les anciens navigateurs. Il est cependant considéré comme un format natif de la création d'animations Flash.

Optimisez un document PNG-8

1. Ouvrez un document.

2. Dans le menu **Fichier**, cliquez **Enregistrer pour le Web et les périphériques**.

3. Cliquez les onglets **Original**, **Optimisé**, **2 vignettes** ou **4 vignettes** pour sélectionner une option d'affichage du document.

4. Cliquez l'une des vignettes pour changer son format par défaut.

5. Dans la liste **Format**, cliquez **PNG-8**.

6. Définissez les options suivantes :

   Options de couleur :

   ◆ **Réduction**. Sélectionnez une méthode de réduction visuelle des couleurs de l'image.

   ◆ **Couleurs**. Saisissez une valeur entre 2 et 256 couleurs maximum.

   ◆ **Aligner sur Web**. Tapez ou sélectionnez une valeur entre 0 et 100 % pour indiquer à l'utilitaire de compression PNG-8 le pourcentage de couleurs web dans l'image.

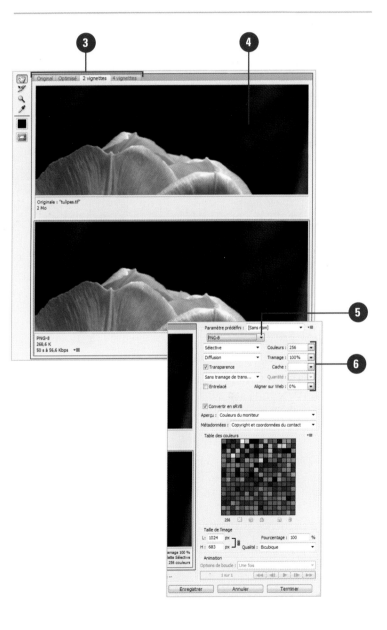

Options de tramage :

◆ **Algorithme de tramage**. Ouvrez la liste et sélectionnez parmi les algorithmes disponibles (Sans tramage, Diffusion, Motif, Bruit). Le tramage définit la manière dont le format PNG-8 mélange les couleurs disponibles.

◆ **Tramage**. Tapez ou sélectionnez une valeur entre 0 et 100 % pour indiquer à l'utilitaire de compression PNG-8 le pourcentage de couleurs tramées par la diffusion.

Options de transparence :

◆ **Transparence**. Cochez la case pour rendre transparentes les zones transparentes d'une image PNG-8.

◆ **Cache**. Cliquez pour remplir les zones transparentes.

◆ **Quantité**. Saisissez le pourcentage de mélange avec la couleur du cache.

Autres options :

◆ **Entrelacé**. Cochez pour charger l'image PNG en trois balayages.

7 Cliquez **Enregistrer** pour enregistrer l'image avec la boîte de dialogue Enregistrer une copie optimisée sous.

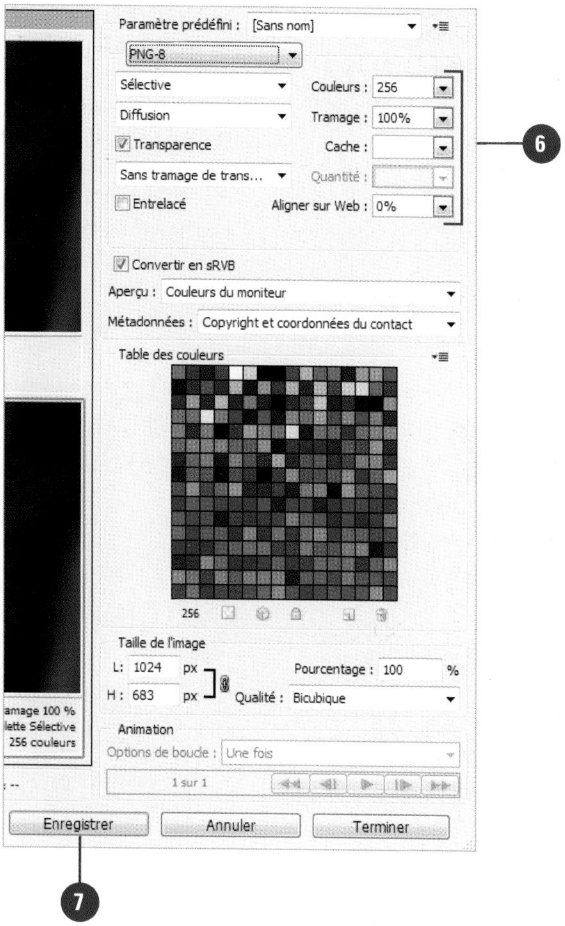

Optimisez un document PNG-24

PS 12.1, 12.2

Le format PNG-24 sert principalement aux images à tons continus qui contiennent beaucoup de nuances de couleurs, telles les photos, et a été conçu comme alternative au format JPEG. Il génère une image contenant des millions de couleurs et parvient néanmoins à réduire la taille du fichier. Bien que similaire au format JPEG, le format PNG-24 utilise une compression sans perte, mais sans réduire autant la taille que le format JPEG. Aussi pour l'instant, la plupart des concepteurs exploitent-ils toujours le format JPEG pour créer des illustrations plus rapides à télécharger.

Optimisez un document PNG-24

1. Ouvrez un document.

2. Dans le menu **Fichier**, cliquez **Enregistrer pour le Web et les périphériques**.

3. Cliquez les onglets **Original**, **Optimisé**, **2 vignettes** ou **4 vignettes** pour sélectionner une option d'affichage du document.

4. Cliquez l'une des vignettes pour changer son format par défaut.

5. Dans la liste **Format**, cliquez **PNG-24**.

6. Définissez les options suivantes :

   Options de transparence :

   ◆ **Transparence**. Cochez la case pour conserver la transparence des zones transparentes d'une image PNG-24.

   ◆ **Cache**. Cliquez pour choisir la couleur de remplissage des zones partiellement transparentes.

   Autres options :

   ◆ **Entrelacé**. Cochez pour charger l'image PNG-24 en trois balayages.

7. Cliquez **Enregistrer** pour enregistrer l'image avec la boîte de dialogue Enregistrer une copie optimisée sous.

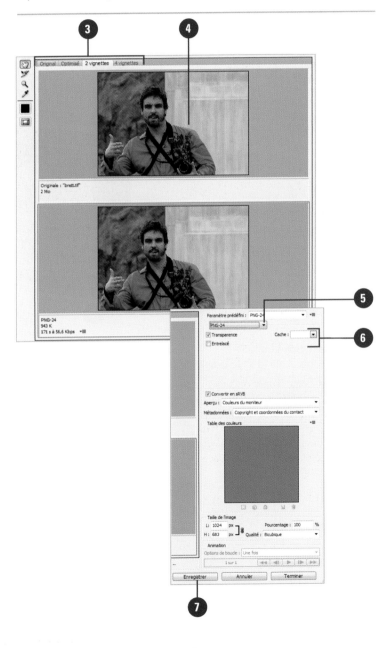

Optimisez un document WBMP

PS 12.1, 12.2

Le format WBMP est utilisé pour les images affichées sur de petits périphériques portables comme les PDA et les téléphones mobiles. Il génère une image 2 couleurs (noir et blanc) et réduit significativement la taille du fichier. Le format WBMP est une nouveauté du monde des périphériques sans fil et, s'il crée de petites images, la qualité en est aussi extrêmement réduite.

Optimisez un document WBMP

1. Ouvrez un document.

2. Dans le menu **Fichier**, cliquez **Enregistrer pour le Web et les périphériques**.

3. Cliquez les onglets **Original**, **Optimisé**, **2 vignettes** ou **4 vignettes** pour sélectionner une option d'affichage du document.

4. Cliquez l'une des vignettes pour changer son format par défaut.

5. Dans la liste **Format**, cliquez **WBMP**.

6. Définissez les options suivantes :

   ◆ **Algorithme de tramage**. Ouvrez la liste et sélectionnez parmi les algorithmes disponibles (Sans tramage, Diffusion, Motif, Bruit). Le tramage définit la manière dont le format WBMP mélange les couleurs disponibles.

   ◆ **Tramage**. Tapez ou sélectionnez une valeur entre 0 et 100 % pour indiquer à l'utilitaire de compression WBMP le pourcentage de couleurs tramées par la diffusion.

7. Cliquez **Enregistrer** pour enregistrer l'image avec la boîte de dialogue Enregistrer une copie optimisée sous.

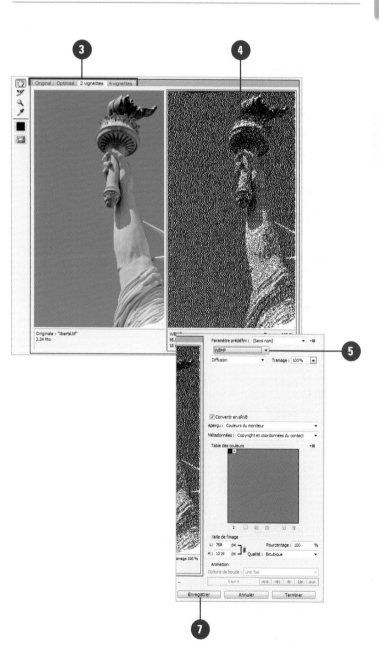

Créez un GIF animé

Adobe Certified Expert — PS 12.3

Une **animation** est une suite d'images, ou de cadres (*frames*), qui varient légèrement pour créer l'illusion d'un mouvement. Le GIF animé constitue l'une des méthodes d'animation les plus répandues sur Internet. Sa désignation d'origine, GIF89a, donne une idée de l'ancienneté de ce format. Le format GIF (*Graphics Interchange Format*) sert principalement pour les cliparts, le texte, le noir et blanc et les images qui contiennent des zones de couleurs unies. Une fois l'image créée, vous pouvez l'ouvrir et l'employer dans n'importe quelle application qui prend en charge le format GIF.

Créez un GIF animé

1. Ouvrez Photoshop.

2. Dans le menu **Fichier**, cliquez **Nouveau**.

3. Saisissez un nom dans la zone **Nom**.

4. Dans la liste **Paramètre prédéfini**, sélectionnez l'un des formats prédéfinis ou saisissez une hauteur, une largeur et une résolution.

5. Dans la liste **Mode**, sélectionnez un mode colorimétrique pour l'image.

6. Dans la liste **Taille de bits**, choisissez une profondeur de bits (8 bits recommandés).

7. Dans la liste **Contenu de l'arrière-plan**, cliquez **Blanc**, **Couleur d'arrière-plan** ou **Transparent** (les GIF animés donnent souvent de meilleurs résultats avec de la transparence).

8. Cliquez **OK**.

9. Créez la première image du GIF animé.

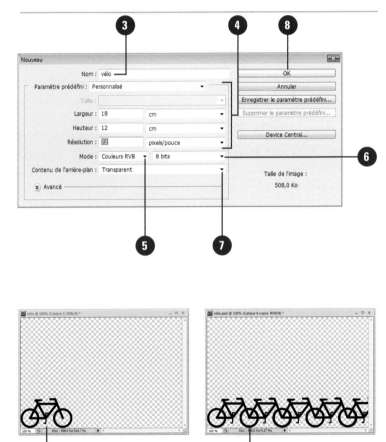

 Première image

Calques copiés pour l'animation

10 Appuyez sur **Ctrl** + **J** (Win) ou **Alt** + **J** (Mac) pour créer une copie de la première animation sur un calque séparé.

11 Modifiez la deuxième image (les animations se composent souvent de la même image légèrement modifiée d'un cadre à l'autre ou, dans ce cas, d'un calque à l'autre).

12 Répétez les étapes **10** et **11** jusqu'à disposer d'assez de calques pour l'animation.

13 Dans le menu **Fenêtre**, cliquez **Animation**.

14 Cliquez le bouton **Options** du panneau Animation et cliquez **Créer des images d'après des calques**.

15 Cliquez le bouton **Lecture** pour voir l'animation dans la fenêtre du document.

16 Dans le menu **Fichier**, cliquez **Enregistrer pour le Web et les périphériques**.

17 Réglez l'image en vous servant des options disponibles.

18 Cliquez **Enregistrer** pour enregistrer l'image avec la boîte de dialogue Enregistrer une copie optimisée sous.

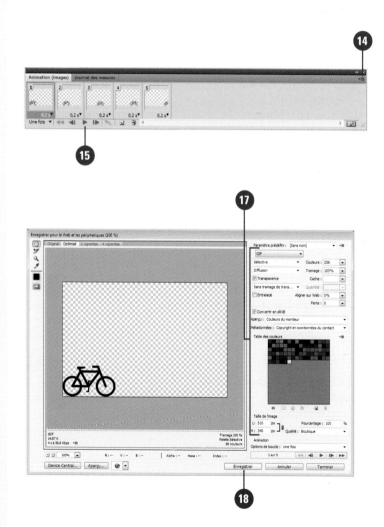

Voir aussi

Pour de plus amples informations sur l'utilisation des outils de dessin, reportez-vous au chapitre 9, « Apprenez à peindre, dessiner des formes et gommer », page 205.

Exploitez les animations

Après avoir créé une animation dans le panneau Animation, servez-vous des commandes du bas du panneau pour exploiter l'animation. Vous pouvez sélectionner les images, relire l'animation et indiquer le nombre de fois qu'elle doit être relue. Pour copier ou supprimer rapidement des images, servez-vous des boutons Duplication et Suppression des images sélectionnées. L'animation consiste à créer un mouvement, ce qui peut être complexe à réaliser image par image. Dans Photoshop, il n'est pas nécessaire de créer chaque image. Le bouton **Trajectoire des images animées** permet de créer des images entre deux autres, animant ainsi rapidement les objets. L'animation apparaît par défaut en animation d'images, mais il est également possible de l'afficher en animation de montage (Extended) ; dans ce mode, vous voyez comment chaque image est lue et vous pouvez aussi créer des pelures d'oignon, ce qui vous permet d'afficher simultanément plusieurs images.

Exploitez une animation

1. Ouvrez un document contenant une animation.

2. Dans le menu **Fenêtre**, cliquez **Animation**.

3. Utilisez les boutons suivants pour lire et sélectionner les images de l'animation :

   ◆ Sélection de la première image.

   ◆ Sélection de l'image précédente.

   ◆ Lecture de l'animation.

   ◆ Sélection de l'image suivante.

4. Dans la liste **Sélection d'options de boucle**, sélectionnez l'option de votre choix.

   ◆ **Une fois**. Lit l'animation une fois.

   ◆ **Toujours**. Lit l'animation en continu dans une boucle sans fin.

   ◆ **Autre**. Ouvre la boîte de dialogue **Définir le nombre de boucles** où vous pouvez définir le nombre de fois que se répète l'animation.

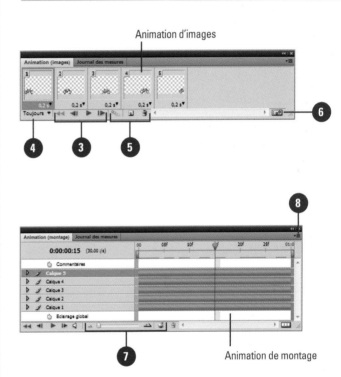

Animation d'images

Animation de montage

⑤ Sélectionnez l'une des options suivantes :

◆ **Trajectoire des images animées**. Crée un mouvement entre deux images.

◆ **Duplication des images sélectionnées**. Reproduit les images sélectionnées.

◆ **Suppression des images sélectionnées**. Supprime les images sélectionnées.

⑥ Pour passer en mode Montage (Extended), cliquez le bouton **Conversion en animation de montage**.

◆ Il s'agit d'un bouton bascule pour passer du mode **Animation d'images** au mode **Animation de montage**.

⑦ Sélectionnez l'une des options suivantes pour lire et sélectionner les images de l'animation :

◆ **Zoom arrière** et **Zoom avant**. Affiche plus ou moins d'informations.

◆ **Pelures d'oignon**. Affiche simultanément plusieurs images.

⑧ Pour afficher d'autres commandes et options, cliquez le bouton **Options** du panneau Animation.

⑨ Pour repasser en animation d'images, cliquez le bouton **Convertir en animation d'images**.

Menu Options du mode Animation d'images

Menu Options du mode Animation de montage

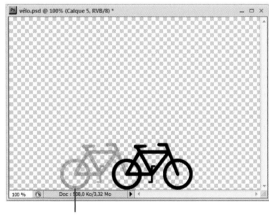

Pelures d'oignon

Tranchez facilement des images

Photoshop permet de découper une image en petits éléments. Trancher une image permet, par exemple, de créer des liens interactifs, mais la principale raison de trancher reste la vitesse. Vous gagnez en rapidité en compressant les tranches pour réduire la taille de l'image. Il existe deux types de tranches : définies par l'utilisateur ou basées sur un calque. Soit vous utilisez l'outil Tranche pour tracer directement une tranche dans l'image, soit vous créez un calque et le convertissez en tranche. Lorsque vous définissez une tranche, Photoshop crée des tranches automatiques pour remplir l'espace de l'image qui n'est pas concerné par la tranche. Les tranches utilisateur ou basées sur un calque sont matérialisées par des lignes pleines avec des symboles bleus. Les tranches automatiques se présentent sous forme de lignes en pointillés avec des symboles gris. Elles sont également numérotées de gauche à droite et de haut en bas. Une tranche d'après un calque utilise toutes les données du calque pour constituer la tranche. Pour modifier la tranche, vous devez modifier le calque, ce qui la rend un peu plus complexe à employer que celles de l'utilisateur. Si vous modifiez ou déplacez le contenu du calque, la tranche change automatiquement.

Créez une tranche utilisateur

1 Ouvrez un document.

2 Dans la boîte à outils, sélectionnez l'outil **Tranche**.

> **ATTENTION !** *Pour simplifier le tranchage, déplacez quelques repères depuis la Règle.*

3 Dans la liste **Style** de la barre d'options, sélectionnez le style de votre choix :

  ◆ **Normal**. Indique la taille de la tranche à mesure que vous tracez.

  ◆ **Proportions fixes**. Définit le rapport entre la hauteur et la largeur de la tranche.

  ◆ **Taille fixe**. Indique la hauteur et la largeur en pixels de la tranche.

4 Faites glisser et relâchez l'outil **Tranche** dans le document pour créer une tranche rectangulaire ou carrée.

  ◆ Pour tracer une tranche carrée, enfoncez la touche **Maj** en traçant. Pour créer un cercle, enfoncez la touche **Alt** (Win) ou **Option** (Mac).

5 Continuez à faire glisser jusqu'à obtenir la tranche qui convient.

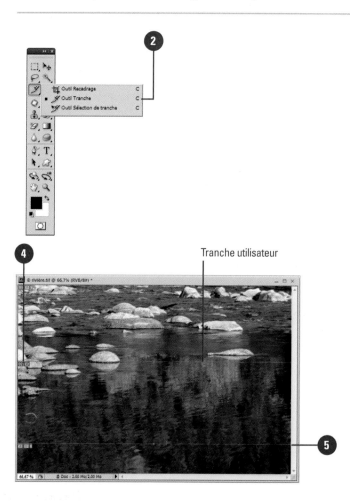

Tranche utilisateur

Créez une tranche d'après un calque

① Ouvrez un document.

② Sélectionnez le calque dans le panneau Calques.

③ Dans le menu **Calque**, cliquez **Nouvelle tranche d'après un calque**.

Tranche d'après un calque

Bon à savoir

Qu'est-ce qu'une sous-tranche ?

Une sous-tranche est une sorte de tranche automatique créée lorsque des tranches se chevauchent. Les sous-tranches génèrent une pile de tranches que l'on peut organiser. Elles montrent comment l'image se divise lorsque vous enregistrez le fichier optimisé. Les sous-tranches s'accompagnent d'un numéro et d'un symbole. Lorsqu'une tranche associée à une sous-tranche est modifiée, cette dernière est automatiquement recréée.

Exploitez les tranches

Exploitez les tranches dans la fenêtre Photoshop

1 Ouvrez un document qui contient des tranches.

2 Effectuez les actions suivantes :

◆ **Afficher ou masquer les tranches**. Dans le menu **Affichage**, pointez **Afficher** et cliquez **Tranches**.

◆ **Afficher ou masquer les tranches automatiques**. Sélectionnez l'outil **Sélection de tranche** et, dans la barre d'options, cliquez **Afficher tranches** ou **Masquer les tranches auto**.

◆ **Sélectionner des tranches**. Cliquez l'outil **Sélection de tranche** et cliquez la tranche. Utilisez la touche **Maj** et cliquez ou faites glisser pour sélectionner plusieurs tranches.

◆ **Supprimer des tranches**. Sélectionnez les tranches et appuyez sur **Suppr**.

◆ **Dupliquer des tranches**. Sélectionnez les tranches et appuyez sur **Alt** (Win) ou **Option** (Mac) tout en faisant glisser la sélection.

◆ **Afficher les options des tranches**. Cliquez l'outil **Sélection de tranche** et double-cliquez une tranche.

Voir aussi

Pour de plus amples informations sur les préférences d'affichage des numéros et des couleurs de lignes des tranches, reportez-vous à la section « Exploitez les préférences Repères, grille et tranches » page 64.

Après avoir créé des tranches, vous pouvez exploiter les options de la fenêtre de Photoshop ou de la boîte de dialogue Enregistrer pour le Web et les périphériques. Vous pouvez afficher ou masquer les tranches, en sélectionner plusieurs, en supprimer ou en dupliquer et afficher ou masquer leurs paramètres. Si une image contient plusieurs tranches, optimisez-les dans la boîte de dialogue Enregistrer pour le Web et les périphériques. Les options d'optimisation permettent notamment de lier plusieurs tranches. Pour les tranches liées dans les formats GIF et PNG-8, Photoshop utilise le même panneau de couleurs et un motif de tramage pour masquer les démarcations entre les tranches.

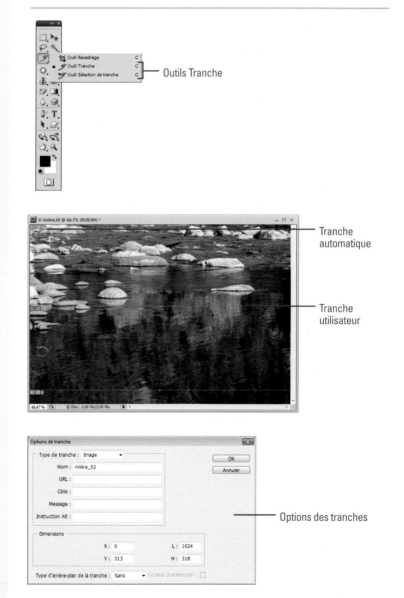

Outils Tranche

Tranche automatique

Tranche utilisateur

Options des tranches

Exploitez les tranches dans la boîte de dialogue Enregistrer pour le Web et les périphériques

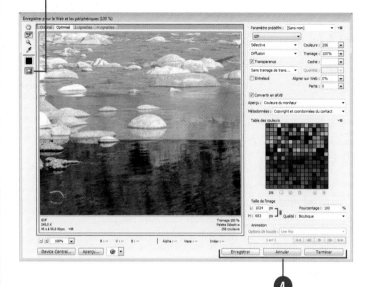

Bouton Afficher/
Masquer les tranches

① Ouvrez un document contenant des tranches.

② Dans le menu **Fichier**, cliquez **Enregistrer pour le Web et les périphériques**.

③ Sélectionnez le type de fichier, les options et effectuez les réglages.

◆ **Afficher ou masquer les tranches**. Cliquez le bouton **Afficher/Masquer les tranches**.

◆ **Sélectionner des tranches**. Cliquez l'outil **Sélection de tranche** et cliquez la tranche. Utilisez la touche **Maj** et cliquez ou faites glisser pour sélectionner plusieurs tranches.

◆ **Afficher les options des tranches**. Cliquez l'outil **Sélection de tranche** et double-cliquez une tranche.

◆ **Lier des tranches**. Sélectionnez les tranches à lier, cliquez le bouton **Optimiser le menu** et choisissez **Lier les tranches**.

◆ Une icône de lien apparaît sur les tranches.

◆ **Rompre le lien entre les tranches**. Sélectionnez la tranche, cliquez le bouton **Optimiser le menu** et choisissez **Rompre le lien de la tranche** ou **Rompre tous les liens des tranches**.

④ Lorsque vous avez terminé, cliquez **Enregistrer** pour enregistrer l'image ou **Terminer** pour enregistrer vos paramètres.

RACCOURCI *Pour passer de l'outil Tranche à l'outil Sélection de tranche, enfoncez la touche* **Ctrl** *(Win) ou* ⌘ *(Mac).*

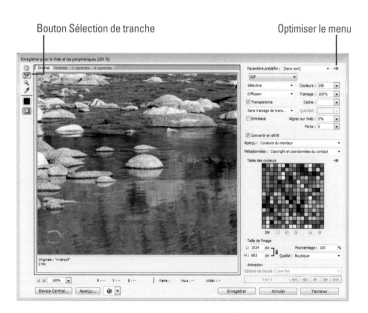

Bouton Sélection de tranche   Optimiser le menu

Organisez les tranches

Déplacer et redimensionner des objets sont des tâches courantes dans Photoshop. Ces actions sont similaires pour les tranches. Vous pouvez également les aligner sur un bord ou au centre et les répartir régulièrement horizontalement ou verticalement. Lorsque vous alignez et organisez les tranches, vous réduisez la quantité de tranches automatiques, ce qui génère des fichiers de plus petite taille, plus rapides à télécharger. Si des tranches se chevauchent, vous modifiez l'ordre d'empilement, en avançant une tranche d'un niveau ou en la plaçant au premier plan.

Déplacez ou redimensionnez des tranches

1 Ouvrez un document qui contient des tranches.

2 Sélectionnez les tranches à déplacer ou redimensionner.

3 Pour déplacer une sélection de tranche, faites-la glisser. Appuyez sur **Maj** pour forcer le mouvement vers le haut, le bas ou en diagonale.

4 Pour redimensionner une tranche, faites glisser une poignée de côté ou de coin. Si vous sélectionnez des tranches adjacentes ayant des limites communes, elles se redimensionnent de concert.

◆ Vous pouvez aussi cliquer **Options** dans la barre d'options pour définir exactement la taille ou la position des tranches.

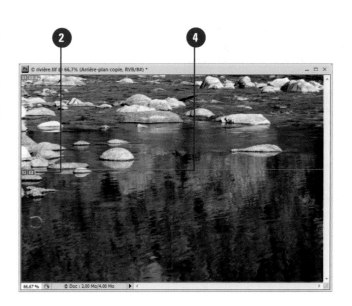

Bouton Options

Note

Ajustez les tranches à un repère, une tranche utilisateur ou un autre objet. Dans le menu Affichage, pointez Magnétisme et sélectionnez les éléments de votre choix. Répétez l'opération pour annuler le magnétisme. Lorsque vous déplacez une tranche contre un élément, elle s'y accroche à partir d'une distance de 4 pixels.

Note

Copiez-collez une tranche. À l'instar des autres objets, servez-vous des commandes Copier et Coller avec les tranches. Si vous copiez une tranche depuis Dreamweaver, elle conserve les informations du fichier d'origine.

Alignez, répartissez ou empilez les tranches

1. Ouvrez un document qui contient des tranches.

2. Sélectionnez les tranches à organiser.

3. Pour aligner les tranches, sélectionnez le bouton d'alignement dans la barre d'options : bords supérieurs, centres dans le sens vertical, bords inférieurs, bords gauches, centres dans le sens horizontal et bords droits.

4. Pour répartir régulièrement les tranches, sélectionnez le bouton de répartition dans la barre d'options : bords supérieurs, centres dans le sens vertical, bords inférieurs, bords gauches, centres dans le sens horizontal et bords droits.

5. Pour modifier l'ordre d'empilement des tranches, sélectionnez un bouton d'empilement dans la barre d'options : Premier plan, En avant, En arrière ou Arrière-plan.

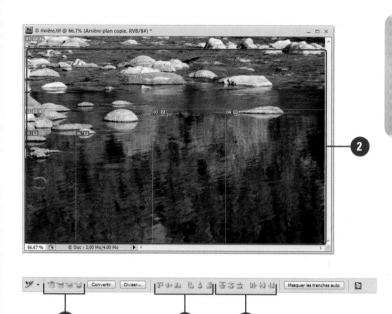

Note

Combinez des tranches utilisateur et automatiques. Cliquez avec le bouton droit les tranches sélectionnées et choisissez Combiner les tranches.

Divisez des tranches utilisateur et automatiques. Avec l'outil Sélection de tranche, sélectionnez la tranche et, dans la barre d'options, cliquez Diviser. Dans la boîte de dialogue Diviser la tranche, sélectionnez les options de division et cliquez OK.

Enregistrez une image tranchée pour le Web

Après avoir créé des tranches, vous exportez et optimisez chaque tranche avec la commande Enregistrer pour le Web et les périphériques qui enregistre chaque tranche dans un fichier distinct et crée le code nécessaire pour les afficher sur le Web. À partir de la boîte de dialogue Enregistrer une copie optimisée sous, vous accédez à la boîte de dialogue Paramètres de sortie qui permet de définir les options de sortie contrôlant le format des fichiers HTML, les noms des fichiers et des tranches, et la manière d'enregistrer les images d'arrière-plan.

Enregistrez une tranche pour le Web

1 Ouvrez le document contenant la tranche à enregistrer.

2 Dans le menu **Fichier**, cliquez **Enregistrer pour le Web et les périphériques**.

3 Sélectionnez le type de fichier, les options et effectuez les réglages.

4 Cliquez **Enregistrer**.

5 Dans la liste **Type** (Win) ou **Format** (Mac), sélectionnez **HTML et images**, **Images** ou **HTML**.

6 Dans la liste **Paramètres**, sélectionnez les paramètres de sortie de votre choix. Pour un usage normal, il est recommandé d'employer les paramètres par défaut.

Reportez-vous à la page suivante pour plus de détails sur les paramètres de sortie.

7 Ouvrez la liste **Tranches**, puis sélectionnez **Toutes les tranches**, **Toutes les tranches utilisateur** ou **Tranches sélectionnées**.

8 Cliquez **Enregistrer**.

Définissez les options de sortie des tranches

1 Ouvrez le document contenant la tranche à enregistrer.

2 Dans le menu **Fichier**, cliquez **Enregistrer pour le Web et les périphériques**.

3 Cliquez **Enregistrer**.

4 Dans la liste **Format**, sélectionnez le format de votre choix.

5 Dans la liste **Paramètres**, cliquez **Autre**.

6 Dans la liste **Type de sortie**, cliquez **Tranches**.

7 Définissez les options suivantes :

- **Générer la table**. Utilise une table HTML pour afficher les tranches.

- **Cellules vides**. Indique la manière de convertir les tranches vides en cellules de table.

- **TD W&H**. Indique s'il faut ou non inclure la largeur et la hauteur avec les données de la table.

- **Cellules d'espaceur**. Indique s'il faut ajouter des cellules d'espaceur vides.

- **Générer la CSS**. Crée une feuille de style en cascade pour afficher les tranches.

- **Référence**. Indique comment référencer les positions des tranches avec CSS.

- **Dénomination de tranche par défaut**. Dans les listes, sélectionnez les options spécifiant le modèle de dénomination des tranches.

8 Cliquez **OK**.

9 Dans la liste **Tranches**, sélectionnez l'option de votre choix.

10 Cliquez **Enregistrer**.

Bon à savoir

Enregistrez les paramètres de sortie

Si vous employez souvent les mêmes paramètres pour enregistrer un fichier, enregistrez pour un usage ultérieur les paramètres de sortie sous forme de paramètres prédéfinis. Dans la boîte de dialogue Paramètres de sortie, indiquez les paramètres à enregistrer pour HTML, Tranches, Arrière-plan ou Enregistrement de fichiers, cliquez Enregistrer, tapez un nom, servez-vous de l'emplacement de stockage par défaut, le dossier Optimized Output Settings (Paramètres de sortie optimisés), et cliquez Enregistrer. Le fichier est enregistré avec l'extension .iros. Une fois vos paramètres enregistrés dans ce dossier, vous les retrouvez rapidement dans la boîte de dialogue Enregistrer une copie optimisée sous. Si vous ne les enregistrez pas dans le dossier par défaut, utilisez le bouton Charger de la boîte de dialogue Paramètres de sortie.

Ajoutez du texte HTML ou un lien URL à une tranche

 PS 12.5

Ajoutez du texte HTML à une tranche

① Ouvrez le document avec tranche.

② Ouvrez la boîte de dialogue **Options de tranche** pour ajouter du texte :

   ◆ **Boîte à outils**. Sélectionnez l'outil **Sélection de tranche** et double-cliquez la tranche à laquelle ajouter le texte HTML.

   ◆ **Boîte de dialogue Enregistrer pour le Web…** Cliquez **Fichier → Enregistrer pour le Web…** et double-cliquez la tranche à laquelle ajouter le texte HTML.

③ Dans la liste **Type de tranche**, cliquez **Pas d'image**.

④ Saisissez le texte de votre choix.

⑤ Dans la liste **Type d'arrière-plan de la tranche**, sélectionnez : **Sans**, **Cache**, **Blanc**, **Noir** ou **Autre**.

   ◆ **Couleur de la pipette**. Dans la boîte de dialogue Enregistrer pour le Web…

⑥ Dans la boîte de dialogue Enregistrer pour le Web et les périphériques, cochez la case **Texte HTML** pour inclure les balises HTML de mise en forme.

⑦ Dans la boîte de dialogue Enregistrer pour le Web et les périphériques, sélectionnez l'alignement horizontal et vertical de la cellule. Pour aligner le texte dans les cellules d'une même ligne, définissez une ligne de base commune à toutes les cellules.

⑧ Cliquez **OK**.

Vous avez le choix d'inclure du texte brut ou formaté dans une tranche à exploiter sur le Web en vous servant des balises HTML standard directement sur une tranche du type Pas d'image. Le texte n'apparaît pas dans Photoshop, il vous faut un navigateur pour le visualiser. Ne saisissez pas un texte trop long, car il pourrait affecter la mise en pages exportée. Pour ajouter du texte, servez-vous de l'outil Sélection de tranche ou de la boîte de dialogue Enregistrer pour le Web et les périphériques. Pour créer un lien hypertexte à partir d'une tranche affichée sur le Web, ajoutez une URL à une tranche de type Image.

Double-cliquez la tranche pour ouvrir la boîte de dialogue Options de tranche

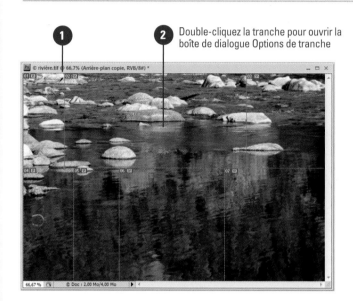

Ajoutez une URL à une tranche

① Ouvrez un document.

② Dans la boîte à outils, sélectionnez l'outil **Sélection de tranche**.

③ Double-cliquez la tranche à laquelle ajouter un lien URL.

④ Dans la liste **Type de tranche**, cliquez **Image**.

⑤ Saisissez une URL ou sélectionnez-en une préalablement créée dans la liste. Saisissez bien toute l'adresse URL, par exemple http://www.efirst.com.

⑥ Pour préciser le contexte de l'image cible :

◆ **_blank**. Affiche le fichier lié dans une nouvelle fenêtre.

◆ **_self**. Affiche le fichier lié dans le même cadre que le fichier d'origine.

◆ **_parent**. Affiche le fichier lié dans le même jeu de cadres que le parent.

◆ **_top**. Remplace toute la fenêtre du navigateur par le fichier lié, supprimant les cadres en cours.

⑦ Cliquez **OK**.

Options de tranche

Type de tranche : Image

Nom : rivière
URL : http://www.Leavenworth.com
Cible :
Message :
Instruction Alt :

OK
Annuler

Dimensions

X : 142   L : 616
Y : 0   H : 313

Type d'arrière-plan de la tranche : Sans   Couleur d'arrière-plan :

Bon à savoir

Sélectionnez un type de contenu de tranche

Le type de tranche détermine la manière dont la tranche apparaît dans un navigateur après son enregistrement pour le Web avec Photoshop. Il existe deux types de contenu : Image et Pas d'image. Image contient les données de l'image, alors que Pas d'image créc des cellules de tableau vides où vous pouvez placer du texte ou une couleur unie. Pour modifier le type de contenu d'une tranche, double-cliquez la tranche avec l'outil Sélection de tranche et dans la liste Type de tranche, sélectionnez le type de votre choix.

Définissez et modifiez les variables des données web

Définissez un graphique dynamiquement adapté aux données

1 Ouvrez un document.

2 Sélectionnez le calque dans lequel définir les variables.

3 Dans le menu **Image**, pointez **Variables** et cliquez **Définir**.

4 Définissez les options suivantes :

- ◆ **Visibilité**. Affichez ou masquez le contenu du calque.

- ◆ **Remplacement des pixels**. Remplacez les pixels du calque par ceux d'un autre fichier d'image.

- ◆ **Remplacement de texte**. Remplacez une chaîne de texte dans le calque de texte (disponible si un calque de texte est sélectionné).

- ◆ **Nom**. Saisissez les noms des variables. Ils doivent commencer par une lettre, le caractère de soulignement ou le caractère deux-points.

5 Pour définir les variables d'un autre calque, sélectionnez-le dans la liste **Calque**.

6 Préparez un document .txt comportant dans la première ligne les noms des variables et dans les lignes suivantes le texte variable et l'emplacement des images variables.

7 Cliquez **OK**.

Dans Photoshop, il est possible de définir des variables qui pilotent les graphiques du document web. Avec les graphiques dynamiquement adaptés aux données, on peut créer plusieurs versions d'une image de manière rapide et précise. Par exemple, vous devez produire plusieurs bannières web fondées sur un même modèle. Au lieu de créer chaque bannière, vous utilisez les graphiques dynamiquement adaptés aux données pour générer des bannières web à l'aide de variables ou d'ensembles de données. Une image peut être convertie en modèle pour les graphiques dynamiquement adaptés aux données en définissant des variables pour les calques de l'image. Un **ensemble de données** est une collection de variables et de données associées. Il est possible d'intervertir des ensembles de données pour télécharger des données différentes dans le modèle. En combinant un calque défini et un ensemble de données, vous pouvez exploiter les informations pour permuter les images en fonction des variables d'entrée.

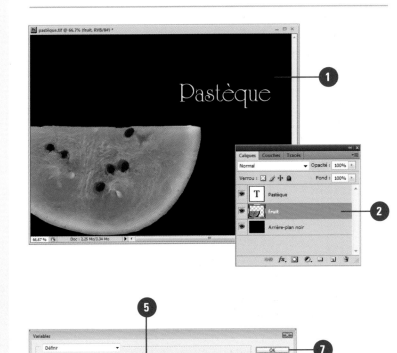

Créez un ensemble de données

① Ouvrez un document.

② Sélectionnez le calque dans lequel définir les variables.

③ Dans le menu **Image**, pointez **Variables** et cliquez **Ensembles de données**.

④ Cliquez **Importer** pour ouvrir le fichier .txt créé à la page précédente ou sélectionnez un ensemble de données prédéfini dans la liste.

⑤ Sélectionnez une variable parmi les objets listés.

⑥ Modifiez les données suivantes (chacune étant disponible lorsqu'elle est sélectionnée comme définition du fichier) :

◆ **Visibilité**. Sélectionnez **Visible** ou **Invisible** pour afficher ou masquer le contenu du calque.

◆ **Remplacement des pixels**. Cliquez **Parcourir** et sélectionnez un fichier image de remplacement.

◆ **Remplacement de texte**. Saisissez une chaîne de texte dans la zone **Valeur**.

⑦ Répétez les étapes **5** et **6** pour chaque variable du modèle.

La visibilité de l'image, le texte d'un calque de texte ou la permutation des images peuvent à présent être contrôlés par le changement de variables.

⑧ Cliquez **OK**.

⑨ Cliquez **Image → Appliquer l'ensemble de données**. Une boîte de dialogue vous propose d'indiquer les données à remplacer.

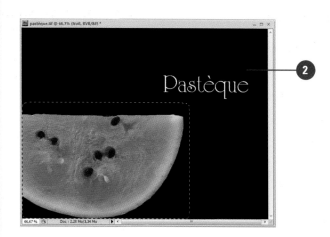

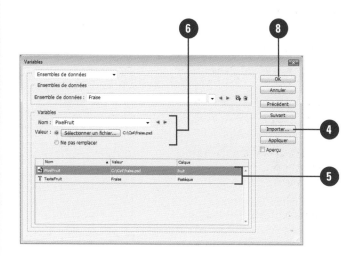

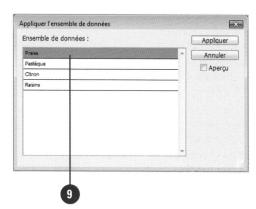

Exportez directement en vidéo

Photoshop permet d'exporter un document contenant une animation vers un film ou une séquence QuickTime. Les formats vidéo sont les suivants : 3G, FLC (également appelé FLI), iPod (sur écran 320 x 240), film QuickTime, AVI (pour Windows), DV Stream, Image Sequence ou MPEG-4 (Extended). Si vous avez installé l'encodeur FLV QuickTime sur votre ordinateur, vous pouvez exporter le format FLV (*Adobe Flash Video*). Il est également possible d'exporter une animation dans des fichiers distincts. Les formats de fichiers sont les suivants : BMP, Cineon, Dicom, JPEG, OpenEXR, Photoshop, PNG, Targa et TIFF.

Exportez directement en vidéo

1. Ouvrez un document.

   Si le document est une animation, les images seront visibles dans le panneau Animation.

2. Dans le menu **Fichier**, pointez **Exportation** et cliquez **Rendu vidéo**.

3. Tapez le nom de la vidéo ou utilisez celui fourni.

4. Cliquez **Sélectionner un dossier**, sélectionnez le dossier où stocker le fichier et cliquez **OK**.

5. Cliquez l'option **Exportation QuickTime**.

6. Dans la liste **Exportation QuickTime**, sélectionnez un format vidéo.

7. Pour sélectionner les options relatives au format choisi, cliquez **Paramètres**, faites vos sélections et cliquez **OK**. Les options dépendent du format.

8. Sélectionnez la plage des séquences d'images à inclure.

9. Si elle est disponible, sélectionnez l'option de la couche alpha et indiquez la fréquence d'images par seconde.

10. Cliquez **Rendu**.

Boîte de dialogue Paramètres

Exportez directement vers une séquence d'images

1. Ouvrez un document.

   Si le document est une animation, les images seront visibles dans le panneau Animation.

2. Dans le menu **Fichier**, pointez **Exportation** et cliquez **Rendu vidéo**.

3. Donnez un nom à la vidéo ou utilisez le nom indiqué.

4. Cliquez **Sélectionner un dossier**, sélectionnez le dossier où stocker le fichier et cliquez **OK**.

5. Cliquez l'option **Séquence d'images**.

6. Dans la liste **Séquence d'images**, sélectionnez un format vidéo.

7. Indiquez le numéro de départ et de fin des numéros intégrés au nom du fichier et sélectionnez la taille de votre choix.

8. Pour sélectionner les options relatives au format choisi, cliquez **Paramètres**, faites vos sélections et cliquez **OK**. Les options dépendent du format.

9. Sélectionnez la plage des séquences d'images à inclure.

10. Si vous le souhaitez, indiquez la fréquence d'images.

11. Cliquez **Rendu**.

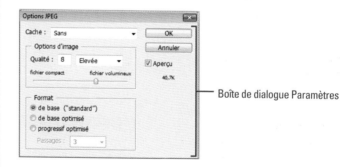

Boîte de dialogue Paramètres

Exportez une image vers Zoomify

 PS 1.3

En exportant une image vers Zoomify, vous affichez des images haute résolution sur le Web que les utilisateurs peuvent agrandir ou visualiser en panoramique. Lorsque vous exportez vers Zoomify, Photoshop exporte des fichiers JPEG et HTML qui peuvent être placés sur un serveur web. Une image exportée vers Zoomify se télécharge à la même vitesse qu'une image classique tout en proposant la possibilité d'agrandissement. Dans la boîte de dialogue d'exportation, vous sélectionnez l'arrière-plan et la navigation de l'image d'après un modèle, précisez l'emplacement de sortie, choisissez la qualité de l'image, définissez ses dimensions de base dans le navigateur web et décidez de son ouverture dans votre navigateur.

Exportez une image vers Zoomify

1. Ouvrez un document.

2. Dans le menu **Fichier**, pointez **Exportation** et cliquez **Zoomify**.

3. Dans la liste **Modèle**, sélectionnez un arrière-plan et un modèle Zoomify Viewer.

4. Cliquez **Dossier**, sélectionnez l'emplacement de sortie et cliquez **OK**.

5. Définissez les options de mosaïque d'image. Déplacez le curseur pour régler la qualité.

6. Indiquez la largeur et la hauteur en pixels de l'image de base.

7. Pour ouvrir l'image dans votre navigateur, cochez la case **Ouvrir dans le navigateur Web**.

8. Cliquez **OK**.

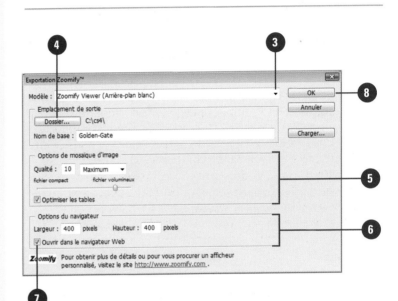

Image avec Zoomify

Photoshop CS4 Extended

20

Adobe Photoshop se présente en deux éditions :
Photoshop CS4 et Photoshop CS4 Extended, la première
étant un sous-ensemble de la seconde. L'édition Extended
comprend tous les outils de la version standard ainsi que des
fonctionnalités supplémentaires destinées à créer du contenu
plus élaboré.

L'outil Comptage compte les objets d'une image à des
fins de statistiques. Il permet également de cliquer une image
et de compter le nombre de clics. Si vous devez compter le
nombre d'éléments qui figurent sur une photo, il vous suffit
de cliquer dans l'image sans avoir besoin de mémoriser le
compte. Pour mesurer une zone d'une image et conserver
les données à des fins de statistiques, faites appel à la
fonctionnalité de mesure. Vous mesurez n'importe quelle
zone définie à l'aide d'un outil de sélection, de l'outil Règle
ou de l'outil Comptage. La fonctionnalité de mesure permet
de calculer et de conserver des points de données, comme la
hauteur, la largeur, la surface et le périmètre.

Photoshop CS4 Extended permet de créer une animation
fondée sur un montage. Pour ajouter une vidéo à un
document, vous pouvez créer un nouveau calque vidéo à
partir d'un fichier ou en créer un vide et y placer un fichier
vidéo ultérieurement. Après avoir inséré un calque vidéo,
vous le modifiez à l'aide du panneau Animation en mode
Montage. Vous êtes libre de modifier les points de départ
et d'arrêt, de supprimer des images, d'ajouter un fondu de
début ou de fin ou d'ajouter des animations à l'aide d'images
clés.

Comptez les objets d'une image

L'outil Comptage de Photoshop CS4 Extended sert à compter les objets d'une image à des fins de statistiques. Il permet également de cliquer une image et de savoir combien de clics elle a reçus. Si vous devez compter le nombre d'éléments présents dans une photo, vous pouvez cliquer l'image sans avoir besoin de mémoriser le compte. Vous pouvez enregistrer le décompte manuel dans le Journal des mesures. Les comptes ne s'enregistrent pas avec le document. Si plusieurs sélections ont été effectuées dans une image, Photoshop peut les compter automatiquement et enregistrer les résultats dans le panneau Journal des mesures.

Comptez manuellement les objets d'une image

1 Ouvrez un document.

2 Dans la boîte à outils, sélectionnez l'outil **Comptage** situé dans le groupe d'outils de la pipette (**Ps**).

3 Pour changer la couleur, cliquez la zone **Couleur du groupe de comptage** dans la barre d'options, sélectionnez une couleur et cliquez **OK**.

4 Cliquez dans l'image pour ajouter des numéros en ordre croissant.

5 Pour modifier les numéros, procédez comme suit :

- ◆ **Déplacer**. Faites glisser le numéro.

- ◆ **Supprimer**. Appuyez sur **Alt** (Win) ou **Option** (Mac) et cliquez un numéro.

- ◆ **Réinitialiser**. Dans la barre d'options, cliquez **Effacer** pour remettre le compte à zéro.

- ◆ **Afficher** ou **Masquer**. Dans le menu **Affichage**, pointez **Afficher**, puis cliquez **Comptage**.

6 Pour consulter les données de mesure, cliquez **Journal des mesures** dans le menu **Fenêtre**.

7 Pour consigner le comptage dans le Journal des mesures, cliquez **Enregistrer les mesures**.

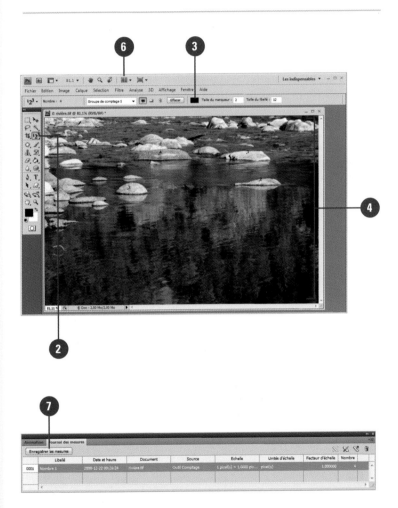

Comptez automatiquement les objets d'une image

① Ouvrez un document.

② Dans la boîte à outils, sélectionnez l'outil **Baguette magique** ou cliquez le menu **Sélection**, puis **Plage de couleurs**.

◆ **Baguette magique**. Vous devrez peut-être ajuster le niveau de Tolérance pour sélectionner les objets.

◆ **Plage de couleurs**. Vous devrez peut-être définir la Tolérance et les couleurs sélectionnées pour sélectionner les objets.

③ Dans le menu **Analyse**, pointez **Sélectionner des points de données**, puis cliquez **Personnalisés**.

④ Dans la section **Sélections**, cochez la case **Nombre**.

⑤ Cliquez **OK**.

⑥ Dans le menu **Fenêtre**, cliquez **Journal des mesures** pour ouvrir ce panneau.

⑦ Dans le panneau **Journal des mesures**, cliquez **Enregistrer les mesures**.

Photoshop compte les zones sélectionnées et consigne le nombre dans la colonne Nombre du Journal des mesures.

Prenez des mesures dans une image

Pour mesurer une zone d'une image et obtenir des données à des fins de statistiques, faites appel à la fonctionnalité Mesure. Vous mesurez ainsi n'importe quelle zone définie par un outil de sélection, l'outil Règle ou l'outil Comptage. La fonctionnalité de mesure permet de créer des points de données et d'effectuer des calculs comme la hauteur, la largeur, la surface et le périmètre. Photoshop enregistre les données de mesure dans le panneau Journal des mesures que vous personnalisez pour afficher les informations de votre choix. Avant de commencer à mesurer, définissez l'échelle de mesure pour faire correspondre un nombre de pixels à un nombre d'unités, comme des pouces, des millimètres, des microns ou des pixels. Vous faciliterez vos mesures en plaçant des marqueurs d'échelle sur l'image pour afficher l'échelle de mesure.

Définissez l'échelle de mesure

1. Dans le menu **Analyse**, pointez **Définir l'échelle de mesure**, puis cliquez **Personnalisée**.

2. Spécifiez la longueur de pixel et la longueur logique, puis indiquez les unités logiques.

3. Pour enregistrer l'échelle de mesure comme paramètre prédéfini à réemployer, cliquez **Enregistrer l'échelle prédéfinie**, saisissez un nom, puis cliquez **OK**.

4. Cliquez **OK**.

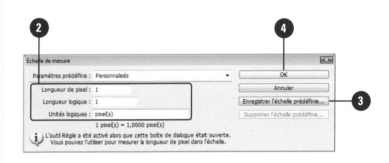

Placez un marqueur d'échelle

1. Dans le menu **Analyse**, cliquez **Placer un marqueur d'échelle**.

2. Saisissez la longueur en pixels du marqueur d'échelle.

3. Pour afficher la longueur logique et les unités du marqueur d'échelle, cochez la case **Afficher le texte** et sélectionnez une police et sa taille.

4. Cliquez l'option **Bas** ou **Haut** pour indiquer où placer la légende.

5. Cliquez l'option **Noir** ou **Blanc** pour définir la couleur du marqueur et de la légende.

6. Cliquez **OK**.

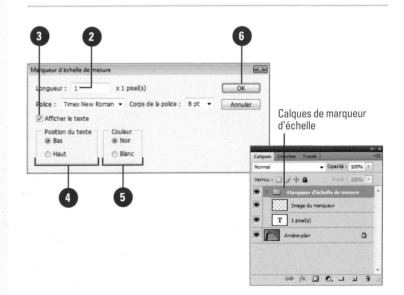

Calques de marqueur d'échelle

Effectuez une mesure

① Ouvrez un document.

② Dans le menu **Analyse**, pointez **Sélectionner des points de données**, puis cliquez **Personnalisés**.

③ Cochez les cases en regard des points de données à mesurer et à suivre pour les différents outils.

④ Cliquez **OK**.

⑤ Indiquez ce que vous allez mesurer à l'aide des méthodes suivantes :

◆ **Sélection**. Créez une ou plusieurs sélections.

◆ **Règle**. Sélectionnez l'outil **Règle** dans la boîte à outils, puis faites-le glisser pour mesurer ce que vous souhaitez.

◆ **Comptage**. Dans la boîte à outils, sélectionnez l'outil **Comptage** et cliquez pour compter les éléments.

⑥ Dans le menu **Fenêtre**, cliquez **Journal des mesures** pour ouvrir ce panneau.

⑦ Dans le menu **Analyse**, cliquez **Enregistrer les mesures** pour enregistrer les valeurs mesurées dans le Journal des mesures.

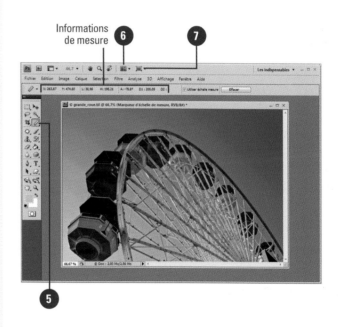

Informations de mesure ⑥ ⑦

⑤

Note

Supprimez un marqueur d'échelle.
Dans le panneau Calques, sélectionnez le groupe du calque Marqueur d'échelle de mesure à supprimer, cliquez le groupe avec le bouton droit et cliquez Supprimer le groupe.

Ajoutez ou remplacez des marqueurs d'échelle. Dans le menu Analyse, cliquez Placer un marqueur d'échelle, choisissez Supprimer ou Conserver, définissez les paramètres du nouveau marqueur, puis cliquez OK.

Bon à savoir

Exportez les données du Journal des mesures

Après avoir obtenu les données de mesure dont vous avez besoin, vous pouvez exporter le Journal des mesures sous forme de fichier texte délimité par des tabulations (.txt) qui peut être importé dans une feuille de calcul ou une base de données. Pour exporter des données, cliquez Journal des mesures dans le menu Fenêtre, sélectionnez une ou plusieurs lignes de données, cliquez le bouton Exporter les mesures sélectionnées, tapez un nom de fichier, spécifiez un emplacement, puis cliquez Enregistrer.

Alignez et combinez des calques

Avez-vous déjà essayé de remplacer ou de supprimer des parties d'une image qui possèdent le même arrière-plan ou de réunir des images qui partagent un contenu ? Photoshop CS4 vous propose pour ce faire les commandes Alignement automatique des calques et Fusion automatique des calques. La première commande aligne automatiquement des calques dont le contenu est similaire. Un calque devient le calque de référence et tous les autres s'alignent sur celui-ci. Vous pouvez définir manuellement le calque de référence ou laisser Photoshop le choisir. Lorsque des images sont alignées, il arrive qu'une ligne apparaisse au point de jonction. La commande Fusion automatique des calques appliquée à des images RVB ou Niveaux de gris crée une transition douce entre les images alignées. La commande se sert des masques de calque pour supprimer les différences de contenu entre les images.

Alignez des calques

1. Ouvrez un document.

2. Dupliquez ou placez les images à aligner sur différents calques.

3. Pour définir un calque de référence, sélectionnez le calque et cliquez le bouton **Tout verrouiller** du panneau Calques. Si aucun calque n'est verrouillé, Photoshop crée un calque de référence pour vous.

4. Sélectionnez dans le panneau Calques les calques à aligner.

5. Cliquez **Edition → Alignement automatique des calques**.

6. Sélectionnez une option d'alignement automatique :

   ◆ **Auto**. Analyse l'image et applique une disposition Perspective, Sphérique ou Cylindrique.

   ◆ **Perspective**. Étire ou incline les autres images.

   ◆ **Collage**. Aligne les calques et fait coïncider le contenu sans le déformer (Ps).

   ◆ **Cylindrique**. Réduit l'effet papillon en affichant chaque image sur un cylindre déplié.

   ◆ **Sphérique** (Ps). Transforme de façon sphérique des images caractérisées par de larges champs angulaires.

① Image d'origine

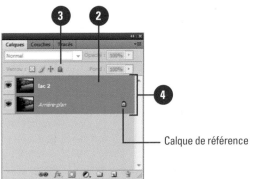

Calque de référence

◆ **Repositionnement seulement**. Aligne les calques et fait correspondre le contenu qui se chevauche.

⑦ Cochez **Correction du vignettage** (Ps) pour supprimer ce défaut de l'objectif et pour corriger les distorsions en œil-de-poisson.

⑧ Cliquez **OK**.

⑨ Pour ajuster avec plus de précision l'alignement ou modifier les tons, cliquez **Transformation manuelle** dans le menu **Edition**.

Combinez et fusionnez des calques

① Sélectionnez les calques à combiner.

② Dans le menu **Edition**, cliquez **Fusion automatique des calques**.

③ Sélectionnez l'option **Panorama** ou **Empiler les images**.

④ Cliquez **OK**.

Note

Créez une pile d'images (Extended).
Si vous disposez d'images de taille similaire, vous pouvez créer une pile d'images. Créez un document avec chaque image sur un calque séparé. Sélectionnez tous les calques, exécutez la commande Alignement automatique des calques avec l'option Automatique, convertissez les calques en objets dynamiques et créez une pile d'images. Dans le menu Calque, pointez Objets dynamiques, Mode d'empilement, puis sélectionnez une pile dans le sous-menu. Pour supprimer une pile, cliquez Sans dans le sous-menu. Vous modifiez une pile d'images comme tout autre objet dynamique.

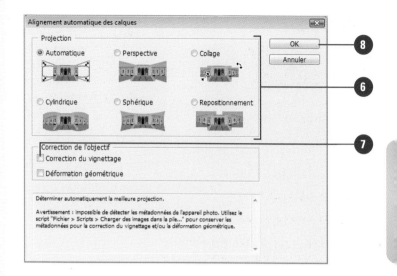

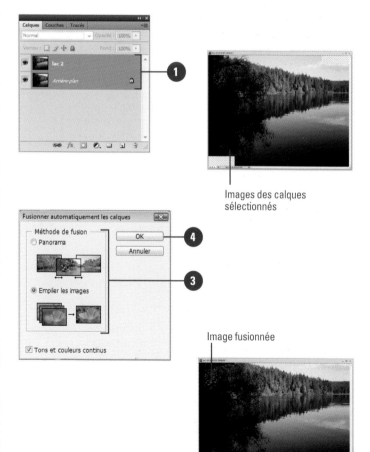

Images des calques sélectionnés

Image fusionnée

Ouvrez des fichiers vidéo et des séquences d'images

Dans Photoshop CS4 Extended, la commande Ouvrir du menu Fichier permet d'ouvrir des fichiers vidéo et des séquences d'images aux formats de la liste ci-après. Les calques vidéo peuvent contenir des fichiers avec les modes colorimétriques et bits par couches (bpc) suivants :

◆ **Niveaux de gris**. 8, 16 ou 32 bpc

◆ **RVB**. 8, 16 ou 32 bpc

◆ **CMJN**. 8 ou 16 bpc

◆ **Lab**. 8 ou 16 bpc

Formats de vidéos et de séquences d'images

Format	Utilisation
MPEG-1	Emploie le format MPEG (*Moving Picture Experts Group*) ; qualité légèrement inférieure à celle des vidéos VCR conventionnelles.
MPEG-4	Emploie le format MPEG ; se transmet sur une largeur de bande plus restreinte et peut combiner la vidéo avec du texte, des images et des calques d'animation en 2-D et 3-D.
MOV	Emploie le format QuickTime (MOV) ; format vidéo et d'animation développé par Apple.
AVI	(*Audio Visual Interleaved*) Format vidéo développé par Microsoft pour stocker les données vidéo et audio.
FLV	(*Flash Video*) Format Adobe de QuickTime ; pris en charge avec l'installation de Flash 8.
MPEG-2	Emploie le format MPEG ; la qualité équivaut aux normes TV, y compris NTSC ou HDTV ; pris en charge avec un décodeur MPEG-2 installé.
BMP	Format d'image.
Dicom	Le format DICOM (*Digital Imaging and Communications in Medicine*) sert à transférer et à stocker des images médicales.
JPEG	Le format JPG ou JPEG (*Joint Photographers Expert Group*) est une méthode de compression qui réduit la taille des fichiers image, principalement pour le Web.
OpenEXR	Emploie le format HDR (*High Dynamic Range*) ; format de film utilisé pour produire des images destinées à des films.
PNG	Le format PNG (*Portable Network Graphic*) enregistre des images pour le Web qui prennent en charge jusqu'à 16 millions de couleurs et 256 niveaux de transparence.
PSD	Le format PSD (Photoshop) enregistre des calques, des couches, des notes et des profils colorimétriques.
Targa	Format d'image pour l'édition d'images de pointe sur plate-forme Windows.
TIFF	Le format TIFF ou TIF (*Tagged Image File*) est utilisé pour imprimer et enregistrer des images aplaties sans perte de qualité.
Cineon	Emploie le format Cineon Digital Film System ; format numérique développé par Kodak pris en charge avec un complément installé.
JPEG 2000	Emploie un format JPEG avancé ; format d'image qui produit des images pour le Web ou l'impression avec une compression et une qualité meilleures ; pris en charge avec un complément installé.

Créez un calque vidéo

Pour ajouter une vidéo à un document, vous pouvez créer un nouveau calque vidéo à partir d'un fichier ou en créer un vide et y placer un fichier vidéo ultérieurement. Servez-vous ensuite de la commande Ouvrir du menu Fichier pour ouvrir la vidéo. Photoshop ouvre une grande variété de fichiers vidéo et de séquences d'images. Il est même possible de lire la vidéo avec le son lorsque vous appuyez sur Alt (Win) ou Option (Mac) en même temps que vous cliquez le bouton Lecture ou de couper et activer le son en cliquant le bouton de lecture audio (icône du haut-parleur, au bas du panneau Animation (**Ps**).

Créez un calque vidéo

① Ouvrez un document.

② Dans le menu **Fenêtre**, cliquez **Animation** pour afficher ce panneau.

③ Cliquez le bouton **Conversion en animation de montage** pour passer en mode Montage, si nécessaire.

④ Dans le menu **Calque**, pointez **Calques vidéo**, puis cliquez le type de calque de votre choix :

◆ **D'après un fichier**. Cliquez **Nouveau calque vidéo d'après un fichier**, sélectionnez une vidéo ou une séquence d'images, puis cliquez **Ouvrir**.

◆ **Vide**. Cliquez **Nouveau calque vidéo vide**.

⑤ Pour ouvrir un fichier vidéo et l'ajouter à un calque, cliquez **Ouvrir** dans le menu **Fichier**, sélectionnez le fichier vidéo à ouvrir et cliquez **Ouvrir**.

Note

Créez une image fixe à partir d'un calque vidéo. Si vous voulez obtenir une image fixe à partir d'une vidéo, pixellisez le calque vidéo et créer un composite aplati de l'image en cours. Sélectionnez le calque vidéo puis l'image voulue, cliquez le menu Calque, pointez Pixellisation, puis cliquez Vidéo ou Calque.

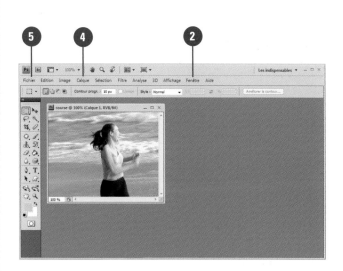

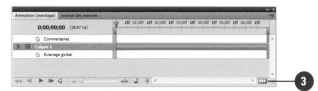

Nouveau calque vidéo

Modifiez
un calque vidéo

Après avoir inséré un calque vidéo, vous le modifiez à l'aide du panneau Animation en mode Montage. Modifiez le facteur de zoom pour afficher le montage à votre convenance, puis faites glisser l'indicateur de l'instant au moment ou au numéro d'image à modifier. Vous êtes libre de modifier les points de départ et d'arrêt, de rogner des images, d'ajouter un fondu de début ou de fin ou d'ajouter des animations à l'aide d'images clés. Une image clé définit un changement de propriété du calque vidéo. Si vous définissez au moins deux images clés qui modifient les propriétés, comme la position, l'opacité et le style, vous ajoutez de l'animation.

Modifiez la durée d'un calque vidéo

1 Ouvrez un document avec une vidéo.

2 Dans le menu **Fenêtre**, cliquez **Animation** pour afficher le panneau Animation.

3 Cliquez le bouton **Conversion en animation de montage** pour passer en mode Montage, si nécessaire.

4 Employez l'une des méthodes suivantes pour modifier la durée :

◆ **Début et Fin de zone de travail**. Pointez les extrémités de la barre de la zone de travail, puis faites glisser pour changer leur position.

◆ **Points d'entrée et de sortie**. Pointez le début ou la fin de la barre de durée du calque (le curseur se transforme en double flèche), puis faites glisser pour modifier les points.

◆ **Déplacer la durée**. Pointez la barre de durée, puis faites glisser la durée pour démarrer et arrêter à une nouvelle position.

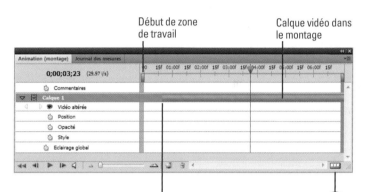

Début de zone de travail

Calque vidéo dans le montage

Point de départ (redimensionnement)

Note

Supprimez une section de vidéo.
Dans le panneau Animation en mode Montage, faites glisser les extrémités de la barre de zone de travail pour sélectionner le métrage à supprimer, cliquez le bouton Options, puis Relever la zone de travail.

Utilisez des images clés pour animer les propriétés de calque

1 Ouvrez un document.

2 Dans le menu **Fenêtre**, cliquez **Animation** pour afficher le panneau Animation.

3 Cliquez le bouton **Conversion en animation de montage** pour passer en mode Montage, si nécessaire.

4 Cliquez la flèche à gauche du calque vidéo dont vous souhaitez afficher les propriétés.

5 Cliquez l'icône **Chronomètre variable** pour activer l'animation de la propriété du calque.

6 Positionnez l'indicateur de l'instant où définir une image clé, puis modifiez une propriété, comme Opacité, dans le panneau Calques.

7 Modifiez l'image clé en procédant comme suit :

◆ **Sélection**. Cliquez l'icône d'image clé.

◆ **Déplacer**. Faites glisser pour changer la position.

◆ **Supprimer**. Cliquez avec le bouton droit l'icône de l'image clé, puis cliquez Supprimer les images clés.

◆ **Méthode**. L'icône d'image clé en forme de losange anime la modification de propriété de manière égale dans le temps (Interpolation linéaire). Si vous voulez un changement de propriété instantané, optez pour l'Interpolation par paliers, qui présente une icône d'image clé en forme de carré. Cliquez une icône d'image clé avec le bouton droit, puis cliquez Interpolation par paliers ou Interpolation linéaire.

Indicateur de l'instant

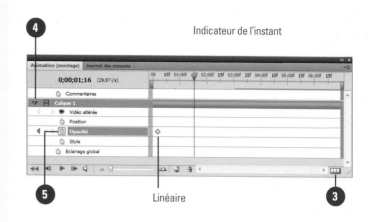

Linéaire

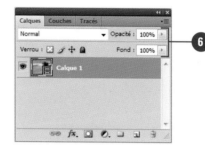

Bon à savoir

Modifiez la vitesse de lecture de la vidéo

Pour accélérer ou ralentir une vidéo, vous devez régler le nombre d'images par seconde (i/s). Pour ce faire, affichez la vidéo dans le panneau Animation en mode Montage, cliquez le bouton Options, puis Paramètres de document, définissez le nombre d'images par seconde (plus le nombre est grand, plus la vitesse est élevée), puis cliquez OK.

Divisez un calque vidéo

Dans Photoshop Extended, vous pouvez scinder un calque vidéo en deux nouveaux calques vidéo à partir d'un point de séparation choisi. Modifiez le facteur de zoom pour afficher le montage à votre convenance, puis faites glisser l'indicateur de l'instant au moment ou au numéro d'image de la coupure. Lorsque vous scindez la vidéo, le calque vidéo est dupliqué et apparaît sous l'original dans le panneau Animation. Le calque original contient la vidéo du début jusqu'à l'image en cours et, le calque dupliqué, la vidéo de l'image en cours jusqu'à la fin.

Divisez un calque vidéo

① Ouvrez un document avec un calque vidéo.

② Dans le menu **Fenêtre**, cliquez **Animation** pour afficher le panneau Animation.

③ Cliquez le bouton **Conversion en animation de montage** pour passer en mode Montage, si nécessaire.

④ Faites glisser l'indicateur de l'instant au moment ou au numéro de l'image où scinder le calque.

⑤ Cliquez le bouton **Options**, puis **Scinder le calque**.

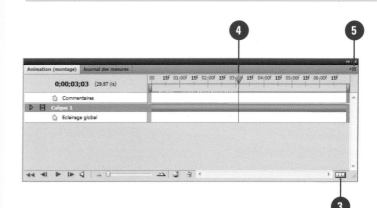

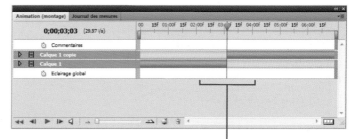

Vidéo scindée

Note

Prévisualisez une vidéo ou une animation de montage. Pour prévisualiser une vidéo ou une animation dans la fenêtre du document, faites glisser l'indicateur de l'instant vers le point où démarrer la vidéo ou l'animation, puis cliquez l'icône Lecture qui se trouve dans la partie inférieure du panneau. Sinon, appuyez sur la barre d'espace pour démarrer ou arrêter la lecture. Photoshop met en mémoire cache la vidéo pour optimiser la lecture.

Dupliquez le contenu d'un calque vidéo

Dupliquez des parties d'un calque vidéo

1. Ouvrez un document comportant un calque vidéo, puis sélectionnez celui-ci dans le panneau Calques.

2. Cliquez **Fenêtre → Animation** pour afficher ce panneau.

3. Cliquez le bouton **Conversion en animation de montage** pour passer en mode Montage, si nécessaire.

4. Faites glisser l'indicateur de l'instant au moment ou au numéro d'image qui est la source de l'échantillon voulu.

5. Dans la boîte à outils, sélectionnez l'outil **Tampon de duplication**.

6. Pour définir un point d'échantillonnage, appuyez sur **Alt** (Win) ou **Option** (Mac) et cliquez la source de l'échantillon.

7. Pour définir un autre point d'échantillonnage, sélectionnez un bouton **Source de duplication** dans le panneau Source de duplication, ajustez l'indicateur de l'instant et répétez l'étape **6**.

8. Sélectionnez le calque vidéo cible et déplacez l'indicateur de l'instant dans l'image où dessiner.

9. Si vous avez défini plusieurs échantillons, sélectionnez la source dans le panneau Source de duplication.

   RACCOURCI *Appuyez sur Maj + Alt (Win) ou Option (Mac) pour afficher temporairement l'incrustation de la duplication.*

10. Faites glisser la zone à dessiner.

Si vous possédez une vidéo ou des images d'animation à retoucher ou à dupliquer, faites appel aux outils Tampon de duplication et Correcteur de Photoshop CS4 Extended. Le premier échantillonne le contenu d'une zone d'une image (source) et le dessine sur une autre zone de la même image ou d'une image différente (cible). L'outil Correcteur fusionne le contenu échantillonné de la source avec celui de la cible dans le but de résoudre un problème. Avec le panneau Source de duplication, vous pouvez définir plusieurs échantillons d'une partie d'une image de vidéo et la dupliquer ou la fusionner avec une autre image.

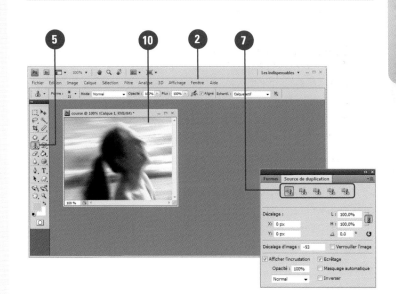

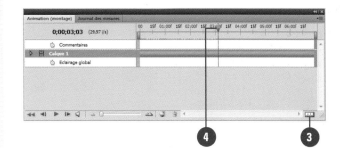

Définissez plusieurs sources de duplication

 PS 2.4

Utilisez le panneau Source de duplication

1. Ouvrez un document.

2. Cliquez le bouton **Source de duplication** pour afficher ce panneau.

3. Pour savoir si un bouton Source de duplication est utilisé, pointez-le et lisez l'info-bulle.

4. Cliquez une icône de source de duplication non utilisée ou celle à remplacer.

5. Pour définir un point d'échantillonnage, appuyez sur **Alt** (Win) ou **Option** (Mac) et cliquez la source de l'échantillon.

6. Pour afficher l'incrustation, cochez la case **Afficher l'incrustation**.

7. Définissez les options de l'incrustation :

   ◆ **Opacité**. Spécifiez un pourcentage.

   ◆ **Écrêtage**. (Ps) Cochez pour écrêter l'incrustation selon la forme active.

   ◆ **Masquage automatique**. Masque l'incrustation pendant la peinture.

   ◆ **Inverser**. Inverse l'incrustation.

8. Pour mettre à l'échelle ou faire pivoter la source d'échantillon, tapez les valeurs de votre choix.

Dans Photoshop CS4 Extended, le panneau Source de duplication permet de définir cinq sources d'échantillonnage différentes pour les outils Tampon de duplication ou Correcteur. Le panneau contient cinq boutons de duplication auxquels des échantillons peuvent être affectés. Il suffit d'ouvrir le panneau Source de duplication, de cliquer l'un des cinq boutons et de sélectionner un échantillon. Le panneau Source de duplication conserve les échantillons jusqu'à ce que vous fermiez le document. Pour vous aider à dupliquer la source à un emplacement précis, vous pouvez faire chevaucher la source d'échantillon et afficher l'incrustation à l'écran. Celle-ci permet de visualiser les modifications et les endroits où dessiner. Vous êtes libre de la masquer, de l'afficher et de modifier son apparence. En outre, vous pouvez la mettre à l'échelle et la faire pivoter pour dupliquer l'échantillon avec une taille et une orientation spécifiques. Si vous avez besoin de dessiner à un emplacement très précis par rapport au point d'échantillonnage, servez-vous du décalage de pixels x et y.

Utilisez des fichiers 3-D

Photoshop CS4 Extended apporte de grandes améliorations au mode de travail avec les fichiers 3-D. En premier lieu, vous trouvez un menu 3-D (Ps) comportant de nombreuses commandes et dix outils placés dans deux groupes dédiés à la 3-D (Ps). Les artistes peuvent maintenant peindre des objets 3-D (Ps) sans devoir utiliser un autre programme. Photoshop accepte les fichiers 3-D (aux formats .ued, .3ds, .obj, .kms et Corolla) créés par des programmes tels Adobe Acrobat 3D Version 8, 3D Studio Max, Alias, Maya et Google Earth. Vous pouvez ouvrir un fichier 3-D dans un nouveau document ou l'insérer dans un document existant. Lorsque vous ouvrez un fichier 3-D, Photoshop le place dans un calque 3-D séparé. Un document peut contenir plusieurs calques 3-D. Si un document contient plusieurs calques 2-D, vous pouvez fusionner un de ces calques avec un calque 3-D. Vous pouvez aussi convertir un calque 3-D en calque 2-D.

Ajoutez un modèle 3-D à une image 2-D

1. Ouvrez un document.

2. Cliquez le menu **3D**, puis cliquez **Nouveau calque d'après un fichier 3D**.

3. Ouvrez l'emplacement du fichier 3-D et sélectionnez le fichier.

4. Cliquez **Ouvrir**.

   Un nouveau calque 3-D est ajouté au document.

5. Pour ajouter un calque 3-D à une image, faites glisser le calque du panneau Calques sur l'image.

6. Sélectionnez le calque 3-D.

7. Servez-vous des outils suivants pour déplacer ou mettre à l'échelle le modèle 3-D :

   ◆ **Déplacer ou mettre à l'échelle**. Utilisez ces outils : **Rotation 3D**, **Enroulement 3D**, **Panoramique 3D**, **Coulissement 3D** et **Mise à l'échelle 3D**.

   ◆ **Modifier l'affichage 3D**. Utilisez ces outils : **Orbite 3D**, **Vue d'enroulement 3D**, **Vue Panoramique 3D**, **Vue de déplacement 3D** et **Zoom 3D**.

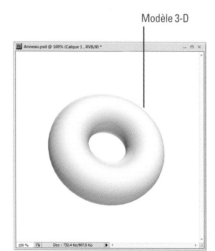

Modèle 3-D

Travaillez avec les fichiers 3-D

Après avoir ouvert un fichier 3-D ou créé un nouveau calque 3-D à l'aide d'une image 2-D, servez-vous des outils 3-D de Photoshop (Ps) pour déplacer ou mettre à l'échelle le modèle 3-D, déplacer la caméra, modifier l'éclairage (lumière du jour ou intérieur) ou les modes de rendu (solide ou filaire). Si vous possédez un calque de texture, vous pouvez le modifier avec les outils classiques de Photoshop et appliquer à nouveau la texture au modèle 3-D.

Créez un modèle 3-D à partir d'une image 2-D

1. Ouvrez une image 2-D.

2. Cliquez le menu **3D**, pointez **Nouvelle forme à partir d'un calque**, puis sélectionnez la forme sur laquelle l'image 2-D sera enroulée.

   Les formes possibles comprennent entre autres Cône, Cube, Canette de soda, Pyramide et Chapeau.

3. Sélectionnez un des outils 3-D de la barre d'outils ou de la barre d'options pour déplacer l'image dans les trois dimensions.

4. Ou bien, utilisez l'axe 3-D (Ps). Chaque élément coloré représente un des axes (x, y, z) de l'espace de l'objet.

   ◆ Vous pouvez aussi sélectionner une des parties de l'axe pour redimensionner le modèle ou le déplacer et le faire pivoter selon un axe.

5. Cliquez le menu **Fenêtre**, puis **3D** pour ouvrir ce panneau.

   Le panneau 3-D donne accès à quatre zones permettant de modifier les propriétés d'un objet 3-D : Scène complète, Filets, Matériaux et Éclairages.

6. Lorsque vous avez terminé, vous pouvez utiliser le menu **3D** pour pixelliser le calque 3-D, l'exporter et en faire le rendu pour sortie finale ou encore parcourir le contenu 3-D en ligne.

Modifiez un modèle 3-D

1. Ouvrez le document avec le modèle 3-D.

2. Cliquez **Fenêtre → 3D**.

3. Cliquez un de ces boutons :

   ◆ **Scène complète**. Sélectionnez un paramètre prédéfini de rendu, affichez tous les composants de la scène et enregistrez vos paramètres personnalisés.

   ◆ **Filets**. Affiche les filets que vous pouvez alors modifier.

   ◆ **Matériaux**. Définissez les propriétés de l'environnement de l'objet 3-D, telles que l'éclat, la réflectivité et le bosselage.

   ◆ **Éclairages**. Choisissez le mode d'éclairage voulu.

4. Pour déplacer et afficher l'objet, vous pouvez faire appel aux outils 3-D du panneau d'outils qui se trouvent dans la barre d'options.

   ◆ **Déplacer, faire pivoter ou redimensionner**. Sélectionnez un outil 3-D et faites-le glisser pour déplacer, tourner, coulisser ou mettre à l'échelle l'objet.

   ◆ **Caméra**. Sélectionnez un outil 3-D de caméra et faites-le glisser pour faire tourner la caméra en orbite, la faire pivoter, effectuer un panoramique, la faire avancer ou modifier le champ angulaire.

   ◆ **Créer et afficher des animations 3D**. Cliquez **Fenêtre → Animation**, puis utilisez le panneau en mode montage.

5. Lorsque vous avez terminé, vous pouvez utiliser le menu **3D** pour pixelliser le calque 3-D, l'exporter et en faire le rendu pour sortie finale ou encore parcourir le contenu 3-D en ligne.

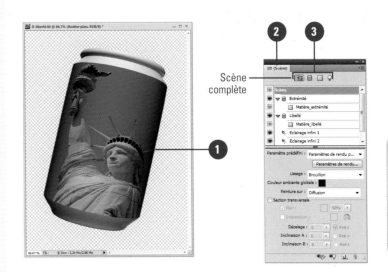

Scène complète

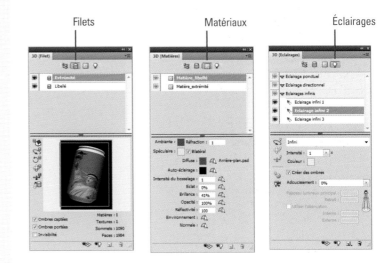

Filets

Matériaux

Éclairages

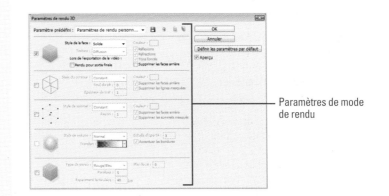

Paramètres de mode de rendu

Explorez les autres fonctionnalités de Photoshop CS4 Extended

Si vous voulez explorer les autres fonctionnalités de Photoshop CS4 Extended, faites appel à l'aide du programme. Dans le menu Aide, cliquez Aide de Photoshop, puis dans la zone Recherche, tapez Photoshop Extended, et appuyez sur Entrée (Win) ou Retour (Mac). Une liste de toutes les fonctionnalités de Photoshop CS4 Extended apparaît. En voici un extrait :

- À propos de Photoshop et MATLAB
- Commandes MATLAB
- Configuration de MATLAB et de Photoshop
- Métadonnées DICOM
- Connexion à Photoshop ou déconnexion depuis MATLAB
- À propos des piles d'images
- À propos des mesures
- Utilisation du journal des mesures
- Commande Extraire la zone de travail
- Prise d'une mesure
- Changement de mode d'animation
- Transformation de calques vidéo
- Animation des fichiers DICOM
- Définition d'une zone de travail
- Fichiers 3-D dans Photoshop
- Touches pour l'utilisation des mesures
- Interprétation du métrage vidéo
- Pixellisation des calques vidéo
- Importation de séquences d'images

- Sélection d'une méthode d'interpolation
- Suppression du métrage d'un calque
- Application de peinture sur des images HDR
- Ouverture d'un fichier DICOM
- Définir les paramètres QuickTime
- Utilisation de marqueurs d'échelle
- Rechargement du métrage dans un calque vidéo
- Conversion des animations d'images et des animations de montage
- À propos du sélecteur de couleurs HDR
- Enregistrement des fichiers 3-D
- Création d'une pile d'images
- À propos des couches alpha et des caches dans la vidéo
- Ouverture ou importation d'un fichier vidéo
- Association de calques dans une vidéo ou une animation
- Touches pour l'utilisation des fichiers DICOM
- Restauration d'images dans les calques vidéo
- Définition d'une zone de travail
- Aperçu des vidéos et des animations
- Remplacement du métrage dans un calque vidéo
- Utiliser un script pour créer une pile d'images
- Peindre les objets 3-D

Exploitez les programmes Adobe

21

Les programmes Adobe sont conçus pour fonctionner de concert et permettre de vous concentrer sur l'essentiel. En fait, ils partagent des outils et des fonctions pour les tâches les plus courantes et vous donnent la possibilité de passer aisément d'un programme à l'autre. Adobe Creative Suite est une collection de programmes qui coopèrent pour vous permettre de créer des œuvres destinées à l'impression, au Web ou aux périphériques mobiles. Lorsque Adobe Creative Suite 4 ou un programme Adobe autonome est installé, d'autres programmes Adobe le sont aussi : Bridge, Version Cue, Device Central et Extension Manager. Ils sont dédiés à des tâches spécifiques comme localiser et ouvrir des images pour des projets, gérer les fichiers et les extensions de programme ou tester des fichiers sur différents périphériques mobiles.

Adobe Bridge est un programme dans lequel vous affichez, ouvrez, modifiez et gérez des images se trouvant sur votre ordinateur, depuis n'importe quel programme d'Adobe Creative Suite. Il lie les programmes de la suite Adobe Creative et en maintient la cohésion grâce à des outils partagés. Bridge permet de localiser, trier, filtrer, gérer et traiter les fichiers d'image un à un ou par lots. Il sert aussi à créer de nouveaux dossiers, renommer, déplacer, supprimer ou grouper des fichiers, modifier les métadonnées, faire pivoter des images et exécuter des commandes de traitement par lots. Vous pouvez importer des photos depuis votre appareil photo numérique et afficher les données et les métadonnées des fichiers.

Découvrez les programmes Adobe

Adobe Creative Suite 4

La suite Adobe Creative CS4 est une collection de programmes qui coopèrent pour vous permettre de créer des œuvres destinées à l'impression, au Web ou aux périphériques mobiles. Il existe plusieurs éditions d'Adobe Creative Suite 4, avec différentes combinaisons de programmes Adobe. Les principaux programmes sont InDesign et Acrobat Professional pour l'impression, Photoshop, Illustrator et Fireworks pour la conception graphique, Premiere, After Effects Professional, Encore et Soundbooth pour la conception vidéo et audio et enfin Flash Professional, Dreamweaver et Contribute pour la conception web.

Exploitez les programmes Adobe

Lorsque vous installez la suite Adobe CS4 ou un programme Adobe autonome, vous obtenez automatiquement d'autres programmes Adobe : Bridge, Version Cue, Device Central et Extension Manager. Ils sont dédiés à des tâches spécifiques comme localiser et ouvrir des images pour des projets, gérer les fichiers et les extensions de programme ou tester des fichiers sur différents périphériques mobiles.

Adobe Bridge

Adobe Bridge CS4 est un gestionnaire de programmes/lots qui traite et gère vos images pendant que vous travaillez avec les autres programmes Adobe. Pour utiliser Bridge, cliquez Parcourir dans le menu Fichier d'un produit Adobe, comme Flash, ou, à partir du Bureau, servez-vous du menu Démarrer (Win) ou du dossier Applications (Mac).

Adobe Version Cue

Adobe Version Cue est un gestionnaire de fichiers permettant le suivi des changements apportés à un fichier que ce soit par vous ou lors d'un travail avec des collègues. Adobe

Bridge sert de point central à partir duquel exploiter Version Cue. Vous y suivez les fichiers qu'ils proviennent d'un programme Adobe ou non.

Adobe Drive

Adobe Drive (Ps) permet de vous connecter à des serveurs Version Cue et de les utiliser comme s'il s'agissait d'un disque dur local. Après avoir établi une connexion, vous utilisez les fichiers Version Cue à l'aide des boîtes de dialogue Ouvrir, Importation, Exportation ou Importer, et avec l'explorateur Windows ou le Finder du Mac OS.

Adobe ConnectNow

La commande Partager mon écran (Ps) du menu Fichier permet d'ouvrir une session avec Adobe ConnectNow, un site web sécurisé mettant à votre disposition une salle de réunion en ligne. Vous pouvez partager votre écran et lui ajouter des annotations ou encore prendre le contrôle de l'ordinateur d'un participant. Au cours de la session, vous pouvez communiquer en direct par des messages écrits, audio et vidéo.

Adobe Device Central

Adobe Device Central CS4 permet de tester un contenu sur différents périphériques mobiles, en les présentant tels qu'ils y apparaissent. Vous interagissez avec le périphérique émulé afin de tester le contenu en situation réelle. Device Central propose une bibliothèque de périphériques, chacun incluant un profil avec les informations relatives au périphérique, dont les types de médias et de contenus pris en charge.

Adobe Extension Manager

Adobe Extension Manager CS4 est un gestionnaire des fonctions programmées supplémentaires, appelées extensions, dans de nombreux programmes Adobe.

Découvrez Adobe Bridge

 PS 7.7

Recherche rapide (Ps)
Recherchez par nom de fichier
ou de dossier et par mots-clés.

Volet Dossiers
Affiche une arborescence
des dossiers présents sur
l'ordinateur.

Volet Inspecteur
Affiche ou masque les
volets Version Cue.

Espaces de travail (Ps)
Sélectionnez un espace
de travail.

Volet Aperçu
Affiche un aperçu de
l'image sélectionnée.

Barre de chemin (Ps)
Affiche le chemin
d'accès du dossier.

Volet Favoris
Affiche les liens
vers les fonctions
fréquentes et les
emplacements favoris.

Volet Filtre
Affiche les fichiers en
fonction d'un critère.

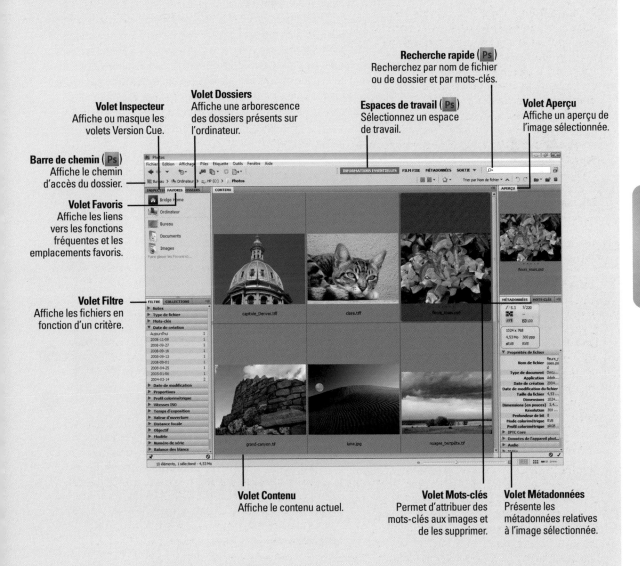

Volet Contenu
Affiche le contenu actuel.

Volet Mots-clés
Permet d'attribuer des
mots-clés aux images et
de les supprimer.

Volet Métadonnées
Présente les
métadonnées relatives
à l'image sélectionnée.

Démarrez avec Adobe Bridge

Adobe Bridge CS4 est un programme autonome dans lequel vous affichez, ouvrez et gérez des images se trouvant sur votre ordinateur depuis n'importe quel programme de la suite Adobe CS4. Adobe Bridge assure la cohésion des programmes Adobe CS4 et des outils partagés, dont Adobe Version Cue, un gestionnaire de suivi des fichiers. Le programme Bridge se compose d'un ensemble de volets qui simplifient la recherche, l'affichage et la gestion des fichiers de l'ordinateur ou du réseau. Personnalisez votre environnement en ouvrant, fermant et déplaçant les volets. Enregistrez alors l'emplacement des volets en tant qu'espace de travail personnalisé, que vous rappellerez par la commande Espace de travail du menu Fenêtre. Bridge propose également des espaces de travail prédéfinis.

Démarrez avec Adobe Bridge

1. Lancez votre programme Adobe et cliquez **Parcourir** dans le menu **Fichier**.

   ◆ Vous pouvez aussi démarrer Adobe Bridge CS4 à partir du menu **Démarrer** (Win) ou du dossier **Applications** (Mac).

2. Pour ouvrir et fermer un volet, cliquez son nom dans le menu **Fenêtre**.

3. Pour déplacer un volet, faites glisser son onglet vers un autre emplacement dans la fenêtre Bridge.

4. Pour enregistrer l'espace de travail, pointez **Espace de travail** dans le menu **Fenêtre**, cliquez **Enregistrer l'espace de travail**, tapez un nom et cliquez **OK**.

5. Pour afficher un espace de travail, pointez **Espace de travail** dans le menu **Fenêtre** et cliquez l'espace de travail.

6. Lorsque vous avez terminé, cliquez le bouton **Fermer** de la fenêtre Bridge.

1 Bouton Passer à Bridge dans la barre d'application de Photoshop

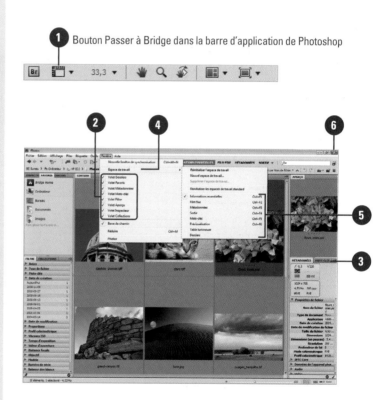

Récupérez des photos d'un appareil photo numérique

 PS 1.5, 7.4

Importez des fichiers à partir d'un appareil photo

① Dans Adobe Bridge, cliquez **Fichier →
Obtenir des photos de l'appareil photo**.

② Dans la liste **Obtenir des photos à partir
de**, sélectionnez l'appareil ou la carte
mémoire.

③ Créez un sous-dossier de stockage
(facultatif).

④ Pour renommer les fichiers,
sélectionnez une méthode et saisissez
le nom du fichier.

⑤ Sélectionnez les options voulues :

◆ **Conserver le nom de fichier…**
Enregistre le nom de fichier en
cours comme métadonnée dans
l'image.

◆ **Ouvrir Adobe Bridge**. Ouvre et
affiche les fichiers dans Adobe
Bridge.

◆ **Convertir en DNG**. Convertit les
fichiers Camera Raw en DNG.
Cliquez Paramètres pour définir
les options de conversion DNG.

◆ **Supprimer les fichiers d'origine** (Ps).
Cochez pour supprimer les fichiers
de l'appareil ou de la carte après
l'importation.

◆ **Enregistrer une copie sous**.
Enregistre des copies de
sauvegarde dans un autre dossier.

⑥ Pour appliquer les métadonnées aux
fichiers, cliquez **Boîte de dialogue
Avancé**.

⑦ Cliquez **Obtenir des photos**.

Si vous avez pris des photos, RAW ou autres, avec un appareil photo
numérique, servez-vous de la commande Obtenir des photos de
l'appareil photo d'Adobe Bridge pour les récupérer et les copier sur
l'ordinateur. Cette commande permet d'indiquer où stocker les fichiers,
de les renommer, de conserver les métadonnées et de les convertir
au format DNG. Lorsque vous convertissez des fichiers Camera Raw
au format DNG, vous choisissez la taille d'aperçu, la compression et si
vous souhaitez conserver l'image Camera Raw ou incorporer le fichier
RAW d'origine.

Exploitez les images RAW d'un appareil photo numérique

 PS 1.3, 7.1, 7.2, 7.3, 7.5

Définissez les préférences Camera Raw

1 Dans le menu **Edition** d'Adobe Bridge, cliquez **Préférences Camera Raw**.

2 Sélectionnez les préférences voulues :

◆ **Général**. Détermine où stocker les paramètres de fichiers Camera Raw. Utilisez **Fichiers XMP annexes** pour stocker les paramètres dans un fichier ou **Base de données Camera Raw** pour les stocker dans une base de données centrale.

◆ **Paramètres par défaut de l'image**. Cochez les options pour appliquer automatiquement les paramètres ou définir les paramètres par défaut.

◆ **Mémoire cache de Camera Raw**. Définit la taille du cache pour réduire le temps de chargement des vignettes et des aperçus Camera Raw.

◆ **Gestion des fichiers DNG**. Cochez les options pour ignorer les fichiers XMP ou mettre à jour le contenu imbriqué.

◆ **Gestion des fichiers JPEG et TIFF. (Ps)** Ouvre les fichiers JPEG et/ou TIFF avec Camera Raw.

3 Cliquez **OK**.

De nombreux appareils photo numériques moyens et hauts de gamme enregistrent des images au format brut (RAW) contenant toutes les informations relatives à l'image. Le format RAW désactive tous les réglages de l'appareil photo et enregistre les données prises par le capteur d'images. Ce format est le plus proche possible de celui d'un film traditionnel. Les images RAW sont plus volumineuses, mais cette taille plus importante contient plus de données que vous pouvez exploiter avec Camera Raw pour régler l'image. Dans Bridge, vous pouvez utiliser Camera Raw pour ouvrir des fichiers RAW, JPEG et TIFF et optimiser les images. Si vous ne savez pas comment procéder, cliquez Auto pour laisser Camera Raw s'occuper de tout ou déplacez les curseurs de couleurs pour régler les options manuellement. Il est aussi possible de convertir les images RAW en 16 bits pour une meilleure précision dans les réglages comme la correction tonale et chromatique. Les images RAW traitées sont enregistrables dans les formats DNG, TIF, PSD, PSB ou JPEG. Une fois les réglages Camera Raw apportés, vous pouvez enregistrer les paramètres pour les appliquer ensuite à d'autres fichiers.

Modifiez un fichier dans Camera Raw

1 Cliquez l'image avec le bouton droit, puis **Ouvrir dans Camera Raw**.

2 Servez-vous des outils **Zoom**, **Main**, **Rotation**, **Recadrage** et **Redressement**, pour modifier la taille, l'orientation et la position de l'image, de l'outil **Balance des blancs** pour équilibrer les couleurs, de l'outil **Echantillonnage de couleur** pour échantillonner une teinte ou des outils **Retouche** et **Retouche des yeux rouges** pour corriger l'image. Effectuez des réglages locaux avec les outils **Pinceau de retouche** et **Filtre gradué**. (Ps)

3 Utilisez les options d'affichage suivantes :

   ◆ **Aperçu**.

   ◆ **Échelle**.

   ◆ **Histogramme**.

4 Cliquez les onglets **Réglages de base**, **Courbe des tonalités**, **Détail**, **TSL/ Niveaux de gris**, **Virage partiel**, **Corrections de l'objectif**, **Etalonnage de l'appareil photo** ou **Paramètres prédéfinis**, puis cliquez **Auto** (onglet Réglages de base) ou déplacez les curseurs pour modifier les valeurs chromatiques et tonales.

5 Cliquez **Enregistrer l'image** pour définir le dossier cible, le nom de fichier et le format des images traitées.

6 Sélectionnez dans le film fixe (vous pouvez cliquer **Tout sélectionner**) les images à synchroniser (appliquer les paramètres) et cliquez **Synchroniser**.

7 Cliquez le bouton **Menu Camera Raw** pour charger, enregistrer ou supprimer un jeu de paramètres RAW ou modifier les paramètres de la boîte de dialogue.

8 Cliquez **Terminer** pour traiter le fichier, sans l'ouvrir, ou cliquez **Ouvrir une image** pour le traiter et l'ouvrir dans Photoshop. Maintenez enfoncée la touche **Alt** (Win) ou **Option** (Mac) pour accéder à **Ouvrir une copie** ou **Réinitialiser**.

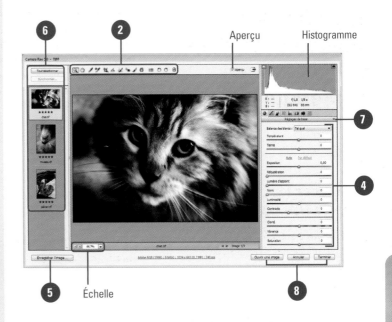

Aperçu   Histogramme

Échelle

Bon à savoir

Qu'est-ce que le format DNG ?

Le format DNG (*Digital Negative*) est un format de fichier RAW libre qui stocke les données de pixels « brutes » capturées par les appareils photo numériques avant d'être converties dans un autre format, comme TIFF ou JPEG. Il conserve également les métadonnées EXIF standard telles que la date, l'heure, l'appareil employé et ses paramètres. L'enregistrement des fichiers RAW au format DNG présente plusieurs avantages. Les fichiers DNG sont plus petits que les fichiers TIFF non compressés et ne présentent pas les artéfacts des JPEG compressés. De nombreux paramètres Camera Raw essentiels, comme la balance des blancs, peuvent être modifiés après la capture de l'image. Vous accédez à des données 16 bits et donc à plus de détails et de fidélité, sans compter la souplesse de conversion d'un fichier selon plusieurs paramètres. Le format DNG est un format libre publié par Adobe et utilisable par d'autres vendeurs de logiciel et de matériel, ce qui en fait un outil de stockage et d'archivage à long terme des images numériques. Plusieurs formats RAW employés par des marques d'appareils photo numériques (par exemple, NEF pour Nikon, CR2 pour Canon, RAF pour Fuji) sont des formats propriétaires du fabricant qui pourraient ne plus être pris en charge une fois l'appareil devenu obsolète, ce qui signifie que vous ne pourriez plus ouvrir les images RAW archivées. Le format DNG résout ce problème. Pour obtenir une copie gratuite du convertisseur DNG, rendez-vous sur www.adobe.fr et recherchez « convertisseur DNG ».

Exploitez les images dans Adobe Bridge

PS 1.5, 7.5, 7.6, 7.7

Avec Adobe Bridge, vous pouvez faire glisser vos images dans vos compositions, les visualiser et leur ajouter des métadonnées. Bridge permet de localiser, trier, filtrer, gérer et traiter les fichiers d'image un à un ou par lots. Il sert aussi à créer de nouveaux dossiers, renommer, déplacer, supprimer ou grouper des fichiers (empilage), éditer les métadonnées, faire pivoter des images et exécuter des commandes par lots. Il présente également les informations relatives aux fichiers et les données importées de l'appareil photo numérique.

Exploitez les images dans Adobe Bridge

1. Lancez votre programme Adobe, cliquez **Parcourir** dans le menu **Fichier** ou cliquez le bouton **Passer à Bridge** (s'il est disponible).

2. Sélectionnez un dossier dans la barre de chemin.

3. Cliquez l'onglet **Dossiers** et choisissez un dossier dans la liste.

4. Cliquez l'onglet **Favoris** pour sélectionner dans une liste de dossiers utilisateur, comme Images ou Version Cue.

5. Cliquez une image dans l'aperçu.

6. Cliquez l'onglet **Métadonnées** pour afficher des données de l'image, dont la date et l'heure de sa création, la vitesse d'obturation et l'ouverture.

7. Cliquez la flèche **IPTC Core** pour ajouter des métadonnées utilisateur, comme l'auteur et les informations de copyright ou le titre de l'image.

8. Cliquez l'onglet **Aperçu** pour afficher une vignette plus grande de l'image sélectionnée. Plusieurs images apparaissent si vous les sélectionnez. Cliquez l'image dans l'onglet **Aperçu** pour afficher une minifenêtre de zoom. Faites-la glisser pour changer sa position et cliquez-la pour la fermer.

9. Déplacez le curseur **Vignette** pour modifier la taille des vignettes.

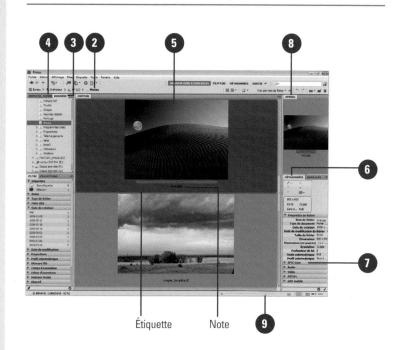

Étiquette   Note

10 Cliquez les boutons d'aperçu pour sélectionner un affichage. Sélectionnez l'espace de travail **Métadonnées** ou **Film fixe** dans le menu **Fenêtre** pour afficher les images dans ces modes.

◆ **Afficher sous forme de vignettes**. Affiche les images sous forme de petites vignettes, avec le nom de fichier en dessous (affichage par défaut).

◆ **Afficher sous forme détaillée**. Affiche une vignette de chaque image accompagnée de détails tels que la date de création, le type de document et la résolution.

◆ **Afficher sous forme de liste**. Affiche une petite vignette de chaque image accompagnée de métadonnées telles que la date de création et la taille du fichier.

11 Utilisez les boutons de gestion des fichiers pour faire pivoter des images, les supprimer ou créer un nouveau dossier.

12 Pour réduire la liste des images affichées à l'aide d'un filtre, sélectionnez des critères dans le volet Filtre.

13 Pour ajouter une étiquette ou évaluer les images, sélectionnez-les et faites votre choix dans le menu Etiquette.

14 Pour grouper des images apparentées sous forme de groupe empilé, sélectionnez-les et cliquez **Piles → Grouper comme pile**. Servez-vous de ce menu pour dissocier, ouvrir, développer ou réduire les piles.

15 Double-cliquez une vignette pour l'ouvrir dans le programme par défaut ou faites-la glisser de Bridge vers un autre document Adobe ouvert.

Images empilées

Appliquez des réglages aux images

Adobe Bridge rend faciles les réglages d'une image avec Camera Raw et l'application directe depuis Bridge de ces réglages à d'autres images sans passer par Camera Raw. Vous avez pris par exemple plusieurs photos dans les mêmes conditions d'éclairage. Vous corrigez la balance des blancs dans une image et il suffit d'appliquer le même réglage à l'ensemble des photos depuis Bridge. Vous pouvez enregistrer vos réglages qui seront disponibles dans Bridge comme paramètres de développement.

Appliquez des réglages aux images

1. Dans Adobe Bridge, affichez et sélectionnez les images à corriger.

2. Utilisez une de ces méthodes :

   ◆ **Appliquer des paramètres prédéfinis**. Cliquez le menu **Edition**, pointez **Développer les paramètres**, puis sélectionnez un réglage prédéfini.

   ◆ **Copier et coller des paramètres**. Cliquez le menu **Edition**, pointez **Développer les paramètres**, puis cliquez **Copier les paramètres Camera Raw**. Sélectionnez une image (ou plusieurs) à laquelle appliquer les paramètres. Cliquez le menu **Edition**, pointez **Développer les paramètres**, puis cliquez **Coller les paramètres Camera Raw**. Sélectionnez dans la boîte de dialogue les paramètres à coller, puis cliquez **OK**.

   ◆ **Appliquer les derniers réglages**. Cliquez le menu **Edition**, pointez **Développer les paramètres**, puis cliquez **Conversion précédente**.

Note

Utilisez dans Bridge les commandes d'automatisation de Photoshop. Dans Bridge, cliquez Outils ➜ Photoshop pour avoir accès aux commandes Processeur d'images et Traitement par lots.

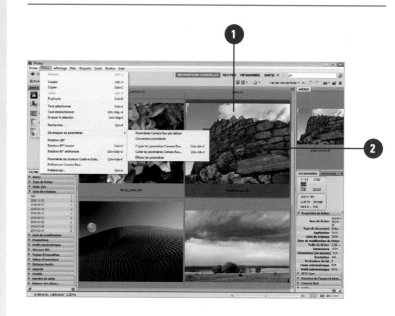

Paramètres à appliquer

Créez une galerie web

PS 12.4

Créez une galerie web

1. Dans Adobe Bridge, sélectionnez le dossier contenant les images destinées à la galerie web.

2. Cliquez le menu **Espace de travail**, puis **Sortie**.

3. Cliquez le bouton **Galerie Web**.

4. Ouvrez la liste **Modèle** et sélectionnez un modèle.

   ◆ Cliquez le bouton **Actualiser l'aperçu** pour afficher votre choix de modèle ou le bouton **Aperçu dans navigateur** pour afficher la galerie dans un navigateur web.

5. Personnalisez la galerie à l'aide de ces panneaux :

   ◆ **Infos sur le site**. Intitulez et décrivez la galerie et ajoutez les informations textuelles qui l'accompagneront.

   ◆ **Palette des couleurs**. Choisissez les couleurs des éléments de la page.

   ◆ **Aspect**. Définissez les options de la galerie : l'affichage des noms de fichiers, la taille des vignettes et celle de l'aperçu, la durée des diapos et l'effet de transition.

6. Dans le panneau **Créer une galerie**, donnez un nom à la galerie et sélectionnez une des options d'emplacement :

   ◆ **Enregistrer sur disque**. Cliquez **Parcourir** pour choisir un emplacement, puis **Enregistrer**.

   ◆ **Télécharger**. Saisissez l'adresse du serveur FTP, votre nom d'utilisateur, votre mot de passe et un dossier, puis cliquez **Télécharger**.

Adobe Bridge élimine la corvée de la création d'une galerie web (Ps). Les pages web générées par cette commande affichent les vignettes d'un groupe d'images. Lorsque vous cliquez une image dans un navigateur, une version plus grande de l'image est affichée dans une autre fenêtre ou dans une section de la page. Si vous voulez présenter vos photos à un grand public sans prendre la peine d'écrire tout le code HTML nécessaire à cette fin, la galerie web est ce qu'il vous faut.

Galerie web

Automatisez les tâches dans Bridge

Le menu Outils présente des commandes permettant d'automatiser des tâches dans Bridge. Par exemple, la commande Changement de nom global permet de renommer un groupe de fichiers. Dans Photoshop, InDesign et Version Cue, des commandes de sous-menus exécutent des tâches automatisées, comme ajouter ou synchroniser des fichiers avec Version Cue, traiter des images Camera Raw avec Photoshop ou créer une planche contact dans InDesign. Depuis le menu Outils, vous lancez d'autres programmes Adobe, comme Device Central et Acrobat Connect (démarrer une réunion), créez et éditez des modèles de métadonnées, que vous utilisez pour ajouter ou remplacer des métadonnées dans Adobe InDesign ou d'autres programmes compatibles XMP.

Renommez automatiquement des fichiers dans Bridge

1 Dans Bridge, sélectionnez les fichiers ou dossiers à utiliser.

2 Cliquez le menu **Outils**, puis **Changement de nom global**.

3 Sélectionnez une option de dossier cible : **Renommer dans le même dossier, Déplacer dans un autre dossier** ou **Copier dans un autre dossier**. Si vous avez sélectionné l'une des deux dernières options, cliquez **Parcourir** pour choisir un dossier.

4 Déroulez les liste **Éléments**, puis sélectionnez les options définissant le nom de fichier :

◆ Texte, Nouvelle extension, Nom actuel du fichier, Nom de fichier conservé, Numéro de séquence, Lettre de séquence, Date et heure, Métadonnées ou Nom de dossier.

5 Saisissez le texte correspondant au type d'élément de nom sélectionné.

6 Cochez **Conserver le nom actuel du fichier dans les métadonnées** pour ne pas perdre le nom d'origine.

7 Cochez les cases des systèmes d'exploitation avec lesquels vous voulez assurer la compatibilité.

8 Cliquez **Renommer**.

Partagez votre écran

La commande Partager mon écran (Ps) du menu Fichier de Photoshop établit une connexion avec Adobe ConnectNow, un site web sécurisé dans lequel vous ouvrez une session pour collaborer à un projet. Vous pouvez partager votre écran, y ajouter des notes et prendre le contrôle de l'ordinateur d'un participant. En cours de session, vous pouvez communiquer par des messages écrits, audio et vidéo et aussi prendre des notes de réunion et partager des fichiers.

Partagez votre écran

1. Cliquez le menu **Fichier**, puis **Partager mon écran**.

2. Saisissez votre ID Adobe et votre mot de passe.

   ◆ Si vous ne possédez pas d'ID Adobe, cliquez **Créer un ID Adobe gratuit**, et suivez les directives.

3. Cliquez **Se connecter**.

4. Cliquez **Partager l'écran de mon ordinateur**.

5. Utilisez le menu de la barre d'outils :

   ◆ **Réunion**. Inviter des participants, partager l'écran, transférer un fichier, partager une webcam, définir les préférences, terminer la réunion et quitter Adobe ConnectNow.

   ◆ **Modules**. Activer/désactiver les panneaux des modules.

   ◆ **Aide**. Obtenir de l'aide ou un dépannage, définir les paramètres du compte et les paramètres Flash Player.

6. Cliquez le bouton d'un participant au bas de la fenêtre pour définir son rôle, le supprimer ou demander le contrôle de son ordinateur.

Explorez Adobe Device Central

 PS 12.6

Onglet Profils de périphériques
Affiche des informations détaillées sur les périphériques, y compris la prise en charge pour Flash, les bitmaps, la vidéo et le Web.

Onglet Émulateur
Affiche une simulation de l'affichage du contenu sur un périphérique mobile donné.

Panneau Ensembles de périphériques
Affiche les ensembles de périphériques pour les tests. La disponibilité dépend du type de contenu.

Panneau Bibliothèque en ligne
Téléchargement de profils de périphérique.

Panneaux de test
Panneaux permettant de tester le contenu en fonction des options sélectionnées.

Vérifiez un contenu avec Adobe Device Central

Tester un contenu sur de nombreux périphériques différents permet de toucher un plus large public. Adobe Device Central simplifie les tests de contenu sur une grande variété de périphériques mobiles différents. Device Central propose une bibliothèque de périphériques, chacun incluant un profil avec des informations relatives au périphérique, dont les types de médias et de contenus pris en charge. Il utilise un émulateur pour simuler la manière dont le contenu apparaît sur le périphérique sélectionné. Un émulateur est différent du périphérique réel, mais il permet de tester rapidement des périphériques pour obtenir un premier résultat.

Vérifiez un contenu avec Adobe Device Central

1. Démarrez **Adobe Device Central** à partir du menu **Démarrer** (Win) ou du dossier **Applications** (Mac). Dans Bridge, cliquez un fichier avec le bouton droit et sélectionnez **Tester dans Device Central**.

2. Dans l'écran de bienvenue ou le menu **Fichier**, sélectionnez une option :

   ◆ **Ouverture pour test**. Ouvre un fichier dans l'onglet Émulateur. Pour tester le contenu.

   ◆ **Profils de périphériques**. Affiche les profils des périphériques mobiles. Dans le panneau Périphériques disponibles, développez un dossier. Dans l'onglet profils de périphérique, cliquez un lien pour afficher les informations.

   ◆ **Créer nouveau mobile**. Crée un nouveau document mobile pour Flash, Photoshop ou Illustrator. Sélectionnez un périphérique mobile et cliquez **Créer**.

3. Recherchez dans le panneau Bibliothèque en ligne des profils de périphérique mobile à télécharger.

4. Pour effectuer des tests, utilisez les options des panneaux de tests.

5. Une fois terminé, cliquez **Fermer**.

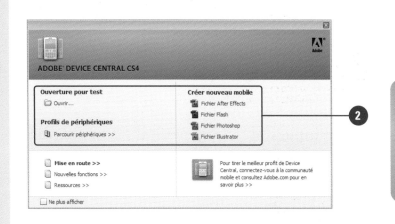

Onglet Nouveau document

Cliquez pour créer un nouveau document

Utilisez Adobe Extension Manager

Adobe Extension Manager CS4 installe et supprime des programmes complémentaires annexes, appelés extensions, pour la plupart des programmes Adobe. Il s'installe automatiquement avec Flash, Dreamweaver ou Fireworks. Utilisez-le pour accéder au site Adobe Exchange où vous pouvez rechercher et télécharger de nombreux différents types d'extensions dont certaines sont gratuites. Après avoir téléchargé une extension, servez-vous d'Extension Manager pour l'installer. Extension Manager affiche uniquement les extensions installées avec Extension Manager. Celles installées avec un programme d'installation tiers n'apparaissent pas. Après avoir installé une extension, vous pouvez trouver et afficher des informations la concernant.

Téléchargez et installez une extension

1 Démarrez **Adobe Extension Manager CS4** à partir du menu **Démarrer** (Win) ou du dossier **Applications** (Mac).

> **RACCOURCI** *Dans le menu Aide de Flash, Dreamweaver ou Fireworks, cliquez Gérer les extensions.*

2 Cliquez **Exchange** dans la barre d'outils.

3 Sélectionnez l'extension à télécharger et enregistrez-la sur votre ordinateur.

4 Dans la barre d'outils d'Extension Manager, cliquez le bouton **Installer**.

5 Localisez et sélectionnez l'extension (.mxp) à installer et cliquez **Installer**.

6 Vous pouvez :

- ◆ **Trier**. Cliquez un en-tête de colonne.

- ◆ **Activer ou désactiver**. Cochez ou supprimez la coche à gauche du nom de l'extension.

- ◆ **Supprimer**. Sélectionnez l'extension et, dans le menu **Fichier**, cliquez **Supprimer**.

7 Cliquez le bouton **Fermer**.

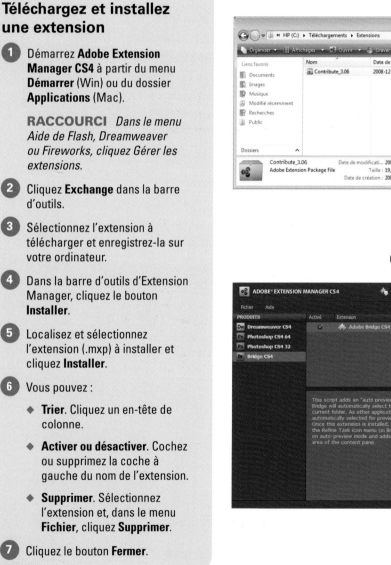

Extension téléchargée

Atelier

L'Atelier vise à développer votre créativité et à susciter un mode de pensée différent. Avec ces ateliers, l'hémisphère droit de votre cerveau prendra son essor et le gauche sera satisfait par les explications du mode opératoire. L'exploration des possibilités de Photoshop est amusante, mais il est essentiel de toujours savoir comment les choses fonctionnent. Tout repose sur le savoir.

Retrouvez et utilisez les fichiers de projets

Chaque projet d'atelier comprend un fichier de départ pour vous aider à démarrer le projet et un fichier final auquel vous comparerez votre travail afin de voir si vous avez bien accompli la tâche. Avant d'exploiter les fichiers de projet, vous devez les télécharger sur le Web, à l'adresse www.efirst.com. Une fois les fichiers téléchargés, décompressez-les dans un dossier de votre disque dur pour y accéder facilement depuis Photoshop.

Projet 1 : Mettez une image à l'échelle selon son contenu

Compétences et outils : Échelle basée sur le contenu, Améliorer le contenu et Mode de fusion

Une des commandes les plus intéressantes de Photoshop est *Échelle basée sur le contenu* (Ps) qui identifie la partie centrale d'une image et les zones moins importantes pour y ajouter ou soustraire des pixels nécessaires au redimensionnement. La zone importante demeure inchangée, à moins que vous exagériez la mise à l'échelle. Vous pouvez utiliser cette commande sur des calques et des sélections en différents modes (RVB, cmJN, Lab et Niveaux de gris). En revanche, elle ne fonctionne pas sur les calques de réglage, les masques de fusion, les couches individuelles, les objets dynamiques, les calques 3-D, les calques vidéo, plusieurs calques simultanément et les groupes de calques.

Le projet

Dans ce projet, vous utiliserez la commande Échelle basée sur le contenu et d'autres outils pour modifier et améliorer une photographie.

La procédure

1. Dans Photoshop, ouvrez le fichier canyon_départ.psd, puis enregistrez-le sous **mon_canyon. psd**.

2 Vérifiez que vous ne travaillez pas avec un calque verrouillé tel que l'arrière-plan. Si nécessaire, double-cliquez le nom Arrière-plan et renommez-le. Faites une copie du calque en le faisant glisser sur le bouton Créer un calque ou en utilisant les touches Ctrl + J (Win) ou ⌘ + J (Mac). La copie permettra de comparer vos résultats à l'original. Cliquez l'icône de visibilité du calque 0 pour le rendre invisible pendant que vous travaillez sur la copie.

3 Pour protéger une partie importante de l'image, créez une sélection autour de la zone à protéger à l'aide d'un des outils de sélection. La sélection peut être approximative et n'a pas besoin d'être précise. Dans cet exemple, le gros buisson a été sélectionné.

4 Cliquez le bouton **Améliorer le contour** de la barre d'options afin de définir dans la boîte de dialogue une valeur de contour progressif et de voir le résultat.

5 Enregistrez la sélection comme couche alpha. Cliquez le menu **Sélection**, puis **Mémoriser la sélection** et donnez un nom descriptif à la sélection (ici, *Buisson*).

6 Annulez la sélection. Cliquez le menu **Sélection**, puis **Désélectionner** ou appuyez sur Ctrl + D.

7 Dans le menu **Edition**, cliquez **Échelle basée sur le contenu**.

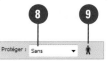

8 Si vous avez créé une couche alpha basée sur une sélection et si vous voulez la protéger, ouvrez la liste **Protéger** et sélectionnez la couche.

9 Si des personnes sont présentes dans la photo, cliquez le bouton **Protéger la coloration de la peau** dans la barre d'options.

10 Pointez un des carrés situés sur les côtés de l'image et faites-le glisser vers le centre pour modifier l'image.

11 Comme avec toute commande de transformation, appuyez sur **Entrée** (Win) ou **Retour** (Mac) pour valider la modification.

Dans le fichier final, vous pouvez conserver le calque 0 à des fins de comparaison ou vous pouvez le supprimer, puis exécuter **Sélection → Tout sélectionner, Image → Rognage** et sélectionner **D'après Pixels transparents** pour réduire la taille du fichier à la nouvelle échelle. Enregistrez ensuite le fichier avec la commande **Enregistrer sous**.

Mode de fusion Différence

Les résultats

Pour finir : Comparez votre fichier terminé avec l'image canyon_final.psd. ☞

Les différences

Pour visualiser la perte de données de pixels suite à la modification d'échelle, activez la visibilité du calque 0 et le mode de fusion Différence. Sélectionnez l'outil Déplacement et déplacez le calque modifié pour superposer la zone protégée. Si la zone protégée est noire, ceci veut dire qu'il n'y a pas, ou peu, de différence entre les deux calques et que la transformation a été réalisée sans altérer les parties les plus importantes de l'image.

À savoir : Il existe des limites à cette fonction très intéressante qui ne peut pas être appliquée à toutes les images. Une mise à l'échelle trop importante donne un résultat étrange. Vous ne pouvez pas l'exécuter sur des calques de réglage, des masques de calque, des couches, des objets dynamiques, des calques 3-D ou des calques vidéo. La mise à l'échelle fonctionne avec toutes les profondeurs de bits et les calques et sélections en mode RVB, cmJN et Niveaux de gris.

Projet 2 : Créez un modèle à partir d'objets dynamiques

Compétences et outils : *plusieurs documents, objets dynamiques, calques de texte et repères*

Les objets dynamiques (**Ps**) sont des contenants pour des données d'image (pixellisées ou vectorielles). Lorsqu'un calque ou un fichier est transformé en objet dynamique, le contenu source est incorporé au fichier et est ainsi conservé intact. Ceci permet de redimensionner une image de manière non destructive, de modifier un calque pour mettre à jour plusieurs exemplaires d'un même objet dynamique et d'ajouter des objets vectoriels tout en conservant intactes les données d'origine. Une utilisation possible des objets dynamiques est la création d'un modèle et le remplacement du contenu d'un calque par un autre.

Le projet

Vous allez créer un modèle de carte postale pour envoyer des photos à des amis, à des membres de votre famille ou à des clients. Vous pourrez utiliser ce modèle et y remplacer la photo pour créer de nouvelles cartes postales sans devoir recréer tout le document. Le texte sera le même dans toutes les cartes postales.

La procédure

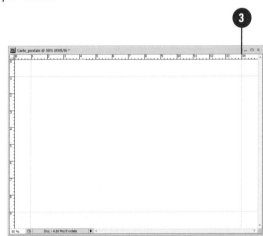

1. Cliquez le menu **Fichier**, puis **Nouveau** et créez une image large de 15 cm et haute de 10 cm à une résolution de 240 pixels/pouce. Nommez le fichier **Carte_Postale.psd**.

2. Cliquez **Enregistrer le paramètre prédéfini** dans la boîte de dialogue Nouveau et nommez-le Modèle de carte postale.

   Le calque Arrière-plan devrait être blanc par défaut.

3. Cliquez le menu **Affichage**, puis **Règles** et faites glisser les règles horizontales et verticales pour définir des marges de 1 cm.

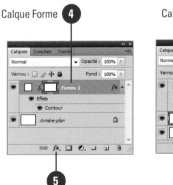

4. Sélectionnez l'outil **Rectangle** dans le panneau Outils et tracez un rectangle de 13 x 8 cm aligné sur les repères. Le nouveau calque est nommé Forme 1.

5. Cliquez le bouton **Ajouter un style de calque**, puis **Contour**. La couleur de contour est maintenant noire par défaut dans CS4, adieu le rouge d'autrefois ! Définissez la largeur de contour à 7 pixels et sélectionnez la position **Intérieur**. Vous pouvez renommer le calque.

6. Sélectionnez l'outil **Texte** dans le panneau Outils, puis cliquez dans le haut de la carte postale. Un calque texte est créé. Tapez un en-tête ou un titre.

7. Sélectionnez l'outil **Texte** dans le panneau Outils, puis cliquez dans le bas de la carte postale. Écrivez par exemple un copyright, une phrase choc ou vos coordonnées. Utilisez l'outil Déplacement pour positionner les deux calques de texte.

Calque Forme   4   Calque Texte   6

8 Sélectionnez l'outil **Rectangle de sélection**, **Taille fixe** dans la barre d'options, et tapez 13 cm x 5 cm. La valeur par défaut peut être affichée en pixels mais lorsque vous tapez 13 cm, la largeur est affichée dans cette unité. Placez le rectangle de sélection sur la zone réservée à l'image. Déplacez le calque Forme 1 sous les calques de texte.

9 Cliquez le menu **Fichier**, puis **Importer**. Sélectionnez une image. Pas de problème si l'image importée n'a pas la même taille que la zone réservée : après l'importation, vous pouvez utiliser les poignées de transformation pour redimensionner l'image dans le cadre. Maintenez la touche **Maj** enfoncée pendant la transformation pour conserver les proportions. Appuyez sur **Entrée** (Win) ou **Retour** (Mac) pour accepter la transformation.

10 Le calque contenant l'image importée devient automatiquement un objet dynamique. Un calque peut être converti en objet dynamique en cliquant le menu **Calque**, en pointant **Objets dynamiques** et en cliquant **Convertir en objet dynamique**.

Calque Texte

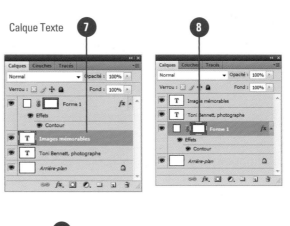

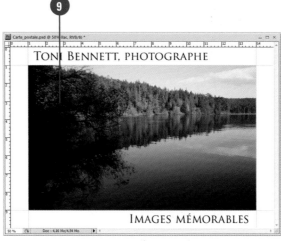

11 Pour remplacer l'image, cliquez avec le bouton droit (Win) ou **Ctrl** + cliquez (Mac) le calque objet dynamique, puis cliquez **Remplacer le contenu**. Recherchez et sélectionnez la nouvelle image, puis cliquez **Importer**. Si l'image ne tient pas exactement dans le cadre, cliquez **Transformation manuelle** dans le menu Edition et modifiez ses dimensions. Le calque objet dynamique porte toujours l'ancien nom que vous pouvez remplacer en le double-cliquant.

12 Utilisez le menu **Affichage** pour effacer les règles et les repères.

Les résultats

Pour finir : Comparez votre fichier terminé avec Carte_postale_final. psd. ☞

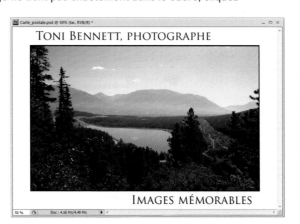

À savoir : Si vous avez un dossier d'images que vous voulez utiliser avec ce modèle de carte postale, vous pouvez toutes les redimensionner à la taille du cadre en sélectionnant Fichier → Scripts → Processeur d'images. Utilisez des images plus grandes que le cadre. Agrandir des images plus petites que le cadre peut créer des altérations visibles dans les images.

Projet 3 : Créez une esquisse à partir de zéro

Compétences et outils : *plusieurs calques, Flou gaussien et modes de fusion*

Photoshop propose 105 filtres hébergés sous le menu Filtres. Ils réalisent une profusion d'effets spéciaux (artistiques, déformation, croquis). S'ils sont très créatifs et amusants à appliquer, leurs possibilités ne sont pas illimitées. Par exemple, Photoshop propose pas moins de 14 filtres Esquisse, mais s'ils apportent des éléments créatifs à une image, cela ne signifie pas qu'ils peuvent tout faire. En effet, comment obtenir un effet d'esquisse qu'aucun des filtres disponibles ne produit ? Si vous ne savez pas comment procéder à partir de rien, vous êtes bloqué et limité aux possibilités des filtres. La technique que nous allons exposer permet d'une part de créer un effet d'esquisse bluffant et, d'autre part, explique le fonctionnement des modes de fusion avec plusieurs calques.

Le projet

Dans ce projet, vous allez transformer une photographie en une belle esquisse colorée par l'emploi judicieux de plusieurs calques et modes de fusion. Ce projet compte de nombreuses étapes, mais le résultat obtenu les vaut largement.

La procédure

1 Dans Photoshop, ouvrez le fichier **esquisse_départ.psd**, puis enregistrez-le sous **mon_esquisse.psd**.

2 Créez un double de l'image en faisant glisser le calque sur l'icône **Créer un calque**.

3 Dans le menu **Image**, pointez **Réglages**, puis cliquez **Désaturation**. Le calque copié est converti en niveaux de gris.

4 Créez une copie du calque désaturé et sélectionnez-la.

5 Dans le menu **Image**, pointez **Réglages**, puis cliquez **Négatif**. Le calque devient un négatif en niveaux de gris (laissez l'image négative sélectionnée).

6 Dans la palette **Calques**, ouvrez **Mode de fusion**, puis sélectionnez **Densité couleur**. L'image devient blanche.

Remarque : *Si des zones de l'image ne deviennent pas blanches mais restent d'un noir pur, cela signifie seulement qu'elles étaient d'un noir pur à l'origine et qu'elles ne se seront jamais converties en blanc.*

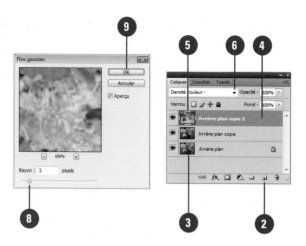

7 Dans le menu **Filtre**, pointez **Atténuation**, puis cliquez **Flou gaussien**.

8 Atténuez très légèrement l'image (quelques pixels de rayon au maximum) jusqu'à voir l'image avec des contours vagues.

9 Cliquez **OK**.

10 Dans la palette **Calques**, sélectionnez le calque supérieur, cliquez le bouton **Options**, puis **Fusionner avec le calque inférieur** ou appuyez sur **Ctrl** + **E** (Win) ou ⌘ + **E** (Mac).

Il doit alors vous rester l'image d'origine (calque inférieur) et l'image fantomatique (calque supérieur) que nous avons nommé Effet esquisse.

11 Créez une copie du calque Effet esquisse et sélectionnez-la.

12 Dans la palette **Calques**, ouvrez **Mode de fusion**, puis cliquez **Produit**. Les deux copies se combinent pour créer une image plus foncée.

Image fantomatique

13 Effectuez d'autres copies du calque Effet esquisse jusqu'à obtenir une image assez foncée à votre goût (3 ou 10, à votre convenance).

14 Fusionnez tous les calques Effets esquisse, sauf celui de l'image d'origine.

Remarque : *Fusionnez rapidement des calques à l'aide du raccourci Fusionner avec le calque inférieur. Sélectionnez le calque supérieur et appuyez sur Ctrl + E. Vous fusionnez le calque supérieur avec celui situé directement en dessous. Employez ce raccourci jusqu'à avoir fusionné tous les calques Effet esquisse.*

15 Créez une autre copie du calque fusionné Effet esquisse et sélectionnez-la.

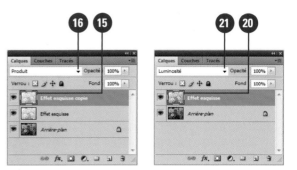

16 Ouvrez **Mode de fusion**, puis sélectionnez **Produit**.

17 Dans le menu **Filtre**, pointez **Atténuation**, puis cliquez **Flou gaussien**.

18 Ajoutez un peu de flou gaussien à votre convenance (1 ou 2 pixels). Cela adoucit les contours de l'image de l'esquisse et crée des traits visuellement plus doux.

19 Cliquez **OK**.

20 Fusionnez les deux calques Effet esquisse.

21 Pour colorer l'image, sélectionnez le calque supérieur (Effet esquisse), ouvrez **Mode de fusion** et cliquez **Luminosité**.

Les résultats

Pour finir : Comparez votre fichier terminé avec l'image esquisse_final.psd.
☛

Les différences

Le résultat de l'esquisse finale est influencé par certains éléments subjectifs, à savoir le Flou gaussien et le nombre de copies de calque créées. L'accentuation du flou intensifie les traits de l'esquisse et l'ajout de copies du calque augmente la densité globale de l'image finale.

À savoir : Diminuez l'intensité de l'effet esquisse en sélectionnant le calque Effet esquisse et en diminuant son opacité.

Projet 4 : Améliorer la netteté d'une image

Compétences et outils : plusieurs calques, modes de fusion, opacité des calques et outil Pinceau

Sur une photographie, tout n'est pas obligatoirement au point. En effet, les photographes savent que des éléments flous de l'image permettent d'attirer l'attention sur des zones ciblées. Il arrive cependant qu'en prenant une photo, l'image soit accidentellement floue. Photoshop propose plusieurs filtres qui permettent d'améliorer la netteté d'une image. Pour être exact, il existe cinq filtres de renforcement : Accentuation, Contours plus nets, Encore plus net, Netteté optimisée et Plus net. Parmi eux, Netteté optimisée et Plus net sont considérés comme les deux plus puissants. Malheureusement, tous les filtres d'accentuation présentent un défaut majeur : ils ne séparent pas les effets d'accentuation et l'image, contrairement à un calque de réglage. Aussi, lorsque vous cliquez OK, vous restez bloqué avec les résultats. Ce n'est pas toujours très grave, mais il existe heureusement un autre moyen. La technique que nous allons étudier pour accentuer une image ne requiert aucun filtre de renforcement ; elle accentue incroyablement l'image et ses modifications sont contenues dans un calque séparé. Vous demeurez créatif et obtenez les meilleurs résultats possibles en matière de renforcement.

Le projet

Dans ce projet, vous allez prendre une image floue et l'accentuer en créant un calque de renforcement modifiable. La séparation des réglages d'accentuation de l'image permet de contrôler l'ensemble du processus.

La procédure

1. Dans Photoshop, ouvrez le fichier **phare_départ.psd**, puis enregistrez-le sous **mon_phare.psd**.

2. Créez un double de l'image en faisant glisser le calque sur le bouton **Créer un calque** ou en sélectionnant le calque et en appuyant sur **Ctrl** + **J** (Win) ou ⌘ + **J** (Mac).

3. Dans le menu **Image**, pointez **Réglages**, puis cliquez **Désaturation**. Le calque copié est converti en niveaux de gris.

   Remarque : *Si l'image d'origine est en niveaux de gris, passez l'étape 3.*

4. Créez une copie du calque désaturé et sélectionnez-la.

5. Dans le menu **Image**, pointez **Réglages**, puis cliquez **Négatif**. Le calque devient un négatif en niveaux de gris (laissez l'image négative sélectionnée).

   Vous avez le choix d'appliquer votre réglage à partir du panneau Réglages (Ps) qui crée automatiquement un calque de réglage. Cette option rend non destructives toutes les modifications apportées.

6. Dans la palette **Calques**, ouvrez **Mode de fusion**, puis sélectionnez **Densité couleur**. L'image devient blanche.

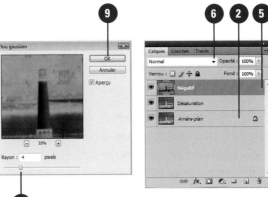

Remarque : *Si des zones de l'image ne deviennent pas blanches mais restent d'un noir pur, cela signifie seulement qu'elles étaient d'un noir pur à l'origine et qu'elles ne se seront jamais converties en blanc.*

Image fantomatique

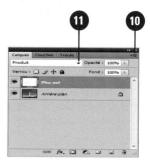

7 Dans le menu **Filtre**, pointez **Atténuation**, puis cliquez **Flou gaussien**.

8 Atténuez très légèrement l'image (quelques pixels de rayon au maximum) jusqu'à voir l'image avec des contours vagues.

9 Cliquez **OK**.

10 Dans la palette Calques, sélectionnez le calque supérieur, cliquez le bouton **Options**, puis **Fusionner avec le calque inférieur** ou appuyez sur **Ctrl** + **E** (Win) ou ⌘ + **E** (Mac).

Il doit alors vous rester l'image d'origine (calque inférieur) et l'image fantomatique (calque supérieur) renommée *Plus net*.

11 Ouvrez **Mode de fusion**, puis sélectionnez **Produit**. Les zones blanches de l'image fantomatique deviennent transparentes et les lignes plus foncées sont fusionnées avec l'image d'origine, créant l'illusion de l'accentuation de la netteté.

Les résultats

Pour finir : Comparez votre fichier terminé avec l'image phare_final.psd.
☞

Les différences

Il est possible que l'effet d'accentuation soit trop intense. Dans ce cas, il suffit de réduire l'opacité du calque supérieur pour réduire l'effet sur l'image. Si, toutefois, l'effet est plus léger qu'attendu, créez une copie du calque supérieur pour doubler l'effet. De plus, pour supprimer des effets d'accentuation dans certaines parties de l'image, sélectionnez l'outil Pinceau et appliquez de la peinture blanche sur les zones du calque supérieur pour supprimer l'effet.

À savoir : Il est en réalité impossible d'accentuer une photo qui est une représentation en deux dimensions du monde tridimensionnel. Comme le concept d'optique n'existe pas dans un monde en 2-D, il ne peut y avoir d'accentuation. Avec cette technique, le calque Plus net crée en fait des traits visibles autour des zones vagues de l'image et l'esprit interprète ces traits comme une augmentation de la netteté.

Projet 5 : Colorez une image en niveaux de gris

Compétences et outils : plusieurs calques, modes de fusion, opacité des calques et outil Pinceau

N'avez-vous jamais voulu colorer une vieille image en noir et blanc ? Si vous avez déjà voulu ajouter de la couleur à une ancienne photo ou troquer les couleurs d'une photo récente contre d'autres couleurs, vous êtes tombé au bon endroit. Il existe de nombreuses façons de colorer une image et Photoshop les connaît toutes. La technique que nous allons découvrir permet de contrôler le processus de colorisation par le biais de calques, de modes de fusion et de l'opacité. En fait, vous pourrez contrôler chaque couleur de l'image et la modifier ultérieurement en cliquant un simple bouton. Cette méthode est si efficace que, avec un peu de patience et de minutie, l'image ressemblera à une réelle image en couleurs. En revanche, n'oubliez pas que chaque fois que vous ajoutez une couleur à l'image, vous ajoutez un nouveau calque. Cela signifie qu'une seule image peut contenir vingt calques ou davantage, mais le résultat le vaut bien.

Le projet

Dans ce projet, vous allez prendre une image en niveaux de gris ancienne ou récente et, par l'emploi de plusieurs calques et de modes de fusion, créer une image en couleurs qui donne l'impression d'avoir été prise par un appareil photo couleur.

La procédure

1 Dans Photoshop, ouvrez le fichier colorisation_départ.psd, puis enregistrez-le sous **ma_colorisation.psd**.

2 Cliquez le bouton **Créer un calque**, situé au bas de la palette Calques, et nommez le calque selon la zone de l'image à colorer.

3 Cliquez la flèche de la liste **Mode de fusion**, puis cliquez **Couleur**.

4 Sélectionnez l'outil **Pinceau**.

5 Sélectionnez la couleur à employer pour peindre une zone spécifique de l'image sur le nouveau calque.

6 Servez-vous de l'outil **Pinceau** pour peindre une zone de l'image.

Remarque : *Comme vous avez changé le mode de fusion du calque en Couleur, l'image conserve ses détails et seule la couleur (Teinte) change.*

7 Selon la couleur choisie, diminuez légèrement l'opacité du calque pour obtenir un effet naturel.

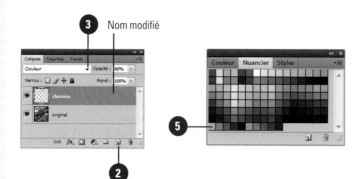

3 Nom modifié

5

Les différents calques contrôlent les couleurs

2

Remarque : *Des couleurs différentes nécessitent des paramètres d'opacité différents pour sembler naturelles. Cela s'explique par la saturation de la couleur et les détails des zones que vous peignez. Essayez divers paramètres d'opacité jusqu'à obtenir une apparence réaliste.*

7

8 Répétez les étapes **2** à **7** pour chaque couleur de l'image.

Les résultats

Pour finir : Comparez votre fichier terminé avec l'image colorisation_final.psd. ☞

Les différences

Comme vous utilisez des calques individuels pour contrôler le processus de colorisation, si vous dépassez d'une zone avec le pinceau, il suffit de sélectionner l'outil Gomme pour effacer les débordements de couleur.

Astuce : Lorsque vous modifiez l'opacité d'un calque, il n'est pas nécessaire de cliquer le bouton en regard de la zone Opacité pour accéder au curseur triangulaire. Il suffit de cliquer le mot Opacité et de faire glisser le pointeur vers la gauche ou la droite.

Projet 6 : Gérez des images avec des masques

Compétences et outils : plusieurs images, masques de fusion, outils Pinceau et Sélection

Les masques de fusion existent depuis longtemps dans Photoshop. La technique suivante vous permet d'approfondir la compréhension de leur rôle et de leur utilisation pour combiner des éléments provenant de plusieurs images. Grâce aux masques de fusion, vous pouvez définir les éléments visibles d'un calque en peignant simplement sur le masque. Représentez-vous le masque comme un morceau de papier noir. Avec une paire de ciseaux, vous découpez une forme dans le papier et la posez directement sur l'image. La zone découpée du papier laisse voir des parties de l'image et les zones noires du papier masquent tout le reste. Lorsque vous travaillez avec un masque de fusion, vous peignez avec du noir, du blanc et des niveaux de gris. Les zones du masque peintes en noir sont masquées, celles peintes en blanc sont visibles (découpage dans le papier) et les niveaux de gris produisent des valeurs de transparence. Si vous peignez par exemple avec 50 % de gris, vous obtenez une transparence de 50 %. Chaque calque d'une image possède son propre masque de fusion et celui-ci contrôle uniquement les éléments associés du calque. Comme vous pouvez le constater, les masques de fusion constituent un outil très puissant et créatif.

Le projet

Dans ce projet, vous allez découvrir le potentiel créatif des masques de fusion pour contrôler les parties visibles d'un calque quelconque dans Photoshop.

La procédure

1 Dans Photoshop, ouvrez le fichier lac_départ.psd, puis enregistrez-le sous le nom **mon_lac.psd**.

2 Cliquez le bouton **Ajouter un masque de fusion**, situé au bas de la palette Calques.

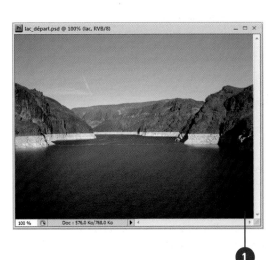

Photoshop crée un masque et le place à droite de la vignette de l'image.

3 Sélectionnez l'outil **Pinceau**.

4 Sélectionnez le noir comme couleur de premier plan en cliquant le bouton **Couleurs de premier plan et d'arrière-plan par défaut**.

Important : *Un calque avec un masque associé compte deux éléments ; la vignette de l'image et celle du masque. Pour modifier l'image ou le masque, cliquez leur vignette respective.*

5 Cliquez la vignette du masque pour le sélectionner.

6 Dans la fenêtre du document, commencez à peindre. À mesure que vous peignez, la couleur noire convertit les données d'image en transparence.

Remarque : *Les zones du masque peintes en blanc deviennent visibles à 100 % et l'application de peinture en niveaux de gris produit des pourcentages de transparence variables selon le niveau de gris.*

7 Continuez de peindre en noir, blanc et niveaux de gris, jusqu'à avoir complètement isolé les portions de ciel de l'image.

Astuce : *Vous pouvez créer un masque à partir d'une sélection. Ouvrez l'image et, avant de créer le masque, servez-vous des outils de sélection pour sélectionner les zones visibles de l'image. Ensuite, lorsque vous cliquez le bouton Ajouter un masque de fusion, le masque est créé pour vous.*

Vignette du masque

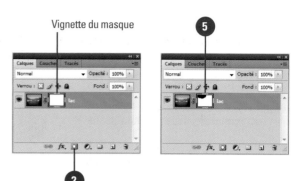

Dans le panneau Masques (**Ps**), vous pouvez voir des masques pixellisés ou vectoriels, modifier leur densité (opacité), définir un contour progressif et aussi créer de nouveaux masques à l'aide du bouton Plage de couleurs. Le bouton Contour du masque ouvre la boîte de dialogue Améliorer le masque permettant d'afficher le masque avec différents arrière-plans, de le contracter et de le dilater et définir le rayon et le contour progressif.

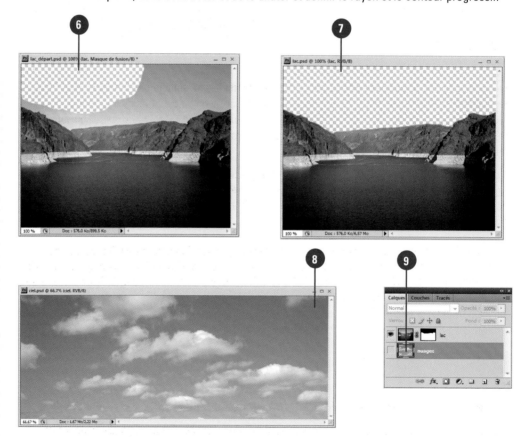

8 Ouvrez l'image ciel.psd dans Photoshop, enregistrez-la sous le nom **mon_ciel.psd**, puis cliquez dans sa fenêtre de document.

9 Dans la palette Calques, faites glisser le calque du ciel dans la fenêtre du document de l'image contenant le masque. Vous avez réalisé une copie du calque du ciel dans l'image masquée.

10 Fermez l'image du ciel.

11 Dans la palette Calques, faites glisser le calque du ciel sous le calque masqué.

L'image, maintenant définie comme composite, apparaît avec un nouveau ciel.

Les résultats

Pour finir : Comparez votre fichier terminé avec l'image lac_final.psd. ☞

Les différences

Il est possible que la limite entre l'image masquée et le ciel apparaisse trop nettement et, par conséquent, semble peu naturelle. Pour fusionner les deux calques, il suffit de sélectionner la vignette du masque et d'appliquer un peu de Flou gaussien au masque. Dans le menu Filtre, pointez Atténuation et choisissez Flou gaussien. Le flou crée une bande de pixels gris à la limite des zones noires/blanches de l'image et fusionne plus en douceur les deux images.

À savoir : Par défaut, un masque et une image se déplacent et se transforment ensemble. Pour régler le masque indépendamment de l'image (ou vice versa), cliquez l'icône de chaîne située entre les vignettes de l'image et du masque. L'icône disparaît et le masque et la vignette peuvent être réglés ou transformés individuellement.

Allez plus loin : Il est amusant de créer un reflet des nuages sur l'eau. Pour ce faire, créez une copie du calque du ciel, sélectionnez le menu Edition, pointez Transformation, puis cliquez Symétrie axe vertical. Ensuite, créez un masque qui révèle uniquement les zones de l'eau, utilisez le mode de fusion Incrustation et diminuez légèrement l'opacité. L'image lac_final.psd contient un exemple de reflet dans un calque séparé.

Projet 7 : Soyez créatif avec les calques de réglage

Compétences et outils : calques de réglage, masques de fusion et outil Pinceau

Les calques de réglage sont très utilisés pour améliorer une image. Par exemple, les calques de réglage Niveaux et Courbes restaurent parfaitement le contraste perdu ou rééquilibrent les couleurs d'une photographie ancienne. La technique suivante explique comment utiliser les calques de réglage pour corriger les problèmes d'une image et produire des effets spéciaux. Le point fondamental à retenir est qu'un calque de réglage se contrôle par son masque de fusion associé. Le masque du calque de réglage fonctionne comme un masque normal ; autrement dit, vous pouvez peindre le masque en noir, en blanc ou en niveaux de gris. Évidemment, les résultats sont différents. Sur un masque de fusion normal, les zones peintes en noir rendent les zones de l'image correspondantes transparentes et lorsque vous peignez en noir sur un masque de calque de réglage, vous masquez les effets du réglage. Cela signifie que vous pouvez créer un masque qui isole les effets sur l'image. S'il s'agit d'un moyen efficace d'améliorer une image, cela permet également d'employer les calques de réglage pour produire des effets spéciaux. En outre, lorsque vous travaillez sur un calque de réglage, les modifications de l'image sont contenues dans le calque de réglage et l'image d'origine n'est pas touchée. Vous maîtrisez ainsi précisément le processus créatif. Dans cet exemple, vous allez modifier complètement l'aspect d'une image ; avec un calque de réglage et un masque, vous allez créer l'illusion d'un store. Une des améliorations bienvenues de Photoshop CS4 est le panneau Réglages (Ps). Ce panneau donne accès à 15 types de réglage, chacun ayant des paramètres prédéfinis, et permet de créer vos paramètres à partir de plusieurs d'entre eux.

Le projet

Dans ce projet, vous utiliserez les calques de réglage pour contrôler avec précision la restauration et l'amélioration d'une image Photoshop.

La procédure

1. Dans Photoshop, ouvrez le fichier **femme_ mystérieuse_départ.psd**, puis enregistrez-le sous **ma_femme_mystérieuse.psd**.

2. Sélectionnez l'outil **Rectangle de sélection**.

3. Créez une longue sélection de gauche à droite de l'image (comme une lame de store).

4. Maintenez enfoncée la touche **Maj** et recommencez jusqu'à disposer de plusieurs sélections rectangulaires sous la première.

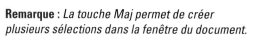

Remarque : *La touche Maj permet de créer plusieurs sélections dans la fenêtre du document.*

5. Dans le menu **Sélection**, cliquez **Intervertir** (inverse la sélection).

6. Cliquez le bouton **Créer un calque de remplissage ou de réglage**, situé au bas de la palette Calques et cliquez **Teinte/Saturation**.

Photoshop crée le calque de réglage et le masque est créé selon les zones de l'image sélectionnées.

7. Faites glisser le curseur **Luminosité** vers la gauche pour foncer significativement les zones non masquées de l'image.

8. Faites glisser le curseur **Saturation** vers la gauche et diminuez la valeur de saturation à -20 %.

3

4

9 Cliquez **OK**.

10 Sélectionnez le calque de réglage **Teinte/Saturation**.

11 Dans le menu **Filtre**, pointez **Atténuation**, puis cliquez **Flou gaussien**.

12 Déplacez le curseur **Rayon** vers la droite pour atténuer légèrement le masque du calque de réglage (l'objectif étant que les zones claires du masque semblent éclairées par la lumière du soleil passant au travers d'un store).

13 Cliquez **OK**.

14 Servez-vous de l'outil **Pinceau** avec du blanc (dans cet exemple) pour peindre le store à droite du visage afin que le mur ne reçoive pas de lumière.

L'image est complètement différente et la femme semble même être plus sérieuse. Il s'agit là d'un exemple de l'emploi de calques de réglage pour changer profondément l'atmosphère d'une image numérique.

8 **7**

10

14

Les résultats

Pour finir : Comparez votre fichier terminé avec l'image femme_ mystérieuse_final.psd. ☞

Les différences

Le réalisme de cet effet repose entièrement sur le Flou gaussien. La lumière qui passe au travers du store et qui illumine le visage (dans cet exemple) crée une transition douce entre l'obscurité et la clarté. Cependant, la quantité de flou est déterminée par l'image et sa résolution. Par conséquent, ne recherchez pas un rayon spécifique, mais observez l'image et arrêtez-vous lorsque vous obtenez l'effet recherché. N'oubliez pas que la créativité ne repose pas sur une équation mathématique, mais sur l'atteinte d'un effet sorti de votre imagination.

À savoir : La légère diminution de la saturation de l'image s'explique par la recherche du naturel. Dans la réalité, lorsqu'un paysage s'obscurcit, il a tendance à perdre de ses valeurs tonales ; cet effet est reproduit en diminuant légèrement la saturation des zones sombres.

Ps Nouveautés de Photoshop CS4

Avec Adobe Photoshop CS4, vous obtenez des résultats plus rapides et de meilleure qualité, vous profitez de nouvelles fonctions et améliorations qui vous aident à créer et gérer plus facilement et efficacement vos images. Les nouvelles fonctionnalités et celles qui ont été optimisées assistent les concepteurs web, les photographes et les professionnels de la vidéo dans la création d'images de qualité, avec le contrôle, la souplesse et les capacités que vous pouvez attendre de la part du standard professionnel en matière d'imagerie numérique. Il existe deux éditions d'Adobe Photoshop : Photoshop CS4 et Photoshop CS4 Extended. Les nouvelles fonctionnalités sont présentées par édition.

Quoi de neuf ?

Les nouveautés de Photoshop CS4 sont identifiées par (Ps). Cette icône apparaît dans la table des matières et dans le livre. Ainsi, il est simple d'identifier une fonction nouvelle ou améliorée. Voici une brève description de chaque nouvelle fonctionnalité et son emplacement dans le livre.

Photoshop CS4

- ◆ **Interface CS4 (pages 9, 26, 31, 41-43, 45, 58, 72, 74).** Un des grands changements est le cadre de l'application, propre aux utilisateurs Mac OS. D'autre part, la barre de l'application regroupe des tâches effectuées fréquemment et donne accès aux modes d'affichage et aux espaces de travail. La barre d'outils contient dix nouveaux outils 3-D et l'outil Rotation de l'affichage fait son apparition. Les documents peuvent être placés dans des onglets et de nouvelles options permettent de réorganiser les documents, par exemple Faire correspondre la rotation. Les palettes sont maintenant nommées « panneaux ».

- ◆ **Changement d'outil (pages 10, 41).** Lorsque vous utilisez un outil et que vous voulez en utiliser un autre temporairement, maintenez enfoncée la touche de raccourci clavier de cet outil, utilisez-le, puis relâchez la touche clavier pour retrouver l'outil de départ.

- ◆ **Camera Raw (pages 19, 492).** Parmi les nouvelles fonctionnalités de Camera Raw, vous avez la possibilité d'appliquer des réglages locaux avec le filtre gradué et le pinceau de retouche. L'outil Retouche des tons directs est doté du nouveau curseur Opacité réglant l'intensité de la correction ou de la duplication. Vous pouvez aussi conserver les valeurs de vignettage après avoir recadré l'image.

◆ **Objets dynamiques (pages 20-21)**. Vous pouvez lier les objets dynamiques à leur calque et les déplacer ensemble. Deux nouvelles options de transformation peuvent être appliquées aux objets dynamiques : Perspective et Torsion.

◆ **Aide (page 26)**. Obtenez de l'aide sur le site Aide à la communauté. Saisissez des mots-clés ou une expression pour obtenir une liste d'articles pertinents ainsi que des commentaires et des notes provenant d'utilisateurs.

◆ **Navigation (pages 38-39)**. Le zoom temporaire est une nouvelle méthode pour zoomer dans une image. Lorsque le facteur d'agrandissement est supérieur à 500 %, une grille de pixels apparaît pour faciliter les modifications. Avec certains facteurs d'agrandissement, tel 33,3 %, vous obteniez auparavant un aperçu dentelé. Maintenant l'aperçu est clair et net quel que soit le facteur d'agrandissement.

◆ **Nouveaux panneaux (pages 45, 72, 99, 136, 144, 164-165, 233, 514-520)**. Les deux nouveaux panneaux Réglages et Masques deviendront sûrement partie intégrante de votre méthode de travail. Le panneau Annotations permet d'afficher vos annotations et de les exporter dans un document texte. Le panneau 3-D fait partie des améliorations aux fonctionnalités 3-D.

◆ **Panneaux d'extension (page 66)**. Le panneau Connexions permet de gérer votre ID Adobe et de vérifier l'existence de mises à jour et de nouveaux panneaux.

◆ **Plage de couleurs (pages 87, 181)**. L'option Clusters de couleurs localisés permet d'obtenir une sélection plus précise lorsque vous sélectionnez plusieurs plages de couleurs dans l'image.

◆ **Mise à l'échelle basée sur le contenu (pages 96, 503-505)**. Cette commande recherche automatiquement les parties importantes afin de les protéger du rétrécissement ou de l'étirement pendant la transformation. Vous pouvez sélectionner vous-même une zone à protéger.

◆ **Panneau Source de duplication (pages 158, 482)**. Si vous avez choisi d'afficher l'incrustation, l'option Ecrêtage limite l'incrustation à la forme active.

◆ **Outils améliorés (pages 159, 432)**. L'outil Eponge permet d'accroître la saturation avec l'option Vibrance. Les outils Densité – et Densité + proposent la nouvelle option « Protéger les tons ».

◆ **Option Vibrance (page 169)**. Cette nouvelle option ajoutée au menu et au panneau Réglages limite l'écrêtage des couleurs proches du niveau maximal de saturation. Cette option s'applique aussi aux images 32 bits.

◆ **Réglages prédéfinis (pages 190, 201)**. Des réglages prédéfinis sont offerts dans les calques de réglage Niveaux, Courbes, Exposition, Teinte/Saturation, Noir et blanc, Mélangeur de couches et Correction sélective.

◆ **Réglages dans l'image (pages 204, 517-520)**. Vous pouvez modifier dans l'image les curseurs des réglages Noir et blanc, Courbes et Teinte/Saturation. Cliquez dans l'image et faites glisser le pointeur vers la droite ou la gauche pour apporter des corrections.

◆ **Formes (page 208)**. Un moteur de peinture amélioré donne une réponse plus rapide et plus précise, particulièrement avec une tablette graphique.

◆ **Bouton Contour du masque (page 236).** Ce bouton du nouveau panneau Masques ouvre la boîte de dialogue Améliorer le masque, identique à la boîte de dialogue Améliorer le contour, dans laquelle vous pouvez ajouter un contour progressif, modifier le rayon et afficher le masque sur différents arrière-plans.

◆ **Impression et épreuves (page 372).** La commande Imprimer comporte deux nouvelles options : Couleurs non imprimables et Afficher le blanc papier. La taille du papier est affichée au-dessus de la zone d'aperçu.

◆ **Photomerge (pages 406-407, 474-475).** Deux nouvelles options sont offertes : Sphérique et Collage. Il est possible de corriger la distorsion produite par un objectif œil-de-poisson (Correction de la déformation géométrique) et le vignettage causé par un objectif grand-angle (Correction du vignettage).

◆ **Adobe Bridge (pages 410, 488, 497).** La gestion des documents est plus rapide et le champ Recherche rapide permet de rechercher par mots-clés, noms de fichiers et noms de dossiers. Vous avez le choix entre plusieurs espaces de travail prédéfinis et une « barre de chemin » affiche le chemin d'accès de l'image sélectionnée. Vous pouvez y créer des planches contact et des présentations PDF, des galeries web et des dispositions PDF d'images pour l'impression.

◆ **Enregistrer pour le Web et les périphériques (pages 437, 445).** La boîte de dialogue de cette commande contient de nouvelles options de tramage de transparence. Vous pouvez activer des options de conversion en mode sRVB, de modes d'aperçu et définir les métadonnées à inclure dans le fichier enregistré.

◆ **Composition (pages 474-475).** La boîte de dialogue Alignement automatique des calques permet de corriger la distorsion produite par un objectif œil-de-poisson et de compenser le vignettage afin de mieux fusionner des images. Vous pouvez utiliser cette commande avec des images prises à différentes profondeurs de champ pour les fusionner et mettre tous les éléments au point (idéal pour la macrophotographie).

◆ **ConnectNow (pages 488, 499).** La commande « Partager mon écran » du menu Fichier ouvre une session ConnectNow sur un site web sécurisé. Vous pouvez organiser une réunion pour collaborer à un projet en partageant écrans et fichiers.

◆ **Version Cue (pages 488).** L'accès à Version Cue se fait par Adobe Drive, partie intégrante de CS4, qui permet la connexion à des serveurs et à des services en ligne.

◆ **Adobe Drive (pages 488).** Adobe Drive permet la connexion à des services en ligne et à des serveurs Version Cue et d'utiliser ces derniers comme s'il s'agissait d'un disque dur local.

◆ **En général.** Cette version présente une meilleure intégration avec Lightroom, des déplacements et un zoom plus doux grâce à l'accélération GPU et des moteurs de peinture et d'impression améliorés. Si vous êtes l'heureux propriétaire d'un MacBook Pro, vous pouvez zoomer, faire défiler ou pivoter une image d'un simple mouvement des doigts.

Photoshop CS4 Extended

◆ **Outils 3-D (pages 477, 483-484).** Les plus grandes différences concernent la 3-D. Dix outils dans la barre d'outils ainsi qu'un menu et un panneau sont dédiés à la 3-D. Le menu permet de générer des formes, de créer des calques 3-D à partir de fichiers et de modifier les paramètres de rendu. Vous pouvez peindre un objet 3-D, fusionner un calque 2-D sur un objet 3-D et animer des objets 3-D. Une fonctionnalité intéressante est l'axe 3-D, affiché lorsqu'un outil Rotation ou Orbite est actif, qui permet de déplacer un objet de manière plus intuitive.

Où sont passées les commandes CS3 ?

◆ **Automatisation.** Les commandes Planche contact, Présentation PDF, Galerie Web et Présentation d'images ont disparu du menu Fichier → Automatisation de Photoshop et du menu Outils → Photoshop de Bridge. Utilisez le nouvel espace de travail Sortie de Bridge pour créer des planches contact, des présentations PDF, des galeries Web et des dispositions PDF d'images pour l'impression.

Expert certifié Adobe

Programme Expert certifié Adobe

Le programme Expert certifié Adobe (ACE, *Adobe Certified Expert*) s'adresse aux concepteurs graphiques, aux concepteurs web, aux intégrateurs systèmes, aux développeurs et aux professionnels qui visent une reconnaissance officielle de leur maîtrise des produits Adobe.

Définition d'un Expert certifié Adobe

Un Expert certifié Adobe est une personne qui a réussi un examen de compétences sur un produit Adobe. Les Experts certifiés Adobe sont habilités à se présenter à leurs clients ou employeurs comme des spécialistes de logiciels Adobe. La certification ACE, reconnue dans le monde entier, témoigne d'une excellence dans l'exploitation des logiciels Adobe. Il en existe trois niveaux : Certification monoproduit, Certification Specialist et Certification Master. Pour devenir Expert certifié Adobe, vous devez réussir un ou plusieurs examens de compétences et accepter les conditions du programme ACE. La référence ACE vous accorde :

- ◆ une reconnaissance professionnelle ;
- ◆ un certificat de Programme ACE ;
- ◆ l'attribution du logo du Programme ACE.

Signification du logo

Le logo suivant signifie que ce livre vous prépare à l'examen Expert certifié Adobe pour Photoshop CS4. Les objectifs de l'examen de certification sont groupés en domaines de compétences. Tout au long de ce livre, le contenu relatif à l'un des objectifs ACE est identifié par le logo Expert certifié Adobe et le numéro de l'objectif, situés sous le titre de la section :

Objectifs de l'examen ACE Photoshop CS4

Objectif	Compétence	Page
1.0	**Connaissances générales**	
1.1	Décrire l'arrangement des panneaux et l'enregistrement des espaces de travail. Comprend : la gestion et l'ancrage des panneaux, la personnalisation des menus et des raccourcis et l'enregistrement de l'espace de travail.	7-9, 58, 72-75
1.2	Décrire l'utilisation des onglets et du cadre de l'application. Comprend : la gestion des fenêtres (mais pas celle des panneaux et de l'espace de travail), les modes d'affichage, la rotation de la surface de travail, les affichages multiples.	10, 37, 41-43, 58
1.3	Décrire les options de modification de facteur de zoom et de l'affichage d'un document. Comprend : les techniques de zoom et de déplacement à l'aide de GPU.	34-35, 38-40, 55, 69, 468, 493
1.4	À partir d'un scénario, décrire la meilleure méthode d'agrandissement d'une image. Comprend : les boîtes de dialogue Taille de l'image et Taille de la zone de travail, les options de rééchantillonnage, Transformation manuelle et les concepts de résolution.	22-23, 94-95, 396, 410-412
1.5	Ajouter des métadonnées à une image dans Adobe Photoshop.	384-385, 410-411, 437-438, 443, 491, 494-495
1.6	Expliquer les avantages de l'utilisation des images 32 bits, 16 bits et 8 bits, et préciser quand elles doivent être utilisées.	18-19, 168-169
1.7	Expliquer les avantages des différents formats de fichier pour enregistrer un document Photoshop. Comprend : les formats de fichier, les méthodes de compression, la prise en charge des couleurs.	381, 386
2.0	**Corriger, peindre et retoucher**	
2.1	Expliquer comment régler la gamme de tons et les couleurs avec le panneau Réglages. Comprend : définir le point blanc et le point noir, utiliser Courbes/Niveaux, Teinte/Saturation *vs* Vibrance, Couleur automatique, l'interface Courbes, Correction sélective et l'interface de réglage des couleurs.	136, 164-165, 191-193, 195-199, 204
2.2	À partir d'un outil donné, choisir les options appropriées et peindre sur un calque. Comprend : les outils Pinceau et Crayon, les modes de fusion, la barre d'options.	208-210, 214-216, 223-226
2.3	Créer, modifier et enregistrer une forme personnalisée.	211-212
2.4	À partir d'un scénario, expliquer quel est le meilleur outil de retouche. Comprend : les outils Correcteur, Correcteur de tons directs, Pièce et leurs options, le panneau Source de duplication.	158, 160-162, 482
2.5	Créer et utiliser des dégradés et des motifs.	198, 227-229, 336-337
2.6	Expliquer l'utilisation des filtres et de la galerie de filtres.	320-323
3.0	**Utiliser des sélections**	
3.1	À partir d'un scénario, créer une sélection avec l'outil approprié. Comprend : Sélection rapide, les outils Lasso, Baguette magique, Rectangle/Ellipse de sélection, Plage de couleurs.	78-87
3.2	Enregistrer et charger des sélections.	243, 246-247
3.3	Déplacer et transformer des sélections.	89-91, 94-95

Objectifs de l'examen ACE Photoshop CS4

Objectif	Compétence	Page
3.4	Modifier et prévisualiser une sélection avec l'outil Améliorer le contour.	88
4.0	**Créer et utiliser des calques**	
4.1	Créer et organiser les calques et les groupes.	100-103
4.2	À partir d'un scénario donné, sélectionner, aligner et distribuer plusieurs calques.	102, 108-110, 113-114, 474-475
4.3	Expliquer l'objectif des compositions de calques et comparer aux groupes de calques.	103, 116
4.4	À partir d'un scénario, expliquer l'utilisation des options de fusion de calques.	112, 142, 335
4.5	Créer et modifier un calque d'effets.	116, 139
4.6	Créer et modifier un style de calque.	274-293
4.7	Expliquer comment convertir une image en noir et blanc avec le meilleur contrôle possible.	136, 204
5.0	**Utiliser les masques et les couches**	
5.1	Expliquer les utilisations des masques et des couches.	99, 144, 170, 231-232, 240
5.2	À partir d'un scénario, utiliser le panneau Masques et les outils de peinture pour créer et modifier un masque de calque.	144, 233-239
5.3	Créer, afficher et modifier les couches.	92-93, 170, 241-249
5.4	Expliquer la différence entre un masque de calque et un masque vectoriel.	99, 144, 232, 310
5.5	Expliquer la raison d'utiliser un masque d'écrêtage.	91, 101, 140
5.6	Convertir en sélection une couche, un masque de calque, un masque vectoriel et un masque temporaire, et inversement.	92-93, 145, 235, 243, 250-252
6.0	**Travailler avec les outils vectoriels**	
6.1	Créer des calques de forme et des tracés à l'aide de l'outil Crayon et des outils de forme.	256-267
6.2	Expliquer les avantages de l'utilisation des outils de conception de vecteur par rapport aux outils de conception de trame.	254
6.3	À partir d'un scénario, gérer les tracés à l'aide du panneau Tracés.	255-258, 260-270, 309
6.4	À partir d'un scénario, modifier les propriétés de texte.	296-305
7.0	**Utiliser Camera Raw et Bridge**	
7.1	Décrire les avantages de Camera Raw dans le traitement des fichiers numériques Camera Raw.	18-19, 21, 492-493
7.2	Expliquer le rôle d'un paramètre de réglage Camera Raw donné.	18-19, 492
7.3	Dans Camera Raw, exporter des fichiers.	19, 493
7.4	À partir d'un scénario, importer des fichiers directement d'un appareil avec Bridge. Comprend : les options du téléchargeur de photos.	491
7.5	À partir d'un scénario, décrire la meilleure méthode pour appliquer les réglages d'une image à plusieurs autres. Comprend : Synchroniser de Camera Raw et copier et coller les paramètres dans Bridge.	19, 492-493, 496

Objectifs de l'examen ACE Photoshop CS4

Objectif	Compétence	Page
7.6	Ajouter avec Bridge des mots-clés et des métadonnées à des images. Comprend : les volets Mots-clés et Métadonnées et les modèles de métadonnées.	494-495
7.7	À partir d'un scénario, trouver un groupe spécifique de fichiers dans une grande collection.	489, 494-495
8.0	**Faire appel à l'automatisation**	
8.1	Créer et utiliser des scripts.	348-363, 400
8.2	Créer et utiliser un traitement par lots.	366-368, 398-399
8.3	Répertorier et décrire les fonctions d'automatisation de Photoshop.	397-399, 402-403, 496
8.4	À partir d'un scénario, décrire le meilleur moyen de traiter un grand nombre d'images avec Photoshop.	366-368, 398-399, 410-411
8.5	Décrire la différence entre script et rédaction en langage de script.	364-365
8.6	Créer des variables.	464-465
9.0	**Gérer les couleurs**	
9.1	Décrire les composantes et le processus de gestion des couleurs de Photoshop. Comprend : les profils, les espaces de travail, les modes de rendu, les paramètres.	207, 420-421, 428-433
9.2	Configurer les paramètres de la boîte de dialogue Couleurs.	422-423
9.3	À partir d'un scénario, décrire la conversion de couleurs adéquate à appliquer. Les scénarios comprennent : vers CMJN pour impression, vers un espace différent de couleurs pour le Web ou la vidéo.	422-423, 426
9.4	À partir d'un problème de gestion de couleurs, décrire l'action à entreprendre.	413-433
9.5	Expliquer la relation entre gamme de couleurs et mode de rendu.	414, 419
9.6	Expliquer le rôle et l'utilisation de la commande Format épreuve.	29, 383, 416-417, 419-421
10.0	**Notions avancées**	
10.1	À partir d'un scénario, créer et modifier un objet dynamique. Les scénarios comprennent : créer à partir de Camera Raw, les objets vectoriels importés et les calques.	20-21, 322
10.2	Créer et modifier des filtres dynamiques.	20-21, 322
10.3	À partir d'un scénario, utiliser Point de fuite pour modifier une image en conservant la perspective.	148-149
10.4	Expliquer comment utiliser les fonctionnalités gérant le déplacement d'images vers et hors d'un flux de travail vidéo. Comprend : le format des pixels, les paramètres prédéfinis du document et Rendu vidéo.	14-15
10.5	Créer, modifier et convertir une image HDR.	168-169, 201, 408-409
10.6	Décrire comment utiliser Photomerge pour créer un panorama.	406-407
11.0	**Préparer l'impression**	
11.1	À partir d'un scénario, décrire comment configurer la boîte de dialogue Imprimer.	372-379

Objectifs de l'examen ACE Photoshop CS4

Objectif	Compétence	Page
11.2	Dans la boîte de dialogue Imprimer, placer une image à une taille et un emplacement donnés sur une feuille.	372-373
11.3	Configurer la boîte de dialogue Imprimer afin de gérer les couleurs d'une image sur une imprimante à jet d'encre de haute qualité. Comprend : choisir la bonne option de traitement des couleurs, comprendre le lien entre Photoshop et le pilote de l'imprimante.	372-378, 394-396, 419-423
11.4	À partir d'un scénario, préparer une image destinée à un document imprimé Adobe InDesign.	382-383
11.5	Configurer la boîte de dialogue Imprimer pour faire une épreuve d'un périphérique sur un autre.	416-417, 420-421
12.0	**Préparer des images pour le Web et les périphériques mobiles**	
12.1	À partir d'un scénario donné, choisir les options appropriées à un graphisme web dans la boîte de dialogue Enregistrer pour le Web.	436-449
12.2	Expliquer les options de la boîte de dialogue Enregistrer pour le Web et les périphériques.	436-449
12.3	Expliquer comment créer une image web animée.	450-451
12.4	Créer et téléverser une galerie web complète.	497
12.5	Expliquer comment créer une image web découpée en tranches.	454-455, 460-463
12.6	Expliquer comment prévisualiser du contenu pour un appareil mobile avec Device Central.	500-501

Préparez-vous à passer un examen ACE

Chaque examen ACE est élaboré à partir d'une liste d'objectifs fondés sur des études qui montrent comment un programme Adobe est utilisé dans un environnement professionnel. La liste des objectifs détermine la portée de chaque examen ; ils fournissent donc les informations nécessaires pour préparer la certification ACE. Voici comment effectuer la procédure de certification :

1. Consultez et effectuez chaque tâche identifiée par un objectif Expert certifié Adobe pour vous assurer que vous remplissez les conditions nécessaires pour passer l'examen.

2. Identifiez les domaines et objectifs des sujets à étudier et entraînez-vous.

3. Consultez le contrat du programme ACE. Pour ce faire, rendez-vous à l'adresse www.adobe.com/fr/support/certification/ace_certify.html.

   Vous serez invité à accepter les conditions du contrat ACE lors de l'examen que vous passerez dans un centre d'examen agréé.

(4) Inscrivez-vous à l'examen Expert certifié Adobe.

L'examen ACE est proposé dans plus d'un millier de centres d'examen agréés Pearson VUE et Thomson Prometric dans de nombreux pays. Pour retrouver le centre d'examen le plus proche, rendez-vous aux adresses `www.pearsonvue.com/adobe` (pour Pearson VUE) ou `www.2test.com` (pour Prometric). Les frais s'élèvent à 138 € (150 $ US) partout dans le monde. Lorsque vous contactez un centre de formation agréé, indiquez le nom et la référence de l'examen ACE que vous voulez passer, disponibles en ligne à l'adresse `www.adobe.com/fr/support/certification/ace_certify.html`.

(5) Passez l'examen ACE.

Passez un examen Expert certifié Adobe

Les examens Expert certifié Adobe sont effectués sur ordinateur. Ce sont des tests à livres fermés comprenant de 60 à 90 questions à choix multiples. Chaque épreuve dure d'une à deux heures. Un didacticiel d'une quinzaine de minutes précède le test pour vous familiariser avec le fonctionnement du pilote Windows. Les examens sont actuellement disponibles partout dans le monde en langue anglaise. Ils sont administrés par Pearson VUE et Thomson Prometric, des sociétés d'examen indépendantes.

Résultats des examens

Au terme de l'épreuve, un rapport de résultats indique si vous avez réussi ou échoué. Des informations de diagnostics figurent également sur votre rapport. Si vous réussissez, votre note est transmise à Adobe par voie électronique. Vous recevez ensuite la confirmation de votre réussite ainsi que l'accès au logo du programme ACE dans les quatre à six semaines. Vous êtes également inscrit sur la liste d'adresses de la certification Adobe. Vous recevez ainsi les offres et informations spéciales sur des promotions et des événements annuels.

Après avoir réussi l'examen, obtenez des informations sur le programme, consultez et actualisez votre profil ou téléchargez les logos du programme ACE à l'adresse :

`www.adobe.com/fr/support/certification/community.html`

Obtenez des informations supplémentaires

Pour en savoir plus sur le programme Expert certifié Adobe, lisez le forum et retrouvez le centre d'examen le plus proche à l'adresse :

`www.adobe.com/fr/support/certification/ace.html`

Pour obtenir des informations sur d'autres programmes de certification Adobe, rendez-vous à l'adresse :

`www.adobe.com/fr/support/certification`

Index